청소년을 위한 동양 고전 이야기

한 권으로 끝내는
동양사상

글·이도환

걸음

-목차 -

-목차-

화살이 빗나가면 화살을 쏜 자신을 탓하라
失諸正鵠 反求諸其身(실제정곡 반구제기신)
-《중용(中庸)》 중에서 -

세상은 점점 넓어지고 또 좁아진다. 무슨 말인가. 유럽과 미국, 중국과 일본의 경제까지 걱정해야 하는 시대다. 생각해야할 범위가 넓어졌다는 뜻이다. 미국의 농사가 망하면 곡물류 가격이 치솟는다. 중국인들이 우유를 먹기 시작하자 우유 값도 오른다. 일본의 원자력발전소에 문제가 생기자 바람의 방향을 놓고 노심초사한다. 유럽에 경제위기가 오자 우리 경제도 흔들린다. 중동이 시끄러워지면 석유 값도 들썩인다. 우리 삶에 영향을 미치는 요소들이 점점 많아졌다는 뜻이다. 우리나라도 우주에 로켓을 쏘아 올린다. 우주까지 우리네 삶에 영향을 미치게 되었다. 그래서 넓어졌다는 것이다.

그런데 왜 또 좁아졌다고 하는가. 서울에서 KTX를 타고 부산까지 가는 데 걸리는 시간은 이제 2시간 30분 정도다. 아주 가까워졌다. 뿐만이 아니다. 안방 침대에 누워 미국에 사는 친지와 스마트폰으로 실시간 대화를 나눈다. 인터넷으로 외국의 쇼핑몰에 접속해 물건을 주문한다. 내가 어디에서 무엇을 하는지 SNS를 통해 살펴본 친구가 멀리서 나에게 조언을 해준다. 거리감이 사라졌다. 그래서 좁아졌다는 것이다.

우주까지 올라가고 침대 위까지 다가왔다. 그러니 넓어지고 좁아졌다는 것이다. 너무 복잡해져 정신이 없다. 이런 게 오늘이다. 21세기다. 정신을 바짝 차려야 한다. 공부할 것들도 많아졌다. 자, 그렇다면 이제 어떻게 해야 할까.

문제를 해결해줄 열쇠를 찾던 사람들이 공자와 맹자에게서 실마리를 보았다. 왜 하필이면 공자와 맹자냐고? 2013년에 발사에 성공한 나로호를 예로 들어보자. 결국 성공했지만 그 이전에 몇 번의 실패를 거듭해야 했다. 그런데 실패의 이유는 어디에서 찾았는가. 실패의 이유는 목적지인 우주에서 찾은 게 아니다. 나로호 자체에서 찾았다. 대상에서 문제를 찾는 게 아니라 나 자신에게서 문제를 찾는 것, 이것이 바로 공자와 맹자의 사상이기 때문이다.

"화살이 빗나가면 화살을 쏜 자신을 탓하라(失諸正鵠 反求諸其身)."

세상을 탓하지 않는다. 나 자신을 탓한다. 모든 실패의 원인은 나에게 있다. 그렇기에 나를 제대로 가다듬는 것이 모든 것의 시작이다. 비가 오는 게 싫다고, 혹은 비를 내리게 하려고 하늘을 조작하려고 나서지 않는다. 비가 내리는 것에 적응하고 그것에 어울리게 나를 가다듬는다. 가뭄을 해소하는 게 아니라 가뭄에 적응하도록 나를 가다듬는다. 너무 수동적이라고? 홍수와 가뭄에 강한 씨앗을 만들어내는 게 최첨단 농학이다. 농작물에 해를 끼치는 해충을 죽이는 게 이제까지의 농학이었다면 21세기의 농학은 해충에 강한 농작물을 만드는 것이다. 대상을 죽이는 게 아니라 대상에 적응하도록 하는 게 첨단과학이라는 뜻이다. 병을 일으키는 원인을 박멸하는 게 아니라 병에 걸리지 않도록 나의 면역체계를 가다듬는 게 첨단 의학이다. 자연을 바꾸려고 하는 게 아니라 자연에 어울리도록 나를 바꾼다. 21세기가 추구하는 게 바로 이런 것이다. 그런데 이것은 어디에서 출발했는가를 따져보자. 공자와 맹자의 사상에서 출발한 것이다.

나로호 발사를 쉽게 하기 위해 중력의 법칙을 바꾸려고 하면 안 된다. 법칙을 인정하고 나로호를 그 법칙에 맞도록 가다듬어야 성공할 수 있다. 사소한 고무링 하나까지 철저하게 살펴야 한다. 공자와 맹자의 가르침을 연구한 학자들의 주장이 그러하다. '사소한 일상을 바르게 가다듬어 우주의 창조원리에 맞도록 나를 만든다.'는 게 성리학(性理學)을 연구한 학자들의 이론이다. 우주 창조의 원리? 스티븐 호킹도 아니고, '공자왈 맹자왈'을 중얼거리던 고리타분한, 꽉 막힌, 수구꼴통(?) 성리학자들이 우주의 창조 원리에 대해 이야기했다고? 잘 믿어지지 않겠지만 그것은 사실이다. 당신이 알고 있던 성리학에 대한, 동양학에 대한 상식은 왜곡된 것이다. 비틀리고 꼬여 제 모습을 잃은 것이다. 당신이 모르고 있던 성리학의 진실, 선비들이 깊은 생각에 잠긴 채 산책했던 그 산책로로 들어가 보자.

태극이 바로 우주 창조의 원리다

우주 창조의 원리가 나의 본성이다
天命之謂性(천명지위성)
-《중용(中庸)》중에서

　퇴계(退溪) 이황(李滉)이 평생을 곁에 두고 읽고 또 읽은 책이 한 권 있다. 그 책의 이름은《심경(心經)》이다. 현대인들에게는 매우 낯선 책이다. 어떤 사람은 불교 경전인《반야심경(般若心經)》을 떠올리기도 하겠지만 전혀 다른 책이다.

　퇴계가 이 책을 처음 접한 것은 33세 때인 1533년이었다. 당시 서울로 올라와 성균관에서 공부하던 퇴계는 요즘 말로 하면 하숙집을 구해 생활하고 있었는데, 그 집에서 이 책을 발견한 것이다. 정확하게 말한다면 퇴계가 발견한 책은《심경》이 아니라《심경》에 주석을 단《심경부주(心經附註)》였다. 그러나 우리에게는 크게 중요하지 않으니 그저《심경》이라고 하자.(《심경》을 편찬한 사람은 중국 송(宋)나라의 학자 진덕수(眞德修·1178~1235)다. 후에 이 책을 수정하고 보충한 것이 정민정(程敏政·?~1499)의《심경부주》다.)

　도대체《심경》이 어떤 책이기에 퇴계는 평생을 두고 이 책을 읽고 연구했을까. 33세였던 1533년에 책을 손에 넣은 퇴계는 33년이 지난 1566년에《심경》에 대한 연구논문 한편을 발표한다. 조선 최고의 학자 퇴계가 33년 동안이나 연구에 매달려 겨우 논문 한편을 뽑아낼 정도라니! 얼마나 난해한지 짐작할 수 있다. 60세가 넘은 퇴계는 매일 아침마다 잠에서 깨어나면 낭랑한 목소리로 《심경》을 외웠고 제자들에게 강의를 할 때에도 《심경》을 교재로 삼을 정도로 《심경》을 중요하게 생각했다.

사실 이 책은 중국에서 별로 인기를 끌지 못했다. 오직 우리나라에서만 공전의 히트를 쳤다. 왜 그랬을까? 나중에 다시 이야기하겠지만 중국의 유학은 주자 이후 슈퍼스타 학자를 배출하지 못했다. 주자가 활동하던 송나라 때에 정점을 찍고 그 이후 침몰했다. 주자에서 한발자국도 더 나아가지 못했다. 주자의 학문을 이어받아 새롭게 꽃을 피워낸 곳은 중국이 아닌 조선이었다. 그리고 조선이 배출한 슈퍼스타가 바로 퇴계다. 학문으로만 따진다면 송나라의 학문을 이어받은 나라는 명나라가 아니라 조선이었던 셈이다. 그런 슈퍼스타 퇴계가 애지중지했으니 베스트셀러가 될 수밖에 없었다.

자, 다시 처음으로 돌아오자. 《심경》은 마음을 바르게 가다듬는 것을 내용으로 하고 있다. 그렇다면 마음을 바르게 가다듬는다는 것은 과연 무엇을 뜻하는가? 애매하고 모호하다. 《심경》의 첫머리는 "帝曰 人心惟危 道心惟微(제왈 인심유위 도심유미)"로 시작한다. 직역하면 이렇다. "사람의 마음(人心)은 위험하고 도심(道心)은 찾아내기 힘들다." 사람의 마음은 무엇인지 알겠는데 도대체 도심(道心)은 뭔가? 바른 마음인가? 백번 양보하여 그렇다 하더라도 도대체 바른 마음이 무엇인지는 알 수 없지 않은가?

도심(道心)이 바로 우주 창조의 원리다. 갑자기 비약이 너무 심하다고? 평생을 《심경》 연구에 매달린 퇴계가 1568년, 그러니까 자신의 나이 68세에, 《심경》에 대한 연구 논문을 최초로 발표한 2년 뒤에, 왕에게 올린 《성학십도(聖學十圖)》를 보면 이해할 수 있을 것이다.

《성학십도》는 10개의 도표로 구성되어 있다. 학문의 요점을 10개의 도표로 보여주고 있는데, 가장 앞에 나오는 도표가 바로 '태극도(太極圖)'다. 익숙한 이름이라고 얕보면 안 된다. 당신이 알고 있는 우리나라 국기, 태극기(太極旗)에 나오는 그 태극(太極)이 맞다. 그런데 당신은 '태극'이 무엇을 뜻하는지 아는가? 태극이 바로 우주 창조의 원리다. 도표 밑의 설명을 살펴보자.

"세상이 만들어지기 전, 우주는 아무 것도 없는 것처럼 텅 비어 있는 상태, 끝이 없는 '무극(無極)'의 상태를 이루고 있었다. 이것을 '태극(太極)'이라고 말한다. 그런데 이것이 움직이기 시작하자 '양(陽)'이 나타나고 '양(陽)'의 움직임이 절정에 이르자 다시 고요해지며 '음(陰)'이 나타났다. 이러한 움직임이 반복되며 하늘과 땅을 만들고 우리 인간과 그 문명을 탄생시켰다. 이러한 변화는 지금 이 순간에도 끝없이 이루어지며 새로운 것들을 계속 만들어낸다. 그러므로 우주는 계속 팽창한다."

《중용(中庸)》에 나오는 "우주 창조의 원리가 나의 본성이다(天命之謂性)."라는 말도 바로 '태극(太極)'에서 시작된 것이다.

눈에 보이지 않는 것이 가장 뚜렷하고
확실한 것이다

莫見乎隱 莫顯乎微(막현호은 막현호미)

－《중용(中庸)》 중에서

서양의 빅뱅이론이란 무엇인가. 아인슈타인은 1917년, 일반 상대성 이론에 근거하여 "우주는 팽창하지도, 수축하지도 않는다."는 정적 우주론을 발표했다. 그러나 1929년에 미국의 허블(Edwin Powell Hubble)은 은하(galaxy, 銀河)를 면밀히 관측한 결과, 멀리 떨어진 은하일수록 더 빠르게 멀어지고 있다는 사실을 알아냈다.

점점 더 빠르게 멀어진다는 의미는 무엇인가? 우주가 팽창하고 있다는 뜻이다. 그렇다면 우주의 시작도 파악할 수 있는 것 아닐까? 시계를 거꾸로 돌리면, 처음의 상태에 도달할 수 있지 않을까? 이것이 빅뱅이론의 기초가 되었다. 과학자들은 신나서 연구를 시작했다. 그 결과, 137억 년 전, 우주는 하나의 점과 같은 상태였으며, 이 점에서 대폭발이 일어나 우주를 만들었다고 설명했다. 대폭발 직전의 크기는 '0'이지만, 그 밀도와 온도는 무한대에 가까웠다고 그들은 부연 설명한다. 대폭발 이후 각종 소립자들이 만들어졌고 양성자와 전자가 결합하여 온갖 것들을 만들어내기 시작했다는 것이다. '그렇다면 대폭발 이전의 우주는?'이라는 질문에 대해서는 여전히 의문부호를 달고 있다. '단지 에너지만 가득한 상태'라고 과학자들은 말한다. 그러나 일단 우주의 시작만을 염두에 두도록 하자.

이러한 상황에서 스티븐 호킹(Stephen Hawking)이 나타난다. 그는 '우리가 공간을 바라볼 때는 비어 있는 것처럼 보이지만 실제로는 끊임없이 생겨나는 가상의 작은 입자들로 가득하다. 에너지 파동은 계속 작은 입자를 생성하며, 모든 입자에는 그에 상응하는 반입자가 존재한다. 하나는 양 에너지를 지니며 다른 하나는 음 에너지를 지닌다.'라고 설명한다. 양성과 음성으로 나뉜다는 사실에 주목하기를 바란다. 호킹은 1975년, '음 에너지는 블랙홀로 유입되고 양 에너지는 탈출한다.'라고 주장했다가 2004년에 다시 '모든 입자가 블랙홀로 빨려 들어가지만 이것이 다시 방출될 수도 있다.'라고 수정했다. 이것을 '호킹 복사'라고 부른다. 우리의 흥미를 끄는 점은 아무것도 존재하지 말아야 하는 곳, 블랙홀에서조차 무언가를 찾아낼 수 있다고 말하고 있다는 것이다.

다시 동양의 '태극도설(太極圖說)'로 돌아와 보자.

"우주는 아무 것도 없는 것처럼 텅 비어 있는 상태, 끝이 없는 '무극(無極)'의 상태를 이루고 있었다. 이것을 '태극(太極)'이라고 말한다. 그런데 이것이 움직이기 시작하자 '양(陽)'이 나타나고 다시 '음(陰)'이 나타났다. 이러한 움직임이 반복되며 하늘과 땅을 만들고 우리 인간과 그 문명을 탄생시켰다. 이러한 변화는 지금 이 순간에도 끝없이 이루어지며 새로운 것들을 계속 만들어낸다."

유사점을 발견해냈는가? 텅 비어 있으나 에너지로 가득한 상태, 텅 비어 있어 '무극(無極)'이지만 이미 모든 것을 갖추고 있어 '태극(太極)'이라 부르는 상태, 거기서 음과 양이 나타나 계속 새롭게 만들어지고 있는 상태…. 이것은 중국 송(宋)나라의 학자 주돈이(周敦頤, 1017 ~ 1073)의 이론이다. 빅뱅이론의 시작이 1900년대에 그 기초가 이루어졌다면 동양의 우주론은 이보다

900년 전에 성립되었다. 그런데 놀랍게도 비슷한 모습을 지니고 있다. 더군다나 서양의 빅뱅이론은 우주를 관측하고 실험하고 계산하여 얻어낸 결과임에 반하여 동양의 이론은 오로지 '나 자신'을 살피고 연구하여 얻어낸 결과다. 왜 '나 자신'인가. 우주가 만들어질 때의 흔적이 '나'에게도 있음을 확신했기 때문이다. 나뿐만이 아니라 세상의 모든 것이 그 흔적을 지니고 있다고 판단했다. 왜? '나'는 홀로 존재하는 게 아니라 세상과 함께 존재하고 있는 것이니까. 우주가 하나의 몸이라면 나는 그 몸을 이루고 있는 신체의 일부분이라고 파악하고 있었으니까. 그렇기에 '나는 누구인가?'를 알아내면 우주의 탄생 문제도 해결할 수 있다고 믿었다.

"화살이 빗나가면 화살을 쏜 자신을 탓하라."는 말은 단순히 윤리적이고 도덕적인 교장선생님의 훈화말씀이 아니라 우주 창조의 원리에서 출발했다는 사실을 깨달아야 한다. 창조되어 모습을 갖추고 있는 것보다 중요한 것이 바로 창조원리다. 그렇기에 "눈에 보이지 않는 것이 가장 뚜렷하고 확실한 것이다(莫見乎隱 莫顯乎微)."라고 말한다. 눈에는 보이지 않지만 중요한 원리를 담고 있는 신비한 곳, 우리의 마음속으로 들어가 보자.

유학(儒學)이 바로 실학(實學)이다

얼굴빛만 바꾸지 말라. 호랑이처럼, 표범처럼 개혁하라
大人虎變 君子豹變 小人革面(대인호변 군자표변 소인혁면)
- 《주역(周易)》 중에서

'유학(儒學)은 윤리·도덕이 아니라 과학이다.'라는 결론을 얻기 위해 먼 길을 돌아온 느낌이다. 우리가 상식적으로 지니고 있는 유학에 대한 생각이 너무나 부정적으로 고착되어 있었기에, 지루함을 알면서도, 힘든 과정임을 알면서도 중앙돌파를 시도했던 것이다.

이제 숨 고르기를 할 때다. 그러나 숨을 돌리기 전에 아직 넘어야할 산이 하나 더 있다. 그 산의 이름은 우리의 역사다.

유학이 추구하는 게 윤리·도덕이 아니라 과학이라고? 그래 좋다, 백번 양보하여 그렇다고 하자. 그럼 그 과학으로 무엇을 구현해냈는가. 무엇을 이루었는가. 윤리와 도덕을 내세우고 제사를 올리는 절차와 방식만 강조하는, 뜬구름 잡는 허망한 학문이 아니라고 인정하겠다. 그렇더라도 역사적 잘못은 어떻게 할 것이냐. 유학을 건국이념으로 내세운 조선은 처참하게 무너졌고, 우리의 땅은 일본에게 빼앗기지 않았는가. 그게 '유학은 과학이다.'라는 말로 용서되겠는가.

독립운동가이자 사학자로 알려진 신채호는 '유학(儒學)'이나 '선비'라는 말만 들어도 이를 갈았다. 공자와 맹자의 학문을 다룬 서적을 모조리 불태우고 학자들을 죽인 진시황의 분서갱유(焚書坑儒)를 기억하는가. 신채호는 그 진시황을 욕했다. "불태우려면 확실하게 깡그리 다 태워서 없앴어야지, 그걸 완벽하게 하지 못해서 이 지경이 되었다."며 피를 토했다. 조선이 망한 것은 유학(儒學)과 유학자(儒學者)들 때문이라고 그는 굳게 믿었다.

그렇다면 신채호는 어디서 학문을 익혔을까? 1880년에 태어난 신채호는 그 유명한 학자 신숙주(申叔舟)의 후손이다. 신채호는 자신의 할아버지인 신성우(申星雨)로부터 학문을 배우기 시작했다. 그의 할아버지는 과거시험을 통과한 후에 사간원(司諫院)에서 근무했던 사람이다. 사간원(司諫院)은 조선시대 관직 중에 손꼽히는 요직이다. 할아버지로부터 기초교육을 받은 신채호는 이후 성균관(成均館)에 들어가 공부했으며 1905년에는 성균관 박사가 되었다. 그렇다면 신채호가 배우고 익힌 학문은 무엇인가. 그것이 바로 유학(儒學)이다. 그런 그가 왜 유학에 침을 뱉었는가.

신채호가 욕한 것은 유학(儒學) 자체가 아니었다. 왜곡된 유학과 그것을 따른 가짜 학자들을 욕한 것이다. 그는 본래의 유학(儒學)인 실학(實學)에서 새로운 희망을 찾자고 역설했다. 실학(實學)이란 무엇인가. 17세기 중엽부터 19세기 초반까지, 조선 후기에 나타난 새로운 사상이라고? 반은 맞고 반은 틀리다. 실학(實學)은 '실제로 소용되는 참된 학문'이라는 뜻으로 송(宋)나라의 대학자 정이(程頤, 1033 ~ 1107)가 처음 사용한 말이다. 주자도 이 말을 이어서 사용했다. 끊임없이 새롭게 개혁하는 것은 유학(儒學)의 기본이념이다. 그래서 유학은 실학이다. 개혁하지 않고 구태만을 이어가는 것은 허학(虛學)이다.

"얼굴빛만 바꾸지 말라. 호랑이처럼, 표범처럼 개혁하라(大人虎變 君子豹變 小人革面)."《주역(周易)》에 나오는 혁괘(革卦)의 설명이다. 스스로 그렇지 않으면서 겉으로만 그런 척 하는 게 허학이다. 공자와 맹자가 끊임없이 비판하던 것도 허학이다. 결국 신채호의 유학 비판은 왜곡된 유학을 바로잡으려는 시도라고 할 수 있다. 샛길로 빠졌으니 본래의 길로 돌아오라는 외침이었다.

유학(儒學)의 이름으로 세워진 새로운 나라가 바로 조선이다. 조선은 왕보다 신하들의 힘이 강한 나라였다. 공자와 맹자, 주자가 그토록 역설하던 왕도정치는 무엇인가. 현명한 학자가 정치를 주도하는 것이다. 왕은 그러한 사람을 뽑아 일을 맡기면 그만이라고 그들은 역설했다. 그러나 공자와 맹자, 그리고 주자가 정치 일선에서 나라를 다스린 적이 있던가. 없었다. 유학(儒學)의 고향인 중국에서조차 감히 이루어내지 못했던 것을 만들어낸 나라가 바로 조선이었다. 조선은 이성계가 세운 나라가 아니다. 젊은 학자들이 세운 나라다. 왕의 나라가 아니라 학자들의 나라였다. 그래서 조선의 건국은 혁명이었다. 피가 끓어오르는 젊은 학자들이 자신의 뜻을 펼치자고 팔을 걷고 달라붙어 만들어낸 나라다.

그런데 왜 망했는가? 실학(實學)하지 않고 허학(虛學)했기 때문이다. 유학(儒學)의 기본 정신을 잃었기 때문이다.

유학(儒學)이 추구하는 것은 변화다

의도를 버려라, 고집하지 마라
毋意 毋必 毋固 毋我(무의 무필 무고 무아)
- 《논어(論語)》 중에서

흔히 유학(儒學)이라고 하면 제사지내는 방법이나 장례 치르는 방법을 머리에 떠올린다. 이것은 예전에도 그랬다. 공자가 살던 시대에도 그런 비판은 존재했다. 당시 제나라를 다스리던 경공이 공자를 곁에 두고 함께 정치를 하려고 했다. 그러자 제나라 재상으로 있던 안영은 이에 반대한다.

"공자와 그 제자들은 너무 고지식하여 현실에 맞지 않습니다. 더군다나 너무 장례를 중요하게 생각합니다. 장례를 크게 치르는 것이 나라에 널리 퍼지면 경제가 무너지고 말 것입니다. 말만 앞세우는 사람이므로 가까이 두지 마십시오."

결국 제나라 경공은 공자를 포기한다. 안영은 중국 역사상 몇 안 되는 명재상으로 손꼽히는 인물이다. 공자도 그의 능력을 칭찬했을 정도다. 그렇기에 안영이 없는 말을 지어냈다고, 공자가 있으면 자신의 자리가 위태로울까봐 공자를 비난했다고 단정해버리는 것은 또 다른 오류가 될 수도 있다. 깐깐하기로 소문난 역사가 사마천도 《사기》에서 안영에 대해 "만일 그가 아직 살아 있다면 나는 그를 위해 말채찍을 잡고 그의 수레를 몰더라도 큰 영광이라고 생각할 것이다."라고 말하기도 했으니 더 할 말이 없을 정도다. 그러므로 공자에 대한 안영의 비판에는 나름대로 근거가 있었을 것이다. 다만 안영은 그것의 깊은 의미에 대해 명징하게 알지 못했거나 확대 혹은 축소하여 이해했거나 아니면 공자와는 다른 생각을 지니고 있었을 것이다.

안영이 말한 세 가지 단점, 너무 고지식한 것과 장례에 대한 집착 그리고 말만 앞세운다는 지적은 오늘날 유학(儒學)에 대한 우리들의 생각과 다르지 않다. 그러나 이것은 오해에 불과하다. 달을 가리키는 데 손가락만을 본 것이기 때문이다.

《논어》에는 '공자가 끊어버린 네 가지'가 나온다. 흔히 이것을 '자절사(子絶四)'라고 부른다. 무의(毋意) 무필(毋必) 무고(毋固) 무아(毋我)가 그것이다. 개인적인 의도가 없고, 반드시 이루어내려고 무리하지도 않으며, 고집하지도 않고, 자신만을 내세우지도 않았다는 뜻이다. 그래서 '때에 따라 상황에 적절히 하라.'고 시중(時中)을 강조한다. 그런데 안영은 왜, 그리고 우리들은 왜 공자를 오해하는 것일까. 그는 고집하지도 않고 억지를 부리지도 않았는데?

사실 공자가 남긴 말을 살펴보면 너무 짧다. 그래서 오해를 불러일으킨다. 부연설명을 하지 않기 때문이다. 맹자의 설명은 공자에 비해 좀 더 길고, 주자는 맹자에 비해 더 길고 상세하다. 왜 이런 일이 벌어지는 것일까.

어떤 사람은 한자의 역사를 들어 설명한다. 한자는 시간이 흐를수록 글자의 수가 증가한다. BC 551년에 태어나 BC 479년에 죽은 공자가 살았던 시기에는 단어 수가 몇 개 되지 않았을 것이다. BC 372년에 태어나 BC 289년에 죽은 맹자가 살았던 시기에는 단어의 수가 공자 때보다 좀 더 증가했고, 1130년에 태어나 1200년에 세상을 떠난 주자가 살았던 시기의 단어 수는 맹자가 살았던 시기에 비해 엄청나게 늘어났을 것이라는 사실을 짐작할 수 있다. 길게 설명하려고 해도 설명할 수 있는 글자의 수가 얼마 되지 않았기에 어쩔 수 없었다는 뜻이다.

물론 여러 사람들의 비판 속에서 그 논리와 철학이 더욱 정밀하고 세련되게 가다듬어진 것도 원인일 것이다.

좌우지간 안영의 비판과 달리 공자는 의도하는 바도 없었고 고집도 부리지 않았다. 물론 이러한 모습이 행정의 달인이자 정치의 달인이었던 안영에게는 답답하게 보였을지도 모른다. 근대 이후 유학(儒學)이 퇴물 취급을 받은 이유도 여기서 찾아야 할 것이다.

의도가 없다고? 목적지를 정하고 열심히 나아가지 않는다고? 이건 게으름이 아니냐? 결론부터 말하면 아니다. 근대문명은 지도와 함께 한다. 목적지를 정하고 그것으로 가는 가장 빠른 방법을 찾는다. 그리고 그 길을 방해하는 것이 있으면 싸워서 이긴다. 그리고 성취해낸다. 그런데 공자는 그렇게 하지 말라고 말한다. 이러니 근대문명과 불화할 수밖에 없다.

공자는 왜 이토록 무기력하게, 어떻게 보면 한심한 말을 했을까. 그러면서 왜 장례나 제사만을 강조했을까. 다음 회에서 그 이유를 명확하게 밝혀보자.

이곳을 천국으로 만들어라

하지 않는 게 있어야 무엇인가를 이룰 수 있다
人有不爲也 而後可以有爲(인유불위야 이후가이유위)
- 《맹자(孟子)》 중에서

공자는 왜 반드시 해내겠다고, 반드시 성공시키겠다고 의지를 다지지 말라고 했을까. 왜 그토록 무기력하게 느껴지는 말을 한 것일까.

이유는 간단하다. 농업을 위주로 하는 곳에서 태어나 자랐기 때문이다. 농업이 생계수단인 사람들은 떠나지 않는다. 한해 농사가 망하더라도 땅을 버리고 다른 곳을 찾아 떠나지 않는다. 씨앗 몇 톨을 남겨 다음 농사를 준비한다.

소와 양을 기르는 목축업은 다르다. 많은 소와 양을 기르기 위해서는 목초지가 필요하다. 숲이 우거진 산은 필요 없다. 그래서 울창한 숲에 불을 지르기도 한다. 불타버린 산에서는 풀이 무성하게 자라난다. 그래야만 소와 양을 몰고 가서 먹이기 좋다. 시야가 툭 트이니 관리도 용이하다. 그런데 소와 양이 마구 뜯어먹으니 결국 황무지가 되고 만다. 그러면 다른 곳을 찾아 옮겨가야 한다. 지금 여기를 망가뜨리고 다른 곳으로 옮겨간다.

전염병이 돌아 소와 양들이 죽어버리면 어떻게 해야 하는가. 농업에서는 씨앗 몇 톨이면 내일을 준비할 수 있다. 그러나 목축은 그게 안 된다. 다른 목장을 습격하여 소와 양들을 빼앗아 와야 한다. 전투기술이 발전할 수밖에 없다.

유럽인들은 왜 세계 각지로 식민지를 만들기 위해 떠났는가. 목축업으로 산과 들이 황폐해졌기 때문이다. 그들은 왜 호전적인가. 빼앗아야 하기 때문이었다. 칭기즈칸이 대표적이다.

농업은 그렇지 않다. 내가 열심히 일하면 그만큼 결과가 나온다. 다른 사람과 경쟁하지 않는다. 그러니 여기를 떠날 이유가 없다. 새로운 목초지를 찾아 떠나지 않는다. 기름진 땅? 지금 이 땅을 기름지게 만들면 된다.

유학은 천국을 향하지 않는다. 여기를 천국으로 만들기 위해 힘쓴다. 유학은 신을 향해 기도하지도 않는다. 나를 갈고 닦아 성인이 되기 위해 노력할 뿐이다. 나를 바르게 가다듬어 내가 신의 경지에 도달하기 위해 힘쓴다.

어디로 향하지 않는다. 내 마음을 크고 넓게 만들 뿐이다. 그러면 자연스럽게 그곳에 도달하게 된다. 서양의 근대문명이 현재의 위치에서 내가 가고자 하는 곳을 직선으로 이어 그곳으로 전진하는 것이라면, 동양의 유학은 나를 크게 만들어 자연스럽게 그곳에 도달하게 만든다.

서양의 근대문명이 직선이라면 동양의 유학은 둥근 공이다. 현재 내가 있는 곳이 서울이고 가고자 하는 곳이 부산이라고 하자. 서양의 근대문명은 서울과 부산을 이어주는 직선을 만든 후, 그 선을 따라 나아간다. 가로막으면 싸워 이겨야 한다. 반드시 이기고 말겠다는 의지를 다져야 부산에 도착할 수 있다. 그런데 동양의 유학은 좀 다르다. 현재의 위치에서 나를 크게 만든다. 스스로 반지름이 400km 정도의 공이 되는 것이다. 부산하고만 연결되는 게 아니라 반경 400km 내에 있는 모든 것과 연결된다. 부산이 나에게 포함될 뿐이다. 내비게이션은 필요 없다.

이제 공자의 말이 조금 이해가 되는가. 왜 억지로 노력하지 말라고 했는지 생각해보라. 애초에 부산이라는 목적지를 정할 필요가 없었다. 그저 나를 조금씩 키워 가면 그만이다. 점점 나를 크게 키우면 어디까지 이어지는가. 하늘

끝까지, 우주 전체에 가득하게 된다. 그런 상태가 바로 맹자가 말한 '호연지기(浩然之氣)'다.

맹자가 "하지 않는 게 있어야 무엇인가를 이룰 수 있다."라고 말한 이유도 여기에 있다. 멀리 가지 말라는 것이다. 억지로 욕심 부리지 말라는 것이다. 그저 조용히 자신의 몸과 마음을 바르게 가다듬으라는 뜻이다. 그러니 무엇을 고집하고 무엇을 의도하겠는가. 모든 것을 이미 포함하는 더 큰 것을 노리고 있는데. 유학의 목적지는 특정한 어느 곳이 아니라 우주 전체인데.

시작점은 나 자신이다. 시작점은 바로 여기다. 그렇기에 어디로 가지 않아도 된다. 다 통한다. 누구에게 기도하지 않아도 된다. 구질구질한 목적지도 없다.

…여름이면 너도 나도 산과 바다를 향해 떠난다. 집을 떠나 낯선 곳에서 지내다 오는 것이다. 그런데 아무리 좋은 곳에서 머물다가 왔다고 하더라도 집으로 돌아와서 하는 말은 대체로 비슷하다. "아이고, 그래도 집이 최고다!" 그렇게 말할 것을 왜 떠났냐고 다그칠 일은 아니다. 집을 떠나봐야 집이 편한 곳이라는 사실을 새삼스럽게 깨달을 수 있기 때문이다. 서양이 최근 동양사상에 관심을 갖는 이유가 여기에 있다.

너희가 효도(孝道)를 아느냐?

무조건 부모의 말에 순종하는 것은 효도가 아니다
從父之令 又焉得爲孝乎(종부지령 우언득위효호)
－《효경(孝經)》중에서

효도는 유학에서 가장 중요하게 여기는 덕목 중에 하나다. 그렇다면 유학에서는 왜 이토록 효도를 중요하게 여기는 것일까?

프랑스 후기인상파 화가인 폴 고갱(Paul Gauguin, 1848~1903)을 기억하는가. 프랑스 파리의 증권사에 근무하던 그는, 화려한 도시 생활을 훌훌 털어버리고 남태평양의 작은 섬 타히티로 떠나간다. 그가 산업혁명으로 어수선했던 유럽을 떠나 타히티에서 그린 그림 중에 그의 대표작으로 꼽히는 작품이 바로 <Doù Venons Nous? Que Sommes Nous? Où Allons Nous?>다. 영어로 하면 'Where Do We Come From? What Are We? Where Are We Going?', 우리말로 하면 '우리는 어디서 왔는가? 우리는 누구인가? 우리는 어디로 가고 있는가?' 정도가 될 것이다. 고갱의 이러한 질문은 철학의 기본 명제라고 할 수 있다. 아니 과학의 기본명제이기도 하다. 스티븐 호킹이 우주탄생의 신비를 벗기려고 노력하는 이유도 여기에 있기 때문이다.

'나는 누구인가?'를 알기 위해서 어디에서부터 시작해야 하는가. '나는 어디서 왔는가?'를 따져보아야 한다. 그것을 파악하면 자연스럽게 '나는 어디로 가고 있는가?'라는 질문에 답할 수 있게 된다.

유학도 다르지 않다. '나는 누구인가?'에 대한 답을 얻으려는 노력이다. 지난 번 "우주 창조의 원리가 나의 본성이다."에서 이야기했던 것처럼, 유학이 추구하고 있는 최종 목표는 '스스로 지니고 있는 우주 창조의 원리를 발견하여 이해하고 그것을 일상생활에서 실천'하는 것이다. 내 마음 속에 이미 우주 창조의 원리가 들어 있다. 그 씨앗을 찾아내 키워나가면 내가 우주처럼 커져 세상의 모든 것과 연결되어 두루 소통하게 된다. 호연지기(浩然之氣)를 갖추게 된다. 그런데 이것은 단박에 이루어지는 상태가 아니다. 씨앗에서 싹이 트고 줄기와 잎이 자라나 마침내 우주 끝까지 연결되는 커다란 나무가 되는 것처럼 단계적으로 이루어진다. 게다가 나무처럼 어느 한 방향으로 자라나는 것도 아니다. 공처럼 커진다. 1m 자라난다면 동서남북과 위아래가 모두 1m씩 커진다. 공간적으로 커지는 것에만 머물지도 않는다. 시간적으로도 커진다. 먼 과거와도 연결되고 미래와도 연결된다.

그 첫 번째 계단, 첫 번째 발걸음은 어디부터 시작해야 하는가. '나는 어디에서 왔는가?'를 찾으면 된다. 어디에서 왔는가. 찾아보았더니 그것이 바로 부모다. 이 단계를 완벽하게 이해하지 못하면 그 다음 단계로 접어들지 못한다. 유학에서 효도를 중요하게 생각하는 이유가 여기에 있다. 부모도 제대로 이해하지 못하는 사람이 어떻게 다른 사람을 이해할 수 있겠는가. 부모도 제대로 이해하지 못하는 사람이 어떻게 세상을 이해할 수 있겠는가. 자신의 탄생에 대해서도 제대로 파악하지 못하는 사람이 어떻게 우주의 탄생에 대해 이해할 수 있겠는가.

빅뱅(Big Bang)이, 태극(太極)이 우주를 만들어낸 것처럼, 부모가 나를 만들어냈다. 부모와 나 사이에 빅뱅이 있고 태극이 있다. 이 세상의 모든 생명체들이 자연의 이치를 거스르지 않고 따르며 생존하는 것처럼, 나도 부모를 거스르지 않고 따라야 한다. 그것을 유학에서는 효(孝)라고 부른다.

"그렇다면 효는 무조건 부모의 말에 순종하는 것을 뜻하는 것입니까?"

어느 날 공자의 제자 증삼(曾參)이 공자에게 그렇게 물었다. 증삼이 누구인가. 공자의 학문을 이어받아 《효경(孝經)》을 지었다고 알려진 인물이다. 공자의 손자인 자사(子思)를 가르친 사람이기도 하다. 그가 있었기에 공자의 학문이 끊어지지 않고 맹자(孟子)에까지 이어질 수 있었다. 공자의 수제자라고 할 수 있다. 그런데 그런 증삼의 질문을 받은 공자는 깜짝 놀라며 펄쩍 뛴다.

"내가 이제까지 그렇게 가르쳐주었거늘 어찌 이리 멍청한 질문을 하느냐? 도대체 이제까지 뭘 배운 것이냐? 무조건 부모의 말에 순종하는 것은 효도가 아니다(從父之令 又焉得爲孝乎). 부모가 잘못된 길로 가려 한다면 울면서 매달리며 말리고, 바른 길을 가도록 노력하는 게 진정한 자식의 도리이며, 그것이 바로 진정한 효도다. 그런데 어찌 그런 말도 안 되는 소리를 하느냐?"

누가 군사부일체를 말하는가?

부모는 생명을, 스승은 가르침을, 임금은 생활을
父生之 師敎之 君食之(부생지 사교지 군식지)
- 《소학(小學)》 중에서

우리가 흔히 듣는 말 중에 '군사부일체(君師父一體)'라는 게 있다. 임금과 스승, 그리고 아버지는 하나라는 말이다. 임금을 아버지처럼, 스승을 아버지처럼 따르라는 말이다. 이것을 패러디하여 '두사부일체'라는 제목의 영화가 나오기도 했다. '두'는 조직폭력배의 두목을 뜻한다. 그런데 '군사부일체(君師父一體)'라는 말이 어디서 근거했는지 파악해보면 이것이 참으로 아리송하다. 공부가 짧은 탓인지 유교의 경전을 아무리 뒤져도 이러한 표현을 찾기가 쉽지 않다. 다만 비슷한 내용을 《소학(小學)》에서 발견했을 뿐이다. 주자가 엮은 《소학(小學)》을 보면 《예기(禮記)》에 나오는 다음과 같은 글을 소개하고 있다.

"부모에게 잘못이 있을 경우에는 잘못을 바로잡으라고 드러나지 않게 조용히 조언을 해드려야 한다. 부모가 끝내 조언을 받아들이지 않는다고 하더라도 부모를 무시해서는 안 된다. 그러나 임금에게 잘못이 있을 경우에는 잘못을 바로잡으라고 드러내놓고 큰 소리로 조언을 해야 한다. 임금이 끝내 조언을 받아들이지 않으면 임금의 자리에서 물러나게 해도 된다. 스승은 또 다르다. 스승과 제자는 학문으로 맺어진 관계이므로 항상 옳은 것이 무엇인지 토론하며 학문을 갈고 닦는 사이이기 때문이다. 잘못이 있으면 서로 토론하여 바로잡는 관계라는 뜻이다."

결국 임금과 스승과 부모는 서로 다르다고 말하고 있다. 원전을 보면 부모는 '유은무범(有隱無犯)'이다. 부모에게 잘못이 있으면 남들이 알아차리지 못하게 은밀하게 바로잡을 수 있도록 조언해드리지만, 끝내 그 말을 듣지 않더라도 무시하거나 이기려고 들어서는 안 된다. 끝까지 공손한 자세로 조언을 드려야 한다. 임금은 '유범무은(有犯無隱)'이다. 임금에게 잘못이 있을 때에는 은밀하게 할 필요가 없다. 남들이 다 들을 수 있도록 공개적으로 조언하고 비판해야 하며 끝내 그 말을 듣지 않으면 무시하고 내쫓아도 된다는 뜻이다. 스승은 '무범무은(無犯無隱)'이다. 함께 연구하고 서로 바른 길을 가라고 격려하는 관계이기 때문이다. 서로 엄연히 다르다. 다만 훌륭한 임금, 존경하는 스승일 경우에는 부모처럼 대하라고 말하고 있다. 결국 군사부일체(君師父一體)가 되기 위해서는 조건이 붙는다는 뜻이다.

그 다음에 등장하는 말도 의미심장하다.

"세상을 살아가며 잊지 말아야할 것이 세 가지 있다. 첫째는 부모의 은혜다. 나에게 생명을 주신 분이기 때문이다. 둘째는 스승의 은혜다. 나에게 가르침을 주신 분이기 때문이다. 셋째는 임금의 은혜다. 나에게 삶의 터전과 먹을거리를 제공해주었기 때문이다. 그러므로 삶을 준 사람에게는 죽음으로 보답하고, 나를 도와준 사람을 배신해서는 안 된다."

원문을 보면 '부생지 사교지 군식지(父生之, 師敎之, 君食之)'라고 명확하게 말하고 있다. 부모는 생명을 주신 분이다. 이것은 선택의 문제가 아니다. 그러므로 효도는 선택이 아니라 필수다. 그런데 스승은 어떠한가? 내가 배우지 않으면 스승도 없다. 스승과 제자는 내가 하기 나름인 관계다. 내가 배우기로 작정하는 순간 그가 스승이 된다. 스승이 아무리 가르치려 하더라도 내가 배우지 않겠다면 그만이다. 내가 거부하면 관계가 성립할 수 없다. 그러므로 나의 선택이다. 임금은 어떠한가? 백성들을 잘 살게 해주면 임금이지만 그렇지 않으면 그는 임금이 아니다. 확실한 조건이 붙는다. 무조건 따르는 게 아니다.

그러므로 부모는 '필수', 스승은 '나의 선택', 임금은 그가 스스로 바르게 하면 임금이 되고 바르게 하지 않으면 임금이 아닌 그저 조직폭력배의 두목과 같은 존재로 전락하고 만다. 그러므로 임금은 '그의 선택'이 된다.

이처럼 명확한 구분이 있는 것이다. 그런데 누가 함부로 군사부일체를 말하는가. 함부로 말해서는 안 된다. 그렇다면 내가 할 수 있는 일은 무엇인가? 열심히 공부하는 것이다. 내가 선택할 수 있는 단 한 가지, 그것이 바로 공부며 스승이다.

모든 것은 내 마음에 달려있다

皆在我耳 豈可他求哉(개재아이 기가타구재)

-《격몽요결(擊蒙要訣)》중에서

부모의 뜻을 거슬러서는 안 된다는 것은 수동적 효의 기본이다. 그렇다면 능동적 효는 무엇인가. 부모를 더욱 빛나게 만드는 것이 능동적 효다. 부모가 사람들로부터 손가락질 받지 않도록 곁에서 도와드리고, 적절히 충고하며, 올바른 길로 갈 수 있도록 힘써야 한다. 그런데 능동적 효를 실천하기 위해서는 스스로 올바른 길이 무엇인지 알아야만 한다. 스스로 알지 못한다면 수동적 효에 머물 수밖에 없다. 올바른 길에 대해 명확하게 알고 그것을 실천하는 것, 그것이 바로 공부다. 그러므로 온전히 효를 실천하기 위해서는 공부가 필수적이다. 부모를 선택할 수는 없지만 부모를 보다 더 멋진 사람으로 만들 수는 있다. 주변 환경이 만족스럽지 않다고 탓해서는 안 된다. 내가 환경을 만들어낼 수 있기 때문이다. 무엇을 통해서? 공부를 통해서. 공부는 이처럼 위대한 것이다.

그렇다면 공부란 무엇인가. 수학이나 영어 과목을 배우는 것인가? 반은 맞고 반은 틀리다. 유학(儒學)에서 말하는 공부는 우리가 상식적으로 생각하는 공부와 조금 차이가 난다. 올바른 사람이 되기 위한 모든 연습이 공부다. 물론 수학과 영어 공부도 공부의 일부분이다. 책을 읽고 지식을 쌓는 것도 마찬가지다. 그러나 전부는 아니다. 일부분에 지나지 않는다. 쌓은 지식을 몸으로 이해하고 실제 생활 속에서 실천하는 것까지 포함되어야 온전한 공부가 된다. 똑똑한 사람이 아니라 바른 사람이 공부의 목적이다.

한자로 쓰면 전문 기술자를 뜻하는 공(工)과, 노동자나 성인 남자를 뜻하는 부(夫)가 합쳐진 것이 공부다. 전문 기술자는 어떻게 길러지는가. 이론적 지식은 기본이며 그것을 몸에 익숙하게 만들어야 한다. 머리로만 아는 게 아니다. 끊임없이 행동으로 실천하며 몸으로도 알아야 한다. 축구를 하는 것과 다르지 않다. 축구를 잘 하고 싶다면 먼저 달리기로 체력을 길러야 한다. 기초 연습을 할 때에는 힘들고 어렵다. 그렇다고 그것을 건너뛰고 공만 잘 다루는 기술을 익혀서는 좋은 축구선수가 될 수 없다. 게다가 팀플레이도 익혀야 한다. 동료들을 배려하고 화합해야 한다. 그러한 가운데 기술이 쌓인다. 어느 하나만 잘한다고 해결되지 않는다. 둥근 공처럼 서서히 넓어져서 축구를 잘 하는 사람이 완성된다. 태어나는 게 아니라 만들어진다.

연습할 때는 힘들지만 그것이 차곡차곡 쌓여 팀플레이도 완성되고 내 체력도 강해짐은 물론 기술까지 완전하게 구사할 수 있게 된다면, 승리한다. 그러면 기쁘다. 즐겁다. 온몸이 짜릿하다. 연습은 힘들었지만 결과는 너무도 즐겁다. 몸에 익숙해지면 즐거워진다. 주변 상황을 탓해서는 안 된다. 모든 것은 내가 어떻게 하느냐에 달려 있기 때문이다.

조선시대 최고의 학자 중 한 사람인 율곡은 공부의 첫걸음을 '입지(立志)'라고 말했다. 뜻을 세우라는 것이다. 먼저 단단히 마음을 먹어야 한다는 뜻이다. 마음을 먹었다면 그 다음에 무엇을 해야 하는가. 바로 실천하라고 말한다.

"말로는 '열심히 공부하겠다고 마음먹었다'라고 하면서도 이를 실천하지 않고 머뭇거리거나 이것저것 핑계를 대며 그 실천을 나중으로 미루는 이유는 무엇인가. 말로만 뜻을 세웠다고 할 뿐 실제로는 정성을 기울이지 않기 때문이다. 공부란 몸과 마음으로 실천하는 것이지 말로 하는 게 아니다. 모든 것은 나의 실천으로 시작되며 나의 실천으로 완성된다. 마음먹었다는 것은 이를 바로 실천하기 시작한다는 것을 뜻한다. 마음만 먹고 그 시작은 나중에 하겠다는 것은 의미 없는 일이다. 이것저것 구차하게 변명하지 말라, 모든 것은 내 마음에 달려있다. 그렇게 무의미하게 시간을 보내버리면 평생토록 아무 것도 이루지 못할 것이다."

율곡이 누구인가. 그는 과거시험에서 아홉 번이나 수석을 차지한 인물이다. 사람들은 그를 천재라고 불렀다. 그렇기에 '원래 잘난 사람들은 저래.'라고 말하는 사람도 있을 것이다. '나하고는 달라.'라고. 그러나 다른 시선으로 율곡을 살펴보자. 그는 왜 아홉 번이나 과거시험을 보았을까. 율곡은 천재가 아니다. 율곡은 오랜 방황과 고난 속에서 성실함 하나로 홀로 일어선 인물이다.

먼저 큰 뜻을 품어라
先須大其志(선수대기지)
-《자경문(自警文)》중에서

율곡이 가장 강조한 것은 '바른 삶을 살아가겠다고 굳세게 마음을 먹는 것'이다. 스스로를 하찮은 사람이라 여기고 함부로 대하지 않는 것이 바른 공부의 출발점이라는 뜻이다. 율곡은 이를 '입지(立志)'라고 표현한다.

사람은 언제, 그리고 왜 망가지는가. '에이, 나는 이미 글러먹었어.', '열심히 해봤자 난 안돼.', '나는 함부로 막 살아도 되는 사람이야.'라는 생각을 갖는 순간, 망가지기 시작한다고 율곡은 말한다. 상황을 탓할 필요가 없다. 중요한 것은 나 자신이라고 율곡은 강조한다. 율곡이 말하는 공부는, 바른 삶은 '때문에'에서 시작되지 않고 '불구하고'에서 시작된다. '난 모자라기 때문에, 난 가난한 집에서 태어났기 때문에' 함부로 살아가도 된다고 마음을 먹는 순간 그 사람은 망가진다고 율곡은 강조한다. '난 모자란 사람이다. 난 가난한 집안에서 태어났다. 그럼에도 불구하고 난 반드시 멋진 사람이 되겠다.'라고 마음을 먹는 게 중요하다고 강조한다.

사실 율곡은 따로 스승을 두지 않고 공부한 사람으로도 유명하다. 그는 오로지 어머니인 신사임당 밑에서 공부를 시작했다. 신사임당은 율곡의 어머니이자 엄한 스승이었다. 위대한 멘토였고 청소년기에 율곡이 존경했던 가장 가까이 있는 사람이었다.

율곡의 집안은 잘나가는 집안이 아니었다. 할아버지는 벼슬길에 나선 적이 없었고 아버지인 이원수도 하위관리를 전전했다. 게다가 게을렀다. 아주 잘나가는 집안은 아니었지만 그런대로 그럭저럭 먹고 사는 것에는 지장이 없었던 양반 집안이었기 때문이었다. 신사임당은 그런 남편에게 열심히 공부할 것을 강조했다. 그러나 이미 게으름이 몸에 배인 이원수에게 아내의 말은 잔소리로밖에 들리지 않았다. 그런 신사임당 밑에서 학문을 배우고 익힌 이율곡에게 아버지는 무능한 사람으로 비춰졌다. 율곡이 16세 되던 해에 신사임당은 죽었다. 율곡은 충격을 받았다. 자신을 이끌어주던 유일한 사람이 사라진 것이기 때문이었다. 게다가 절대로 재혼하지 않겠다고 아내에게 맹세했던 아버지는 신사임당이 죽은 후 바로 재혼을 했다. 율곡은 무능한 아버지와 새로운 어머니에게 불만을 품었다. 그리고 그것을 이유로 삼아 자신을 함부로 대하기 시작했다. 요즘 청소년과 다름없이 반항기에 접어든 것이었다. 13세에 이미 과거시험에 합격했던 천재 소년 율곡은 어머니가 돌아가신 후 급격하게 흔들렸다. 이 모든 사실을 받아들일 수 없었다. 결국 그는 모든 것을 포기하고 금강산에 있는 어느 절로 들어가고 만다.

조선시대는 유교문화가 지배하던 사회였다. 불교는 억제하고 유교를 받들었다. 그런데 과거시험까지 합격한 선비가 불교에 빠졌다는 것은 무슨 뜻이겠는가. 모든 것을 포기했다는 것이다. 그의 나이 19세 때의 일이다. 절에서 그는 불교 공부에 몰입했다. 그리고 수많은 고승들과 토론하며 학문을 가다듬었다. 방황의 시기는 그의 학문을 더욱 풍성하고 날카롭게 만들어주었다. 게다가 '천재 소년'이라는 자만심까지 말끔하게 씻어내 주었다. 그리고 1년 후 산에서 내려와 다시 일상으로 돌아온 율곡은 단순한 '천재 소년'에서 벗어나 단단한 학자가 되어 있었다. 그의 나이 20세 때의 일이다. 그는 스스로 '나를 가다듬는 글'을 지어 책상 앞에 붙여 놓고 다시 공부를 시작한다. 자경문 (自警文)이라 불리는 이 글에서 율곡은 이렇게 다짐하고 있다.

"나 스스로를 존중하여 나를 포기하지 말고, 먼저 큰 뜻을 품고 굳세게 끝까지 나아가라. 마음을 차분하게 안정시키고 함부로 말하지 말라. 잡다한 생각을 버리고 하나에 집중하라. 잡다한 생각 때문에 집중하지 못하는 것이 아니라 집중하지 않기 때문에 잡다한 생각이 드는 것이다. (중략) 함부로 눕지 않고, 기대지도 않으며, 낮잠을 자지 않는다. 서두르지도 말고, 그렇다고 게으름도 피우지 않는다. 꾸준히 차근차근 나아가리라."

율곡은 주변 상황이나 다른 사람을 탓하지 말라고 말한다. 스스로 자신이 얼마나 중요한 사람인지를 깨닫고, 큰 뜻을 품고 자신 있게 나아가라고 말한다. 율곡은 말한다. "다른 것은 필요 없다. 스스로 '나는 중요한 사람이다.'라는 자신감부터 가져라!"

35

칼을 한번 휘둘러 그 뿌리를 완전히 도려내라
如將一刀 決斷根株(여장일도 결단근주)
―《격몽요결(擊蒙要訣)》 중에서

　유학(儒學)에서 말하는 공부는 단순히 지식을 쌓는 것의 의미에 머물지 않는다. 활을 쏘고 말을 타고 달리는 것처럼 몸에 익숙하게 만드는 것까지를 의미한다. 입으로 활을 잘 쏘는 법을 줄줄 외운다고 활을 잘 쏘는 게 아니다. 말을 타고 달리는 방법을 잘 이해하고 있다고 해서 말을 잘 타는 게 아니다. 이론을 이해함은 물론 직접 활을 쏘고 말을 달리는 데 능숙해야만 '활쏘기 공부와 말 타기 공부를 했다.'라고 할 수 있는 것이다. 그러므로 유학(儒學)에서 '공부를 많이 한 사람'이란 지식을 쌓고 그것을 직접 실천하여 몸에 익숙하게 만든 사람을 뜻한다.

　봄이 극단에 이르면 여름이 되고 여름이 지나면 가을이 되며 가을 후엔 겨울이 오고 겨울이 지나면 봄이 된다는 자연의 법칙을 이해하는 것을 넘어서서 삶으로 그것을 구현해야 한다. 좋아하는 것이 있더라도 그것에만 몰입하지 않아야 한다. 봄이 깊으면 여름이 되는 것처럼, 봄이 좋다고 계속 봄에 머물지 않아야 한다. 그것은 얽매이는 것이며 자연의 이치를 거스르는 것이다. 좋아하는 게 있더라도 적절한 선에서 절제하는 것이 중요하다. 그것을 실천해야만 사계절의 이치를 공부한 사람이 된다. 실천하지 못하면 사계절의 이치를 공부한 사람이 아니다. 싫어하는 게 있더라도 꼭 필요한 것이라면 거부하지 않는다. 겨울이 싫더라도 가을이 지난 후 다가오는 겨울을 피해 도망가지 않아야 한다. 어려운 일이 닥치더라도 피하거나 외면하지 않고 그것이 반드시 해야 하는 일이라면 해내야 한다. 그래야만 사계절의 이치를 공부한 사람이 되는 것이다.

공부란 이처럼 쉬운 게 아니다. 율곡이 '난 할 수 있다!'라고 자신감을 가지라고 한 이유도 여기에 있다. 그런데 '작심삼일(作心三日)'이라는 말처럼 굳게 마음을 먹었다가도 3일만 지나면 예전 그대로의 모습으로 돌아가는 사람은 참으로 많다. 그렇기에 '굳게 마음을 먹어라.'는 의미의 '입지(立志)' 다음에 율곡이 강조한 것이 바로 '혁구습(革舊習)'이다. 예전의 잘못된 습관을 과감하게 뜯어고치라는 말이다. 그것도 차근차근 하나씩 고쳐나가는 게 아니라 한방에 고치라고 외친다. "칼을 한번 휘둘러 그 뿌리를 완전히 도려내라.(如將一刀 決斷根株)" 율곡의 말은 아주 단호하다.

율곡은 "말로는 '학문을 배우고 익히려고 마음먹었다'라고 하면서도 이를 바로 실천하지 않고 머뭇거리거나 이것저것 핑계를 대며 그 실천을 나중으로 미루는 이유는 무엇인가. 마음만 먹고 그 시작은 나중에 하겠다는 것은 의미 없는 일이다. 그렇게 무의미하게 시간을 보내버리면 평생토록 아무 것도 이루지 못할 것이다. 공부를 가로막는 나쁜 습관을 과감하게 끊어버리지 않는다면 제대로 앞으로 나아갈 수 없게 된다."라고 강조한다. 율곡이 지금 당장 끊어버리라고 강조한 대표적인 나쁜 습관은 다음과 같다.

첫째, 게으름. 게으른 사람들은 스스로 '구속 받기 싫다'라고 말하거나 '자유롭게 살고 싶다'고 말하기도 한다. 그러나 그것은 함부로 아무렇게나 살겠다는 것과 다르지 않다. 바른 이치 속에서 자유로움을 찾아라. 둘째, 차분하게 지내지 못하고 어지럽게 바삐 움직이며 세월만 보내는 것. 자신과 아무런 상관도 없는 쓸데없는 일에 대한 관심을 끊어라. 셋째, 여러 친구들과 휩쓸려 돌아다니는 것. 그러다가 문득 '이제 정신을 차리고 바르게 살아보자'라고 생각하다가도, 함께 놀던 친구들이 나를 외면할까 두려운 마음이 들어 포기하는 사람도 있다. 참으로 멍청한 사람이다. 넷째, 다른 사람에게 멋지게 보이려 노력하는 것. 중요한 것은 실제로 그런 것이지 남들에게 그런 것처럼 보이는 것은 아무 소용도 없다. 다섯째, 스스로 낭만적이라고 여기며 음악을 듣고 술을 마시며 시간을 소비하는 것. 예술도 바른 이치를 완전히 터득한 후에 진짜 예술이 있는 것임을 잊지 말라. 여섯째, 장기나 바둑 등 오락에 심취하거나 쓸데없는 토론을 즐기고 빈둥거리며 맛있는 음식만 배불리 먹는 것. 일곱째, 가난을 부끄럽게 여기는 것. 바른 삶에 대해 모르는 것이 진정 부끄러운 것이다. 여덟째, 좋아하는 것이라면 물불 가리지 않고 달려들어 멈추지 못하는 것. 아무리 좋아하는 것이라 하더라도 적절한 때에 멈춰야 한다.

늙은 후 후회해도 소용이 없다네!
老大之後 雖悔 何追(노대지후 수회 하추)
-《격몽요결(擊蒙要訣)》 중에서

　율곡이 강조한 공부방법은 매우 단순하고 일반적이다. 왜 그럴까. 우리의 삶 자체가 매우 평범하고 소박하기 때문이다. 삶은 특별하지 않다. 아침이 밝고 낮이 되었다가 다시 어두워지고 또 날이 밝는다. 지루한 반복이 삶이다. 이 세상도 마찬가지다. 봄에 싹이 트고 여름에 무성해지며 가을에 씨앗을 맺고 겨울이면 시들어 사라진다. 그러다가 다시 봄이 온다. 신기하고 특별한 것이 설 자리가 없다. 그러면 어떻게 해야 하는가.

　일정한 속도로 흐르는 강물에 배를 띄우고, 강물이 흐르는 반대방향으로 노를 젓는다. 강물은 세상이고 배는 내 몸이며 노를 젓는 사람은 내 마음이다. 배가 움직이는 속도와 강물이 흐르는 속도가 일치하면, 그 배의 좌표는 일정하게 유지된다. 그러나 게으름을 피워 노 젓는 것을 설렁설렁하면 배는 순식간에 흘러가 거친 바다로 향한다. 죽음이다. 그러므로 노 젓는 것을 멈추어서는 안 된다. 무리하게 노를 저어 상류로 거슬러 올라가면 금방 지쳐버려 결국 바다로 들어가고 만다. 방법은 한 가지뿐이다. 강물의 움직임에 맞게 노를 젓는 것을 멈추지 말아야 한다. 쉬지도 말고 그렇다고 억지로 힘을 쓰지도 않는다. 배의 위치는 그대로 유지되지만 내 몸의 근육은 엄청나게 단련된다.

정신력도 강해진다. 그러는 사이에 내가 성장한다. 배와 강물과 바람과 하늘과 육지 사이의 조화로움을 내 몸 하나에 가득 담아낸다. 그것이 학문이다.

쉬지 않고 노를 젓겠다고 굳게 다짐하고, 그것을 성실하게 실천한다. 쉬고 싶다는 생각, 그만 포기하고 싶다는 생각을 칼로 잘라버린다. 군더더기 없는 동작으로 노를 젓는다. 노 젓는 일 자체에 기쁨을 느끼고 그것을 즐겁게 여긴다. 내가 좋아하는 것은 누가 시키지 않아도 하게 된다. 노 젓는 일을 좋아하면 된다.

율곡의 공부방법은 이처럼 단순하다. 이러한 방법으로 율곡은 아홉 번이나 과거시험에서 장원급제를 차지할 수 있었다. 그런데 여기서 질문 하나. 율곡은 왜 아홉 번이나 장원급제를 해야 했을까. 한두 번 정도 해도 되는 것 아닌가? 앞서 설명한 것처럼, 율곡의 집안은 권력과 거리를 가진 집안이었다. 그래서 가문의 힘으로 벼슬길에 오른다는 것은 어려웠다. 게다가 율곡은 한때 산으로 들어가 절에 머물며 불교공부를 했던 사람이다. 아무리 똑똑하다고 소문이 나더라도 불교에 몸을 담았다는 경력은 치명적인 단점이 되었다. 결국 그러한 편견과 차별을 극복하기 위해 율곡은 무력시위를 벌이듯 과거시험을 치렀던 것이다. 그리고 자신의 실력으로 그 편견과 차별을 이겨낸 것이다.

그런 율곡이었기에 그를 스승으로 삼고 싶어 찾아오는 사람들이 많았다. 그런데 그들은 한결같이 '과거시험에서 장원급제하는 방법'을 가르쳐달라고 했다. 율곡이 생각하는 공부는 시험을 잘 보기 위한 수단이 아님에도 불구하고, 사람들은 그에게 시험 잘 보는 방법을 요구했다. 아홉 번이나 수석을 차지한 것으로 벼슬길에 나서 이름을 떨친 게 율곡이었기에 '시험은 중요한 게 아니다.'라고 말하기가 쉽지 않았을 것이다. 요즘이나 그때나 시험에 목을 매는 사람들은 마찬가지였다. 그래서 율곡은 《격몽요결》에서 이렇게 말한다.

"시험을 준비해야 하기 때문에 바빠서 다른 것을 공부할 틈이 없다고 말하는 사람도 있고, 나는 그저 올바른 삶의 방향을 위해 공부하는 것이기 때문에 시험 준비 따위는 하지 않는다고 말하는 사람도 있다. 그런데 이 모두가 잘못이다. 올바른 삶을 위한 공부가 쌓이면 자연스럽게 시험 준비가 되는 것이다."

노벨상을 받기 위해 연구하는 학자는 없다. 열심히 연구한 학자가 노벨상을 받을 뿐이다. 1등을 위해 공부하는 게 아니다. 열심히 실력을 쌓은 사람이 1등을 할 뿐이다. 일상생활 자체를 공부라고 생각하며 바르게 살아가면 훌륭한 사람이 되는 것이다. 노를 젓는 사람과 다를 게 하나도 없다. 그럼에도 불구하고 이것저것 이유를 대며 특별한 것을 찾는 사람에게 율곡은 이렇게 말한다. "세월은 빠르다. 그렇게 기웃거리기만 하다가는 늙은 후에 남는 게 하나도 없을 것이다. 그때 후회해도 아무 소용이 없느니라.(老大之後 雖悔 何追)"

주자에게 배우는 공부방법

구체적인 연구를 통해 바른 이치를 깨달아 마음을 바르게 하라
格物致知 誠意正心(격물치지 성의정심)
-《대학(大學)》중에서

　율곡과 퇴계는 조선시대 학문의 양대산맥이라고 할 수 있다. 율곡은 적극적이고 구체적이었으나 퇴계는 상대적으로 소극적이고 추상적이었다. 어떤 사람은 "율곡은 땅(현실)을, 퇴계는 하늘(이상)을 바라보았다."라고 표현하기도 한다. 율곡은 냉철하면서도 열정적이고 철저했지만 퇴계는 부드럽고 온화했으며 포용력이 있었다. 두 사람 모두 주자의 학문을 이어받았다는 공통점을 갖고 있었지만 왜 이토록 달랐을까. 그 이유를 찾기 위해 주자를 찾아가 보자.

　주자를 알기 위해서는 그가 죽기 이틀 전까지 수정 보완에 매달렸다는《대학(大學)》을 그 출발점으로 삼아야 할 것이다. 유학(儒學)에서 학문을 배우는 단계는 크게 둘로 나눌 수 있다. 《소학(小學)》과《대학(大學)》이 그것이다. 먼저《소학》을 익히고, 그 바탕 위에《대학》을 익히는 것이다. 그렇다면《소학》과《대학》은 어떤 차이가 있는가. 복잡하게 생각할 필요는 없다. 송나라의 학자 주자의 설명을 들으면 매우 간단하다. 주자는《대학》을 해설한《대학장구(大學章句)》라는 책의 서문에서《소학》과《대학》에 대해 다음과 같이 말하고 있다.

"사람이 태어나 여덟 살이 되면 왕의 자식은 물론 일반 서민들의 자식들까지 모두 학교에 가게 된다. 그 학교에서 가르치던 내용을 담은 것이 《소학》이다. 그 과정을 거쳐 열다섯 살이 되면 그 중에 뛰어난 학생들만 선발하여 따로 가르치는데 그때 가르치던 내용을 담은 것이 《대학》이다."

《소학》은 오늘날 초등학교의 기본 교과서 정도의 역할을 한 것이며, 《대학》은 보다 더 심도 있게 학문을 닦을 때 사용하는 교과서라고 할 수 있다. 오늘날로 말하면 대학교 신입생들에게 가르치기 시작하는 정도가 될 것이다. 결국 《소학》은 일반교양이고 《대학》이 진짜 학문의 시작이라는 뜻이다. 학문으로 들어가는 문이 《대학》이라고 말하는 이유가 여기에 있다. 가장 중요한 책이라는 뜻이다.

그런데 《대학》은 독립된 하나의 책이 아니었다. 본래 49편으로 이루어진 《예기(禮記)》에 속한 하나의 챕터였다. 그것을 주자가 독립시켜 하나의 책으로 묶은 것이다. 그런데 그러한 과정에서 주자는 《예기》에 있는 《대학》을 그대로 가져오지 않고 수정을 가한다. 잘못된 것을 바로잡는다는 뜻으로 중간에 새로운 장을 만들고 134자를 자신이 직접 작성하여 집어넣었다. 체제도 새로 만들고 순서를 바꾸기도 했다. 이것은 마치 기독교를 연구하는 어느 학자가 《성경》의 잘못을 바로잡는다며 어느 한 부분을 새롭게 직접 써서 집어넣은 것과 다르지 않은 일이었다. 그렇기에 주자의 이러한 행동은 이후 많은 학자들에게 논란거리를 제공해주었다.

사실 유학(儒學)의 경전(經典)들은 대부분 이러한 논란에서 자유롭지 못하다. '분서갱유(焚書坑儒)' 사건 때문이다. 중국 최초의 통일국가로 불리는 진(秦)나라(BC 221~BC 206)는 대대적인 개혁을 추진했고 이에 반대하는 유학(儒學)을 탄압했다. 급기야 유학과 관련된 모든 책을 불태웠다. 사적으로 책을 지닌 사람들도 30일 이내에 자진 신고하여 불태우게 했고 만약 그것을 감추고 있다가 적발되면 노예가 되어 비참한 생활을 해야 했다. 학문을 이야기하며 나라의 정책을 비판하는 사람은 물론 그 가족들까지 모두 사형에 처했다. BC 191년 한(漢)나라가 '금지서적의 소지를 금하는 법'을 폐지할 때까지 20년 가까이 암흑기를 지내왔기 때문이다. 대부분의 유학(儒學) 경전(經典)들이 사라지게 된 원인이다. 몰래 손으로 베껴서 숨겨놓은 것들이나 암기한 것을 나중에 글로 남기기도 했지만 오류가 많을 수밖에 없었다. 그렇기에 주자가 새롭게 편집한 《대학》도 많은 학자들로부터 비판을 받았다. 물론 여기서 어떤 것이 옳은가 하는 문제를 말하는 것은 적절하지 않다. 다만 주자가 많은 학자들의 비판이 있을 것을 감수하면서 죽기 직전까지 《대학》의 새로운 편집에 매달린 이유가 무엇인지 생각해보는 게 목적이다. 바로 그 지점에 주자가 중요하게 여긴 것이 있기 때문이다.

"구체적인 연구를 통해 바른 이치를 깨달아 마음을 바르게 하라.(格物致知誠意正心)"가 그 핵심 키워드라고 할 수 있다.

나를 바르게 가다듬으면 세상 전체가 바르게 된다

修身齊家治國平天下(수신제가치국평천하)

-《대학(大學)》 중에서

"《대학(大學)》의 가르침은 황제와 일반 백성들을 구분하지 않습니다. 모두에게 필요한 것입니다. 바른 학문은 스스로 몸과 마음을 바르게 가다듬는 것으로 시작해야 합니다. 그렇게 하면 집안이 바르게 됩니다. 자신의 몸과 마음을 바르게 하여 모범을 보이면 집안사람들이 그 모습을 보고 배워 자연스럽게 바른 길로 나아가게 되기 때문입니다. 나라도 마찬가지입니다. 법과 형벌로 다스리는 게 아니라 임금이 몸과 마음을 바르게 하여 모범을 보이면 백성들이 그 모습을 보고 자연스럽게 바른 길로 나아가게 됩니다. 결국 나를 바르게 하여 세상 전체를 바르게 하는 것(修身齊家治國平天下)이《대학(大學)》의 가르침입니다."

주자가 34세라는 젊은 나이에 송나라 효종황제에게 올린 글 중의 일부다. '몸과 마음을 바르게 하는 것'이 공부의 시작이라는 것은 다른 유학자들의 주장과 크게 다르지 않다. 그러나 그 다음에 이어지는 부분이 주자를 다른 유학자들과 구분되게 만든다.

"그러나 그렇다고 하여 몸과 마음을 바르게 가다듬기만 한다고 모든 것이 해결되는 것은 아닙니다. 그러는 과정 속에서 사물을 보고 성실하게 연구하는 것을 함께 해야 합니다. 사물을 탐구한다는 것은 세상의 바른 이치를 파악하는 것을 말합니다. 하나의 사물이 있으면 반드시 그것에 바른 이치도 함께 있습니다. 바른 이치는 추상적인 것이기에 눈으로 확인하는 게 힘들지만, 사물은 모습이 있는 구체적인 것이기에 그것을 탐구하면 바른 이치를 좀 더 명확하고 구체적으로 파악할 수 있습니다. 그러므로 사물을 탐구하여 바른 이치를 깨닫고 그렇게 깨달은 것으로 다시 몸과 마음을 바르게 하면 세상에 그어떤 일을 만나더라도 적절하게 옳은 길을 찾아갈 수 있는 것입니다. 이러한 과정을 통해 몸과 마음을 가다듬어야 합니다. 이것이 바로《대학(大學)》의 가르침입니다."

지난번에 이야기한 "구체적인 연구를 통해 바른 이치를 깨달아 마음을 바르게 하라.(格物致知 誠意正心)"라는 것을 강조하고 있다. 상식적이고 과학적인 방법을 통해 진리를 깨우치라고 말한다.

맹자 이후 유학은 단순히 제사를 올리는 등 각종 예절에 매달리며 후퇴하기 시작했다. '달을 가리키는 데 손가락만 보는' 우매함에 빠진 것이다. 개혁이 필요한 시점에서 그저 옛것만을 유지하고 따르려고 했으니 사회 지도층에게 외면당하기 시작한 것이다. 게다가 고통스럽게 삶을 이어가는 일반인들의 삶에도 다가서지 못했다. 일반인들은 '마음만 먹으면 누구라도 부처나 신선이 될 수 있다'고 말하는 불교와 도교에 심취하기 시작했다. '열심히 공부하지 않아도 된다, 그저 마음을 평화롭게 유지하면 된다'는 말은 얼마나 달콤한 것인가. 사회 지도층은 힘으로, 법과 형벌로 사회를 유지하려고 했고, 일반인들은 그러한 고통을 이겨내기 위해 죽은 후의 아름다운 세상을 꿈꾸거나 현실을 외면하고 마음의 평화만을 추구하게 된 것이다.

그 사이에서 고민하던 주자가 찾아낸 것이 바로 실생활과 추상적인 철학의 결합이었다. 그는 '마음의 공부(心學)'를 불교에서 가져왔고, '몸의 공부(氣)'

를 도교에서 가져왔다. 그리고 공자와 맹자의 학문을 그것에 연결시켰다. 주자의 학문을 이전의 것과 따로 구분하여 '주자학(朱子學)'이라고 부르는 이유가 여기에 있다. 생활 속의 예절을 우주창조와 연결시켰고, 몸과 마음을 바르게 하는 것을 개인적 행복 차원이 아니라 세상을 다스리는 원리로 끌어 올렸다. 형이상학의 이(理)와 형이하학의 기(氣)를 결합시켰다. 존재론과 방법론을 윤리학으로 묶었다.

그런데 시기에 따라 집중하는 게 달랐다. 젊었을 때에는 방법론, 성실한 연구(格物致知)를 강조했다. 그런데 나이가 든 이후에는 존재론, 우주창조의 원리로 몸과 마음을 바르게 가다듬는(誠意正心) 것을 강조했다. 퇴계는 '늙은 주자'에, 율곡은 '젊은 주자'에 집중했다.

"나를 바르게 가다듬으면 세상 전체가 바르게 된다.(修身齊家治國平天下)"는 것에는 전혀 차이가 없으면서, 주자는 왜 젊었을 때와 늙었을 때 각각 강조한 것이 서로 달랐을까. 그리고 퇴계와 율곡은 왜 각각 집중한 것이 서로 달랐을까.

의심하지 말라, 걱정하지 말라
하늘이 항상 너와 함께 있다

無貳無虞 上帝臨女(무이무우 상제림녀)

-《심경(心經)》 중에서

1558년 봄, 율곡과 퇴계는 처음으로 만난다. 당시 율곡의 나이는 23세, 퇴계는 58세였다. 율곡은 천재로 이름이 높던 당대 젊은 피의 대명사였고, 퇴계는 조선 학문의 최고봉이었다. 그런데 율곡은 퇴계를 찾아가 인사하며 이렇게 말한다. "개인적 친분을 얻기 위해 찾아뵌 것이 아니라 진리가 무엇인지 묻기 위해 찾아뵈었습니다." 똘똘하다고 소문난 젊은이가 찾아와 인사를 한다고 해서 기특하다고만 생각하고 있었던 퇴계는 바짝 긴장을 할 수밖에 없었다. '이거 보통 놈이 아니로구나!'

23세의 젊은 천재 학자와 58세의 노회한 학자는 2박 3일 동안 함께 지내며 이야기를 나누었다. 서로가 서로에게 반했고 또 서로 다른 점과 같은 점을 깨달았다. 이후 무수히 많은 편지를 주고받았다. 율곡은 퇴계에게 "어찌 혼자서만 편하겠다고 사회적 책임을 저버리는가?", "명확하고 정확하게 지적하지 않고 흐리멍덩하게 말하는 것은 무책임하다."라고 비판했고, 퇴계는 율곡에게 "실제적 효과에만 집착하는 것은 어리석다. 진정한 학문의 세계로 돌아오라.", "늘 선배들의 글에서 틀린 곳을 찾아내 그것으로 상대방을 구석으로 몰아 도무지 입도 다시 떼지 못하도록 몰아붙이는 못된 버릇을 고쳐라."고 비판했다.

죽은 주자가 두 사람으로 환생했다. 주자가 지녔던 두 가지 개성이 두 사람으로 나뉘어 태어났다. 그리고 주자 혼자 있을 때 하지 못했던, 독립된 권위를 마음껏 무너뜨리며 자가발전이 이어졌다. 주자가 스스로 자아비판을 하기 시작한 것이다. 그래서 더욱 발전한 주자학이 되었다. 이들의 학문은 유학의 중심지를 중국에서 조선으로 바꾸어놓았다. 송나라 주자 이후 침체기에 빠진 유학은 조선에서 새롭게 꽃을 피운 것이다.

이상과 현실은 늘 부딪친다. 정확한 이론과 실제를 추구하는 것과 조금의 실수가 있더라도 보듬어 안고 함께 나아가는 포용도 서로 부딪친다. 그러나 그것이 새의 두 날개처럼 조화를 이루어야 하늘을 날아갈 수 있다. 율곡과 퇴계의 부딪침은 이처럼 긍정적인 부딪침이었다. 위대한 빅뱅이 이루어진 것이다.

그러나 계속 이어지지는 못했다. 조선시대는 임진왜란과 병자호란 등을 거치며 사회적으로 매우 불안정한 상태에 빠졌다. 그러자 지배층에서는 질서유지와 사회 안정을 위해 '예학(禮學)'을 내세웠다. '예학'이란 관혼상제에 대한 학문이다. 정해진 규범을 강조하여 사회를 안정시키려고 했던 것이다. 그런데 이것이 너무 지나쳐 본질을 흐리고 말았다. 퇴계가 이룩한 학문(心學)이나 율곡이 이룩한 학문(理學)이 아닌 규범적 윤리와 질서만을 강조하는 꼴이 되고 말았다. 우주의 탄생에 대한 논의, 인간은 어디서 왔는지, 어떻게 살아가야 하는지에 대한 논의는 중단되고 예법만을 가지고 갑론을박하는 상황을 맞이한 것이다.

그 사이에 서양문화가 들어왔다. 서양의 학문이 들어왔다. 천주교와 함께 들어왔다. 그런데 얼핏 생각해도 이해가 힘든 부분이 있다. 유교사상에 푹 젖어있던 당시 사람들이 어떻게 그토록 이질적인 천주교를 쉽게 받아들일 수 있었는가. 게다가 그와 함께 학문까지 받아들이게 된 이유는 무엇이었을까.

뜬금없는 이야기라고 느끼겠지만 구약성서 창세기 1장을 보자. "태초에 하나님이 천지를 창조하셨다. 첫째 날, 빛과 어둠을 만들고…" 주자가 40대 시절에 엮은 책《근사록(近思錄)》1장을 보자. "아무 것도 없는 것처럼 텅 비어 있지만 끝이 없는 상태를 '태극(太極)'이라고 말한다. 태극이 움직이기 시작하자 밝고 따스한 기운이 나타났다. 이것이 양(陽)이다. 움직임이 절정에 이르자 거기에서 어둡고 차가운 기운이 나타났다. 이것이 음(陰)이다." 유학을 공부한 사람들에게 창세기 1장은 아주 친근할 수밖에 없었다. 퇴계가 평생 끼고 살았던《심경(心經)》에는 "의심하지 말라, 걱정하지 말라. 하늘이 항상 너와 함께 있다.(無貳無虞 上帝臨女)"는 말이 나온다. 과학과 실용의 학문인 서학(西學)은 어떠한가. "지식 없이 인간은 완성되지 않는다."는 율곡의 이학(理學)과 연결된다. 조선의 지성인들은 드디어 '예학(禮學)'에서 탈출하여 퇴계와 율곡으로 돌아온다. 주자에게 돌아온다. 우리는 그것을 실학(實學)이라 부른다.

예학(禮學)과 실학(實學)

시(詩)를 배우지 않은 사람과는 대화를 나눌 수 없다
不學詩 無而言(불학시 무이언)
-《논어(論語)》중에서

공자는 당대 최고의 선생님이었다. 그런데 자신의 아들은 직접 가르치지 않았다. 다른 사람에게 부탁하여 가르침을 받도록 했다. 이에 대해서는 많은 해석이 존재한다.

일반적인 관점으로 자식을 직접 교육하는 것은 어려운 것이라는 게 그 중 하나다. 자식은 나의 또 다른 모습이다. 그렇기에 객관적으로 대하는 게 힘들다. 사사로운 욕심, 사사로운 감정에서 자유로울 수 없다. 공자도 그런 이유로 직접 교육을 하지 않았다는 것이다.

주자가 지은《소학(小學)》을 보면 "아이가 열 살이 되면 훌륭한 스승을 만나게 해주어야 한다. 이제까지 집안 어른들로부터 교육을 받았다면, 이제부터는 집안 어른이 아닌 새로운 스승으로부터 교육을 받도록 하는 게 좋다."라는 말이 나온다. 같은 맥락이라 할 수 있다.

혹은 너무나 세세한 일상을 환하게 알고 있기에 교육이 어렵다고 말하기도 한다. 일상의 게으른 모습이나 선하지 않은 모습을 보였으면서 '너는 그렇게 하지 말라.'라고 말하는 게 어렵다는 것이다. 올바름보다 이익을 추구하는 모습을 보였으면서 입으로는 '이익보다 올바름을 먼저 추구하라.'라고 말해야 하는 자기모순 때문에 교육이 어렵다고 말하기도 한다. 공리가 별로 영특하지 않아 공자가 가르치지 않았다는 이야기도 있다.

좌우지간 이유가 어떠했든 공자의 아들 공리(孔鯉)는 공자에게 따로 특별한 교육을 받은 게 하나도 없었다. 그러나 공자의 제자들 중에는 '스승님께서 아들에게는 뭔가 따로 특별한 걸 가르쳐주는 게 아닐까?'라고 생각하는 사람이 없지 않았다. 진항(陳亢)이 그런 사람 중 하나였다. 그가 공리에게 슬쩍 다가가 '스승님께서 뭔가 특별한 걸 가르쳐주셨을 텐데, 나에게도 좀 알려줄 수 없냐?'고 말했다. 그러자 공리는 이렇게 대답했다.

"따로 들은 것은 별로 없는데, …생각해보면 딱 두 가지가 있긴 있었다. '시(詩)를 배웠느냐?'라고 물으셔서 '아직 거기까지 진도가 나가지 않았습니다.'라고 대답하자 '시(詩)를 배우지 않은 사람과는 대화를 나눌 수 없다.(不學詩 無而言)'라고 말하신 것과 '그럼 예(禮)는 배웠느냐?'라고 또 물으셔서 '아직 거기까지도 진도가 나가지 않았습니다.'라고 대답하자 '예(禮)를 배우지 않은 사람은 제대로 살아갈 수 없다.(不學禮 無以立)'라고 말씀하신 게 전부였다."

이에 대해 주자는 이런 설명을 덧붙였다.

"시는 사람의 마음에서 우러나오는 것이지만 글자로 표현된다. 사람이 마음을 지니고 있지만 그 마음이 행동과 말을 통해서 밖으로 드러나는 것과 같은 이치다. 그러므로 시는 곧 사람과 같다. 시를 보면 세상이 돌아가는 모습을 알 수 있는 이유가 여기에 있다. 그렇기에 시를 읽으면 무엇이 옳은 것인지 무엇이 잘못인지에 대해서도 알 수 있다. 잘못을 지적하더라도 적절한 비유를 통해 부드럽게 하고, 적절한 운율을 통해 부드럽게 한다. 올바른 방향을 말해줄 때에도 강압적이지 않다. 비유를 통해 부드럽게 이끌어준다. 이러한 시의 특징을 잘 알고 있는 사람이라면 그 누구와도 대화를 나눌 수 있는 자격을 갖추었다고 할 수 있다. 그러므로 지나치지도 않고 모자라지도 않게, 적절하게, 말을 말답게 할 수 있는 사람은 시를 배운 사람이다."

마음은 겉으로 드러나지 않는다. 시(詩)는 그런 마음을 겉으로 드러내는 것이다. 그저 마음대로 휘갈기거나 내뱉는 것은 시(詩)가 아니다. 적절하게, 사람들이 잘 이해할 수 있도록, 내 마음을 오해하지 않도록, 갈고 다듬고 절차탁마하여 완성된다. 그 과정이 예(禮)다. 진심이 우러나는 것이라면 굳이 형식이 필요하지 않다. 형식이 파괴되더라도 진정성이 흘러넘치면 그게 새로운 형식이 된다. 그것이 예(禮)의 본질이다. 허례허식에 얽매여, 형식에만 맞게 꾸며낸 시(詩)에는 진정성이 없다. 그렇기에 형식에는 들어맞더라도 시(詩)라고 말할 수 없다.

공자와 주자는 '상황에 따라 적절히 하라.'고 말했다. 진정성이 흘러넘치면 그게 진정한 예(禮)라고 말했다. 조선이 임진왜란과 병자호란을 겪으며 과도하게 빠져든 '예학(禮學)'은 예(禮)의 본질을 잊는 잘못을 범했다. 지나치게 나아갔다. 실학(實學)은 지나친 것을 갈아내고 모자란 것을 보충하여 적절하게 하려는 움직임이었다. 고정된 하나의 틀이 아니라는 뜻이다.

이제부터 그 실학(實學)의 속살을 들여다보자.

사랑하고 존경하는 마음이 예(禮)의 본질이다

愛敬之實 其本也(애경지실 기본야)

-《주자가례(朱子家禮)》중에서

실학(實學)에 대해 우리는 제대로 알고 있을까. 경기도 남양주에 있는 '실학박물관'에 가면 이런 설명을 만날 수 있다.

"실학은 조선후기에 등장한 우리나라 유학(儒學)의 새로운 학풍입니다. 조선후기에는 임진왜란과 병자호란으로 국가기능이 마비되고 국토가 황폐화되었습니다. 이에 대처하기 위해 조선사회에서는 여러 가지의 개혁을 진행하여 농업생산력이 회복하는 한편, 새로운 상업이 발달하였습니다. 하지만 학문은 여전히 현실생활과는 동떨어진 성리학(性理學)과 예학(禮學) 속에서 잠자고 있었습니다. 이러한 학풍을 반성하고 국가의 총체적 개혁과 대외개방을 지향하려는 새로운 학풍이 일어났는데, 이것이 곧 실학(實學)입니다."

실제 생활에 활용 가능한, 과학적인, 실제 생활을 윤택하게 해주는 방향을 강조하고 있다. 그런데 실학(實學)이 과연 그런 것일까?

실학(實學)은 허학(虛學)에 대한 상대개념에서 출발했다. 일상생활을 성실하게 유지해 나아가는 과정 속에서 이루어지는 게 진짜 학문(實學)이라는 뜻이다. 그렇다면 실학이라는 말이 나온 이유는 무엇일까. 도교(道教)와 불교(佛教)의 세력이 강해졌을 때 나온 말이 실학이다. 도교와 불교는 현실 세계를 부정한다. 현실은 헛된 것이라고 말한다. 그러나 유학(儒學)은 현실을 포용한다. 성실한 생활을 통해 이상을 실현해야 한다고 강조한다. 그렇기에 도학(道學)과 불학(佛學)은 허학(虛學)이고 유학(儒學)은 실학(實學)이 된다.

유학(儒學)은 현실과 이상 사이에 적절한 긴장관계를 유지하며 나아간다. 그래서 중(中)을 강조한다. 지나치게 형식만을 강조(禮學)해도, 지나치게 형이상학에만 치우쳐도(性理學) 안 된다. 그 모두가 중(中)을 잃은 것이기 때문이다. 치우치면 허학(虛學)이 된다.

역사는 과거의 일인가? 아니다. 오늘의 일이다. 오늘과 연결되어야 한다. 학문은 이상적인 것인가? 아니다. 오늘 어떻게 살아가는 게 올바른 것인지 알려줘야 학문이다. 그러므로 모든 역사와 학문은 오늘의 것이지 과거나 미래의 것이 아니다. 실학(實學)도 마찬가지다. 과거 어느 시점의 학문 경향이 아니다. 오늘 살아서 숨 쉬는 학문이 바로 실학이다. 게다가 생산 경제에 관한 일, 실업(實業)도 아니다. 실학은 실업학이 아니다.

지금 우리가 말하고 있는 '실학'은 정리정돈이 필요하다. 우리가 말하는 실학자는 어떤 사람들인가. 가톨릭에 우호적이었던 이익과 정약용, 가톨릭을 극단적으로 반대했던 안정복과 신후담, 가톨릭에 무관심했던 홍대용, 박지원이 함께 묶여져 있다. 여기에 양명학을 내세웠던 정제두, 도교(道敎)의 경전인 《도덕경(道德經)》에 주석을 달았던 박세당도 함께 한다. 이들의 학문을 반주자학으로 묶을 수도 없으며 민족주의로 묶을 수도 없다. 그렇다면 무엇이냐? 이들은 유학(儒學)을 반대한 사람들이 아니다. 어느 한쪽으로 치우친 유학(儒學)을 바로잡으려고 했던 사람들이다. 허학(虛學)에 빠진 유학(儒學)을 실학(實學)으로 돌려세우려고 노력했던 사람들이다.

흔히 실학자들이 주자학을 반대했다고 알고 있지만 그들이 반대한 것은 예학(禮學)이었다. 예학은 주자가 예법에 대해 정리한 책《주자가례(朱子家

禮)》에 근거한다. 그렇기에 '예학=주자학'이라는 왜곡된 시선이 존재하는 것이다. 그러나 주자는 "이것을 지키지 않으면 안 돼!"라고 소리 지르려고 이 책을 만든 게 아니었다. 너무나 복잡한 예법이 활개 치는 모습이 보기 싫어서 간단하게 정리하는 의미로 책을 만든 것이다. 그는 《주자가례(朱子家禮)》의 서문에서 이렇게 말한다. "예(禮)에는 근본정신과 그것을 드러내는 형식이 존재하는 데, 사랑하고 존경하는 마음이 예(禮)의 본질이다.(凡禮有本有文 愛敬之實 其本也.)"

주자는 형식에만 얽매이지 말고 상황에 따라 형편에 따라 적절히 하라고 말했다. 시대가 바뀌었고 지역마다 사람들 생각도 다 다르다는 것을 인정하라고 말했다. 실학의 정신에 입각한 책이 바로 《주자가례(朱子家禮)》였다는 뜻이다. 복잡한 절차를 간결하고 합리적으로 만들겠다는 게 그의 목적이었다. 그런데 우매한 학자들이 주자의 정신은 이해하지 못하고 형식만 받들었던 것이다.

실학(實學)은 새롭게 나타난 학문의 경향이 아니다. 유학(儒學)의 본질일 뿐이다.

성현(聖賢)들의 가르침은 횡설수설이다

聖賢之說 或橫或豎(성현지설 혹횡혹수)

-《성학집요(聖學輯要)》중에서

횡설수설(橫說豎說)이라는 말을 들어봤을 것이다. 사전을 찾아보면 "말을 이렇게 했다가 저렇게 했다가 하다, 두서가 없이 아무렇게나 떠들다."라는 해설을 볼 수 있다. '술에 취해 꼬부라진 혀로 횡설수설한다.'라는 용례도 나온다.

그런데 율곡 이이가 자신의 모든 것을 담아 엮어낸 위대한 책《성학집요 (聖學輯要)》제1편 '통설(統說)'을 보면 바로 이 말의 뿌리가 나온다. 제1편의 '들어가는 말' 부분을 읽어보자.

"성현들의 가르침을 살펴보면(聖賢之說) 때로는 횡으로 말하기도 하고 또 때로는 수로 말하기도 합니다(或橫或豎). 바른 이치의 본질과 그것의 활용에 대해 더불어 다 함께 이야기한 것도 있고(有一言而該盡體用者) 그 중에 하나만을 이야기한 것도 있습니다(有累言而只論一端者). 그 중에서 두 가지를 모두 이야기하는 부분만 모아 첫머리로 삼았습니다(今取體用摠擧之說 爲首篇)."

횡(橫)은 가로를 뜻한다. 좌우로 길게 늘어뜨리는 것이다. 수(豎)는 세로를 뜻한다. 위 아래로 곧게 세우는 것이다. 그 다음에 체(體)와 용(用)을 말하고 있다. 거칠게 말한다면 체(體)는 본질이고, 용(用)은 그 쓰임이다. 그러므로 이것을 바탕으로 율곡의 글을 다시 정리하면 이 정도가 될 것이다.

"성인(聖人)들과 훌륭한 선배 학자들의 이야기를 자세히 살펴보면, 때로는 바른 이치의 본질에 대해서 이야기하기도 하고 또 때로는 그것의 활용에 대해서 이야기하기도 합니다. 하나의 문장 안에 그 모든 것을 다 포함하여 말하기도 하고 때로는 어느 한 가지에 대해서만 말하기도 합니다. 그 중에서 두 가지를 모두 이야기하는 부분만 모아서 제일 앞부분에 배치했습니다. 바른 이치를 큰 틀에서 보고 파악할 수 있도록 하기 위해서입니다."

이제 다시 돌아가 '횡설수설(橫說竪說)'에 대해 생각해보자. 이론과 원칙만 가지고 살아가는 것은 힘들다. 그러나 이론과 원칙이 없이 그냥 때에 따라 마음대로 살아가는 것도 잘못이다. 눈이 쌓인 미끄러운 들길을 걸어간다고 생각해보자. 정확한 방향을 잃지 않기 위해서는 멀리 앞을 내다봐야 한다. 그러나 발밑을 살피지 않으면 넘어져 엉덩방아를 찧게 된다. 발밑만 살피며 걸어가면 넘어지지 않을 수 있다. 그러나 멀리 내다보지 않으면 엉뚱한 곳을 향해 나아가거나 갈지자로 우왕좌왕하며 제자리를 맴돌게 된다.

어떻게 해야 하는가. 발밑을 살펴 넘어지지 않게 함과 동시에 멀리 내다보며 방향도 잃지 않도록 조심해야 한다. 발밑을 살피는 것에 대한 가르침이 횡설(橫說)이라면 방향을 잃지 않기 위해 멀리 내다보는 것에 대한 가르침이 수설(竪說)이다. 또는 그 반대라고 해도 무방하다.

좌우지간 이론과 실천, 본질과 그 활용을 더불어 추구해 나아가는 게 유학(儒學)의 기본 개념이다. 자신을 바르게 갈고 다듬는 게 '수기(修己)'다. 그런데 자신을 바르게 가다듬는 목적은 나 혼자 잘 먹고 잘 살기 위함이 아니다. 세상 사람들 모두가 행복하고 편안하게 살아가게 하는 게 목적이다. 그것이 '안민(安民)'이고 '치인(治人)'이다. 나 혼자 잘 살기 위한 '수기(修己)'는 잘못이며, 나는 엉망이면서 다른 사람들에게 올바르게 살아가라고 간섭하는 '치인(治人)'도 잘못이다.

율곡이 《성학집요(聖學輯要)》제일 첫머리에 놓은 '통설(統說)'은 횡설(橫說)과 수설(竪說)을 통합(統合)한 설(說)이다. 그러므로 '횡설수설(橫說竪說)'이다. 그런데 공부가 깊지 못한 사람들은 율곡의 이러한 설명을 잘 이해하지 못한다. 그러니 '도대체 무슨 말을 하는 거야?'라고 고개를 갸우뚱거릴 수밖에.

'횡설수설(橫說竪說)'은 학문의 최고봉이다. 이론과 실제를 자유롭게 넘나드는 석학의 경지다. 오해하지 말라. 이해하지 못한 스스로를 부끄러워하라.

성인(聖人)과 덕(德)

너의 선입견을 버리고 있는 그대로를 살펴보라

以物觀物 無以己觀物(이물관물 무이기관물)

-《황극경세서(皇極經世書)》중에서

"호랑이하고 사자가 싸우면 누가 이겨요?" 어렸을 때 흔히 하는 질문 중 하나다. 과연 누가 이길까? 호랑이나 사자라는 정보만으로는 판단 불가능하다. 더 많은 정보가 필요하다. 나이는 어느 정도인지, 건강한지 병약한지, 싸우려는 의지가 강한지 아니면 약한지, 각자에 대한 더 많은 정보가 필요하다. 홈경기인지 어웨이경기인지도 따져봐야 한다. 그들을 살피고 그들의 이야기를 잘 들어봐야 판단할 수 있다.

유학(儒學)도 마찬가지다. 고전 읽기도 마찬가지다. 하나의 잣대만으로는 좌표를 구성할 수 없다. 넓게 퍼져나가는 횡설(橫說)과 위 아래로 뻗는 수설(竪說)이 갖추어져야 정확한 좌표를 만들 수 있다. 새가 두 개의 날개로 퍼덕여야 날아갈 수 있는 것과 같은 이치다.

나의 생각을 상대에게 강요하는 게 아니다. 너의 생각과 나의 생각을 적절하게 결합하여 조화롭게 만드는 게 중요하다. 토론은 싸워서 이겨야 하는 게임이 아니다. 상대의 주장을 잘 듣고 적절한 결론을 만들어내는 게 토론이다. 그리고 그것이 진정한 학문이다.

계단을 오르는 것과 같다. 한 계단 한 계단 꾸준히 오르다보면 체력도 강해지고, 그렇게 나를 단련하며 오르다보면 앞이 훤하게 트이는 곳에 도달하게 된다. 그 상태에서 살펴보면 모든 것이 명확하게 눈에 들어온다.

에스컬레이터를 타고 오르면 체력을 강하게 만들지 못한다. 훤하게 트인 곳에 도달하더라도 앞에 펼쳐진 세상을 이해하지 못한다. 계단을 오르다가 다시 내려가는 것을 반복하면 체력은 강해질지 모르지만 훤하게 트인 곳에는 도달하지 못한다.

과정을 거치며 스스로 깨닫게 된다. 과정을 거치지 않으면 진리 앞에 도달하더라도 그게 진리인지 깨닫지 못한다. 그러한 과정을 거치는 게 공부다. 타인을 이해하고 자연을 이해하고 우주를 이해하는 과정에서 내가 누구인지 깨닫게 된다.

공부를 할 때는 모든 것을 환하게 이해할 수 있을 때까지, 최선을 다해 끝까지 나아가야 한다. 허술하게 해서는 안 된다. 책을 읽을 때에도 마찬가지다. 환하게 이해하기 위해서는 마음을 비우고 책을 읽어야 한다. 자신의 생각을 고집하며 책을 읽으면, 옛사람들의 말을 끌어다가 자기 생각의 근거로 사용하려고 노력하며 책을 읽으면, 엉망이 된다. 그것은 책을 읽는 것이 아니라 책을 향해 설교하는 것이다. 아무 것도 배우지 못한다.

유학(儒學)에서 공부의 목적은 스스로 성인(聖人)이 되기 위해서다. 성인(聖人)이라고 할 때 사용되는 성(聖)이라는 글자를 잘 살펴볼 필요가 있다. 귀(耳)가 가장 먼저 나온다. 그 다음에 입(口)이 나온다. 먼저 들어야 한다. 그 다음에 말하는 것이다.

듣는 것을 한자로는 청(聽)이라고 쓴다. 글자 모양을 잘 살펴보자. 맨 먼저 귀(耳)가 나온다. 그 옆에 '얻는다'는 의미의 득(得)이 있고 그 아래 마음(心)이 있다. 상대방의 말에 귀를 기울여 상대의 마음을 얻는 것이다. 그래서 상대의 마음을 얻는 것이 덕(德)이다. 말하는 게 아니라 듣는 게 덕(德)이고, 그렇게 잘 듣는 게(聽) 공부의 과정이며, 그것이 익숙해지면 성(聖)이 된다.

"마음을 활짝 열고 다른 사람의 이야기를 들어라. 너의 관점과 생각은 뒤로 미루어두고, 있는 그대로 순수하게 받아들여라(放寬心 以他說看他說 以物觀物 無以己觀物)." 송나라의 학자 소옹(邵雍, 1011~1077)의 말이다.

'이렇게 해라, 저렇게 해라.'라고 잔소리하는 게 유학(儒學)이라고 생각하면 곤란하다. 듣는 게 먼저다. 말 많은 사람은 허학자(虛學者)다. 잘 들어주는 사람이 실학자(實學者)다. 그것에 익숙해진 사람이 성인(聖人)이다.

인(仁)은 소통하는 것이다

다른 사람의 아픔에 공감하는 게 사람이다
無惻隱之心 非人也(무측은지심 비인야)
-《맹자(孟子)》중에서

공자가 가장 강조한 말 중에 하나가 인(仁)이다. 그렇다면 인(仁)은 무엇일까. 공자와 그 제자들이 나누었던 대화와 공자의 행적을 기록하여 정리한 책《논어(論語)》를 살펴보는 게 첫걸음이 될 것이다. 그런데 아무리《논어(論語)》를 뒤져보아도 인(仁)에 대한 정의를 찾기는 쉽지 않다. 인(仁)에 대한 설명이 '그때 그때 달라요'였기 때문이다.

중궁(仲弓)이 인(仁)에 대해 물었을 때에는 "모든 사람들을 중요한 손님처럼 대하고, 어떤 일을 하더라도 정성을 다하며, 내가 싫어하는 일을 남에게 시키지 않는 게 인(仁)이다."라고 대답했으며, 안연(顔淵)이 물었을 때에는 "사사로운 욕심을 이겨내고 바른 예(禮)로 돌아오는 것(극기복례(克己復禮))이다."라고 대답했다.

왜 이렇게 다르게 표현했을까. 공자에게는 3천명의 제자가 있었다고 한다. 그런데 공자가 제자들을 가르치는 방식은 현재 우리가 생각하고 있는 방식이 아니었다. 커다란 강의실에 그들을 앉혀놓고 하는 일방적인 강의는 거의 없었다. 공자는 홀로 공부하고 책 읽고 사색에 잠길 뿐이었다. 그러다가 누군가 찾아와 궁금한 것을 물어보면 그것에 대답해주는 게 교육의 전부였다. 그러니 대부분 1:1 방식으로 대화를 나누거나 기껏해야 4-5명이 모여 앉는 게 전부였다고 봐야 한다. 그러므로 상대에 따라, 그리고 그날 나누었던 대화의 내용에 따라 이야기하는 방식이나 내용이 달라질 수밖에 없었다. 상대의 눈높이와 그날의 주제에 어울리는 맞춤형 교육이 이루어졌다는 뜻이다.

게다가 '인(仁)은 무엇이다.'라고 정확하게 정의를 내리지도 않았다. 공자가 인(仁)에 대해 정밀하게 알지 못했기 때문이 아니다. 인(仁)은 고정된 하나의 개념이 아니기 때문이다.

공자의 학문을 이어받은 맹자도 마찬가지였다. 맹자는 "위험에 처한 어린 아이를 보면 누구나 깜짝 놀라서 달려가 구해주려는 마음을 갖게 된다. 그것은 누가 시켜서 그런 것도 아니고 깊이 생각하여 내리는 판단도 아니다. 그저 순간적으로, 감각적으로 그렇게 하는 것이다. 그것이 바로 누구나 본래 지니고 있는 '측은지심(惻隱之心)'이다. '측은지심'이란 다른 사람의 아픔에 공감하는 것이다. 그것이 없으면 그는 사람이 아니다. 이러한 '측은지심'이 바로 인(仁)의 씨앗이다."라고 말했다. 고개를 끄덕이게 만드는 설명이지만 여전히 인(仁)이 무엇인지에 관해서는 불투명하다.

그런데 이처럼 인(仁)이 무엇인지 명확하게 알지 못해 답답했던 사람은 우리들뿐만이 아니었다. 공자의 제자들도 마찬가지였다. 그렇기에 수시로 공자의 집 문턱을 넘나들며 "인(仁)이 무엇입니까?"라고 묻고 또 물었던 것이 아니겠는가.

이처럼 애매모호한 인(仁)에 대해 명확하게 설명을 해낸 사람은 송나라의 학자 정호(程顥, 1032-1085)라고 할 수 있다. 그의 말을 들어보자.

"의학 책을 보면, 손발이 마비되는 병을 가리켜 '불인(不仁)'이라고 말한다. '인(仁)'이 무엇인지에 대해 이처럼 적절한 표현을 나는 아직 보지 못했다."

손발이 마비되면 손에서 피가 흘러도 발에 문제가 생겨도 이를 깨닫지 못한다. 그것이 불인(不仁)이라면 인(仁)은 무엇인가. 예민하게 느끼는 것이다. 신발에 작은 모래알 하나가 들어가도 불편함을 느낀다. 손톱 밑에 작은 가시가 박혀도 깜짝 놀라며 고통스럽게 생각하며 그것을 해결하려고 노력한다.

더 넓혀서 생각해보자. 부모의 불편한 마음을 놓치지 않는다. 항상 관심을 갖고 지켜보며 적절히 대응한다. 친구들은 물론 이웃에게도 그렇게 대한다. 얼굴을 모르는 다른 사람들도 그렇게 대한다. 멀리 떨어진 아프리카에서 굶어죽고 있는 사람들의 고통도 마치 내 손톱 밑에 박힌 가시처럼 안쓰럽고 고통스럽게 생각한다.

그렇기에 인(仁)은 소통하는 것이다. 타인의 고통을 외면하지 않는 것이다.

인(仁)은 소극적인 게 아니다

올바름을 따르는 것이 이익을 가져온다
義利之本也(의리지본야)
- 《춘추(春秋)》 중에서

인(仁)은 소통하는 것으로 시작한다. 그러나 소통이 인(仁)이라고 생각해서는 곤란하다. 타인의 아픔을 자기 아픔처럼 느끼며 안타깝게 생각하는 마음, 타인의 기쁨을 나의 기쁨처럼 느끼며 즐거워하는 마음이 인(仁)이라고 생각하면 곤란하다. 그것은 인(仁) 그 자체가 아니라 인(仁)의 씨앗일 뿐이다. 그러한 마음이 싹을 틔우고 줄기를 뻗어 무럭무럭 자라나게 만들어야 한다.

우물가로 기어드는 아이를 보고 안타깝게 느끼는 것만 가지고서 인(仁)이라고 하지 않는다. 반드시 달려가 그 아이가 우물에 빠져 죽지 않도록 행동해야 한다. 실천이 이어지지 않는다면 아무 것도 아니다. 반드시 실천이 이어져야 한다.

유학(儒學)을 공부하는 선비라고 하면 어떤 모습을 떠올리는가. 농사를 짓거나 열심히 일을 해서 가족들을 먹여 살릴 생각은 하지 않고 방구석에 처박혀 '공자왈 맹자왈'하며 지내는 모습을 떠올리는 사람도 있을 것이다. 쌀독은 비어 있는데, 그런 사사로운 이익에 대해서는 고민하지 않고 그저 "공자가 말하기를 군자는 오직 올바름(義)에 대해서만 생각하고 소인은 이익(利)에 대해서만 생각한다고 했느니라(君子喩於義 小人喩於利)."라고 중얼거리는 모습을 떠올리기도 할 것이다. 그러나 이것은 커다란 잘못이다.

문장 구조를 얼핏 보면 올바름을 뜻하는 의(義)와 이익을 뜻하는 이(利)가 대비되어 있어 마치 그것이 선과 악처럼 상대적인 것이라고 오해하는 사람들이 많다. 그러나 공자가 강조하며 방점을 찍은 곳은 의(義)와 이(利)가 아니라 "오직 그것만을 생각한다."이다.

세상 사람들 모두가 오직 자신의 이익만을 추구하면 세상은 어떻게 되겠는가. 전쟁터가 된다. 다른 사람은 생각하지도 않고 자기 이익만 챙기면 엉망진창이 되어 세상 전체가 쇠락해지고 암울해진다. 세상 전체로 판단하면 이익의 총량이 줄어든다는 뜻이다. 자신의 이익만을 생각하면 이익 자체가 줄어든다는 뜻이다. 이익을 추구했으나 결국 이익이 적어지는 결과를 맞이하게 된다.

가장 좋은 길은 어떤 길인가. 이익의 총량을 늘리는 것이다. 협조하고 협력하면 이익의 총량이 늘어난다. 고르게 나누어 갖고 공정하게 하면 결국 내가 가져가는 이익도 많아진다. 그렇기에 "올바름을 따르는 것이 이익을 가져온다(義利之本也)."는 의미는 매우 크고 중요하다.

이익의 총량을 늘리는 것이 올바름(義)이다. 그것을 실제로 구현해내기 위해 실천해야 한다. "군자는 올바름(義)에 대해서만 집중한다."라는 말에는 적극적이고 구체적인 행위와 실천이 포함되어 있다. 생산량을 늘려 풍요로운 세상이 될 수 있도록, 모두가 넉넉하게 잘 살 수 있는 방법을 연구하고 그것을 실천에 옮기는 사람이 군자다. 늘어난 이익을 공평하게 분배하고 공정하게 나누어가질 수 있도록 만드는 사람이 군자다.

그렇다면 방구석에 처박혀 "세상일엔 관심이 없어요. 난 오로지 올바름(義)만 생각한답니다."라고 말하는 사람은 누구인가. 이익만 밝히는 소인(小人)은 아닌 것이 분명하다. 그러나 군자도 아니다. 세상과 소통하지 않고 있기 때문이며 실천도 하지 않고 있기 때문이다.

흔히 인(仁)이라고 하면 '어질다, 인자하다'라는 개념을 떠올린다. 그러나 인(仁)은 그렇게 유약한 게 아니다. 소극적인 것도 아니다. 내 몸을 살피는 것처럼 세상을 살핀다. 내 몸을 사랑하는 것처럼 세상을 사랑한다. 내 몸에 가시가 박혀 있으면 정성을 다해 가시를 뽑아내는 것처럼, 세상에 박힌 가시도 뽑아내야 한다. 사람들을 고통스럽게 만드는 게 무엇인지 세심하게 살펴서 해결해내야 한다. 실천하지 않는 인(仁)은 싹을 틔우지 못하는, 죽은 씨앗일 뿐이다.

인(仁)은 항상 의(義)와 함께 한다. 모두가 행복하게 잘 사는 풍요로운 세상을 만들기 위해 실천해야 한다. 불의(不義)에 맞서 용감하게 나아가야 한다. 그것이 인(仁)의 길이다.

예(禮)는 예의범절이 아니다

이기심을 버리고 예(禮)로 돌아오는 것이 인(仁)이다
克己復禮爲仁(극기복례위인)
-《논어(論語)》중에서

세상의 모든 것을 사랑하는 마음으로, 부당하게 고통 받거나 어려움에 처한 것들을 안타깝게 여기며, 잘못된 것을 바로잡아 모두가 행복하게 잘 사는 풍요로운 세상을 만들기 위해 노력하는 것이 인(仁)과 의(義)다.

그런데 유학(儒學)에서 강조하는 것은 인(仁)과 의(義)뿐만이 아니다. 맹자는 '사람은 본래 선하게 태어났다.'라고 말하며 그 근거로 사단(四端)을 제시한다. 사단(四端)이란 네 가지 씨앗을 뜻하는 데, 그 씨앗에서 자라나는 것이 바로 인의예지(仁義禮智)다. 인(仁)과 의(義)에 대해서는 이미 설명을 했으니 이제는 그 나머지 부분인 예(禮)와 지(智)에 대해서 알아보자.

흔히 예(禮)라고 하면 예절을 잘 지키는 것이나 복잡한 예법을 잘 따르는 것을 머리에 떠올린다. 그러나 예(禮)는 그런 것이 아니다. 그림 그리는 것으로 설명해보자.

동양화 중에 흔하게 볼 수 있는 그림 중 하나가 바로 난초 그림이다. 난초 그림은 번잡하지 않고 단순하면서도 매우 아름답다. 곧게 뻗은 잎의 기세와 고고한 자태는 보는 이의 마음에 감동으로 다가온다. 붓으로 한번 쭉 그어가면 완성될 것처럼 보이지만 실제로 해보면 대가(大家)들이 그린 그림과는 그 격이 확연히 다르다는 것을 알게 된다. 그렇다면 대가를 찾아가 '어떻게 하면 난을 잘 그릴 수 있는지 설명해주십시오.'라고 부탁하면 해결될 수 있을까. 그는 아마 이렇게 대답할 것이다. '글쎄, 나도 잘 모르겠는 걸?'

그렇다면 어떻게 해야 할까. 난초 그림의 대가가 그린 그림을 보고 따라하는 게 그 첫걸음이라고 할 수 있다. 대가가 곁에 있다면 그림을 그리는 모습을 직접 보면서 따라하는 것도 방법이다. 처음에는 어색하고 힘들어 쩔쩔맬게 분명하다. 그러나 멋진 난초 그림을 그리고 싶다는 의지가 강하다면 그런 것을 이겨내야 한다. 그렇게 열심히 노력하다보면 대가가 그린 그림과 똑같은 그림을 그릴 수 있는 경지에 오를 수 있을 것이다.

그때 대가를 찾아가 '제가 선생님 그림과 똑같은 그림을 그렸습니다!'라고 말해도 그 대가는 별 반응을 보이지 않을 것이다. 그것은 난초 그림이 아니라 단순한 복사물이기 때문이다. 복사한 것은 작품이 아니다. 대가에게 '이 난을 똑같이 다시 그려주십시오.'라고 부탁해도 이전에 그린 그림과 똑같은 그림은 나오지 못한다. 새로운 그림이 나올 뿐이다.

그러므로 대가의 그림과 똑같이 그릴 수 있다 하더라도 대가의 수준에 오른 것은 아니다. 그것은 그저 따라하는 것에 불과하기 때문이다. 현재의 상황에 어울리며 자신만의 개성이 함께 하는 난초 그림을 그리기 위해서는 더 많은 노력이 필요하다. 그것이 몸에 익숙해지면, 이제 대가가 그린 난초 그림은 버려도 된다. 따라하는 것이 아니라 나만의 호흡으로 그려도 멋진 그림이 완성되기 때문이다.

멋진 난을 그리는 것은 기술이 아니다. 그렇기에 팔의 각도를 어떻게 하고 붓을 쥐는 손의 힘은 어떻게 조절하는지 등 구체적 데이터가 나오지 못한다. 그저 그때의 감정에 따라, 마음 상태에 따라, 자신이 의식하지도 않는 상황에서 편안하고 즐겁게 휙 붓을 놀리면 그게 멋진 작품이 된다.

대가가 난초 그림을 그리는 행위가 바로 예(禮)다. 훌륭한 사람들이 당시 상황에 적절하게 인(仁)과 의(義)를 밖으로 표현해내는 것이 예(禮)다. 그림은 행위가 남긴 부스러기일 뿐이다. 부스러기를 붙들고 본질이라고 우겨서는 곤란하다. 그러므로 그들과 똑같이 한다고 해서 예(禮)를 이룬 것은 아니다.

공자가 "이기심을 버리고 예(禮)로 돌아오는 것이 인(仁)이다."라고 말한 이유를 잘 살펴야 한다. 방점은 어디에 찍혀 있는가. 인(仁)에 찍혀 있다. 인(仁)과 의(義)를 적절하게 드러내는 행위 자체가 이미 예(禮)다. 그 사람의 의도는 모른 채 행동만 따라하면서 예(禮)라고 우겨서는 곤란하다.

지(智)는 지식이 아니다

서로 소통하여 아는 것이 '지(智)'다

通曰智(통왈지)
- 《통서(通書)》 중에서

맹자가 강조한 인의예지(仁義禮智) 중에 인(仁)과 의(義), 그리고 예(禮)에 대해서 알아보았으니 이제 지(智)를 알아볼 차례다.

지(智)는 앞서 설명한 인(仁)과 의(義), 그리고 예(禮)에 비하면 이해가 그리 어렵지 않다. 지(智)는 바르게 아는 것이다. 어설프게 혹은 어슴푸레하게 아는 게 아니라 명확하고 정확하게 아는 것을 뜻한다. 어림짐작으로 아는 게 아니라 확실하게 아는 것이다. 아는 것에서 그치는 게 아니라 몸에 습관으로 들러붙는 것을 말한다.

어린 아기가 엄마의 젖을 빠는 것은 어떠한가. '엄마의 젖을 빨지 않으면 죽는다. 그러므로 젖을 빨아야 한다. 엄마의 젖은…'라는 분석을 거친 후에 젖을 빠는가. 아니다. 두뇌로 생각하기에 앞서 자동적으로 입을 가져간다. 본래 엄마와 하나의 몸으로 있었기에 자연스럽게 서로 통하는 게 있다. 그게 바로 진실로 아는 것이다. 후천적으로 아는 것과는 차원이 다르다.

더 넓혀서 생각해보자. 이 우주는 어떠한가. 우리는 빅뱅이 이루어졌을 때 만들어진 각종 물질과 에너지로부터 생명을 얻었다. 본래 우주 전체와 하나로 있었기에 자연스럽게 서로 통하는 게 있다. 우리는 우주 전체와 피를 나눈 사이다. 그러므로 서로 통하지 않을 수가 없다. 우리는 모두 본래부터 이토록 '통(通)'에 능하다.

그런데 점점 자라나 다른 정보와 지식을 쌓으며 본래 가지고 있던 본능적인 앎의 감각을 잃고 만다. 몸이 알고 있던 것들은 다 버려두고 외부의 것만 가져와, 그것을 머리에만 채우려고 한다. 그러니 몸과 머리가 따로 놀 수밖에 없다. 머리로는 알아도 몸은 그것을 편안하게 따르지 않는다. 잘못된 길이라는 것을 머리로는 알면서도 몸으로는 그만두기가 쉽지 않다. 그것을 조화롭게, 몸과 마음을 조화롭게, 본래 지니고 있던 것처럼 자연스럽고 편안하게 만드는 게 바로 '지(智)'다.

여기서 송나라의 학자 주돈이(周敦頤, 1017 ~ 1073)의 설명을 들어보자.

"'인(仁)'은 모든 것을 사랑하고 존중해주는 마음이다. '의(義)'는 올바름이고 마땅함이다. '예(禮)'는 인(仁)과 의(義)를 실천하는 구체적인 모습이다. '지(智)'는 서로 소통하여 아는 것이다.(德愛曰仁, 宜曰義, 理曰禮, 通曰智)"

여기서 주목해야 할 것은 '지(智)'에 대한 주돈이의 설명이다. 그는 '통(通)'이 바로 '지(智)'라고 말한다(通曰智). '통(通)'은 무엇인가. 우리가 흔히 말하는 '사통팔달(四通八達)'이 '통(通)'이다. 그 어디든지 막히지 않고 다 연결되는 것을 말한다.

지식의 벽을 쌓아놓고 '너희들이 모르는 것을 나는 알고 있다. 모르는 녀석들은 여기 들어올 생각도 하지 말라!'라고 어깨에 힘을 주는 것은 올바른 '지(智)'가 아니다. 막히지 않고 서로 통하게 하는 게 '지(智)'다. 단순히 지식을 쌓는 것은 저급한 것이다. 책을 읽어 글쓴이의 마음을 알아내는 것이 '지(智)'다. 마찬가지로 다른 사람들과 마음을 터놓고 소통하며 그들의 마음을 이해하고 손을 잡는 것 또한 '지(智)'다. 세상의 모든 것과 연결되어 있는 게 삶이라는 것을 깨닫는 게 바로 '지(智)'다.

바로 여기서 '인(仁)'을 떠올리는 사람이 있다면 매우 영민한 사람일 것이다. 이전에 송나라의 학자 정호(程顥)가 설명한 인(仁)은 어떠했는가.

"의학 책을 보면, 손발이 마비되는 병을 가리켜 '불인(不仁)'이라고 말한다. '인(仁)'이 무엇인지에 대해 이처럼 적절한 표현을 나는 아직 보지 못했다."

정호(程顥)가 설명한 '인(仁)'과 주돈이(周敦頤)가 설명한 '지(智)'는 이상하게도 닮았다. 맹자는 사람의 본래 마음을 '인의예지(仁義禮智)', 네 가지를 들어 설명했다. 그런데 첫머리인 '인(仁)'과 꼬리에 위치한 '지(智)'가 이토록 비슷해 보이는 이유는 무엇인가.

다음 회에서 그 이유를 명확하게 밝혀보자.

정성을 다하면 알게 되고, 알게 되면 정성스러워진다

自誠明 自明誠(자성명 자명성)
-《중용(中庸)》중에서

'배우다', '공부하다'라는 의미를 영어로 표현하면 'study' 혹은 'learn' 정도가 될 것이다. 간단하게 하나의 단어로 해결된다. 그런데 동양에서는 다르다. 반드시 '학(學)'과 '습(習)', 두 가지를 합쳐서 말해야 한다. '학습(學習)'이 하나의 단어라고 생각하면 곤란하다. 2개의 의미가 묶인 개념이다. 학(學)이 'study' 혹은 'learn'이라면 '습(習)'은 'training'이라고 할 수 있다. 동양에서는 머리로만 안다고 끝나지 않는다. 반드시 몸에 익숙하게 만드는 훈련이 필요하다.

'학습(學習)'이라는 단어가 너무나 일반적이어서 미세한 이해를 가로막는다면 '효각(效覺)'으로 바꾸어 생각해보자. 동양에서는 'study' 혹은 'learn'을 효(效)와 각(覺)으로 나누어 설명하기도 한다. '효(效)'는 따라하면서 배우는 것이다. 본받는 것이다. 대가가 그린 난초 그림을 그대로 따라서 베끼는 과정이다. 그렇게 꾸준히 하다보면 '아하!'하는 탄성이 터지는 순간을 맞이하게 된다. 경험해본 사람은 그 쾌감이 얼마나 크고 짜릿한지 알고 있다. 영어로 하면 '유레카(eureka)' 정도가 될 것이다. 깨달음을 얻는 것, 그게 '각(覺)'이다.

효(效)를 실천하기 위해서는 정성스러움과 성실함이 중요하다. '엉덩이로 공부한다'는 말을 들어본 적이 있는가. 지루하고 따분하지만 그것을 참고 꾸준하게 이어가면 각(覺)에 이르게 된다. 그렇지만 그게 끝은 아니다. 또 배울 것이 많다. 그러므로 다시 효(效)를 시작해야 한다. 그런데 한번 '유레카'의 쾌감을 느낀 사람이라면 그 자세가 어떠할까? 처음보다 더 정성스럽고 더 성실해질 것이다.

효(效)와 각(覺), 학(學)과 습(習)은 이렇게 꼬리에 꼬리를 물고 이어진다. 아침이 밝았다가 밤이 되는 것처럼, 겨울이 되었다가 봄이 오는 것처럼, 계속 이어진다. 그렇게 이어질수록 나는 점점 커진다. 우주의 끝까지 이어져 모든 것과 소통할 수 있게 된다. 얼마나 통쾌한 일인가.

《중용(中庸)》에서는 "성실하게 정성을 다하면 드디어 밝게 알게 된다. 이것은 본래 타고난 바른 마음을 되찾았다는 것을 뜻한다. 밝게 알게 되면 누가 시키지 않아도 성실하게 정성을 다하게 된다. 이것이 바로 공부의 올바른 방법이다.(自誠明 謂之性 自明誠 謂之敎)"라고 설명한다.

인의예지(仁義禮智)도 마찬가지다. 율곡의 설명을 들어보자.

"인의예지(仁義禮智)는 사계절과 같다. '인(仁)'은 봄이다. 따스하고 온화하여 새싹이 돋아난다. 따스한 마음으로 사람들을 감싸주어 서로 마음이 통하게 된다. '예(禮)'는 여름이다. 이것저것 따지지 않고 열심히 무성하게 자라난다. 꾸준한 연습으로 익숙하게 만든다. '의(義)'는 가을이다. 풍성한 결실을 맺는다. 깨달음을 얻어 성숙해졌기에 올바른 결과를 이루어낸다. '지(智)'는 겨울이다. 모든 것을 이루어내고 스스로를 돌아보며 조용히 반성하면서 다가올 봄을 대비한다. 바른 마음으로 바르게 실천하는 과정 속에서 지혜가 쌓여 인(仁)이 무엇인지 바르게 깨닫고 더욱 겸손해진다."

주자는 "이러한 법칙이 우주를 만들고 세상을 만들었다. 무수한 변화도 만들고, 변화를 통해 우주와 자연을 유지하게도 만든다. 사람도 그러해야 한다." 라고 말한다.

나는 누구인지, 어떻게 사는 게 올바른 삶인지 알고 싶은가. 그렇다면 부분부분을 세세하고 정밀하게 보는 것과 전체를 크게 보는 것을 겸해야 한다. 어느 하나만 가지고는 해결되지 않는다. 인의예지(仁義禮智)도 마찬가지다. 연결시켜 생각해야 한다. 변화하는 과정 속에 변하지 않는 그 무엇이 있다. 공부란 그것을 알아가는 삶의 기쁜 과정이다. '유레카'의 연속이다. 고통스러움이 아니라 즐거움과 기쁨의 연속으로 삶을 만드는 비법이 이것이다. 공자가 '배우고 때때로 익히면 기쁘지 아니한가?'라고 말한 이유가 여기에 있다.

얽매이면 퇴보한다

예전과 지금이 서로 다르다는 것을 인정하라
古今異便 風俗不同(고금이편 풍속부동)
— 《주자가례(朱子家禮)》 중에서

　'인의예지(仁義禮智)'에 대해 이것저것 살펴보았다. 그런데 누군가 이런 질문을 했다. "흔히 음양오행설(陰陽五行說)을 이야기하는 것처럼 유학에서는 다섯 개의 개념을 내세우지 않나요? 그래서 인의예지(仁義禮智)에서 그치는 게 아니라 인의예지(仁義禮智) 네 가지에 신(信)을 더하여 오상(五常)이라 하고, 그것을 사람이 항상 실천해야 하는 5가지 덕목(德目)으로 삼지 않나요?"

　다시 설명하지만 유학이 내세우는 것은 고정 불변하는 것이 아니다. 오히려 고정 불변하는 것을 꺼린다. 공자가 하지 않은 네 가지를 기억해야 한다. 무슨 일이든 확실하지 않는데도 지레짐작으로 단정을 내리거나(의;意), 반드시 이루려고 무리를 하거나(필;必), 자기만 옳다고 고집하며 변화를 거부하거나(고;固), 다른 사람은 생각하지 않고 자신만 생각하는 것(我;아)이 그것이다. 상황에 맞게 적절히 하는 게 공자의 철학이었다. 그러므로 유학은 변화를 살피고 그에 따라 적절히 행동하는 것에 포커스가 맞추어져 있다. 철학자들의 여러 가지 설명은 고정 불변하는 개념이 아니다. 적절히 하라는 것을 가리키는 손가락에 불과하다.

　인의예지(仁義禮智)나 인의예지신(仁義禮智信)도 마찬가지다. 시간이 흐르며 세상이 복잡다기해지자 새로운 설명이 필요하게 되었다. 이에 하나둘씩 설명이 추가된 것이 있을 뿐 그 원리가 바뀐 것은 아니다.

공자는 큰 틀에서 인(仁)에 집중했고, 맹자는 여기에 의(義)를 붙여 설명하며 인의예지(仁義禮智)를 말했다. 이후 시간이 흐른 후 한대(漢代)에 이르러서 동중서(董仲舒)가 처음으로 이것들에 신(信)의 덕목을 추가하며 오상(五常)을 말했을 뿐이다.

자질구레한 예법에 얽매이는 사람들이 입에 달고 사는, 주자가 정리한 예법에 관한 책《주자가례(朱子家禮)》를 보라. "옛날 사람들이 편안하게 여기는 것과 지금 사람들이 편안하게 여기는 게 서로 다르다. 사회와 문화 환경도 예전과 다르다. 그것을 인정해야 한다(古今異便 風俗不同)."라고 말하지 않았는가. 주자가 이야기한 예법은 예전의 것을 무작정 따르는 게 아니었다. 오늘날 사정에 맞게 새롭게 창조하고 변화시킨 것이다. 그 정신을 따라야지 주자의 손가락 모양새를 따르려고 하는 것은 우매한 일이다. 예법뿐만이 아니다. 인의예지(仁義禮智)를 드러내는 방식 또한 오늘날에 맞게 새롭게 변화해야만 한다. 얽매이는 순간, 인의예지(仁義禮智)는 어그러진다.

그렇다면 신(信)은 무엇인가? 흔히 '믿을 신'이라고 말하지만 그리 간단한 것은 아니다. 사람 인(人)과 말씀 언(言)이 합쳐진 신(信)은 성실함과 정성스러움을 말한다. 확실함과 실제로도 그러하다는 것도 포함하고 있다. 사람의 말에는 거짓이 없어야 한다. 말에서 그치는 게 아니라 실천도 이어져야 한다는 뜻이다. 그러므로 인의예지신(仁義禮智信)에서의 신(信)은 인의예지(仁義禮智)를 잊지 않고 꾸준히 그리고 성실히, 흔들리지 말고 이어나가야 한다는 의미를 지니고 있다.

이제까지 살펴본 것처럼 각각의 글자에 담긴 뜻은 독립적으로 존재하지 않고 어깨동무를 하고 존재한다. 한데 어우러져 조화를 이뤄야 한다는 의미다.

어느 것 하나를 얻어서 모든 것을 단숨에 파악하게 되는 길은 세상에 없다. 학문에 엘리베이터는 존재하지 않는다. 계단이 있을 뿐이다. 하나의 계단을 밟고 올라가면, 그러한 행위가 꾸준히 쌓이면 맨 꼭대기에 다다르게 된다. 서둘러서 뛰어가면 중간에 넘어져 다치거나 지쳐서 쓰러진다. 힘들면 쉬고 숨을 고르며 가야 한다.

변화하지 않고 이어가야 하는 것은 그러한 자세에 한정된다. 성실함과 정성스러움을 강조하는 게 신(信)이다. 그런데 세상이 어디 그리 맘대로 되던가. 때론 마음이 흔들리기도 하는 게 사실이다. 이럴 땐 어떻게 해야 할까? 다음 회에서 그 해결 방법을 알아보자.

세상에 공짜는 없다

고난의 시기를 지나야 얻는 게 생긴다
先難而後獲(선난이후획)
-《논어(論語)》중에서

퇴계의 특징을 한마디로 말하는 것은 매우 어려운 일이지만 굳이 해야 한
다면 그것은 '겸손'이 아닐까 한다. 겸손(謙遜)은 남을 존중하고 자기를 내세
우지 않는 태도를 말한다. 그렇다면 퇴계가 실제로는 매우 뛰어난데 그렇지
않은 것처럼 고개를 숙였다는 뜻일까?

아니다. 퇴계는 스스로 자신이 매우 미흡하고 모자라다고 생각했다. 진짜
로 자신의 학문이 아직 초라한 지경에 있다고 생각했다. 그런데 그러한 자
세가 위대한 퇴계를 만들었다. 자신이 아직 잘 모른다는 사실을 인지한다
는 것은 매우 위대한 일이다. 소크라테스도 이렇게 말하지 않았는가. "True
knowledge exists in knowing that you know nothing.(모른다는 것을 인지하
는 것이야말로 진정한 앎의 첫걸음이다.)"

모바일 게임에 비교해보자. 몇 번 스테이지를 진행하다가 자꾸만 실패하는
'넘사벽' 스테이지를 만났을 때, 당신은 어떻게 행동하는가. 그대로 포기하는
사람도 있겠지만 그 스테이지를 '클리어'하고 싶다는 강한 욕망을 느끼며 용
맹스럽게 연구하고 시간을 투자하는 사람도 있다. 진실로 자신이 원하는 것
이라면 그 어떠한 장애물도 변명거리가 되지 않는다. 부모가 혹은 선생님이

모바일폰을 빼앗으려 하더라도 막지 못한다. 기필코 이루어내려는 의지가 있기 때문이다.

우리네 삶도 마찬가지다. 의지가 있는 사람은 하루하루가 재미있고 신나지만 의지가 없으면 따분하고 지루하다. 고통스러운 현재의 삶이 누구에게는 자살 충동을 느끼게 하지만 누구에게는 고통에서 벗어나기 위한 강렬한 에너지를 충전시켜준다.

아직 모자라다는 것은 더 채우기 위한 열망을 불러일으킨다. 포기하고 싶다고 느끼는 사람은 게으른 사람이다. 변명거리만 찾는 사람이다. 더 나아가 "이만하면 충분하다."라고 안주하는 것도 포기하는 것과 마찬가지다. "이제 다 알겠다."고 자만하는 순간, 성장은 멈추고 위태로움이 시작된다.

이에 대한 율곡의 말을 들어보자. "공자는 선난후획(先難後獲)이라고 했습니다. 노력이 있으면 당연히 효과가 나타나는 법인데, 그것을 미리 기대하다니요. 지금 사람들의 병폐는 선난(先難)하려 하지 않고 선획(先獲), 즉 미리 결과에 안달하는 데 있습니다. 기대만 잔뜩 할 뿐, 실생활에서는 노력하지 않습니다. 결과부터 알려달라고 안달을 부립니다. 그게 아니면 일을 시작하지도 않습니다. 이걸 고쳐야 합니다."

먼 길은 한걸음에 닿을 수 없고, 높은 곳은 단번에 뛰어올라갈 수 없다. 그저 묵묵히 길을 따라 걷다 보면, 날마다 걷고 오르며 뒤로 물러나지 않는다면, 자신도 모르는 사이에 그곳에 도착해 있는 자신을 발견하게 된다. 그것이 업적이 되고 결과가 된다.

그러나 그것을 뻔히 알면서도 안 되는 게 사람의 마음이다. 이에 대한 퇴계의 충고에 귀기울여보자.

"마음에 생기는 병은 두 가지입니다. 하나는 제대로 알지 못하고 엉뚱한 곳을 무리하게 파고들다가 지치는 것이고, 또 하나는 빨리 결과를 내려고 안달을 부리는 것입니다. 그럴 때에는 모든 것을 내려놓고 여유 있게 지내십시오. 있는 그대로의 모든 것을 감상하십시오. 화초를 감상하고, 시내와 물고기와 벗하십시오. 늘 보는 것이라 해서 싫증 내지 마시고요, 울컥 화를 내지도 마십시오. 책도 많이 읽으려 하지 말고 적절히 음미하는 데 그치십시오. 진리는 일상적이고 단순한 데에 있습니다. 일상을 떠나지 마시고, 헤엄치듯 그곳에서 노니십시오. 부릅뜬 눈으로 자신을 속박하지 마십시오."

잠시 쉬어가는 것도 방법이다. 마음을 편안하게 갖고 산과 강, 구름과 하늘을 살펴보면 거기서 나의 모습을 발견하게 된다. '명경지수(明鏡止水)'라 하지 않던가. 출렁이는 물은 거울 역할을 하지 못한다.

정성스러운 노력이 유일한 길이다

태어나면서부터 알고 있는 사람이 어디에 있는가
孰有生知者哉(숙유생지자재)
-《성학집요(聖學輯要)》 중에서

중국 송(宋)나라 때의 학자 정호(程顥, 1032 ~ 1085)와 정이(程頤, 1033 ~ 1107)는 형제다. 이 두 사람은 맹자(孟子, BC 372 ~ BC 289)이후 약화되던 유가(儒家)의 학문을 크게 부흥시킨 중요한 인물이다. 그런데 두 사람의 성향은 매우 달랐다. 동생인 정이는 '추상열일(秋霜烈日)'로 통했고, 형인 정호는 '춘풍화기(春風和氣)'로 불렸다.

'추상열일(秋霜烈日)'은 글자 그대로 가을의 찬 서리요 여름의 강한 햇빛이다. 차갑고 뜨겁다. 이론적이고 분석적이다. 냉철하고 열정적이다. '춘풍화기(春風和氣)'는 어떠한가. 봄날의 따스한 기운이다. 온화하고 부드럽다. 조화를 중요하게 여기고 통합하고 포용한다.

이토록 서로 다른 성격을 지닌 두 사람이 함께 연구하고 공부했으니 그 결과가 얼마나 정밀하면서도 아름다웠겠는가. 퇴계와 율곡도 그러했다. 퇴계가 보드랍고 따스한 봄바람 같은 사람이었다면 율곡은 뜨겁고 차가웠다. 논리적이며 냉철했다. 그러므로 학문을 이어가다가 어려움에 빠져 헤매고 있는 사람에게 주는 해법도 퇴계와는 달랐다.

율곡은 '공부를 가로막는 나쁜 습관 8가지'를 열거한 다음 이렇게 덧붙였다.

"나쁜 습관들은 매우 위험하다. 어제의 잘못을 깨닫더라도 다음날이면 다시 똑같은 잘못을 저지르게 되고, 아침에 잘못을 깨닫고 후회하다가도 저녁엔 다시 같은 잘못을 반복하게 된다. 그러므로 잘못된 예전의 습관들이 있다면 단단히 마음을 먹고 단칼에 잘라버려야 한다. 조금씩 고쳐나가겠다는 생각은 잘못된 것이다."

'조금씩 고치며 나가다보면 언젠가는 다 고쳐지는 날이 올 것이다.'라는 말은, 얼핏 그럴 듯하게 보이지만 사실은 헛소리라는 뜻이다. '매일 조금씩'은 긍정적인 것에 적절한 방법이다. 긍정적인 방향으로 나아가는 방식은 '조금씩이라도 꾸준히'가 통한다. 그러나 이미 습관으로 익어 있는 것을 개혁하는데 있어서는 아무런 효과도 없다.

율곡의 이러한 스타일은 맹자와 연결된 것이다. 맹자가 어느 정치인에게 세금을 줄이라고 말했다. 그러자 그는 옳은 말이라고 고개를 끄덕이면서도 당장은 상황이 좋지 않으니 내년부터 그렇게 하겠다고 대답한다. 그러자 맹자의 날선 비판이 이어진다.

"매일 이웃집 닭을 훔치는 사람이 있다고 합시다. 누군가 그 사람에게 '그것은 잘못된 일이니 이제 그만두시오.'라고 충고하자 그 사람이 '옳은 말입니다. 그러나 갑자기 그만두면 무리가 따르므로 매일 훔치던 것을 이제부터는 한 달에 한번만 훔치는 것으로 하고, 1년 뒤에는 그만두겠습니다.'라고 말했다면 그것은 옳은 일일까요?"

맹자는 세계적으로 수많은 논객 중에 최고봉이었다. 율곡도 마찬가지였다. 그렇기에 '율곡 앞에 서면 모두가 죄인처럼 초라해진다.'는 말이 있을 정도였다. 그러나 그렇다고 해서 맹자나 율곡이 싸움꾼은 아니었다. 하도 답답하니 강력하게 말했을 뿐이다.

율곡이 공부하는 자세를 설명한 것 중에 가장 가슴에 와 닿는 것은 악기를 다루는 사람에 대한 비유다.

"어린 아이가 악기를 처음 배울 때를 상상해보십시오. 그들은 마구 두들기고 함부로 연주합니다. 그렇기에 옆에 있는 사람은 귀를 막아버리고 싶을 정도입니다. 그러나 쉬지 않고 열심히 그리고 정성스럽게 꾸준히 연습한 이후에는 어떻게 됩니까. 그 소리는 맑고 아름답습니다. 그 조화로움이 너무나 오묘하여 듣는 사람을 감동시킵니다. 처음부터 그렇게 연주할 수 있었던 것이 아닙니다.(孰有生知者哉) 피나는 노력과 훈련으로 그렇게 된 것입니다. 그런데 요즘 학문을 하는 사람들을 자세히 살펴보십시오. 과연 그들이 악기를 연주하는 사람처럼 자유자재로 일상생활 속에서 학문을 활용하고 있습니까. 아닙니다. 머리로는 알고 있을지 모르지만 실제 생활에서는 그것을 실천하지 못합니다. 악기를 연주하지 못하는 연주자와 무엇이 다르겠습니까."

중요한 것은 믿음이다

신뢰가 무너지면 아무 것도 이룰 수 없다
民無信不立(민무신불립)
-《논어(論語)》중에서

세월호 침몰 이후 세상이 온통 슬픔에 젖어있다. 그 책임에 대해서도 이러 쿵저러쿵 말들이 많다. 이렇게 어수선할 때 고전을 다시 뒤적이면 지혜를 얻 을 수 있다.

세상을 바르게 하는 것이 정치(政治)다. 세상을 바르게 한다는 것은 공평 하게 모든 사람들이 잘 먹고 잘 살게 해주어야 한다는 뜻이다. 모든 사람들이 행복하게 살 수 있도록 도와주는 게 정치다.

상(商)나라의 재상, 요즘으로 말하면 총리 정도의 자리에 있던 이윤(伊 尹)은 바른 정치를 실현한 사람으로 유명하다. 송나라의 학자 주돈이(周敦 頤;1017~1073)는 "이윤(伊尹)은 백성들 중에 한 사람이라도 어려움에 처하 면 자신의 잘못으로 생각하여 거리에 나가 종아리를 맞는 것처럼 부끄럽게 생각했다."라고 말하며 그를 칭찬하기도 했다. 그러면서 주돈이는 이런 설명 을 더했다.

"정치란 세상을 바르게 만드는 것이다. 그런데 그러기 위해서는 나 자신부 터 바르게 만들어야만 한다. 나는 바르지 못하면서 세상을 바르게 만드는 것 은 불가능하기 때문이다. 나를 바르게 만든다는 것은 세상의 모든 것들과 조화롭게 소통할 수 있는 것을 의미한다. 내 몸에 상처가 나거나 문제가 생기면 이를 바로 깨달을 수 있는 것과 같다. 세상 사람들을 내 몸처럼 생각해야만 그렇게 될 수 있다. 세상과 소통하고 있어야 한다는 뜻이다."

발가락이 아프다는 것을 어떻게 아는가. 감각이 서로 통하고 있기에 알 수 있다. 만약 감각이 서로 통하지 않는다면 발가락이 아파도 그것을 느끼지 못한다. 고통스럽지 않다. 그렇기에 일을 더욱 크게 만든다. 발가락에 작은 가시만 박혀도 금방 알아차리는 것, 그것이 소통이다. 세상 사람들과 소통한다는 것은 그들의 아픔을 내 몸이 아픈 것처럼 인지해야 한다는 뜻이다.

그러므로 올바른 정치란 소통하는 것이다. 아픔을 느껴야 어떻게든 조치를 취할 수 있지 않겠는가. 아픔을 느끼지도 못하는데 주변에서 아무리 소리를 질러봤자 소용이 없다. 자신은 그것을 느끼지 못하고 있기 때문이다. 소통이 끊어졌다는 것은 서로의 신뢰관계가 끊어졌다는 것을 의미한다.

아기가 우는 것은 자신이 처한 상황을 엄마에게 알리기 위함이다. 엄마는 아기가 울면 깜짝 놀라며 불편한 것을 해소해주기 위해 열심히 노력한다. 그것이 쌓이면 아기는 엄마를 신뢰하게 된다. 그런데 아무리 울어도 꼼짝하지 않고 다른 일만 하는 엄마라면 어떨까. "아가야, 이게 더 중요한 일이란다. 조금 참고 있어라."라고 말하는 엄마라면 어떨까. "울지만 말고 구체적으로 설명해봐. 너 다른 목적이 있는 거 아니야?"라고 묻는 엄마라면 어떨까. 엄마에 대한 아기의 신뢰는 무너진다.

자공(子貢)이 공자에게 정치에 대해 묻자 공자는 이렇게 말했다.

"백성들의 먹고 사는 문제를 해결해주고, 백성들에게 신뢰를 받으며, 백성들을 안전하게 지켜줄 수 있도록 군사력을 기르는 게 정치다."

그 말을 듣고 자공이 다시 "그 중에 하나를 포기해야 한다면 어느 것부터 포기해야 합니까?"라고 묻자 공자는 "군사력을 버려야 한다."라고 말했다. 자공이 다시 "그렇다면 나머지 두 가지 중에 부득이 하게 또 다시 하나를 포기 해야 한다면 무엇을 버려야 합니까?"라고 묻자 공자는 "백성들의 먹고 사는 문제에 대한 해결책을 포기해야 한다. 마지막까지 반드시 지켜야 하는 것은 백성들과의 신뢰관계다. 외적의 침략을 받아 죽거나, 먹지 못해 죽는 것은 어쩔 수 없는 일이다. 아무리 열심히 노력해도 피할 수 없는 상황을 맞이할 수 있기 때문이다. 그러나 백성들과의 신뢰가 한번 무너지면 아무 것도 이룰 수 없다.(民無信不立) 나라 자체가 사라지는 일이기 때문이다."

공자의 말을 다시 한 번 되새겨보는 요즘이다.

어리석음으로 총명함을 지켜낸다
聰明思睿 守之以愚(총명사예 수지이우)
- 《명심보감(明心寶鑑)》중에서

　세상을 바르게 만들고 싶다면 우선 나부터 바르게 가다듬어야 한다. 그것을 수신(修身)이라고 한다. 몸과 마음을 바르게 가다듬는 것이다. 그런데 그게 묘하다. '세상을 바르게 할 목적'을 지니고 있으면 나를 바르게 가다듬는 일이 어려워진다.

　'이번 시험에서 반드시 1등을 해야지!'라고 마음먹고 공부를 하는 학생을 생각해보자. 그러한 목표가 그를 경직되게 만들고 무리하게 만든다. 타석에 서 있는 타자는 어떨까? '홈런을 쳐야지.'라고 마음먹는 순간 스윙에 힘이 들어가고 의욕이 앞서 나쁜 공에도 방망이를 휘두르게 된다.

　'그렇다면 구체적인 목표를 정하지 말라는 것이냐?'라고 묻는 사람도 있을 것이다. 대답은 간단하다. 분명한 목표를 가져야 한다. 다만 아주 크고 원대하게 가져야 한다. 1등은 매번 시험을 칠 때마다 뒤바뀐다. 야구에서도 마찬가지다. 타석에 들어설 때마다 홈런을 치는 선수는 없다. 왜 그럴까? 나 혼자 하는 게 아니기 때문이다.

　시험도 출제자가 있어야 하고 함께 시험을 치르는 사람들이 있어야 한다. 야구도 마찬가지다. 투수도 있고 상대팀 선수들도 있어야 하고 우리팀 선수들도 있어야 한다. 나 혼자서는 되는 일이 없다. 그렇기에 나를 위주로 하는 게 아니라 주변 상황과 조화롭게 해야 한다. 억지로 해서는 안 된다.

그럼 혼자 할 수 있는 일은 무엇이냐. 1등이 아니라 스스로 실력을 기르는 것, 홈런이 아니라 실력을 기르는 것은 혼자서 할 수 있다. 운 좋게 1등을 할 수도 있고 운 좋게 홈런을 칠 수도 있다. 그러나 운 좋게 실력을 갖추는 일은 불가능하다. 끊임없는 노력과 성실함만이 실력을 쌓는 길이다. 그러므로 성과에 집착하지 말고 묵묵히 실력을 기르는 것에 집중해야 한다. 그러다보면 1등도 하게 되고 홈런도 치게 된다. 내가 실력을 쌓으면 억지로 드러내려고 노력하지 않아도 저절로 드러나게 된다. 안달을 부릴 필요가 없다.

"어리석음으로 총명함을 지켜낸다. 아무리 훌륭한 일을 해냈더라도 스스로 나서서 자랑하지 말라. 명예는 겸손함으로 지켜야 한다.(聰明思睿 守之以愚 功被天下 守之以讓)"

《명심보감(明心寶鑑)》에 나오는 말이다. 총명함을 자랑하지 말라. 어리석음으로 총명함을 지켜내라는 이유가 여기에 있다. 실력을 쌓으면 굳이 성과를 내려고 안달하지 않아도 성과가 생긴다. 그렇게 성과를 내서 명성을 얻었다 하더라도 그걸 자랑할 필요는 없다. 명예는 겸손함이 지켜주는 것이다.

"좋은 재주를 갖고 태어났다 하더라도 다 사용하지 말고 아껴두었다가 죽을 때 자연에게 돌려주고, 나라에서 주는 것이 많더라도 다 사용하지 말고 아껴두었다가 나라에 돌려주고, 재산이 많더라도 다 사용하지 말고 아껴두었다가 사회에 돌려주어라."

이것도 《명심보감(明心寶鑑)》에 나오는 말이다. 아무리 내 것이라 하더라도 그것을 다 써버리면 안 된다. 능력도 돈도 마찬가지다. 적절히 해야 한다. 그리고 나누어주어야 한다.

그렇게 내실을 기하다보면 나 자신이 커진다. 공처럼 커진다. 목표가 따로 없다. 우주 전체를 커버할 수 있을 정도로 커지는 게 목표다. '내 목표는 1등이야.' 혹은 '내 목표는 홈런이야.'라고 규정하는 것은 '난 서울에서 부산까지 가겠어.'라고 자신을 한정하는 것이다. 점점 커져서 우주 끝까지 닿을 생각은 왜 못하는가. 내가 우주 전체가 되었는데 서울과 부산이 어디 따로 있겠는가. 이기고 지는 게 어디 있으며 1등과 2등이 어디 있겠는가. 내가 바르게 되면 세상도 바르게 되는 이유가 여기에 있다.

정상적인 나비는 향기로운 꽃을 알아본다

먼 곳에서 친구들이 스스로 찾아오는구나
有朋自遠方來(유붕자원방래)

－《논어(論語)》중에서

　유학(儒學)의 가르침을 담고 있는 대부분의 책들은 두괄식으로 편집되어 있다. 제일 앞부분에 전체 내용 중에 가장 중요한 키워드를 내세우고 있다는 뜻이다.

　'맹자(孟子)'의 제일 앞부분에는 양(梁)나라 혜왕(惠王)과 맹자의 대화가 나온다. 혜왕이 '우리나라에 이익을 가져올 수 있는 방법'을 묻자 맹자는 이렇게 대답한다. '어찌 이익(利)에 대해 말하십니까? 올바름(仁義)에 대해 이야기해야지요.' '맹자'의 키워드는 '인의(仁義)'다.

　'논어(論語)'의 제일 앞부분은 어떠한가. '學而時習之(학이시습지)'로 시작되는 유명한 문장이다. 첫 단계는 배우고(學) 익히는(習) 것이다. 배워서 아는 것에 그치는 게 아니라 꾸준히 실천하여 몸에 익숙하게 만드는 것이다. 그렇게 하면 어떻게 되는가. '有朋自遠方來(유붕자원방래)'가 된다. 가까이에 있는 사람만 친구가 아니다. 나를 바르게 가다듬으면 멀리 있는 사람에게도 자연스럽게 알려져 친구가 된다. 얼굴을 마주하지 못했지만 글을 읽거나 이야기를 전해 듣고 친구가 된다. 존경하는 마음이 차고 넘치니 아무리 멀리 있더라도 먼 길을 마다하지 않고 찾아오게 되어 있다. 사람들이 주위에 모여든다.

나를 가다듬어 세상 전체를 바르게 만드는 것이 '논어'의 키워드다. 그것이 바로 인(仁)이다.

자신을 바르게 가다듬고, 이익이 아니라 올바름을 추구하면 어떻게 되겠는가. 올바른 세상이라면 세상이 그를 알아보고 높은 자리에 올려준다. 그러나 바르지 않은 세상, 혼란스러운 세상이라면? 이익만을 추구하는 사람들 눈에는 올바름을 추구하는 사람이 바보처럼 보인다. 그러므로 그런 사람을 알아보지 못한다. 그렇기에 '人不知而不(인부지이불온)'이라고 한 것이다. 알아주지 않더라도 화낼 필요가 없다는 뜻이다. 돼지 눈에는 돼지만 보이는 법이니까. 오히려 알아보지 못하는 게 즐거운 일이 된다. 최소한 돼지는 아니라는 증거가 되니 말이다.

누가 바르고 현명한지 정확하게 알아보는 눈을 지니는 것도 매우 중요하다. 송(宋)나라의 황제 신종(神宗)이 명도선생(明道先生)에게 "바르고 현명한 사람을 발견하는 게 너무 힘들다."라고 말하자 명도선생은 황제의 면전에서 이렇게 말했다. "그것은 바르고 현명한 사람의 탓입니까, 아니면 황제의 안목 탓입니까?" 향기로운 꽃을 찾아가지 못하는 것은 나비의 능력부족이다. 찾아내는 것으로 끝나는 게 아니다. 제대로 활용해야 한다.

"지금 여기에 돌 하나가 있습니다. 다듬으면 보석이 되고 다듬지 않으면 그냥 돌입니다. 전문 기술자를 불러 그 돌을 다듬게 해야 합니다. 그런데 기술자를 불러놓고 '네가 이제까지 배운 것은 다 잊고 내가 시키는 방식으로 다듬어라.'라고 말한다면 그게 옳은 일일까요? 나라를 다스리는 것은 어떨까요? 바르고 현명한 인재를 등용해 나랏일을 맡기면서 '이제까지 네가 배운 것은 다 잊고 내 명령만 따르면 된다.'라고 말한다면 그것은 옳은 일일까요?"

맹자가 제(齊)나라 선왕(宣王)에게 한 말이다. 왕은 전문가에게 일을 맡기는 사람이지 전문가를 가르치는 사람이 아니다. 오히려 전문가로부터 무엇인가를 배워야 하는 사람이 바로 왕이다. 주자는 맹자의 이러한 이야기에 다음과 같은 주석을 붙였다.

"자신이 직접 원석을 다듬지 않고 전문가를 불러 원석을 다듬게 하는 이유는 무엇인가. 원석을 아끼기 때문이다. 그런데 나라를 다스리면서 바르고 현명한 사람에게 맡기지 않고 직접 나서려고 하는 이유는 무엇인가. 나라가 보석보다 못한 존재란 말인가."

훌륭한 임금은 어떤 사람인가. 바르고 현명한 사람을 등용하여 일을 맡기면서 그 사람이 배우고 익힌 대로 하지 않으면 어떻게 하나 걱정하는 사람이다. 옹졸한 임금은 어떤 사람인가. 사람을 등용하여 일을 맡기면서 그 사람이 내가 원하는 대로 하지 않으면 어떻게 하나 걱정하는 사람이다. 당신은 어떤 사람인가.

스스로를 속이지 말라

백성들이 생각과 감정을 솔직하게 드러낼 수 있도록 하라
使民各得輸其情(사민각득수기정)
- 《근사록(近思錄)》 중에서

중국 송(宋)나라의 황제 효종(孝宗)이 '올바름을 실천하기 위해 목숨을 아끼지 않는 사람을 구하기가 어렵다'고 탄식하자 장식(張栻)은 이렇게 말했다.

"올바름을 실천하기 위해 목숨도 아깝지 않게 여기는 사람을 구하고 계십니까? 그렇다면 황제 앞에서 황제의 잘못을 말하는 사람이 누구인지 보십시오. 그 사람들 중에 반드시 그런 사람이 있을 것입니다."

내 앞에서 나를 비판하는 사람을 좋아하는 사람은 별로 없다. 그 비판이 옳은 것이라 하더라도 일단 기분이 상하기 때문이다. 그러나 그것을 이겨내야만 리더가 될 수 있다. 이겨내지 못한다면 리더의 자격이 없는 것이다.

비판을 겸허하게 수용할 수 있는 사람만이 리더의 자격을 갖추었다고 할 수 있다.

제(齊)나라 환공(桓公)이 곽(郭)나라에 가서 나이 많은 사람들에게 '왜 곽(郭)나라가 망하게 되었는지'에 대해 물었다.

이에 나이 많은 사람들은 입을 모아 "임금이 바르고 착한 사람을 바르고 착하다고 생각했으며 그렇지 못한 사람은 싫어했기 때문입니다."라고 대답했다.

이 말을 듣고 환공(桓公)이 의아해 하며 "아니, 그렇다면 매우 바른 임금 아닙니까? 그런데 왜 나라가 망한 것입니까?"라고 묻자 사람들이 이렇게 대답했다.

"바르고 착한 사람을 알아보긴 했지만 그에게 나랏일을 맡기지는 못했으며, 바르지 않은 사람을 싫어하기는 했지만 그를 내쫓지 못했기 때문입니다."

나에 대한 비판이 옳다는 것을 아는 것만 가지고는 부족하다.

그것을 좋아하는 경지에까지 이르러야 한다. 옳은 것은 알면서도 이런저런 변명을 늘어놓으며 수용하지 않으면 아무런 소용도 없다.

수용하지 못하겠다면 솔직하게 자신의 마음을 드러내야 한다. 그런데 감정을 숨기고 이런저런 변명을 내세우며 교묘하게 왜곡하며 피해간다. 변명을 하는 것이 바로 스스로를 속이는 것이다.

"그 사람이 옳다는 것은 알아. 그런데 같이 일하기가 어려워. 내가 좋아하는 것을 모르니 문제야. 좀 모자라고 부족한 면이 있더라도 내가 무엇을 좋아하는지 아는 사람이 좋단 말이야."

머리로만 알고 실천이 없었으니 망한 것이다. 머리로만 알고 실천이 없다는 것은 스스로를 속이는 것이다. 그러므로 어떠한 경우라 하더라도 스스로에게 솔직해야 한다.

율곡 이이는 "바르고 현명한 사람을 좋아하는 것을 마치 아름다운 여인을 향한 마음처럼 한다면 어찌 곁에 두지 않을 수 있겠습니까. 게다가 바르지 않은 사람을 마치 고약한 냄새처럼 싫어한다면 어찌 잠시라도 곁에 둘 수 있겠습니까. 알면서도 실천하지 못한다는 것은 겉으로만 그럴 뿐 실제 마음속으로는 다른 생각을 한다는 뜻입니다. 입으로만 그렇게 말하고 실천하지 않으면 오히려 혼란이 더욱 심해져 결국 나라를 망하게 만듭니다."라고 말하기도 했다.

솔직한 것은 모든 것을 이길 수 있는 힘을 지니고 있다. 아픈 곳을 정직하게 말해야 치료할 수 있지 않겠는가. 어디가 아픈지 명확하게 말하지 않고 의사를 속인다면 치료할 방법조차 없는 것이다.

송나라의 학자 정호(程顥)의 제자였던 유안례(劉安禮)가 백성들을 다스리는 방법을 묻자 정호는 이렇게 대답했다.

"백성들이 자신의 생각과 감정을 솔직하게 드러낼 수 있도록 하라.(使民各得輸其情)"

모든 사람들이 자신의 생각을 솔직하게 표현하는 세상, 그런 세상이 올바른 세상이다. 어떻게 하면 그런 세상을 만들 수 있나. 스스로를 속이지 않는 것부터 시작해야 한다. 머리로 알고 있는 것을 일상생활 속에서 솔직하게 실천하는 것, 그게 첫걸음이다.

부모와 자식은 친밀하게, 임금과 신하는 올바르게
父子有親 君臣有義(부자유친 군신유의)
-《맹자(孟子)》중에서

흔히 군사부일체(君師父一體)라고 말하지만 그 내용을 자세히 들여다보면 서로 다르다. 일반적으로 잘 알려진 오륜(五倫)을 살펴보자.

제일 먼저 '부자유친(父子有親)'이라 했다. 부모와 자식은 친밀하게 결합한다. 부모와 자식은 피로 연결되어 있다. 어떠한 일이 있더라도 서로 반목하거나 갈라설 수 없다. 그런데 임금과 신하는 어떠한가. '군신유의(君臣有義)'라 했다. 의(義)는 옳은 것을 실천하는 것이다. 만약 임금이 올바른 길로 나아가지 않는다면 그것은 불의(不義)가 되고 그런 임금을 계속 따르는 신하는 충신(忠臣)이 아니라 간신(奸臣)이다.

부모가 옳지 않은 길로 나아간다면 곁에서 바른 길로 나아가야 한다고 울면서 조언을 해야 하지만 그 말을 부모가 받아들이지 않는다하더라도 화를 내거나 부모를 떠나서는 안 된다. 그게 친(親)이다. 그러나 의(義)는 다르다. 임금이 끝내 조언을 받아들이지 않는다면 그를 떠나거나 더 나아가 임금의 자리에서 물러나게 하는 것이 올바른 길이다.

부자유의(父子有義) 군신유친(君臣有親)이라 생각한다면 세상은 엉망진창이 되고 말 것이다. 부모와 자식이 옳고 그름을 놓고 다투어 남남이 되고,

임금과 신하는 서로 친한 사람들끼리 어울려 가족처럼 밀실에서 자기 멋대로 세상을 주무르게 될 것이니 말이다.

요즘 '국가개조'라는 말을 여기저기서 듣게 된다. 대체적인 뜻은 '나라를 새롭게 좋은 방향으로 바꾼다.'는 것이리라. 그렇다면 그 구체적인 방법은 무엇일까?

1188년, 주자(朱子)가 송(宋)나라 효종(孝宗)에게 올린 글(戊申封事) 중에 일부를 소개한다. 당시 송나라는 금(金)나라에 밀려 남쪽으로 도망간 상황이었다. 금나라와 계속된 전쟁으로 국력은 쇠약해졌고 결국 금나라에 엄청난 공물을 바쳐야 하는 신세로 전락하고 말았다. 당연히 '국가개조'가 화두로 떠오를 수밖에 없었다.

"요즘 우리나라의 상황을 살펴보면 심각한 병에 걸린 사람과 같습니다. 몸속은 물론 머리카락 하나까지 온전한 곳이 하나도 없는 지경입니다. 비록 숨을 쉬고 먹고 마시는 것은 하고 있어서 그럭저럭 견딜만한 것처럼 보이지만, 전문의사가 보기에는 금방이라도 피를 토하고 죽을 것처럼 보이는 상황입니다. 그러므로 가장 근본이 되는 것과 가장 시급한 일만 골라서 말씀드리겠습니다.

나라를 다스리는 데 있어 가장 근본이 되는 것은 황제의 마음입니다. 세상의 일은 매우 복잡하고 다양하지만 그 실마리를 세심하게 더듬어 들어가면 황제의 마음에서 시작된다는 것을 알 수 있습니다. 그러므로 황제의 마음이 바르게 되면 모든 문제들이 다 해결됩니다. 그러나 황제의 마음이 바르지 않으면 그 어떠한 방법을 사용하더라도 아무 것도 해결하지 못하게 됩니다. 국가개조는 황제가 스스로를 바르게 가다듬고 주변을 바르게 가다듬는 것을 시작으로 삼아야 합니다.

황제를 가까이에서 모시고 있는 측근들에게 지나치게 많은 특혜가 주어지고 있습니다. 그들은 함부로 권력을 휘둘러 나라를 어지럽게 만들었습니다. 제가 지난번에도 이와 비슷한 말씀을 드렸으나 당시 황제께서는 '그것은 오해'라고 말씀하셨습니다. 오해하게 만들 여지조차 없어야 합니다. 조금이라도 문제가 있는 사람들은 정리해야 합니다. 이런저런 이유를 들어 잘못을 덮어주고 용서해준다면 나라를 바르게 다스릴 수 없습니다. '조금 잘못이 있더라도 그 재주가 출중하니 그냥 쫓아내는 것은 아깝다.'라고 하시며 다시 자리를 내어주는 경우도 있었지만, 그들은 황제를 속이고 백성들을 속이고 있을 뿐입니다. 제가 예전의 훌륭한 황제에 비해 지금의 황제가 못하다고 말하는 이유가 여기에 있습니다. 측근들을 잘 관리하지 못하고 있기 때문입니다."

주자의 천 년 전 편지가 다시 생각나는 요즘이다.

올바른 길, 올바르지 않은 길

때로는 산처럼, 때로는 물처럼

知者樂水 仁者樂山(지자요수 인자요산)

-《논어(論語)》중에서

우리의 삶은 항상 변화한다.

아침에는 밝게 빛나고 저녁이면 캄캄해진다. 바람이 불다가 비가 오기도 하고 해가 쨍쨍하여 무더운 날도 있다. 춥고 배고픈 때가 있는가 하면 풍요롭고 만족스러운 때도 있다.

이처럼 변화무쌍한 삶이기에 어떻게 사는 게 올바른 것인지 애매하고 모호할 때가 많다. 그래서 고전을 펼쳐보며 지혜를 얻으려고 하지만 그것도 쉽지 않다. 여기에서 말하는 게 다르고 저기에서 말하는 게 다르기 때문이다.

참는 사람에게 복이 온다고 하다가도 불의(不義)를 보면 참지 말라고 한다. 억지로 성공하려고 매달리지 말라고 하다가도 용맹스럽게 나아가라고 한다. 어느 장단에 맞춰 춤을 추어야 하는지 애매할 뿐이다.

시험문제를 푸는데 정답이 이것인지 저것인지 애매하면 어떻게 하는가. '에라, 모르겠다.'라고 생각하며 아무 것이나 찍어버리는 게 인지상정이다. 흔히 '연필을 굴린다.'라고 말하기도 한다. 깊게 생각하지 않고 대충 결정한다.

'올바른 길이 어디냐'라는 질문에 대해 한 마디로 답하기는 어렵지만, '올바르지 않은 길이 어디냐'라는 질문에 대해서는 조금 쉽다. '아무렇게나 하지 말라'가 그것이기 때문이다. 연필을 굴리는 일은 하지 말라는 것이다.

무엇이든 정성스럽게, 깊게 생각하고, 성실하게 하면 올바른 길에서 벗어나지 않는다. 그렇다고 해서 바로 정답을 찾을 수 있다는 것은 아니다. 다만 그런 자세를 갖추면 장차 정답을 찾을 확률을 높일 수 있다.

이것을 유학(儒學)에서는 '충(忠)' 혹은 '시중(時中)'이라고 말한다.

충(忠)은 '가운데 중(中)' 아래에 '마음 심(心)'이 있다. 마음에 중심을 잡는다는 뜻이다. 어느 한쪽으로 치우치지 않는 마음이다. 아무리 좋아하는 것이라 하더라도 적절한 때가 되면 자제하는 것, 아무리 싫어하는 것이라 하더라도 필요한 때가 되면 흔쾌히 받아들이는 것을 말한다.

우리가 흔히 말하는 '나라에 충성(忠誠)'과는 사뭇 다른 뜻임을 알아야 한다. '충성(忠誠)'이란 충(忠)을 정성스럽게(誠) 이어간다는 의미를 갖고 있다.

시중(時中)은 때를 나타내는 '시(時)'와 '가운데 중(中)'이 만난 모습이다. 때에 따라 적절히 충(忠)을 유지하라는 뜻이다.

누군가 슬픔을 당했다면 함께 울어주고 누군가 기쁜 일을 맞이했다면 같이 기뻐해준다. 올바른 사람은 존중해주고 존경하며 따르고, 망나니 같은 사람이라면 곁에서 따끔하게 충고해 준다. 끝내 말을 듣지 않으면 멀리 한다.

'지자요수 인자요산(知者樂水 仁者樂山)'이라는 말을 들어봤을 것이다. 흔히 '지혜로운 사람은 물을 좋아하고 어진 사람은 산을 좋아한다.'라고 풀이한다.

이를 두고 토론을 벌이는 사람을 본 적이 있다. '넌 산이 좋아? 아니면 물이 좋아?', '지혜로운 사람이 더 나은 거야? 아니면 어진 사람이 더 나은 거야?'

공자가 말한 전체 문장은 이러하다. "지혜로운 사람은 물을 좋아한다. 활동적이며 즐겁게 산다. 어진 사람은 산을 좋아한다. 조용하게 지내며 장수한다."(知者樂水 仁者樂山 知者動 仁者靜 知者樂 仁者壽)

두 사람이 아니다. 한 사람이다. 상황에 맞게 적절히 할 뿐이다. 어느 한쪽으로 치우치지 않게, 충(忠)과 시중(時中)을 구현하며 살아가는 것이다. 활동할 때에는 힘차고 즐겁게, 깊게 생각할 때에는 조용히. 그렇게 적절히 하니 건강하고 즐겁게 장수한다. '지자요수 인자요산(知者樂水 仁者樂山)', 때로는 산처럼, 때로는 물처럼….

올바른 길은 따로 있지 않다. 올바른 길을 찾아가는 게 아니다. 지금 내가 가는 길, 그 길을 올바르게 만들면 된다.

나는 귀중한 존재다

모든 사람들을 귀한 손님처럼 대하라
出門如見大賓(출문여견대빈)
- 《논어(論語)》중에서

유교(儒敎) 경전을 보면 '혼자 있을 때 더욱 조심하라.'는 내용이 참으로 많이 나온다. "군자는 혼자 있을 때 더욱 삼가고 경계해야 한다(君子必愼其獨也)." 《대학(大學)》과 《중용(中庸)》에 나오는 말이다.

《명심보감(明心寶鑑)》에서도 만날 수 있다. "하늘을 거울이라고 생각하라(上臨之以天鑑). 곁에 아무도 없더라도 모든 사람이 보고 있는 것처럼 하라.", "아무도 보지 않는 비밀스러운 방에 혼자 있어도 마치 네 거리 한 가운데 앉은 것처럼 하라(坐密室 如通衢)".

일부 사람들은 유학(儒學)을 '실생활과 멀리 떨어진 뜬구름을 잡는 소리'로 치부하거나 '허례허식만을 강조한다'라고 생각하기도 하지만 모두가 오해에 근거한다. 근본이치는 간단하다. '실생활을 꼼꼼하게 가다듬어 우주의 이치로 나아간다.' 나의 생각 하나하나와 실제 생활 하나하나가 우주와 연결되어 있음을 깨닫는 것이 출발점이다.

《대학(大學)》과 《중용(中庸)》은 우주의 이치에 치중하고 있고 《명심보감(明心寶鑑)》 등은 실생활의 가다듬음에 치중하고 있을 뿐이다.

지구가 자전하며 공전하는 게 허례허식인가. 만유인력의 법칙이 뜬구름인

가. 그 둘이 서로 따로 떨어져 있는가. 서로 영향을 주고받으며 정밀하게 연결되어 돌아간다. 나도 마찬가지다. 지구가 자전하며 공전하는 것처럼 나도 반복되는 일상생활 속에서 성장한다. 지구가 끝없는 변화 속에 있으면서도 변하지 않는 우주의 법칙을 꾸준히 지키는 것처럼 나도 올바른 도리에서 벗어나지 않아야 잘 살 수 있다.

가장 기초는 무엇인가. 우주의 질서와 내가 서로 떨어져 있음을 느끼거나 서로 다른 방향으로 가고 있다는 것을 깨달으면 깜짝 놀라며 바른 길로 돌아오는 것이다. 뜨거운 불판에 손이 닿으면 깜짝 놀라게 되는 것과 마찬가지다. 부끄럽고 불편해서 견딜 수 없어 바른 길로 돌아오는 것이다. 모든 것이 적절해지면 편안하고 행복하다. 더 이상 따로 무엇인가를 더하거나 뺄 필요가 없다. 사람들 앞에 있든 혼자 있든 마찬가지다.

그런데 왜 '혼자 있을 때 더욱 조심하라.'고 강조하는가. 나의 실제 생활이 아직 우주의 이치에 푹 젖어들기 전이기에 조심하라고 강조하는 것이다. 푹 젖어들었다면 혼자 있을 때 조심하라고 강조할 필요도 없다.

근본은 간단하다. 나는 홀로 존재하는 게 아니라 우주 전체와 연결되어 존재한다. 그러니 혼자 있을 때가 잠시도 없다. 손과 발이 항상 나와 함께 존재하는 것처럼 나도 우주와 함께 한다. 그런데 어느 날, 손과 발이 마치 자기가 독립된 존재인 것처럼 제멋대로 행동한다면? 나의 신경체계에 이상이 생긴 것이다. 병이 생긴 것이다. 치료해야 한다. 그 치료법이 바로 '혼자 있을 때 더욱 조심하라.'는 것이다.

중궁(仲弓)이 공자에게 인(仁)이 무엇인지 묻자 공자는 이렇게 대답했다. "모든 사람들을 귀한 손님처럼 대하고(出門如見大賓), 일을 할 때에는 중요한 제사를 지내는 것처럼 조심스럽게 정성을 다하는 것이다."

손과 발은 내 신체의 일부분이지만 그렇다고 함부로 대해서는 안 된다. 귀한 손님처럼 존중하고 사랑하며 대해야 한다. 그래야 온전히 하나가 된다. 해와 달도 바람과 구름도 마찬가지다. '모든 사람들'에는 나 자신도 포함된다. 나를 사랑하기에 혼자 있을 때에도 나를 함부로 대하지 않는다. '혼자 있을 때 더욱 조심하라.'는 말은 억지로 꾸미라는 말이 아니다. 나를 옥죄라는 말도 아니다. '나는 고귀하고 중요한 사람'이라는 자부심을 갖고 살아가라는 뜻이다. 함부로 하지 말라는 뜻이다. CC TV를 두려워하라는 말이 아니다. 우주가 존중해주는 품격 있는 손님이 되라는 뜻이다.

거침없이 가는구나, 멈추지 않는구나!

逝者如斯夫 不舍晝夜(서자여사부 불사주야)

-《논어(論語)》중에서

    유교(儒教)인가 유학(儒學)인가. '그게 그거'라고 말할 수도 있겠지만 요즘의 눈높이로 정밀하게 따져볼 필요도 있겠다. 언어란 그 시대의 이해와 함께 호흡해야 하는 것이니 단어에 대한 개념의 정립도 마찬가지가 아니겠는가. 공자도 '내가 정치를 하게 되면 가장 먼저 정명(正名)부터 하겠다.'라고 말하지 않았는가. 정명(正名)이 무엇인가. 단어의 개념을 바르게 하는 것이다.

    우리 주변을 둘러보자. 툭하면 '나라와 국민이 원한다면…'이라고 서두를 꺼내는 사람들을 쉽게 만날 수 있다. 그런데 따지고 보면 사람마다 그 개념이 충돌하기도 한다. 같은 말을 하는데 지향하는 지점은 확연히 다르다. 정명(正名)이 필요한 이유다.

    유교(儒教) 혹은 유학(儒學)이라는 단어에 공통적으로 들어가는 글자는 '유(儒)'다. '유(儒)'는 선비를 말한다. 요즘 말로 하면 학자 정도가 될 것이다. 교수님도 아니고 연구원도 아니다. 박사님을 뜻하는 것도 아니다. 학자는 끊임없이 공부하는 사람이다. 올바른 삶이 무엇인지, 나는 누구이고 세상은 어떻게 이루어져 있는지 고민하는 사람이다.

    그 공부하는 방법에 있어 공자와 맹자의 계통을 따르는 사람들을 통칭 '유가(儒家)'라 불렀고 그들이 하는 학문을 '유학(儒學)' 혹은 '유교(儒教)'라 부른다. 그렇다면 교(敎)와 학(學)에는 어떤 차이가 있을까. 원래는 붙어있는 개념이었다. 교(敎)는 가르침-teach의 개념을, 학(學)은 배움-study의 개념을 지닌다. 가르침과 배움은 동시에 일어나기 때문이다.

그렇다면 공자는 누구에게 배웠는가. 모든 것이 그에게는 스승이었다. 해와 달, 산과 강, 세상의 모든 사람들, 역사 속 모든 사건과 인물이 그의 스승이었다.

"공자가 시냇가에서 흐르는 시냇물을 보며 말했다. '거침없이 가는구나, 멈추지 않는구나!'(子在川上曰 逝者如斯夫 不舍晝夜)"

《논어(論語)》에 나오는 말이다. 이것을 보면 시냇물이 공자의 스승이다. 공자가 그런 말을 하자 제자가 곁에서 그것을 듣고 메모했다가 《논어(論語)》를 엮을 때 포함시켰다. 공자가 시냇물에게 배운 것을 공자의 제자들은 공자의 언어로 배운다. 공자의 배움은 학(學)이고 공자의 말은 교(敎)다. 누군가의 말에만 얽매이는 것을 우리는 흔히 교조주의(dogmatism, 敎條主義)라고 부른다. 당연히 부정적인 의미를 지닌다.

공자라는 계단을 밟고 올라가서, 이제 공자의 스승과 직접 대면해야 한다. 그런 자세를 가져야 한다. 물론 어설프게 하면 삐끗하여 발을 헛딛고 넘어질 수도 있겠지만 다시 일어서면 그만 아닌가. 그런 마음으로 공부를 해야 한다.

그렇다면 공자는 시냇물을 보며 무슨 생각을 갖고 이런 말을 했던 것일까. 후대의 학자들은 이에 대해 나름대로 이런저런 해석을 내리곤 했다. 세월의 무상함을 말한 것이라 하는 사람도 있고, 열심히 공부하라는 의미라고 하는 사람도 있었다. 모든 물에는 지금 눈에 보이는 것뿐만이 아니라 보이지 않는 곳, 저 멀리에 있는 근원(처음 샘물이 솟아난 자리)이 있음을 강조한 것이라 해석하는 사람도 있었다. 무엇이 맞을까?

《논어(論語)》에 나오는 다음 대목을 실마리로 삼으면 어떨까?

"공자가 자공(子貢)에게 말했다. '너는 내가 아는 것이 많아서, 그 모든 것을 다 기억했다가 말해주는 사람이라 생각하는가?' 자공이 대답했다. '네, 그렇게 생각합니다.' 그러자 공자가 다시 말했다. '틀렸다. 나는 하나의 이치로 모든 사물을 연결시킬 뿐이다.(一以貫之)'"

하나의 이치로 모든 것을 연결시킨다고? 희미하지만 공자의 스승이 가진 그림자가 보이는 것처럼 느껴지지 않는가.

이제부터 공자의 스승이 누구인지 찾아가보자.

세상의 모든 것들이 나의 스승이다

三人行必有我師(삼인행필유아사)

-《논어(論語)》 중에서

《논어(論語)》에 나오는 그 유명한 '삼인행(三人行)' 이야기를 기억하는가. 흔히 이 대목을 다음과 같이 해석한다. "세 사람이 길을 가더라도 그중에 반드시 내 스승이 될 만한 사람이 있다(三人行必有我師). 그들 중 좋은 점을 가진 사람의 장점을 가려 이를 따르고, 좋지 않은 점을 가진 사람의 나쁜 점으로는 자신을 바로잡을 수 있기 때문이다." 그러나 이런 해석은 조금 아쉽다.

동양에서 말하는 '3'은 단순한 숫자에만 머물지 않는다. 하늘(天)과 땅(地), 그리고 사람(人)을 합쳐서 말할 때 사용하기도 한다. 그러므로 三人行必有我師(삼인행필유아사)의 해석은 "세상의 모든 것들이 나의 스승이다"가 되어야 하지 않을까? '행(行)'을 단순히 '길을 걸어간다'로 해석하는 것도 충분하지 않다. 그것은 실천이고 행동이며 겉으로 드러나는 변화의 모든 것을 포괄한다.

그러므로 새롭게 번역한다면 '하늘과 땅과 사람을 포함한 세상 전체의 변화하는 모습, 계절이 바뀌고 밤낮이 바뀌는 모습, 역사가 바뀌는 모양새를 살펴보라. 그리고 그것을 보고 배워라.' 정도가 되지 않을까. "나는 하나의 이치로 모든 사물을 연결시킬 뿐이다.(一以貫之)"라는 공자의 말을 기억하는가.

다시 《논어(論語)》로 돌아가 다음의 대화를 읽어보자.

"공자가 말했다. '난 이제 말을 그만하려고 한다.(予欲無言)' 그러자 자공이 깜짝 놀라면서 '아니, 스승님. 말씀을 하지 않으시면 이제 우리 제자들에게 가르침을 주지 않겠다는 뜻입니까?'라고 물었다. 자공의 말을 들은 공자가 이렇게 대답했다. '하늘을 보라, 우주를 보라, 세상을 보라. 그들이 무엇에 대해 말하거나 의논하는 것을 들은 적이 있는가. 그럼에도 불구하고 세상은 잘 돌아간다. 계절이 바뀌고 밤낮이 바뀌며 새싹은 돋아나고 꽃은 피고 열매가 맺는다. 그런데 왜 말이 필요하다고 하는가?'(天何言哉 四時行焉 百物生焉 天何言哉)"

중요한 것은 말이 아니다. 단어 하나, 문장 하나가 중요한 것이 아니라 그것이 지향하는 의미가 중요한 것이다. 그럼에도 불구하고 사람들은 감추어진 뜻을 깊게 생각하여 깨달음을 얻으려는 노력은 하지 않고 그저 문장에만 매달리는, 말꼬리만 잡고 늘어지는, 달을 가리키는 데 손가락 모양에만 집착하곤 한다. 그런 사람들에게 주는 공자의 가르침은 말없음(無言)이다.

공자의 스승은 세상 전체였다. 역사와 문화, 하늘과 땅, 물과 나무, 바람과 구름, 사람과 짐승, 해와 달이 모두 그의 스승이었다. 그것들을 잘 살펴보니 하나로 이어짐을 깨달은 것이다(一以貫之). 그 하나란 무엇인가. 주어진 상황에 맞게 적절히, 나만 챙기지 말고 모든 것들과 더불어 조화롭게, 빈둥거리며 게으름을 피우지 않고 언제나 정성스럽고 성실하게, 최선을 다하면서도 겸손하게, 우주처럼 하늘처럼 땅처럼 물처럼 살아가라는 것이다. 그것은 '아무렇게나'가 아니다. 말로 표현하지 않았지만 분명히 존재하는 '자연의 이치'를 따르라는 것이다.

그렇기에 공자는 시(詩)와 역사(歷史)에 집중했다. 공자의 설명에 의하면 '시는 내 마음 속의 선한 감정을 불러일으키고(可以興), 모든 것들을 관심 있게 살펴보게 해주며(可以觀), 사람들과 서로 소통할 수 있게 해주며(可以群) 세상의 온갖 것들, 나무와 풀과 새와 짐승들에 대한 지식을 쌓게 만들어주는 (多識於鳥獸草木之名) 것'이다. 역사도 마찬가지다. 공자는 《춘추》에 대해 "후세에 나를 알아주는 사람이 있다면 《춘추》 때문일 것이며, 나를 비난하는 사람이 있다면 그 역시 《춘추》 때문일 것이다."라는 말을 남길 정도로 《춘추》 에 강한 자부심을 가지고 있었다.

'세상의 모든 것'이 너무 크다고 생각한다면 일단 시와 역사만이라도 스승 으로 모시는 것은 어떨까?

공자는 왜 《주역(周易)》을 애지중지했을까?

때에 따라 적절히 하라

君君臣臣父父子子(군군신신부부자자)

-《논어(論語)》 중에서

'임금은 임금답게, 신하는 신하답게, 아버지는 아버지답게, 아들은 아들답게.'(君君臣臣父父子子) 이 말은 매우 단순하지만 결코 단순하지 않다. 생각해보라. 임금이자 아버지이며 아들이기도 한 사람도 있고, 신하이면서 아버지이며 아들인 사람도 있다. 그럴 경우에는 어떻게 해야 하나. 때에 따라, 상황에 따라 적절히 해야 한다. 어느 하나에 고정되거나 얽매이면 안 된다. 그러므로 "때에 따라 적절히 하라."와 통하게 된다. 군신(君臣)과 부자(父子)는 4명의 사람이 아니라 1명의 사람이 상황에 따라 적절히 하는 것을 의미한다.

공자의 사상은 이토록 유연하다. 고정되거나 딱딱한 게 아니었다. 공자가 이처럼 어느 한 곳에 고정되거나 얽매이지 않게 된 이유는 자연의 변화를 보고 깨달았기 때문이다. 뿐만이 아니었다. 또 하나가 더 있었다. 《논어(論語)》술이편(述而篇)을 보면 그런 대목을 만날 수 있다.

子曰 加我數年 五十以學易 可以無大過矣(자왈 가아수년 오십이학역 가이 무대과의). 이 문장은 번역이 쉽지 않다. 예전에도 말했지만 오래된 고전(古典)일수록 그 해석은 신중할 수밖에 없다. 각 글자가 뜻하는 의미가 시간의 흐름에 따라 변하기 때문이다. 또 진나라 시절의 분서갱유(焚書坑儒)로 인

해 그렇기도 하다. 분서갱유 당시 공자의 가르침을 담고 있는 책은 모조리 불태워졌고 몰래 감추고 있다가 걸리면 죽음을 감수해야할 정도였으니 오죽했겠는가. 세월이 흐른 후 기억에 의존해 손으로 쓴 책이 남게 되었는데 기억에 의존하거나 다른 사람이 베낀 책을 옮겨서 적다보니 오류가 많이 발생할 수밖에 없었다. 《논어(論語)》도 예외가 아니기에 사람마다 다르게 해석하는 부분이 발생하는 것이다.

이 문장에 대한 가장 일반적인 해석은 다음과 같다. "나에게 몇 년의 시간이 더 주어져, 50세 정도에 《주역(周易)》을 모두 배워 익히면, 큰 잘못이 없어질 텐데…"

이게 맞는 해석이라면 이런 말을 할 당시의 공자는 50세 이전이 되어야 한다. 그런데 각종 역사서를 들춰보면 공자가 《주역(周易)》에 관심을 갖고 애지중지하던 시기는 말년이라고 나온다. 사마천은 《사기(史記)》에서 "공자는 말년에 《주역(周易)》을 끼고 살았다. 어찌나 들춰보았는지 가죽으로 묶은 끈이 세 번이나 끊어질 정도였다."라고 말하고 있다. 그런데 73세에 사망한 공자의 40대 시절을 말년이라 하기에는 어색하지 않은가. 이에 대한 여러 가지 해석이 나오게 된 까닭이다.

주자는 이 문장에 나오는 '五十'은 '50세'가 아니라 '세상을 떠난다'는 뜻을 지닌 '졸(卒)'이라고 설명한다. 누군가 베껴서 쓸 때 실수를 했다는 것이다. 이렇게 되면 '나에게 몇 년의 시간이 더 주어져, 내가 죽기 전에 《주역(周易)》을 모두 배워 익히면, 큰 잘못이 없어질 텐데…'라는 해석이 가능하다.

복잡한 설명은 전문 학자들에게 맡기기로 하고, 여기서는 《주역(周易)》에 주목해보자. 일반적으로 '점치는 책'으로 알려진 《주역(周易)》이 아닌가. 그런데 실용주의자이며 현실주의자인 공자가 끈이 끊어질 정도로 《주역(周易)》을 뒤적였다고? 믿기 힘들겠지만 이것은 사실이다. 그렇다면 공자는 왜

《주역(周易)》을 이토록 애지중지했을까.

　君君臣臣父父子子(군군신신부부자자)하기 위해서는 현재 내가 처한 상황을 정확하게 알아야 한다. 이 상황에서 임금으로 행동하는 게 적절한 것인지, 아버지로 행동하는 게 적절한 것인지, 아들로 행동하는 게 적절한 것인지 알아야만 한다. 수시로 변화하는 상황에 대한 파악, 그리고 그 변화에 어떻게 대처하는 것이 적절한 것인지를 알려주는 책이 바로 《주역(周易)》이라고 공자는 생각했고 이를 실천하려고 노력했다고 봐야 할 것이다.

끊임없이 변화하라

엉뚱한 생각은 하지 말라
思不出其位(사부출기위)
－《주역(周易)》중에서

　잘 모르는 사람들은《주역(周易)》을 점이나 치는 책 정도로 인식한다. 그것이 전혀 근거 없는 이야기라고 할 수는 없지만 그렇다고 정확한 것도 아니다.《주역(周易)》은《시경(詩經)》,《서경(書經)》과 함께 유학(儒學)에서 경전으로 꼽히는 세 권의 책 중 하나다. 무슨 말이 더 필요하겠는가.

　흔히 인문학의 기본을 '문사철(文史哲)'이라고 말한다.《시경(詩經)》을 문학으로《서경(書經)》을 역사라고 한다면《주역(周易)》은 철학이다.

　그렇다면《주역(周易)》이 추구하는 철학의 구체적인 내용은 무엇일까. 그 내용은 '역(易)'이라는 글자에서 명확하게 드러난다. 그러나 한자에 익숙하지 않은 현대인들이 '역(易)'이라는 글자를 이해하는 것은 쉽지 않은 일이다. 이럴 때에는 서양 사람들이 '역(易)'을 어떻게 이해하고 있는지를 살펴보는 게 나을 수도 있다.

　서양 사람들은《주역(周易)》을 'The Book of Changes'라고 번역한다. 변화에 대해 말해주는 책이라는 뜻이다.

　유학(儒學)은 변화를 기본 축으로 삼는다. 영원불변의 가치를 추구하지 않는다. 변하고 또 변하는 그 자체를 기본 원리로 삼는다. 변화는 우주 창조의 근본 원리이며 우주가 존재하는 그 자체의 원리다. 그러므로 '역(易)'이란 모든 변화(變化)를 총괄하는 이름이다.

변화는 생명의 힘이다. 살아 숨 쉬는 모든 것들은 왕성하게 변화하며 새로운 생명을 만들어낸다. 정자와 난자가 만나 형성된 수정란이 변화하는 모습을 보라. 마치 빅뱅이 일어난 것처럼 폭발적으로 변화하며 성장하지 않는가. 아침은 아침을 고집하지 않고 낮이 되며, 낮 또한 자연스럽게 밤으로 이어진다. 우주 전체가 이러한 원리에 의해 움직인다. 그렇기에 그 움직임, 그 변화 속에서 진리를 찾아야 한다.

아침이 밝았다가 다시 밤이 되는 것에 대해 이해하지 못하는 사람들은 그 변화가 무척이나 신기할 것이다. 온 천지가 캄캄하다가 순식간에 다시 밝아지는 것이 어찌 신기하지 않겠는가. 원리에 대해 이해하는 사람에게는 당연한 일이지만 이해하지 못하는 사람에게는 귀신이 곡할 노릇이 된다. 그러니 신령스러운 그 무엇을 찾게 되는 것이다.

《주역(周易)》도 마찬가지다. 그 원리를 이해하지 못하는 사람에게는 신령스러운 점성술 책으로 느껴질 수밖에 없다.

"엉뚱한 생각은 하지 말라."는 이야기도 마찬가지다. 흔히 '네 분수를 알아야지!'라고 말하거나 '어디 감히?'라며 눈을 치켜뜨는 것을 생각하지만 그것은 오해다. 아침에는 잠자리에서 일어나고 밤에는 잠자리에 드는 것, 그것을 말하는 것이다. 창의성에 대한 억압이 아니다. 상황에 적절한 창의성을 추구하라는 뜻이다. 상황에 따라 적절히 하지 않으면 화를 부른다. 이것은 과학이며 철학이고 지혜다. 점괘가 아니다.

어제의 나와 오늘의 나는 다르다. 달라야만 한다. 변화하지 않았다면 죽은 것이다. 살아 있다면 변화했고 변화했다면 그 변화에 따라 적절히 해야 한다. 어제에 매달려 변화된 오늘의 나를 깨닫지 못하면 화를 면하지 못한다.

실망하지 말라, 힘차게 나아가라

밤은 아침으로 가고 낮은 밤으로 간다. 이게 진리다
一陰一陽之謂道(일음일양지위도)
- 《주역(周易)》중에서

'동양철학자'라는 말은 '점쟁이'와 비슷한 뜻으로 쓰이곤 했다. 요즘도 길거리를 지나다보면 '동양철학관'이라는 간판을 보게 되는데, 그런 곳은 대부분 점쟁이 사무실이다.

만약 '서양철학자'라고 한다면 어떨까? 타로카드를 해석해주는 사람, 혹은 점성술사라고 인식하는 사람이 있을까? 아마도 대부분 '서양철학자'라고 하면 소크라테스나 아리스토텔레스, 더 나아가 플라톤이나 스피노자를 떠올릴 것이다.

동양철학과 서양철학 사이에 왜 이토록 엄청난 간극이 존재하게 된 것일까. 글자 그대로 말한다면 '동양철학자'는 동양의 철학자를 뜻하고 '서양철학자'는 서양의 철학자를 뜻한다. '서양철학자'하면 소크라테스나 아리스토텔레스, 플라톤, 스피노자를 떠올리는 것과 마찬가지로 '동양철학자'라고 하면 공자와 맹자, 노자와 장자, 주자 등을 떠올려야 한다. 우리나라의 율곡과 퇴계, 다산도 '동양철학자'다.

조금 더 들어간다면 서양의 철학 이론에 입각해 철학을 연구한 사람이 '서양철학자'고 동양의 철학 이론에 입각해 철학을 연구한 사람이 '동양철학자'

다. 우리나라에서 소크라테스나 아리스토텔레스의 사상을 공부한 학자는 서양철학자고 유럽이나 미국에서 공자나 맹자의 사상을 공부한 학자는 동양철학자다.

그런데 우리가 일반적으로 생각하는 것은 이와 다르니 참으로 답답한 노릇이 아닐 수 없다. 점쟁이가 동양철학자라고? 도대체 이런 어처구니없는 인식이 왜 우리에게 있는 것일까?

우리나라에서 점을 치는 사람들 중에 대부분은 《주역(周易)》을 기본 교과서로 삼는다. 그런데 이 《주역(周易)》은 앞서 설명한 것처럼 철학서다. 철학서인데 그것으로 점을 칠 수도 있다. 마치 칼로 무예를 닦을 수도 있지만 고등어를 다듬을 수도 있고 사람을 죽일 수도 있는 것과 마찬가지 이치다.

《주역(周易)》이 이야기하는 철학은 삶과 동떨어진, 아련히 멀고 높은, 눈에 보이지 않는 것에 대한 지혜가 아니라 바로 지금 실천해야할 삶의 지혜다. 그래서일까?

철학은 뒤로 밀어놓고 점만 치는 사람들이 생겨났다. 철학 공부는 어렵지만 점을 치는 기술 공부는 상대적으로 쉽다. 그러니 철학으로 공부하는 사람은 적고 점을 치는 기술로 공부하는 사람은 많아졌다. 당연히 《주역(周易)》을 공부한다고 하면 점쟁이로 인식할 수밖에 없는 상황이 된 것이다.

그러나 이것은 바닷가를 잠시 거닐고 바다를 안다고 말하는 것과 같다. 바닷가도 바다에 포함되지만 그것이 바다라고 말하는 것은 잘못이다. 망망대해와 바닷가를 같다고 할 수 있는가. 서울에 있는 남산도 산이지만 남산을 보았다고 설악산이나 백두산도 그러할 것이라고 생각하면 잘못인 것과 마찬가지다.

결론적으로 말한다면 점을 치는 기술서로 《주역(周易)》을 활용하더라도 《주역(周易)》에서 나오는 점괘에는 좋은 점괘와 나쁜 점괘가 따로 없다. 그 상황에 적절히 대응하면 좋게 되고 적절하지 않게 대응하면 나쁘게 될 뿐이다.

얼마 전 대학수학능력시험이 있었다. 만족스러운 결과를 받은 사람도 그 반대도 있으리라. 그러나 그 결과에 연연해할 필요는 없다. 그 상황에 적절히 대응하면 된다. 시험 점수가 주인이 아니라 내가 주인이기 때문이다.

《주역(周易)》에 나오는 다음 문장을 기억하라. "어두운 곳에 있으면 곧 밝아진다. 밝은 곳에 있다면 곧 어두워진다. 상황에 적절히 움직이는 것, 그것이 올바른 길이다(一陰一陽之謂道)."

지금 성과가 좋다면 더욱 조심스럽게 행동하고, 지금 성과가 나쁘다면 더 열심히 하라. 동양철학은 죽음의 지혜가 아니라 삶의 지혜다. 살아가는 삶의 현장을 천국으로 만드는 지혜다. 그 중심은 실천에 있다. 상황이 아니라 내가 중요하다. 그러므로 실망하지 말라, 힘차게 나아가라.

성공하고 싶은 당신에게

낮은 곳에서 높은 곳으로, 가까운 곳에서 먼 곳으로
自卑昇高 自近及遠(자비승고 자근급원)
-《근사록(近思錄)》중에서

서점에 가보면 '성공학(成功學)' 혹은 '처세술(處世術)'을 내세우는 책들을 많이 볼 수 있다.

'성공학(成功學)'이라는 글자를 풀이하자면 '목적하는 것을 이루는 방법을 연구하는 학문' 정도가 적절하겠다. '처세술(處世術)'이라는 글자를 풀이하자면 '세상을 살아가는 기술' 정도가 되지 않을까 싶다.

그렇다면 사회적으로 성공한 삶을 살아가는 방법을 제시할 때, '성공학(成功學)' 보다는 '처세술(處世術)'이 오히려 적절한 용어라는 생각이 들기도 한다.

좌우지간 성공학이든 처세술이든 뭔가 순수하지 못한 분위기를 자아내는 것만은 숨길 수 없다. 특히 유학(儒學)의 시선으로 바라보면 더욱 그러하다. 좋은 결과를 얻으려고 억지로 노력하지 말라는, 모든 것을 적절히 하라는 스승들의 가르침과 다르기 때문이다.

그런데 한편으로 생각하면 '세상을 그렇게 소극적으로 살아서 어떻게 성공하겠어?'라는 반론이 있을 법하다. '급하면 억지도 쓰고 무리수도 두어야 하는 것 아닐까?'라는 생각을 하지 않을 사람이 없을 것이다.

누구나 성공을 꿈꾸고 잘 살고 싶은 것은 당연한 일이기 때문이다.

유학(儒學)도 마찬가지다. 성공하는 방법, 잘 사는 방법을 알려주는 게 바로 유학(儒學)이다. 그렇다면 요즘 흔히 말하는 성공학이나 처세술과는 무엇이 다를까? 지속 가능한 성공, 지속 가능한 행복을 말하고 있다는 게 다르다.

흔히 뒷짐을 지고 헛기침하며 천천히 걷는 게 유학(儒學)을 공부한 학자라고 생각하기도 하는데, 이는 참으로 어리석은 것이다.

진정한 유학자는 상황에 따라 적절히 할 뿐이지 느릿느릿 걷는 사람이 아니다. 불이 났는데 옷차림을 단정히 하고 밖으로 뛰쳐나가려고 하다간 죽음을 면치 못할 것이다. 그러므로 화재가 난 상황이라면 일단 그 자리를 피하는 게 상책이다.

공자나 맹자가 그렇게 하지 말라고 가르쳤다고 생각한다면 엄청난 오해가 아닐 수 없다. 공자나 맹자의 가르침은 더 근본적인 곳에 위치한다.

불이 나지 않도록 평소에 조심하라는 것이 그들의 가르침이다. 평소에 완벽하게 준비를 해놓았으니 서두를 일이 없을 뿐이다.

"낮은 곳에서 높은 곳으로, 가까운 곳에서 먼 곳으로 (自卑昇高 自近及遠)"라는 '근사록(近思錄)'의 가르침이 바로 그것이다.

회사에서 상사와의 관계를 잘 유지하기 위해 억지로 노력하지 말라는 뜻은 평소에 단정하고 예의바르게 살라는 것이지 거만하게 굴라는 뜻이 아니다. 평소에 부모를 공경하며 그것이 몸에 습관으로 붙은 사람이라면 그 어떤 사람을 만나더라도 건방지게 굴지 않는다. 겸손하고 단정하다. 다른 사람들로부터 사랑을 받는다.

평소에 형제자매와 화목하게 지내던 사람은 동료들과도 잘 지낸다. 배려해주고 양보하는 것이 몸에 배여 있기 때문이다. 동료들로부터 칭찬을 듣는다.

동생들을 잘 보살피던 사람은 후배들과도 잘 어울린다. 도와주고 감싸주는 게 익숙하기 때문이다. 후배들에게 존경을 받는다.

억지로 그렇게 하는 게 아니다. 목적을 가지고 그렇게 하는 게 아니다. 남에게 잘 보이려고, 칭찬을 들으려고, 존경을 받으려고, 성공하려고, 잘 살려고 그러는 게 아니다. 그렇게 하는 게 익숙하고 편하기 때문이다.

일상생활을 바르게 하여 큰일을 이룬다. 사소한 일도 정성스레 하여 대업을 성취한다. 이보다 더 정확한 성공학이나 처세술이 있을까.

성공하고 싶은가? 잘 살고 싶은가? 공자와 맹자가 그 방법을 알려줄 것이다. 성공학이나 처세술 책을 들춰보기 전에 고전부터 읽어보기를 권하는 이유다.

살짝 얼어붙은 강물 위를 걸어가듯 조심스럽게
戰戰兢兢 如履薄氷(전전긍긍 여리박빙)
-《시경(詩經)》중에서

유학(儒學)의 가르침은 항상 대조법을 지니고 있다. 빛과 그림자, 밝고 어두움, 양(陽)과 음(陰)을 비교해가며 설명해준다. 그러므로 그 중에 어느 하나만 가지고는 전체를 설명하기 힘들다.

용감하게 나아가는 것과 조심스럽게 앞뒤를 살피는 것 또한 마찬가지다. 무작정 용감무쌍하게 나아가는 것도 만류하지만, 무조건 조심하는 것도 권장하지 않는다.

모호한 것처럼 느껴지지만 자세히 살펴보면 매우 명확하다. 밤낮이 바뀌는 과정을 보라. 처음의 그 시작은 매우 애매모호하다. 그러나 명확하게 바뀐다. 계절이 바뀌는 모습은 어떠한가. 무슨 계절인지 애매한 간절기 혹은 환절기를 거친다. 그러나 애매모호하다고 해서 큰 틀에서 벗어나지는 않는다. 겨울과 봄 사이의 애매함이 다시 겨울로 돌아가는 징조는 아니라는 뜻이다.

이제까지의 경험을 잘 살펴보면 금방 상황을 파악할 수 있다. 낮부터 술에 취해 잠든 사람이 새벽 3, 4시에 깨어났다면 아침이 오고 있는 것인지 아니면 밤이 깊어가는 것인지 파악하기 힘들 것이다. 그러나 그렇게 몽롱한 사람이 아니라면 밝은 아침이 오고 있다는 것을 금방 알 수 있다.

열심히 일하다가 밤 9시에 잠들었던 사람과 낮 2, 3시에 술에 취해 잠든 사람과는 분명한 차이가 있기 때문이다.

중요한 것은 항상 맑은 정신을 유지하고 있는 것이다. 그러면 명확한 파악이 가능하다. 일상생활 작고 사소한 부분부터 어느 한곳에 치우치지 않고 살아가면 '사리분별(事理分別)'이 가능하다. '사리(事理)'라고 했을 때 '사(事)'는 겉으로 드러나는 모양이고 '리(理)'는 그 안에 감추어진 이치다. 맑은 정신을 지니고 있으면 그것을 명확하게 파악할 수 있다. 캄캄한 밤이 겉으로 드러나는 것이 '사(事)'라면 '리(理)'는 그 어둠이 새벽을 향하고 있는지 아니면 더 깊은 밤으로 향하고 있는지를 나타낸다.

이제 올해도 얼마 남지 않았다. 한해를 마무리하는 시기다. 그렇다면 이러한 시기에는 어떻게 생활하는 게 좋을까.

'주역(周易)'에서는 밤이 가장 긴 날인 동짓날을 '복(復)'이라는 글자로 설명한다. 그냥 '복(復)'이 아니라 '지뢰복(地雷復)'이라고 말한다. 땅 속에서(地) 천둥(雷)이 친다는 뜻이다. 조용한 것 같지만 땅속에서는 봄기운이 용틀임하고 있다. 봄이 돌아오기에 복(復)이다. 그러면서 이런 설명을 달았다.

"문을 닫아걸어라(至日閉關)."

밤이 가장 긴 날이 되었을 때 드디어 밤 시간이 줄어들기 시작하며 움츠렸던 낮이 길어지기 시작한다. 그러나 아직 샴페인을 터뜨릴 때는 아니다. 새로운 시작은 여린 새싹일 뿐이다. 아기처럼 약하다. 자칫 잘못하면 상처를 받아 봄이 되어도 제대로 힘을 쓰지 못할 수 있다. 그러므로 문을 닫고 봄의 싹을 지키는 것이다. 조심하는 것이다.

이번 연말에는 들뜬 분위기에 휩싸이지 않고 조용히, 단정한 연말을 지내보는 것은 어떨까. 물론 단정히 보내고 싶다고 여러 의미 있는 송년회를 무조건 피할 수는 없다. 하지만 맑은 겨울 아침, 시경에 나오는 시 한 구절을 음미하며 마음을 가다듬어 본다.

"누가 감히 맨손으로 호랑이에게 덤벼드는가, 누가 감히 깊은 강을 걸어서 건너려고 하는가(不敢暴虎 不敢馮河). /하나만 알고 그 나머지는 모르는 사람들이 그렇게 하지(人知其一 莫知其他). /두려워하며 조심하라, 깊은 물가에 있는 것처럼, 살짝 얼어 있는 강물 위 얼음을 밟고 있는 것처럼(戰戰兢兢 如臨深淵 如履薄氷)."

한해를 마무리하는, 깊은 겨울밤은 만삭의 여인과 같다. 이제 조금 지나면 소중한 아기가 탄생한다. 그렇다고 이리저리 뛰어다니며 기쁨을 만끽하는 여인은 없다. 태교에 치중하며 조심스럽게 지내야 한다. 소심해서 그러는 게 아니다. 용감하지 못해서가 아니다.

항상 아침 일찍 일어나고 밤에는 잠을 자라

常須夙興夜寐(상수숙흥야매)

－《격몽요결(擊蒙要訣)》 중에서

　새해가 되면 누구나 새로운 다짐을 하게 마련이다. 단순히 마음을 가다듬는 것에만 머무는 것도 아니다. 새해 첫날 해돋이를 보겠다고 경치 좋은 산 정상에 오르거나 바닷가를 찾는 사람들도 있다. 특별한 곳에서 특별한 다짐을 하겠다는 의도일 것이다.

　물론 새해 첫날 해돋이를 보면 이상스럽게도 가슴이 벅차오르는 희열이 느껴지기도 한다. 그것은 참으로 묘한 느낌이다. 바로 어제의 해와 오늘 떠오르는 해 사이의 차이점은 별로 없는 듯 보이는데 왜 특별한 느낌을 받게 되는 것일까. 해는 그대로이지만 그것을 바라보는 나의 마음이 어제와는 다르기 때문이다.

　흔히 세월을 강물이나 화살에 비유하곤 한다. 쉼 없이 흘러가는 모습과 빠르게 지나가는 모습에 빗댄 말일 것이다. 그러나 바라보는 나의 시선을 바꿔보면 시간의 모습도 다르게 보인다. 시간은 가만히 있고 내가 움직인다고 보면 어떨까. 미래는 가만히 서 있는 나에게 다가오는 것이 아니라 내가 가만히 서 있는 미래를 향해 다가가고 있다면? 그렇게 되면 시간은 나에게 주어지는 것이 아니라 내가 만들어가는 게 된다.

오늘의 삶은 새롭게 주어지는 게 아니라 어제의 내 삶이 나에게 쓴 편지다. 마찬가지로 내일 펼쳐질 내 삶은 오늘 내가 써서 보낸 편지가 된다. 어제의 결과가 오늘이고, 오늘의 결과가 내일이라는 뜻이다. 결국 미래는 내가 스스로 만들어나가는 것이다. 새해도 마찬가지다. 아주 새로운 그 무엇이 아니라 지난해에 내가 한 행동과 말의 결과일 뿐이다.

율곡은 미래를 짊어지고 나아갈 젊은이들을 위해 《격몽요결(擊蒙要訣)》을 썼다. 그런데 거기서 그가 강조한 것은 대단한 것이 아니다.

"항상 아침 일찍 일어나고 밤에는 잠자리에 들어라."(常須夙興夜寐)

특별한 것이 아니라 사소한 일상을 주문한다. 거창한 것을 주문하지 않고 소소한 일상의 실천을 강조한다. 그 다음에 이어지는 말도 마찬가지다.

"옷차림을 단정하게 하라. 얼굴빛을 맑게 하라. 손발을 가지런하게 하고 자세를 바르게 하라. 신중하게 말하라. 작고 사소한 일이라 하더라도 최선을 다하라."(衣冠必正 容色必肅 拱手危坐 行步安詳 言語愼重 一動一靜 不可輕忽 苟且放過)

조선 최고의 학자가 왜 이토록 평범하고 소소한 것을 강조하는 것일까. 그 이유를 그는 《격몽요결(擊蒙要訣)》의 서문에서 이렇게 밝히고 있다.

"배우고 익히는 것은 하루하루 실제 생활에 사용하기 위함이지 특별한 것을 하기 위함이 아니다. 그런데 요즘 사람들은 그것을 잘 모른다."(不知學問 在於日用)

부자가 되고 싶은가? 그렇다면 새해에는 아침 일찍 일어나고 밤이 되면 잠자리에 들라. 시험 성적을 높이고 싶은가? 그렇다면 새해에는 아침 일찍 일어나고 밤이 되면 잠자리에 들라. 멋진 사람을 사귀고 싶은가? 그렇다면 새해에는 아침 일찍 일어나고 밤이 되면 잠자리에 들라.

세상을 살아가다 보면 어렵고 힘든 일을 만나게 된다. 어렵고 힘든 일을 만나게 되면 빨리 거기에서 벗어나기 위해 아주 특별한 방법을 사용하려는 생각이 들기도 한다. 그러나 아주 특별하고 절묘한 방법이 따로 있지는 않다. 일상적이고 평범한 곳에서 방법을 찾아야 한다.

오늘 하루를 바르게 살면 된다. 그게 문제를 해결하는 지름길이다. 바로 지금의 삶을 바르게 하라. 그게 1년 동안 쌓이면 성공적인 1년이 될 것이다. 내일부터가 아니다. 바로 지금 당장 시작하라. 지금 도둑이 내 마음에 들어와 바르고 선한 마음을 훔쳐가려고 하는데 '내일 아침부터 도둑을 몰아내야지.'라고 다짐하는 사람이 어디에 있겠는가. 지금 내 집이 불타고 있는데 '내일 아침이 되면 불을 꺼야지.'라고 생각하는 사람이 어디 있겠는가.

스스로를 귀하게 여겨라

멀리 가지 않고 다시 돌아오니 좋구나!
不遠復 无祗悔 元吉(불원복 무지회 원길)
-《주역(周易)》 중에서

새해가 되면서 술을 끊겠다고 혹은 담배를 끊겠다고 다짐한 사람들이 참으로 많을 것이다. 그런데 그것을 아직도 이어가고 있는가.

'작심삼일(作心三日)'로 끝나는 경우가 많을 것이다. 그토록 다짐을 했건만 자신도 모르는 사이에 술잔을 들고 있는 나를 발견하는 순간, 그 열패감이란…. 누가 뭐라고 말하기 전에 스스로가 먼저 안다. 그래서 '난 글러먹었어. 난 쓰레기야.'라고 생각하며 폭음을 한다. 이것을 우리는 흔히 '자포자기(自暴自棄)' 혹은 줄여서 '포기(暴棄)'라고 말하기도 한다.

'포기(暴棄)'라고 할 때에 '포(暴)'는 '폭'으로 읽기도 하는데, 그 뜻은 매우 흉악하다. 폭력을 쓰는 것을 뜻하기 때문이다. 업신여기며 때리는 것이다. 그렇기에 '자포(自暴)'는 자신이 자신을 매우 사납게 때리는 것을 의미한다. '자기(自棄)'라고 할 때에 사용하는 '기(棄)'는 내다버린다는 것을 뜻한다. 그러므로 '자기(自棄)'는 내가 나를 내다버리는 것이다.

이처럼 '자포자기(自暴自棄)'는 우리가 흔히 생각하는 것처럼 'give up'하는 게 아니다. 우리가 흔히 '포기할래.'라고 말할 때 사용하는 영어 'give up'은 단순히 주도권을 내어주는 것에 불과하다. 그렇기에 '무엇인가를 다른 사람에게 준다.'는 뜻을 지닌 'give'를 사용한다.

그런데 '자포자기'는 어떠한가? 누군가에게 주도권을 주고 뒤로 물러나는 게 아니다. 나를 두들겨 패서 내다버리는 것이다. 자신에게 폭력을 행사하고 자신을 쓰레기처럼 학대하며 방치하는 것이다. 적극적인 자기 학대다.

그러므로 '자포자기(自暴自棄)'해서는 안 된다. 스스로를 사랑하는 마음을 지녀야 한다. 때로는 잘못을 저지를 수도 있다. 중요한 것은 그것을 깨닫는 순간 정신을 차리고 돌아오는 것이다. 그러면 길(吉)하다. 최악이 무엇이냐? 자신을 때리고 학대하며 쓰레기 취급하는 것이 최악이다.

공자의 많은 제자들 중에 공자가 가장 아끼고 사랑했던 제자인 안회(顔回)의 예를 들어 보자. 안회(顔回)는 안연(淵)이라 부르기도 하는데, 공자보다 30세나 연하였음에도 불구하고 공자보다 먼저 죽었다. 안회가 죽었다는 소식을 들은 공자는 이렇게 한탄했다고 한다. "아! 하늘이 나를 버렸구나! 하늘이 나를 버렸어!(顔淵死, 子曰, "噫! 天喪予! 天喪予!)."

공자는 안회에 대해 많은 칭찬의 말을 남겼다. 대표적인 것 중에 한 가지를 들면 다음과 같다.

"여러 제자들을 살펴보면, 어떤 이는 매일 '인(仁)'을 잃었다 되찾기도 하고 또 어떤 이는 3~4일만에 한번씩 '인(仁)'을 잃었다 되찾기도 했다. 그러나 오직 안회(顔回)만은 3개월이 지나도 '인(仁)'을 잃지 않았다."

이에 대해 송나라의 학자 정이(程頤)는 이렇게 설명한다.

"누구나 잘못을 저지를 수 있다. 바른 길로 가지 않고 엉뚱한 길로 접어들 수 있다. 물론 처음부터 잘못을 저지르지 않고, 엉뚱한 길로 접어들지도 않는다면 가장 좋겠지만 그게 쉬운 일은 아니다. 중요한 것은 잘못을 저지르더라도 되도록 빨리 돌아오는 것이다. 공자의 제자 안회(顔回)의 경우가 그랬다. 안회라고 해서 아예 잘못을 저지르지 않은 것은 아니다. 다만 잘못된 길로 접어들었다는 판단이 들면 그 즉시 멈추어 깊이 생각했고 더 깊이 잘못된 길로 접어들기 전에 바른 길로 돌아왔다. 그렇기 때문에 공자에게 칭찬을 들은 것이다. 이것이 바로 '멀리 가지 않고 곧 돌아와 깊은 후회를 남기지 않으니 매우 좋다'(不遠復 无祗悔 元吉)의 숨은 뜻이다."

그대여, 지금 어디쯤 갔는가.

잘못이라는 판단이 들었다면 포기하지 말고 돌아오라. 늦지 않았다. 안회도 그렇게 늘 다시 시작했다고 하지 않는가.

세상 모든 것은 봄을 지니고 있다

見萬物 自然皆有春意(견만물 자연개유춘의)

-《근사록》중에서

봄은 생명의 계절이다. 메마른 땅이 촉촉하게 젖어들고, 얼어붙어 꼼짝하지 않던 물이 깔깔깔 웃으며 흐른다. 죽은 듯 딱딱하던 땅을 뚫고 여린 새싹이 돋아난다. 마치 기적과 같은 일이 아닌가. 그래서 공자와 맹자를 비롯하여 많은 학자들은 봄을 찬양해 마지않았다.

흔히 '바닥을 친다.'라는 말은 추락이 아니라 반등을 의미한다. 봄은 그래서 바닥에 코를 박는 고통을 수반한다. 초라함의 극치, 어둠의 정점, 희망이 보이지 않는 가장 끄트머리에서 봄은 시작된다.

2월 4일은 입춘(立春)이다. '아직도 추운데 무슨 봄이냐?'라고 할지도 모르지만, 추위가 맹위를 떨치는 가운데 입춘(立春)이 있는 이유가 여기에 있다.

그렇다면 봄을 맞이하는 자세는 어때야 할까. 봄에 새싹이 굳은 땅을 헤집고 돌아나는 것처럼, 검고 딱딱한 환경을 뚫고 나서야 할까? 아니다. 흔히 '반 발자국 뒤에 서라.'라는 말처럼, 봄에는 겨울의 끄트머리처럼 살아야 한다. 겨울의 끄트머리처럼 행동하라는 말은 봄이 온다는 생각에 함부로 앞서 나서지 말라는 뜻이다. 뚫고 나아가려고 부러 노력하지 말고 주변에서 나를 밀어 밖으로 나아가는 것처럼 해야 한다는 뜻이다. 소소한 일상으로 봄을 맞이하는 것이다.

"추운 겨울에는 땅속에 생명의 기운이 가다듬어진다. 그렇게 준비를 하고 있어야만 봄에 새싹을 만들어낼 수 있다. 그렇기에 겨울은 음(陰)이고 봄은 양(陽)이다. 그러므로 음(陰)에서 생겨나 양(陽)으로 나아간다고 말하는 것이다. 그러므로 이것은 아주 자연스러운 것이지 억지로 하는 게 아니다."(주자)

아침이 되어 잠에서 깨어날 때, 시끄러운 알람시계 소리에 깨어나는 것은 고통이다. 억지로 일어나는 것이다. 그런데 알람이 울리기 전에 자연스럽게 눈을 뜨는 것은 어떤가. '왜 알람이 울리지 않지?'라고 생각하며 시계를 보니 아직 10분 전이다. 느긋하게 일어나 기지개를 켜고 세수도 한다. 그러는 사이에 알람소리가 울린다. 여유가 생긴다는 뜻이다. 봄은 그렇게 맞이해야 한다. 뚫고 나오려고 발버둥치는 게 아니라 서서히 열리는 자동문을 향해 유유히 걸어 나오는 것이다.

봄이니까 일어나는 게 아니라 일어나니까 봄이 되는 이치다. 점심시간이니 밥을 먹는 게 아니라 배가 고파 시계를 보니 점심시간인 상황을 만들라는 뜻이다. 그러기 위해서는 모든 일에 성심을 다해야 한다. 미리 결과를 짐작하며 앙탈을 부리는 게 아니라 묵묵히 최선을 다하는 게 문제 해결의 열쇠다. 자연스럽게, 적절하게 하면 시계를 보지 않아도 그 때가 되었음을 몸으로 알게 된다.

어떤 일이든 성심을 다하면 주변 사람들이 모두 곁에서 도와주게 되어 있다. '내 능력으로는 할 수 없다'라고 말하는 것은 변명일 뿐이다. '지금은 때가 아니다.'라고 말하는 것은 회피일 뿐이다.

기우제(祈雨祭)를 올려 비를 내리게 하는 것은 그것이 아주 특별한 이벤트가 된다는 뜻이 아니다. 비가 올 때까지 기우제를 드리면 어느 때고 비가 내린다. 누구나 할 수 있다. 다만 성실히 이어가는 게 키포인트다. 열심히 최선을 다하면 어떠한 일도 결국 이루어낼 수 있음을 알아야 한다. 생명의 기운을 가다듬듯 정성을 기울이면 새싹을 틔울 수 있다.

송나라의 학자 정호(程顥)는 이렇게 말했다. "마음을 조용히 안정시키고 세상을 둘러봐라. 세상의 모든 것들이 그 속에 따스하고 활기찬 봄의 기운을, 즐거운 생명의 기운을 지니고 있음을 보게 될 것이다.(靜後見萬物 自然皆有春意.)"

봄을 기다린다면, 먼저 내 마음 속에 있는 봄부터 발견하라. 스스로 봄처럼 활짝 피어나 주변 사람들에게 다가가라. 그렇게 하면 당신이 서 있는 것 자체가 입춘(立春)이다.

어느 누구도 혼자가 아니다

언젠가는 다시 만나게 된다
人生何處不相逢(인생하처부상봉)
- 《명심보감(明心寶鑑)》 중에서

요즘 신문이나 방송을 보면 '힐링(Healing)'이라는 말을 자주 접하게 된다. '힐링'은 몸과 마음을 치유한다는 뜻이다. 치유를 받아야 하는 몸과 마음이라면 이미 병에 걸린 것이리라. 그런데 힐링은 특히 마음의 병을 치유하는 것에 방점이 찍힌 것으로 보인다.

그렇다면 왜 마음에 병이 드는 것일까? 가장 큰 이유는 외로움일 것이다. 혼자 따로 떨어져 나가면 병이 든다. 외로워지고 슬퍼진다. 오늘날 현대인의 병은 바로 여기서 비롯되는 게 아닌가. '난 혼자야.'라는 생각이 병을 키운다.

그러나 가만히 생각해보라. 우리는 혼자였던 적이 한 번도 없었다. 유가(儒家)의 많은 스승들은 세상 전체, 우주 전체의 일부분이 '나'라고 인식했다. 우주가 우리 몸이라면 나는 새끼발가락 정도가 된다. 혹은 눈과 귀, 입이나 코라고 해도 무방하다. 다만 우주 전체의 일부분이라 여겼다는 것이 중요하다.

그런데 눈이나 입이, 코나 귀가, 새끼발가락이 언제 홀로 존재한 적이 있던가. 그들은 서로 이어져 존재한다. 혼자 존재하는 것은 불가능하다. 함께 하는 것이 즐거움이며 편안함이다. 혼자인 것은 불편함이다.

어린 시절을 기억하는가. 엄마가 없으면 얼마나 두려웠는가. 엄마와 함께 하면 얼마나 든든했는가. 함께 한다는 것은 귀찮음이 아니라 든든함이다. 우주와 함께 호흡하고 있음을 깨닫는 것은 초라함이 아니라 영광됨이다. 자부심이며 용기백배함이다.

동양고전에서 흔히 만나게 되는 말 중에 하나가 바로 '신독(愼獨)'이다. '신(愼)'은 조심한다는 뜻을 지니고 있다. '독(獨)'은 홀로 있는 것을 뜻한다. 혼자 있을 때에도 많은 사람들과 함께 있는 것처럼 조심하라는 뜻으로 상용되는 말이다.

혼자 있었던 적이 없는데 조심하라고? 결론은 혼자라고 착각하지 말라는 것이다. 방에 틀어박혀 문을 닫고 있더라도 우리는 혼자가 아니다. 하늘을 가린다고 하늘이 사라지는가. 부모와 형제가 사라지는가. 이웃과 친구들이 사라지는가. 풀과 나무, 공기와 햇빛이 사라지는가. 늘 함께 한다. 그러니 착각하지 말라는 뜻이다. 언제나 우리는 세상의 모든 것과 함께 살아가고 있음을 잊지 말라는 것이다.

필자가 처음 '신독(愼獨)'이라는 말을 만난 때는 중학교 무렵으로 기억된다. 혼자 있을 때에도 많은 사람들과 함께 있는 것처럼 하라는 이 말은 매우 엄격한 자기 통제로 느껴졌다. 솔직히 말하면 불편한 가르침이었다. 혼자 있을 때에는 아무렇게나 드러눕거나 방귀를 뿡뿡 뀌어도 되는 것 아닌가. 그 자유로움을 포기하라고?

동의할 수 없었다. 혼자 있을 때에도 형식에 얽매여 나를 꽁꽁 가두는 일이라 여겨졌다. 혼자 있을 때에 남의 눈을 의식하지 않고 편안하게 쉬지도 못한다면 그것은 병을 치유하는 게 아니라 병을 더 도지게 만드는 것이라 생각했다.

그러나 이후 동양고전을 접하며 당시 나의 인식이 얼마나 편협했는지 깨닫게 되었다. 동양의 스승은 끊임없이 강조한다. 너는 혼자가 아니라고. 우리는 이제까지 단 한순간도 혼자인 적이 없었다고. 서로 기대고 서로 소통하고 교류하며 살아가는 게 인생이라고. 혼자 따로 떨어지면 그게 죽음이라고.

"세상은 넓은 것처럼 보이지만 실제로는 매우 좁아서 한번 인연을 맺었던 사람과 반드시 다시 만나게 되어 있다.(人生何處不相逢)"

흔히 남의 원한을 사지 말라는 뜻으로 사용한다. 그러나 한걸음 더 들어가 보라. 눈이 귀를 돕는 것처럼, 입이 새끼발가락을 돕는 것처럼 하라는 뜻이다. 통제가 아니다. 협력이다. 억압이 아니다. 자유로운 소통이다. 그리운 사람과 다시 만나며 얼마나 기쁘겠는가.

우리는 단 한번도 혼자인 적이 없었다. 그걸 깨닫는다면 세상 모두와 함께 하는 게 얼마나 편안한 것인지 알 수 있을 것이다.

소통은 받아들이는 것에서 출발한다

모든 것을 순순히 받아들여라
物來而順應(물래이순응)
-《근사록(近思錄)》중에서

많은 사람들이 봄을 예찬하지만 봄은 흔들림의 계절이기도 하다. 새싹이 돋아나는 생명의 기운이 충만하지만 그에 따라 불안정한 상태를 보이기도 한다. 바람이 불고 온도 차이가 심하다. 때론 위태롭게 보이기까지 한다.

젊은이들의 모습을 보면 알 수 있다. 겉으로는 씩씩하고 명랑해보이지만 사실은 미래에 대한 불안감에 허덕이거나 흔들리곤 한다. 물론 젊은이들만 그런 것은 아니다. 나이가 많은 사람에게서도 이런 모습은 어렵지 않게 발견할 수 있기 때문이다. 그러나 그 흔들림과 불안을 나쁘게만 보아서는 안 된다. 흔들림과 불안은 성장과 도약, 변화의 에너지이기도 하다.

선배 학자들이 남긴 책 중에서 중요한 부분들을 모아 주자가 편집한《근사록(近思錄)》을 보면 송나라의 위대한 학자 두 사람, 장재(張載, 1020~1077)와 정호(程顥, 1032~1085)의 대화가 나온다. 그 대화를 한번 살펴보자.

장재가 정호에게 물었다. "마음을 안정시키려고 노력해도 잘 되지 않습니다. 외부의 여러 가지 상황에 따라 자꾸 마음이 움직여 불안정한 상태에 빠지곤 합니다. 이럴 때에는 어떻게 해야 합니까?"

이에 정호는 이렇게 대답한다. "너무 그것에 연연하지 마십시오. 안정되어 있다는 것은 단지 조용하거나 고요한 상태에 있는 것과는 다른 것입니다. 움직임 속에서도 안정이 있고 조용함 속에서도 불안정이 있기 때문입니다. 움직임이 다가오면 그것을 순순히 맞아들이고 그것이 사라지면 다시 고요하게 있는 것이 모두 안정 속에서 이루어집니다. 중요한 것은 무엇인가 다가온다고 하여 뛰어나가 맞이하지 않고, 또한 그것이 사라진다 하더라도 그것을 쫓아가거나 따라가지 않는 것입니다. 문을 닫아걸고 홀로 조용히 있는 것과는 다르지요. 문을 활짝 열어놓은 상태에서 다가오거나 떠나가는 모든 것을 순순히 받아들이는 것이 좋습니다(物來而順應). 그 가운데 안정이 있습니다."

순순히 받아들이는 것을 수동적인 자세라고 느껴서는 곤란하다. 외부의 변화를 따라가는 것이 아니다. 그저 외부의 변화를 담담하게 받아들이는 것을 의미한다. 나는 늘 그 자리에 있다. 바람이 불면 바람을 느끼고 햇빛이 비치면 햇빛을 맞이할 뿐 그것을 따르는 것이 아니다. 바람을 막는 벽을 세우거나 햇빛을 막는 가리개를 만들지 않을 뿐이다. 열려 있다는 것이 바로 그것이다.

만약 그렇지 않고 외부의 변화만 따라가려고 한다든가 혹은 외부의 변화를 막으려고 하거나 제거하려고 하는 것은 곤란하다. 외부의 변화를 거부하지 않는 자세, 열린 자세를 유지하면서 나를 성장시키는 것이 중요하다. 운전대를 잡고 굽어진 길에서는 굽어진 길에 따라, 똑바른 길에서는 똑바르게 운전대를 조정하는 것이다. 다만 운전대를 단단히 잡고 있어야 한다. 놓아버리면 안 된다. 눈을 감아도 안 된다. 눈을 부릅뜨고 전후좌우를 잘 살펴야 한다. '난 무조건 직진이야.'를 외치는 순간, 사고로 이어진다. 그것은 올바름이 아니다. 강직함이 아니다. 사고 유발자일 뿐이다. 내 욕망으로 외부를 변화시키려고 노력해서는 안 된다.

공자는 '내가 하기 싫은 일은 남에게도 시키지 말라(己所不欲 勿施於人)'고 했다. 누군가 나를 억지로 변화시키려 하는 것이 싫은가? 그렇다면 나도 그렇게 해서는 안 된다. 유학(儒學)의 스승들은 내가 좋아하는 것을 타인에게 주는 게 아니라 내가 싫어하는 것을 주지 말라고 한다. 진정한 소통은 주는 게 아니라 받아들이는 것이기 때문이다.

대화는 말하는 것을 시작으로 하지 않는다. 듣는 것으로 시작해야 한다. 소통도 마찬가지다. 흔들리고 불안정한 봄을 있는 그대로 받아들여 품에 안아야 한다. 보채는 아기를 보듬어 품에 안는 것처럼.

함께 어울려 살아가는 지혜

거친 돌에 갈아야 단정한 옥이 된다네
他山之石可以攻玉(타산지석가이공옥)
−《시경(詩經)》중에서

　'타산지석(他山之石)'은 매우 잘 알려진 고사성어(故事成語) 중 하나다. 거친 돌로 갈아내야 단정한 옥이 만들어진다는 뜻이다. 이 구절은《시경(詩經)》에 실려 있는 시의 일부분이다.

　방점은 어디에 찍혀 있는가. 바로 '나'에게 찍혀 있다. 주변 환경(돌)이 중요한 게 아니라 내가(옥) 중요하다는 뜻이다. 주변의 다른 사람이 중요한 게 아니라 내가 중요하다. 흔히 '나는 올바르게 잘 하고 싶은데 주변 상황 때문에…'라는 말을 듣곤 한다. '친구를 잘못 사귀어서'라는 말도 마찬가지다. 모두가 '나'는 뒤로 미루어두고 주변에 책임을 돌리고 있다. 과연 이러한 말은 적절한 것일까? '타산지석'에 대한 송나라의 학자 소옹(邵雍, 1011~1077)의 말을 들어보자.

　"옥도 돌이다. 다만 일반적인 돌에 비해 부드러운 돌일 뿐이다. 그런데 두 개의 옥을 서로 문지르면 어떻게 되겠는가. 다듬어지지 않는다. 서로 성질이 비슷하기 때문이다. 옥은 반드시 거친 돌로 문질러야만 갈려져서 모양을 다듬을 수 있다. 옥을 군자라고 하고 거친 돌을 소인이라고 생각해보자. 군자가 소인과 함께 생활하게 되면 소인으로부터 피해를 당할 수도, 욕을 먹을 수도 있을 것이다. 그러나 그런 상황 속에서 자신을 반성하고 스스로를 더욱 다듬는 계기로 삼아야 한다. 그러므로 결국 도움을 받는 것이 된다. 그렇게 자신을 가다듬으면 아무도 나를 비난할 수 없는 경지, 욕을 할 수 없는 경지에까지 다다르게 된다."

예전에 나랏일을 담당하다가 언론의 비판과 여론의 뭇매를 견디지 못하고 뒤로 물러난 사람이 이런 말을 하는 것을 들은 기억이 있다.

"처음에는 잠도 오지 않더라구요. 너무 억울하고 화가 나서. 별 것도 아닌 일을 침소봉대해서 마구 비판을 하고, 왜곡된 정보를 접한 사람들은 너도나도 손가락질을 하고…. 그런데 시간이 흐른 후에 가만히 생각해보니, 억울할 게 없다는 결론을 내렸죠. 원래 언론은 아주 작은 흠집이라도 찾아내는 게 본연의 업무니까요. 그런 것이 있어야 사람들은 자신을 다시 한 번 돌아보며 자신을 더욱 단정히 가다듬게 되는 것이죠. 건강한 사회는 그런 것이라는 생각이 들더군요."

'타산지석(他山之石)'이 아니라 '타산지옥(他山之玉)'만을 찾아서는 안 된다. 서로 칭찬이나 해주고 좋은 게 좋은 것이라 감싸주기만 해서는 발전이 있을 수 없다. 중요한 것은 무엇인가. 돌과 옥이 서로 뒤섞여 살아가는 것이다.

비난이나 비판이 다가오면 화가 나는 게 당연하다. 그러나 그렇다고 해서 일단 맞서 싸우려고 하거나, 그것을 막거나 피하려고 해서는 안 된다. 왜 그런 비난을 하는지, 그 비판의 근거가 무엇인지 귀를 크게 열고 들어야 한다. 그리고 아주 작은 것이라 하더라도 빌미를 준 게 있다면 그것을 고쳐나가야 한다.

《명심보감(明心寶鑑)》에도 비슷한 의미의 내용이 많이 나온다. "나를 칭찬하는 사람이 있다면 그를 경계하라. 그러나 나의 단점을 지적해주는 사람이 있다면 그를 스승으로 생각하라(道吾善者 是吾賊 道吾惡者 是吾師)."

피하거나 외면하지 말라. 거칠게 맞서 싸우지도 말라. 중요한 것은 나를 가다듬는 것이다. 그러나 정말로 아무런 근거도 없이 나를 비난하는 사람이 있다면 어찌해야 할까? 다시 《명심보감(明心寶鑑)》을 펼쳐보자.

"귀가 들리지 않는 것처럼 태연하게 행동하며 일체 대응하지 말라. 그렇게 하면 허공의 불꽃처럼 혼자 타오르다가 저절로 사라질 것이다. 욕을 듣고 비난을 당하는 나의 마음은 텅 비어 청명하고 맑은 하늘이지만, 욕을 하며 비난하는 상대방은 어둡고 혼란스럽기만 할 것이다(我若被人罵 佯聾不分說 譬如火燒空 不救自然滅 我心等虛空 摠爾飜脣舌)."

부자가 되는 법

올바름을 따지지 않고 왜 이익만 따지려 하십니까?

何必曰利 亦有仁義而己矣(하필왈이 역유인의이기의)

-《맹자(孟子)》 중에서

송나라의 학자 정호는 공자와 맹자의 차이를 다음과 같이 설명했다. "공자
는 툭 트여 막힘이 없는 사람이고, 맹자는 탁월한 이론가이자 웅변가였다.(孔
子儘是明快人, 孟子儘雄辯)"

맹자는 해박한 지식으로 확실하고도 명징한 사례를 들어 상대를 설복시키
곤 했다. 그 힘은 어디에서 나오는 것일까. 이익을 말하기 전에 올바름을 말
했기에 가능했다. 맹자는 "올바른 것은 과정 속에 이루어진다. 과정을 거친
후에 얻어지는 것은 사람의 능력 밖의 일이다. 과정을 거쳐 무엇을 얻고, 잃
는 것은 그 다음의 문제이다. 얻고, 잃는 것은 하늘에 달린 것이지 사람에게
달린 게 아니다."라고 말하곤 했다.

맹자는 올바른 사람과 그렇지 않은 사람을 단 하나의 조건으로 구분했다.
올바른 것을 따르느냐 아니면 자신의 이익을 따르느냐가 바로 그것이다. 그
렇다고 모든 사람에게 이러한 수준을 요구하지는 않았다. 사회 지도층에게
강하게 요구했고 일반인에게는 최소한만을 요구했다. 자신의 이익을 위해 올
바르지 않은 길을 가게 되었다면 최소한 부끄러움이라도 느끼라고. 바르지
않은 길을 가면서도 당당하다는 것은 진정 부끄러움조차 모르는 짐승과 같

다고 여겼기 때문이다.

이런 맹자가 양(梁)나라 혜왕(惠王)을 만났다. 혜왕이 맹자에게 "이렇게 학문이 높은 분이 찾아오셨으니 이제 우리나라에 큰 이익이 생기겠군요!"라며 인사말을 건넸다. 당시 맹자의 나이는 50세, 혜왕의 나이는 81세였다. 게다가 혜왕은 권력을 지닌 사람이 아닌가. 그런데 혜왕의 인사에 대해 맹자는 이렇게 말했다.

"올바름을 따지지 않고 왜 이익만 따지려 하십니까?(何必日利 亦有仁義而 己矣) 만약 왕께서 이익만을 생각하신다면 신하들도 따라서 어떻게 하면 내 집에 이익이 될까를 생각할 것이며, 백성들은 또 그들대로 어떻게 하면 내 한 몸을 이롭게 할 수 있을까를 생각할 것입니다. 이렇게 모두가 서로의 이익만을 취하려들면 결국 나라는 위태로워질 것입니다."

왕의 면전에서 '당신의 나라는 위태롭게 될 것이다'라고 말하는 사람이 맹자였다. 여기서 질문 하나. 맹자의 말처럼 이익을 생각하는 것은 정말 나쁜 것일까? 머리가 복잡해진다. 우리가 영위하고 있는 경제생활은 모두 이윤추구를 목표로 하고 있다. 적자를 내면 망한다. 개인도 그렇고 기업도 그렇다. 국가나 공공기관은 어떠한가. 외환위기를 머리에 떠올려보라. 국가도 마찬가지다. 국민연금이나 건강보험을 관리하는 기관은 어떠한가. 적자가 누적되면 나중에 깡통을 차게 된다는 이야기를 들어보았을 것이다. 그런데 이익을 멀리하라고?

복잡하게 생각할 필요는 없다. 이익과 올바름은 상대적 개념이 아니다. 올바른 것의 상대 개념은 올바르지 않은 것이다. 이익의 상대 개념은 손해다. 그러므로 두 가지를 무작정 뒤섞으면 곤란하다. 그렇다면 어떻게 정리해야 할까.

맹자는 평생 올바름(義)과 이익(利)에 대해 연구하고 또 말했다. 이를 가리켜 의리사상(義利思想)이라고 말하기도 한다. 어느 연예인이 말하는 '의리(義理)'와는 조금 다르다. 의리사상(義利思想)에서 말하는 '의(義)'는 올바름이다. 공익(公益)을 뜻한다. 그렇다면 '리(利)'는? 사사로운 이익, 사익(私益)을 뜻한다.

사사로운 이익만을 추구하면 공공의 이익이 훼손될 수 있다. 소수만 이익을 얻고 다수가 손해를 볼 수 있다. 결국 이익의 총량이 줄어드니 결과적으로 손해가 된다. 진정한 이익은 모두에게 이익이 돌아가는 것이 아니겠는가! 이것이 바로 공익(公益)이다. 올바른 길을 가라는 것은 가난하게 살아가라는 뜻이 아니다. 오히려 부자가 되는 길이다. 단, '나 혼자가 아닌 우리 모두가'라는 전제조건이 붙을 뿐이다.

배은망덕(背恩忘德)을 말하기 전에…

적은 것을 준 후에 많은 것을 바라지 말라

薄施厚望者不報(박시후망자부보)

-《명심보감(明心寶鑑)》중에서

"내가 그렇게까지 당신을 도와주었는데, 이제와서 어떻게 나에게…" 주변에서 흔히 듣는 말이다. 아니 내가 직접 이런 말을 한 적이 있을 법도 하다. 그래서 생긴 말이 '배은망덕(背恩忘德)'이다.

은혜를 입었으면 잊지 말고 고맙게 생각해야 하는 것이 올바른 길이다. 그런데 그렇지 않은 경우가 많다며 사람들은 한탄한다. 사람에게 은혜를 입은 짐승들이 시간이 흐른 후 은혜를 보답한다는 전설과 민담이 많은 이유도 여기에서 찾아야 하지 않을까 싶다. '하물며 짐승도 은혜를 갚는데 사람이 어찌 그럴 수 있냐'는 뜻으로 만든 이야기일 것이니 은혜를 모르는 사람들이 얼마나 많았을까 하는 생각도 든다.

그러나 시각을 조금 달리하여 살펴볼 필요도 있다. 은혜를 베풀고 은혜를 입는 것은 채무관계인가.

"아주 작은 은혜를 베풀면서도 큰 것을 바라는 사람도 있다. 그런 사람은 보답을 받지 못한다.(薄施厚望者不報)"《명심보감(明心寶鑑)》에 등장하는 이 문장을 자세히 살펴보자. 왜 은혜를 받고 그것을 잊은 사람을 비판하기 전에 은혜를 베푼 사람에게 화살을 겨누는 것일까. 작은 은혜라도 베풀었다면 그 사람은 그나마 아무 것도 베풀지 않은 사람보다 나은 것 아닌가. 맞다. 그러나 여기서 중요한 것 한 가지를 파악해야 한다. 은혜를 베푸는 것은 두 사람 사이의 일이 아니라 일방적인 것이다. 더 정확하게 말하자면 '은혜를 베푼다'는 것에 상대방은 존재하지 않는다. 다만 주체인 '나'만 있을 뿐이다.

상대가 누구이든 상관하지 않는다. 은혜를 베푸는 것은 상대를 구별하지 않는다. 그저 나의 행위일 뿐이다. 거래관계라면 상대가 중요하지만 거래관계가 아니라면 나 혼자만 존재한다. 내가 결정한 일에 상대방을 끌어들여서는 안 된다. 그것은 비겁한 일이다.

또한 주는 사람은 많은 것을 어렵게 주었다고 생각하지만 받는 사람의 입장은 적은 것을 쉽게 받았다고 생각한다. 이것은 옳고 그름이 아니다. 주관적 견해이기 때문이다. 받은 사람은 '줄만한 입장이니 주었겠지.'라고 생각한다. 남의 것을 받았기 때문이다. 남의 것을 바라보는 시선은 대부분 이러하다. 준 사람은 다르다. 내 것을 주었기 때문이다. 내 것을 바라보는 시선과 남의 것을 바라보는 시선은 이처럼 다르다.

《명심보감(明心寶鑑)》에 나오는 위 문장의 본래 출처는 《소서(素書)》다. 《소서(素書)》는 중국 진(秦) 나라 말에 살았던 병법가 황석공(黃石公)이 지은 책이다. 황석공은 장양(張良)에게 병서(兵書)를 전해 주었다는 노인으로, 장양은 이 병서를 읽고서 유방(劉邦)을 도와 천하 통일을 이루었다고 전해진다. 《소서(素書)》는 도덕과 윤리를 강조하는 뜬구름 잡는 경전이 아니라는 뜻이다. 철저하게 현실세계의 유불리를 논한 책이다.

결국 "주었다면 잊어라."는 조언은 현실을 외면하고 이상만을 바라보는 것이 아니다. 지극히 현실적인 조언이다. 현실과 조응하는 이상, 실제 삶과 함께 호흡하는 이상, 유학(儒學)은 그렇기에 현실감각을 중요하게 여기는 철학이라 할 수 있다.

무엇인가를 바라는 마음이 있다면 애초에 주지 말아야 한다. 아니면 계약서를 쓰고 줘야 한다. 그게 아니라면 잊어야 한다. 은혜를 갚은 짐승들 이야기를 잘 살펴보라. 은혜를 베푼 사람이 조금이라도 은혜를 베풀었다는 것을 머리에 떠올린 적이 있었는지. 베풀었다는 사실 자체에 매달리면 그에 대한 보답도 없다.

각박한 세상이 될 것이라고? 아니다. 세상의 모든 이들이 다른 사람들에게 은혜를 베풀고 잊는다고 생각해보라. 세상 모든 이들은 은혜를 받는 사람으로 변화하게 된다. 이 얼마나 아름다운 세상인가.

물놀이하고 바람 쏘이며 콧노래 흥얼거리다 오렵니다

浴乎沂 風乎舞雩 詠而歸(욕호기 풍호무우 영이귀)

- 《논어(論語)》 중에서

사람이 본래 지니고 태어난 바른 마음을 되찾아 간직하는 것, 그리고 그것을 더욱 크게 키워내는 것, 그것이 유학(儒學)의 가르침이다. 그렇다면 바른 마음이란 무엇일까.

퇴계가 선조에게 올린 《성학십도(聖學十圖)》를 보면 바른 학문에 대한 10가지 그림이 나온다. 《성학십도(聖學十圖)》는 17세의 나이로 임금의 자리에 오른 선조에게 주는 68세 노학자의 충고였다.

선조는 별다른 정치적 입지도 없었고 정통성도 별로 없는, 왕가(王家)의 방계혈통을 이어받은 사람 중 하나에 불과했지만 퇴계는 당대 최고의 학자로 추앙받던 사람이었다. 그런 퇴계가 선조에게 해준 충고는 구체적으로 무엇이었을까.

그가 선조에게 올린 《성학십도》에는 '심학도(心學圖)'라는 그림이 등장한다. '심학(心學)'이란 '마음을 바르게 가다듬는 공부' 정도로 풀이할 수 있다. 그 그림을 보면 도심(道心), 본심(本心), 양심(良心)과 함께 '적자심(赤子心)'이 나온다. 본심(本心)과 도심(道心), 양심(良心)은 모두 본래 지니고 있던 바른 마음을 뜻하는 것이다. 그런데 '적자심(赤子心)'은 무엇일까? '적자(赤子)'

란 갓난아이를 뜻한다. '적자심(赤子心)'은 갓난아이의 마음, 우리가 흔히 말하는 동심(童心)과 같은 것이다. 당대 최고의 학자가 임금에게 '동심'을 가지라고 충고하고 있다. 왜 그랬을까.

'어린이날'을 단순히 어린이들을 위한 날이라고 생각하기 쉬운데, 어른을 위한 날이기도 하다. 어린이날은 사람이 본래 지니고 태어난 바른 마음, 잃어버린 동심(童心)을 되찾는 날이기도 하기 때문이다.

어느 날, 공자가 제자들에게 이렇게 물었다.

"모두들 평소에 '세상이 나를 알아주지 않는다.'고 투덜거리던데, 세상이 너희들 실력을 알아주는 때가 오면, 너희들은 무얼 어떻게 할 것이냐? 솔직하게 말해보아라."

그러자 자로(子路)가 먼저 말을 시작했다.

"지금 우리나라는 강대국들 사이에 끼어 어려움에 처해 있습니다. 그러나 저에게 기회를 준다면 저는 3년 안에 우리나라를 강한 나라로 만들 자신이 있습니다."

자로의 대답을 들은 공자는 빙그레 미소를 지었다. 한 사람이 입을 열자 이어서 다른 제자들의 대답이 이어졌다.

"저는 경제적으로 풍요로운 나라를 만들겠습니다.", "저는 공무원이 되어 나라를 위해 작은 일이라도 성실하게 하는 사람이 되겠습니다."

정치지도자가 되겠다는 사람부터 공무원이나 해먹겠다는 사람까지 다양한 의견이 나왔다. 그런데 아들인 증삼(曾參)과 함께 공자 밑으로 들어와 공부하던 늦깎이 제자인 증점(曾點)은 들은 척도 아니하고 작은 소리로 거문고만 퉁기고 있었다. 공자가 그 모습을 보고 그에게 콕 찍어 물어봤다. "너는 어떠하냐?"

그러자 증점은 "저는 다른 사람들과 좀 다르고 이상한데…"라며 머뭇거리다가 이렇게 말했다. "봄이 무르익은 늦은 봄날, 가뿐한 옷차림으로, 젊은 친구들 대여섯 명과 어린아이 예닐곱 명과 어울려 물놀이 가서 첨벙거리며 노닐고, 시원한 바람을 쏘이며 콧노래 흥얼거리다가 돌아옵니다.(莫春者 春服旣成 冠者五六人 童子六七人 浴乎沂 風乎舞雩 詠而歸)"

이제까지의 분위기와 전혀 다른 대답이었다. 다른 제자들이 '에이, 그게 뭐야?'라며 비웃음을 흘리려는 순간, 공자가 감탄사와 함께 입을 열었다.

"오! 그것 참 멋진 생각이로구나! 나도 거기에 끼워다오!"

공자를 감탄하게 만든 증점의 계획, 세상에서 가장 멋진 봄날을 위한 계획이 아니겠는가.

눈이 부시도록 화창한 봄날, 당신의 계획은 무엇입니까?

내 마음을 엄한 스승으로 삼아라
當以己心爲嚴師(당이기심위엄사)
- 《근사록(近思錄)》 중에서

맹자(孟子)의 성선설(性善說)에 대해 '사람은 본래 착하다'라고 말하는 것은 어딘가 모르게 조금 부족해 보인다. 맹자가 말한 성선설은 그렇게 단순한 게 아니다. 생명을 지니고 태어난 모든 생명체는 우주의 질서를 몸에 지니고 태어났다는 뜻이 좀더 정확할 것이다. 그 누구도 거스를 수 없는 우주의 질서가 바로 선(善)이다.

유학(儒學)에서 말하는 선(善)은 우리가 흔히 생각하는 선악(善惡)의 상대성에 근거하지 않는다. 그것은 착하거나 착하지 않거나, 악하거나 악하지 않다는 구분 속에 들어가지 않는다. 태어나고 죽는 모든 과정이 마치 별 하나가 탄생했다가 사라지는 것처럼 우주의 질서 속에 존재한다는 성찰과 함께 한다.

우리가 흔히 명도선생(明道先生)이라고 부르는 송나라의 학자 정호(程顥)는 이를 이렇게 설명한다.

"아주 순수한 물을 생각해보라. 처음 순수한 물 한 방울은 매우 깨끗하다. 그러나 여러 물방울이 모여 아래로 흘러가기 시작하면 조금씩 달라진다. 바다에 이르기까지 계속 깨끗함을 유지하는 물도 있겠지만 매우 드물 것이다.

이러한 물을 사람에 비유한다면 그것이 성인(聖人)이다. 멀리 흘러가지도 않았는데 금방 더러워지는 물도 있고 멀리 흘러가서야 비로소 더러워지는 물도 있다. 그 더러움의 정도도 모두 다르다. 그러나 탁하고 맑은 차이가 있더라도 모두 물인 것은 분명하다. 사람도 마찬가지다. 처음의 맑음을 유지하기 위해 항상 성실하게 노력해야 한다. 머뭇거리지 않고 진실하고 성실하게 힘써 노력하면 빠르게 깨끗해질 것이고, 성실하지 못하고 게으르면 한참이 지나야 깨끗해질 것이다. 더러움을 이겨내고 깨끗한 상태가 되면 최초의 물처럼 맑게 변할 것이다. 이것은 더러운 물을 버리고 깨끗한 물로 바꾼 게 아니라 스스로 그렇게 된 것이다. 그러므로 더러움과 깨끗함, 선과 악은 둘로 나뉘어 대립하고 있는 것이 아니라 언제나 하나의 상태로 있는 것이며, 변화를 통해 바뀔 뿐이다. 이러한 이치가 바로 하늘의 이치이며 자연의 이치다. 이것을 따르는 것이 '도(道)'다. '도(道)'를 잘 따르도록 돕는 게 교육이다. 이 모든 과정은 사람이 정한 것이 아니기에 무엇을 더 더하거나 뺄 수도 없다."

더러운 물과 깨끗한 물이 따로 있는 게 아닌 것처럼, 선한 사람과 악한 사람이 따로 없다는 뜻이다. 잡다한 게 섞여 더러워졌다면 깨끗하게 정화하면 된다. 얼굴이 더러워지면 세수하는 것과 마찬가지다. 그걸 곁에서 도와주는 게 교육이며 스승이다. 세수하는 주체는 누구인가. 물과 비누는 도울 뿐이다. 주체는 내 손이다. 나 자신이다. 물과 비누가 있어도 내가 씻지 않으면 모두가 무용지물이다. 결국 스승은 조력자일 뿐 주체가 아니다. 주체는 누구인가. 바로 나 자신이다. 훌륭한 스승이 훌륭한 제자를 길러내는 게 아니다. 훌륭한 제자가 훌륭한 스승을 만들어낸다.

훌륭한 스승을 만나지 못했다고 한탄해서는 안 된다. 내가 훌륭해지면 내 주변의 모든 것들이 훌륭한 스승이 된다. 가난도 스승이 되며 산과 바다도 스승이 된다.

그렇기에 따로 특별한 스승 밑에서 배우지 않고 독학으로 높은 학문을 이룩한 송나라의 학자 장재(張載)는 "스스로 내 마음을 엄한 스승으로 삼아라.(當以己心爲嚴師) 게으름에 빠지려고 하면 스스로 강하게 꾸중하며 깨우쳐주어라. 다른 사람은 잠시 속일 수 있지만 자기 자신을 속일 수는 없다. 그러므로 스스로 엄한 스승이 되어 마음을 바로잡으면 큰 효과를 볼 수 있다. 이렇게 1~2년 굳세게 나아가면 반드시 바른 마음을 지닐 수 있게 될 것이다."라고 말하기도 했다.

당신의 스승은 누구인가?

굳이 멀리 가지 말라, 네 마음속에 있으니
非高亦非遠 都只在人心(비고역비원 도지재인심)
-《명심보감(明心寶鑑)》중에서

누구나 멋진 사람이 되고 싶어 한다. 누구나 성공을 꿈꾼다. 그러나 모두가 멋진 사람이 되는 것은 아니다. 성공하는 사람도 그리 흔하지 않다. 왜 그럴까?

혹시 태어날 때부터 정해진 운명이 있는 것일까? 멋진 삶, 성공적인 삶을 위한 비법이 따로 있는 것일까? 그래서 사람들은 자신의 정해진 운명이 어떤지 점을 쳐보기도 하고, 비법을 알아내기 위해 여기저기를 기웃거리며 헤매기도 한다.

유학(儒學)에서는 이것을 어떻게 설명하고 있을까. 정답은《중용(中庸)》의 첫 머리에 나온다. '천명지위성(天命之謂性)'이 그것이다. 직역하면 "모든 사람은 천명(天命)을 타고 태어난다." 정도가 될 것이다. 그렇다면 천명(天命)은 무엇인가. 하늘의 명령이다. 하늘의 명령? 우주 전체가 만들어진 원리라고 하면 적당하리라. 우주 탄생의 신비로운 DNA를 타고 태어났다는 뜻이다. 이 얼마나 크나큰 자신감인가.

이미 그 DNA를 지니고 태어났으니 다른 곳을 찾아다닐 필요가 없다. 그 DNA가 하라고 지시하는 것을 거스르지 않고 살아가면 된다. 그런데 왜 실패하는 사람이 생기는가. 어느 한 쪽으로 치우치기 때문이다.

우리가 지니고 태어난 DNA 속에는 선량한 양심과 서로 소통하기 위해 양보하고 어려운 이웃을 돌봐주는 열린 마음만 있는 게 아니다. 음식에 대한 욕망, 이성에 대한 욕망, 편히 쉬고 싶은 욕망도 들어 있다. 그런데 이를 적절히 조화롭게 운용하지 못하면 그 흐름이 흐트러지고 만다. 흐트러지면 엉뚱한 곳으로 갈 수밖에 없다.

엉뚱한 곳으로 이미 갔다고 실망할 필요는 없다. 스스로를 돌아보며 초심으로 돌아가면 된다.《명심보감(明心寶鑑)》에 나오는 소옹(邵雍)의 이야기를 들어보자.

"천지자연은 고요하고 말이 없으니 들을 수 없으며, 끝없이 넓고 푸르른 하늘이기에 찾아가려고 해도 막막할 뿐이다. 그런데 어떻게 천지자연의 이치, 천명(天命)을 알 수 있을까? 너무 어렵게 생각하지 말라. 저 멀리 있는 것도 아니요, 저 높이 있는 것도 아니다. 바로 내 마음속에 있다. 양심의 소리에 귀를 기울여라.(天聽寂無音 蒼蒼何處尋 非高亦非遠 都只在人心)"

언제나 직선으로 갈 수는 없다. 누구나 조금씩 흔들리고 조금씩 방황하게 된다. 그렇다고 자책하거나 '난 엉망이야'라고 스스로를 괴롭힐 필요는 없다. 세상도 그렇지 않은가. 아침이 되었다가 다시 밤이 되고, 추워졌다가 더워지기를 반복하지 않는가. 그렇게 하면 된다. 조금 어긋났다면 반성하고 바른 길로 돌아오면 된다. 자신을 믿어야 한다. 스스로의 DNA를 신뢰해야 한다.

송나라의 학자 주자는 이를 이렇게 설명한다.

"사람이 숨을 쉬는 것을 생각해보라. 한번 들이마시고 한번 내쉰다. 이것이 계속 이어진다. 한번 들이마신 후 내쉬지 않는 것은 억지이며 불가능하다. 마시고 내쉬는 게 계속 자연스럽게 이어져야 생명이 유지된다. 만약 흐트러졌다면 마치 병에 걸린 사람이 몸을 다스리는 것처럼 해야 한다. 병에 걸린 사람이 갑자기 건강한 사람이 되는 것은 아니다. 올바른 순서에 따라 약을 복용하고 치료를 받는 것에서 출발해야 한다. 그래서 보통 사람들 정도에 도달해야 약을 먹고 치료받는 것을 중단할 수 있다. 약 한번 먹어 하루아침에 효과를 보겠다고 덤비는 것은 우매한 일이다."

스스로를 믿고 천천히 그리고 자연스럽게. 스승들이 말해주는 가르침은 언제나 평범하고 소소한 것임을 잊지 말자. 과한 것은 덜어내고 모자란 것은 채우는, 한 번에 다 이루려 하지 말고 차근차근히….

나는 누구인가?

처음 어디에서 만났는지 알 수 없구나!

而不見其始之合(이불견기시지합)

-《근사록(近思錄)》중에서

　이 세상의 시작은 어디일까. 아무 것도 없는 상태에서, 어떤 인격자가 나타나 모든 것을 새롭게 만들어내면서 시작된 것일까? 만약 그 분명한 시작점을 찾을 수 있다면 그 끝도 찾을 수 있을 것이다. 만약 목적이 있다면 그 목적을 밝혀내 수행해야 한다.

　시작한 곳이 A라는 구체적인 지점이라면, Z라는 구체적 도달지점도 분명히 있을 것이다. 그것을 찾아내야 한다. 그리고 그 방향을 향해 나아가야 한다. 그것이 나의 임무가 된다. 그것을 찾아내기 위해서는 먼저 현재 내가 있는 위치가 어디인지 알아내야 한다. 내 위치를 파악한 후에 A와 현재의 나를 직선으로 연결한다. 그것을 더 연장시켜 A의 반대방향으로 나아가면 결국 Z에 이르게 되는 것이다. 일단 두 개의 점이 형성되어야만 선을 만들 수 있고, 선이 만들어져야만 방향도 정해진다. 서양의 학문이 추구해온 과학적 합리주의다.

　그런데 여기서 의문 하나. 그 선이 반드시 직선이 되어야 할까? 만약 그것이 곡선이라면 두 점을 직선으로 이어서 찾아낸 방향은 잘못된 방향이 된다.

　의문 둘. 세상 전체의 시작 지점은 하나뿐일까? 어느 특정한 좌표에서 시작된 것이 아니라 좌표 위에 존재하는 무수히 많은 점에서 동시다발적으로 시작된 것이라면, 그것들이 어우러져 있는 것이 세상이라면 또 이야기가 달라진다.

현재의 내가 있는 좌표의 점을 파악하고, 나를 만들어낸 내 부모의 좌표도 파악하여 그것을 연결시킨다. 그리고 그 부모의 부모가 있는 좌표도 파악하여…. 끝없이 이어가면 무수히 많은 점을 확보할 수 있으며 그 많은 점을 연결하면 그렇게 이루어진 선이 직선인지 곡선인지 판가름할 수 있을 것이다. 두 개의 점을 이으면 직선이지만 수많은 점을 순서에 따라 이어보면 다른 모습을 발견할 수 있기 때문이다.

동양에서 말하는 이(理)와 기(氣)로 설명하면 어떻게 될까. 이(理)는 변하지 않는 궁극적인 원리다. 그러나 눈에 보이지는 않는다. 기(氣)는 그 움직임이다. 눈에 보인다. 앞서 설명한 구체적인 좌표 위의 점들은 기(氣)다. 그 점을 연결하여 감추어진 어떤 공식을 찾아낼 수 있다면 그게 이(理)다.

그런데 주자는 그 두 가지에 대해 "맨 앞으로 나아가 보아도 둘의 합치 시점을 못 찾겠고, 나중 끝까지 가 보아도 그 분리 지점을 확인할 수 없다(動靜陰陽之理, 已實具於其中矣. 雖然推之於前, 而不見其始之合. 引之於後, 而不見其終之離也)."라고 말한다.

아무 것도 없는 상태에서 이(理)가 기(氣)를 만들어낸 것이 아니라는 뜻이다. 기(氣)는 이미 처음부터 존재하고 있었다. 그들이 서로 융합하거나 쪼개지는 과정 속에서 변화를 거듭하고 있다는 것이다. 매일매일 매 순간이 천지창조의 순간이다.

세상은 누군가 만들어 나에게 준 게 아니다. 나는 중간에 끼어든 존재도 아니다. 나 자신이 새로운 시작점이다. 수많은 시작점이 시작도 끝도 없이 계속 이어진다. 좌표 위의 무수한 점들이 연달아 폭죽처럼 터진다. 시작도 없고 끝도 없다.

모든 것은 변화 속에 이루어진다. 사람도 마찬가지다. 이처럼 변화 속에서 진리를 찾아야 한다. 변화 속에, 그 과정 속에 진리가 있음을 모르고, 굳이 어디론가 가려고만 발버둥 치면 아무 것도 이루지 못한다. 그러다가 스스로 포기하고 주저앉고 마는 것이다. 스스로 주저앉아 그게 끝이라고 생각한다. 그러나 세상에는 끝이 없다. 스스로 단념하고 포기하는 게 끝이다.

공자는 《논어(論語)》에서 '세상에서 가장 우매한 사람(下愚)은 변화하지 않는다.'라고 했다. 저기 '끝'이라는 표지판이 보이면 그곳으로 당당히 걸어가라. 그리고 '끝'이라는 표지판을 넘어가라. 넘어서는 순간, '시작'이라는 표지판이 보일 것이다.

암기의 비법

의심하지 않던 것을 의심하는 것, 그것이 발전이다
於不疑處有疑 方是進矣(어불의처유의 방시진의)
-《장자전서(張子全書)》 중에서

암기하는 것을 즐기는 사람은 별로 없을 것이다. 달달 외우는 것은 참으로 번거로운 일이기 때문이다. 남자들 사이에서 '끔찍한 경험' 중에 하나로 손꼽히는 것이 바로 군대 경험인데, 필자의 경우 군대에 들어가 가장 먼저 맞닥뜨린 어려움이 바로 외우는 것이었다.

군번과 총기번호를 시작으로 직속상관 관등성명, 군가, 여기에 더해 다양한 매뉴얼들을 달달 외워야 했다. 도무지 무슨 내용인지 이해도 하지 못하면서 일단 무조건 외워야 했다.

그런데 그 끔찍한 암기의 과정을 거쳐 깊이 생각하지 않아도 입으로 줄줄 외우게 되었던 그 많은 내용들 중에 지금 기억에 남아 있는 것은 거의 없다.

왜 이러한 일이 벌어진 것일까. 기억에 남는 것과 기억에 남지 않는 것에는 어떤 차이가 있는 것일까.

급하게 집을 나서다가 지갑을 집에 놓고 나왔다는 사실을 깨닫고 급하게 다시 집으로 돌아가 지갑을 챙겨 나왔다. 그런데 한참 길을 가다가 문득 떠오르는 생각. '내가 문을 잠그고 나왔던가?' 아무리 기억을 더듬어도 도무지 기억이 나지 않는다. 비슷한 경우는 참으로 많다. 가스 밸브를 잠갔는지, 화장실

물을 내렸는지, 수도꼭지를 잠갔는지…. 나중에 확인해보면 모두 이상이 없다. 분명히 내 몸을 움직여 수행한 일임에도 불구하고 기억에 남지 않았던 것이다.

핵심은 마음이다. 손으로는 밸브를 잠그고 있지만 마음은 다른 곳에 가 있었기 때문이다. 입으로 달달 외웠더라도 시간이 흐른 후 까맣게 잊는 경우도 마찬가지다.

중국 송나라의 학자 장재(張載 ; 1020~1077)는 특별한 스승 없이 독학으로 일가를 이룬 학자로 유명하다. 그는 병법을 공부하여 장수가 되려고 하다가 마음을 바꾸어《중용(中庸)》등 유교경전을 공부하기 시작했다. 그러나 이에 만족을 얻지 못하고 다시 불교와 노장(老莊) 사상에 빠져들었고 그 끝머리에《역경(易經)》을 새롭게 이해하면서 다시 유학(儒學)으로 돌아와 일가를 이루었다.

한마디로 좌충우돌의 학문적 여정을 겪은 주인공이다. 그렇기에 그의 공부는 매우 깊고 광범위하며 정밀하다. 따로 특별한 스승을 두지 않고 온갖 책을 스승으로 삼아 스스로 터득한 학자였다. 그러니 그의 공부법은 후배들에게 많은 영향을 끼쳤다.

그런데 그가 강조한 것이 바로 달달 외우는 암기였다. 장재의 말을 들어보자.

"좋은 글을 읽으면 반드시 암기해야 한다. 암기하라는 뜻은 억지로 입으로만 달달 외우라는 뜻이 아니다. 깊이 생각하고 또 생각하면 저절로 암기할 수 있게 되며, 그러한 과정 속에 정밀한 의미를 깨닫게 된다. 깨달음을 얻으면 억지로 암기하려고 노력하지 않아도 저절로 머릿속에 그 문장이 나타난다. 책을 읽을 때마다 이러한 과정이 반복되면 계속 새로운 깨달음을 얻을 수 있으며, 이전에 읽었던 책이라 하더라도 계속 생각하며 의심해보아야 한다. 의심해보는 가운데 새로운 깨달음이 생긴다. 의심하지 않던 것을 의심하는 것, 그것이 발전이다.(於不疑處有疑 方是進矣)"

방점은 어디에 찍혀 있는가. 의심한다는 뜻을 지닌 '의(疑)'에 찍혀 있다. 당연하다고 받아들이는 것에는 이해가 없다. 끊임없이 의심하고 또 의심하는 가운데 외우게 되고 그렇게 몸과 마음에 젖어들어 이해가 깊어진다. 타인을 의심하는 게 아니다. 나 자신을, 나의 이해가 정확한지에 대해 의심하라는 뜻이다.

누군가 내 의견에 반대한다면…

시장 한가운데서 종아리를 맞는 것처럼 부끄럽게
若撻于市(약달우시)
-《통서(通書)》 중에서

다수결의 원칙은 민주사회의 기초적인 의사결정 방식으로 알려져 있다. 대다수의 사람들이 동의하는 것이라면 그것이 옳은 방향일 것이라고 생각하는 것이다.

어떤 사안에 대해 10명 중에 9명이 찬성하고 1명이 반대하는 것이라면 그 사안은 9명의 의견을 따르는 것이 합리적일 것이라고 누구나 생각하게 된다. 그러나 그것이 6:4로 의견이 갈린다면? 아니면 누군가 1명이 기권을 해서 5:4가 된다면? 애매한 상황이 아닐 수 없다.

의견을 발표하는 사람들의 숫자가 늘 딱 떨어지는 수가 아닌 경우도 생긴다. 199명이 참석하여 100:99로 의견이 갈리는 수도 생길 수 있다. 이럴 경우에도 다수결의 원칙은 존중받아야 할까?

어떤 사람은 다수결의 원칙은 강자가 모든 것을 차지하는 폭력적인 절차라고 말하기도 한다. 소수의견은 무시되고 무조건 대다수의 의견을 따르도록 강요받기 때문이다. 전쟁을 통해 상대를 굴복시키는 것과 다름이 없다는 의미다. 다수결이라는 방패 뒤에 숨어 스스로를 합리화시키는 경우도 있다.

다수결과 조금 다른 위치에 만장일치가 있다. 이것은 참여하는 모든 사람들이 동의해야만 그 사안이 통과되는 것이다. 어떤 사람은 '단 한 사람의 반대도 없다는 것은 오히려 비민주적인 것'이라고 주장하며 '소수의견이 존재하는 사회가 건강한 사회'라고 말하는 사람도 있다.

그러나 서로 의견이 다르다면 의견에 통일을 볼 때까지 결정을 미루어야 한다는 것이 만장일치의 법칙이다. 그러므로 만장일치야말로 가장 올바른 방법이라고 말하는 사람도 있다. 의견과 의견이 맞붙어 표 대결을 하여 승자독식을 허용하는 게 아니라 서로 조금씩 양보하며 또 다른 대안을 찾아가는 방식이 바로 만장일치라고 그들은 말한다.

여러 사람의 의견 일치를 말하기 전에 먼저 내 마음을 들여다보는 것은 어떨까. 누군가 의견을 제시할 때, 그 의견에 귀를 기울이는 경우도 있지만, 의견이 아니라 의견을 제시하는 사람이 누구냐를 먼저 생각하는 사람도 많다. 평소 그 사람에게 별로 좋지 않은 감정을 지니고 있었다면 그 사람의 의견은 잘 들어보지도 않고 무조건 반대라고 외치는 경우가 생기게 된다. 혹은 그 반대의 경우도 마찬가지다. 나와 친하거나 내 주변의 사람이라고 해서 무조건 '옳소!'를 외치는 경우가 바로 그렇다.

결국 다수결이든 만장일치든 따지기 전에 선입견 없는 경청이 가장 중요하다. 선입견 없이 상대를 존중하는 마음이 옳다는 뜻이다.

중국 상(商)나라의 명재상으로 이름이 높던 이윤(伊尹)은 자신이 모시는 왕이 올바른 정치를 펼치지 못하는 것을 수치로 여겼고, 백성들 중에 한 사람이라도 어려움에 처하면 자신의 잘못으로 생각하여 거리에 나가 종아리를 맞는 것처럼 생각했다(伊尹 恥其君不爲堯舜 一夫不得其所 若撻于市).

윗사람이 바르지 못하다고 윗사람을 비판한 것이 아니다. 그를 좋은 방향으로 가도록 설득하지 못한 스스로를 부끄럽게 여겼다. 자신이 재상의 자리에 있기 때문에 왕의 잘못은 바로 자신의 잘못이라고 여겼다. 부끄럽게 되지 않기 위해 그는 최선을 다해 왕을 설득하고 바른 길로 가도록 도왔다. 가난하고 무능력한 백성들을 비판하지도 않았다. 게으르고 무식하다고 비난하지 않았다. 그들을 가난하게 만든 것이, 그들이 능력을 펼칠 수 없도록 만든 것이 바로 자신이라고 생각하며 단 한 사람도 그런 사람이 없는 사회를 만들기 위해 노력했다.

한 나라의 재상으로 있던 이윤도 이러했는데, 우리는 어떠한가. 일상을 살아가면서도 마치 스스로가 법을 집행하는 법관처럼 거만하게 굴지는 않았는지 되돌아보아야 하지 않을까.

상대와 나의 의견이 다른 이유를 상대에게서 찾는 게 아니다. 나에게서 찾는다. 옳고 그름을 따지기 이전에 상대방을 이해하지 못하는 나를 책망하는 것, 그것이 올바른 사람의 길이다.

위기를 기회로 만드는 열쇠

어려움이 발전을 낳는다
困之進人(곤지진인)
-《정몽(正蒙)》중에서

어렵고 힘든 일을 만나는 것은 매우 흔한 일이다. 결코 특별한 경우가 아니다. 깊은 산속에 들어가 혼자 어두운 움막에 웅크리고 앉아 있다고 하더라도 위기는 찾아온다. 누가 곁에서 싸움을 걸어오는 경우가 아닌데도 불구하고 갈등을 겪는다.

혼자 조용히 있음에도 불구하고 위기가 찾아온다는 뜻은 무엇인가.

어렵고 힘든 일을 만나는 것, 갈등을 겪는 것은 결코 남의 탓이 아니라는 의미다. 환경의 탓도 아니다. 전적으로 나의 책임이다. 내가 낳은 자식이다. 그러므로 위기 극복, 갈등 해소의 열쇠도 내가 쥐고 있음을 잊어서는 안 된다.

'위기가 기회다'라고 말하는 사람들이 많다. 그러나 진정한 의미가 쉽게 마음에 다가오지는 않는다. 그저 어쭙잖은 제3자의 위로처럼 느껴질 뿐이다. 가장 좋은 것은 특별한 위기를 겪지 않고 평탄하게 살아가는 것이 아니냐고 반문하기도 한다. 정말 그럴까?

날이 밝았다가 어두워지고 겨울이 지나 봄이 오는 것, 모든 변화는 위기다. 추운 겨울에 어느 정도 적응이 되었는데, 그래서 이제 조금 견딜만한데, 겨울이 떠나간다. 새로운 계절에 적응해야 한다. 이것은 위기다. 누군가를 만나 어렵사리

친해졌는데, 사랑하게 되었는데, 헤어지게 된다. 위기다.

정리하자면 위기는 변화를 받아들이는 나의 자세를 말한다. 상황 자체를 지칭하는 말이 아니다. 변화를 받아들이는 나의 감각이, 변화를 받아들이는 나의 태도가, 같은 상황을 '위기' 혹은 '기회'로 만든다.

변화가 없는 상황은 없다. 아버지의 정자와 어머니의 난자가 만나 어머니의 자궁 속에 안착하는 순간부터 엄청난 변화는 시작된다. 태아가 변화하는 모습을 상상해보라. 폭풍 같은 변화를 통해 성장한다. 새 생명은 엄청난 변화에 적응하며 성장한다. 위기 극복의 과정이 바로 성장이다.

"계속 새로워져야 한다. 편안함에 안주하고 있는 사람에게는 발전이 없다. 마음에 벽을 쌓아 다른 것들과 소통하지 못하고 그저 혼자만의 생각 속에 있는 사람은 움직임이 없어 편안하다고 느낀다. 그러나 그것은 막혀 있다는 뜻이다. 오히려 소멸해가는 과정이다. 죽어가는 과정이다. 아파도 아픔을 느끼지 못하기 때문이다. 그러나 열려 있는 사람은 세상의 기운과 이치를 느끼며 자기 자신과의 부조화를 경험하게 된다. 그것은 매우 불편한 것이고 고통스럽기까지 하다. 그것을 해소하기 위해 노력하다 보면 발전이 이루어지는 것이다. 어려움이 발전을 낳는다(困之進人). 맹자가 '사람의 인격이 높아지고 지혜가 넓어지며 기술과 지식이 쌓이는 때는 언제인가? 어려운 지경에 처했을 때 그렇게 된다(人有德慧術智者, 常存乎疾).'라고 말한 이유가 여기에 있다."

중국 송나라의 학자 장재(張載)가 남긴 '정몽(正蒙)'에 나오는 글이다. '정몽(正蒙)'이란 몽매(蒙昧)한 것을 정정(訂正)한다는 뜻이다.

그렇다면 변화를 위기가 아닌 기회로 만드는 구체적인 방법은 무엇인가. 반성과 성찰이다. 나의 습관을 점검하고 몸과 마음을 가다듬는 것이다.

나에게 주어진 상황을 해결할 열쇠 구멍에 나의 몸과 마음을 맞추어가야 한다. 잠긴 문을 만난 것은 막힌 게 아니다. 문을 열 수 있는 기회를 맞이한 것이다. 반성과 성찰로 열쇠 구멍의 위치를 파악하자.

그리고 몸과 마음을 가다듬어 열쇠 구멍에 맞추자. 그리고 전진. '찰칵', 잠긴 문이 열리는 소리를 들을 수 있을 것이다. 나 자신이 만능열쇠임을 잊지 말자.

고집하면 안 된다. 이전의 나를 고집하며 나와 다른 열쇠 구멍을 비난할 필요는 없다. 변명하지 말고 핑계대지 말자. 여름이 되었는데 두꺼운 외투를 입고 덥다고 불평하고 있지는 않은지, 스스로를 점검해 보는 것은 어떨까.

광복절을 맞이하며

청소 잘하는 사람, 상냥한 사람

灑掃應對(쇄소응대)

- 《소학(小學)》 중에서

여러 옛날이야기들을 가만히 들여다보면 동일한 구성을 어렵지 않게 발견하게 된다. 물론 조금씩 차이는 존재하지만 많은 이야기들이 비슷한 스타일을 유지하고 있다. 예를 들어보자.

엄청나게 훌륭한 능력을 지니고 태어난 주인공이 등장한다. 그런데 정작 주인공 자신은 그런 사실을 모르고 초라하게 살아간다. 그러다가 자신이 누구인지 알게 되는 순간을 맞이하고 그 능력을 더욱 크게 키우기 위해 노력한다. 그러는 사이에 주인공을 방해하고 가로막는 사람도 나타나고 주인공을 도와주는 협력자도 나타난다. 여러 고난과 좌절을 겪은 후 주인공은 결국 성공을 거두게 된다.

수많은 전설과 민담이 이러한 형식을 지니고 있다. 우리나라나 동양에만 국한되는 것도 아니다. 세계 곳곳의 이야기들도 비슷한 구조를 지니고 있다. 왜 이토록 유사한 구조가 지구 전체에 퍼져있는 것일까.

어떤 사람은 이러한 이야기가 인류의 진화 과정을 상징적으로 표현하고 있는 것이라고 설명하기도 하지만 그것에 깊이 들어갈 생각은 없다. 다만 이러한 이야기 구조에서, 가장 중요한 역할을 해내는 부분에 집중하면 어떨까. 첫 번째 부분은 '내가 얼마나 무한한 잠재능력을 지니고 있는가'에 대한 깨달음이다. 두 번째는 '열심히 자신의 실력을 갈고 닦는다' 부분이다.

특히 두 번째 부분은 매우 드라마틱한 요소를 지니고 있다. 대부분의 이야기들은 여기에 많은 분량을 할애한다. 겉으로 보면 나에게 도움을 주는 것처럼 보이는 인물이 등장한다. 그는 매우 매혹적인 제안으로 나를 유혹한다. 그러나 정신을 차리고 보면 위험에 빠진 나를 발견한다. 또 다른 사람은 나를 구박하는 사람이다. 나에게 관심도 없는 것처럼 보인다. 도움을 주겠다고 나서지도 않는다. 오히려 나를 억압하는 것처럼 보인다. 무술을 가르쳐달라고 했는데 청소나 빨래 등 하찮은 허드렛일만 시킨다. 화가 치민다. 그래서 참지 못하고 벌컥 대들겠다고 마음먹고 있는데… 맙소사! 청소하고 빨래하는 가운데 나의 무술이 완성되고 있었다는 것을 깨닫는다.

이러한 가르침을 담고 있는 유학(儒學)의 기본 교과서가 바로 《소학(小學)》이다. 《소학(小學)》을 편집한 주자의 머리말을 읽어보자.

"《소학》은 자신의 몸을 단정하게 하는 것은 물론 주변을 깨끗하게 정리정돈하고 청소를 하는 것에서부터 시작하여 사람들을 만나고 함께 어울리는 방법과 예절에 이르기까지 모든 것을 담고 있다(小學教人以灑掃應對進退之節). 이 모든 것은 스스로를 잘 가다듬어 집안을 바르게 만들고, 더 나아가 나라를 다스리고 세상을 평화롭게 만드는 모든 인간의 행위에 있어 기본이 되는 것들이다(皆所以為修身齊家治國平天下之本)."

'쇄소응대(灑掃應對)'는 마당에 물을 뿌려 청소하고 누군가 자신을 찾는 사람이 있으면 바로 대답하고 상대해주는 것을 뜻한다. 마당에 그냥 빗자루질을 하면 먼지가 날리고, 먼지가 날리면 오가는 사람들이 싫어한다. 청소도 제대로 되지 않는다. 물을 뿌린다고 흥건히 뿌리는 것도 아니다. 적당히 먼지가 나지 않을 정도로만 뿌리고 청소해야 한다. 바쁠 때 누군가 나를 찾으면 귀찮은 게 인지상정이다. 그러나 성의껏 대해줘야 한다. 이 모든 게 '치국평천하(治國平天下)'의 기초라고 주자는 강조하고 있다.

8월 15일은 광복절(光復節)이다. 나라를 빼앗겼다가 다시 찾았으니 얼마나 기쁜 일인가. 빛(光)을 되찾았다(復), 어둠 속에서 다시 빛을 얻은 것이다. 그러나 마냥 기뻐하는 것만으로는 부족하다. 애초에 왜 빛을 빼앗겼는지 살피고 반성하는 것이 먼저다. 그런 후에 어떻게 하면 나라를 빼앗기지 않고 더욱 발전시킬 수 있는지 고민해야 한다.

공자는 '하학이상달(下學以上達)'이라고 말했다. '하학(下學)'을 통해 하늘 높은 곳까지 다다른다(上達), 일상을 바르게 하여 하늘의 이치를 깨닫는다. 애국을 말하기 전에, 나라의 발전을 말하기 전에, 스스로에게 물어보자. 나는 과연 '쇄소응대(灑掃應對)'하고 있는가.

내 형제는 나와 한 몸이다
兄弟 與我如一身(형제 여아여일신)
-《격몽요결(擊蒙要訣)》중에서

　'피를 나눈 형제자매는 특히 서로 사이좋게 지내야 한다.' 이 말은 어려서부터 귀에 못이 박히도록 들어온 말이다. 그러나 형제 사이의 다툼은 동서고금을 가리지 않고 계속 이어져 왔다. 최근에만 벌어지는 일이 아니라는 뜻이다.

　유교를 건국의 이념으로 내세운 조선도 다르지 않았다. 태조 이성계는 모두 8명의 아들을 두었다. 한씨와 사이에 6명, 강씨와 사이에 2명의 아들이 있었다. 그 중에 이방원은 한씨와 사이에서 다섯 번째로 낳은 아들이었다. 그는 형제들을 죽이고 왕의 자리에 오른다.

　부와 권력은 다툼으로 이어지기 쉽다. 그러나 부와 권력이 없다고 다툼도 없겠는가. 너무 가난하면 오히려 생존을 위해 다툼이 일어나기도 한다. 결국 다툼의 원인은 부와 권력이 아니라 마음에 있다고 보아야할 것이다.

　유교에서 강조하는 중요한 덕목 중 하나가 바로 '효(孝)'다. 흔히 우리가 말하는 삼강오륜(三綱五倫)을 보더라도 그 출발점은 '효(孝)'라고 할 수 있다. 부모가 나를 낳아주었다. 나에게 생명을 준 존재다. 그러므로 이를 거역할 수 없다. 온갖 생명을 자라나게 하는 자연의 이치를 거스를 수 없는 것과 마찬가지다.

이것은 단순히 윤리와 도덕의 문제가 아니다. 철학의 문제다. '중용(中庸)'의 첫머리를 보자.

"천명지위성(天命之謂性), 우리는 우주탄생의 원리를 지니고 태어났다. 솔성지위도(率性之謂道), 그 원리를 따르는 것이 올바른 길이다. 수도지위교(修道之謂敎), 올바른 길을 이어가도록 스스로를 가다듬는 게 공부다."

우주탄생의 원리, 천지창조의 원리, 자연의 법칙을 우리는 지니고 있다. 그것을 실생활에 구현하는 첫걸음이 효(孝)다. 그러므로 부모에게 효도하는 것은 윤리도덕이 아니라 우주탄생의 원리에 입각한 행위다. 나를 낳아준 부모는 천지자연과 같은 존재다. 부모의 부모로 계속 이어서 올라가면 거기에 우주탄생의 순간이 있기 때문이다.

효(孝)가 가지를 뻗으면 형제애가 된다. "내 형제는 나와 한 몸이다. 부모가 주신 몸을 함께 받았기 때문이다(兄弟 同受父母遺體 與我如一身)." 율곡이 《격몽요결(擊蒙要訣)》에서 효(孝)를 강조한 이유가 여기에 있다.

그렇다면 천지자연으로부터 생명을 받은 세상의 모든 것들은 어떠하겠는가. 그들도 내 형제다. 우리 몸을 구성하고 있는 물질들을 살펴보라. 모두 우주탄생의 순간에 만들어진 것들이 아닌가.

"세상의 모든 것들을 공경하는 마음으로 대하는 것을 근본으로 삼고(居敬以立其本), 감정에 얽매이지 않고 이치를 따져 옳고 그름을 밝히고(窮理以明乎善), 이를 행동으로 바르게 실천하는 것(力行以踐其實), 이 세 가지는 죽을 때까지 지켜나가야 한다(三者 終身事業也)."('격몽요결(擊蒙要訣)' 중에서)

세상 모든 것을 공경하는 자세, 그 시작점이 바로 효(孝)다. 그런데 왜 사람들은 이것을 지켜나가지 못할까. 철학이 아니라 고리타분한 생활지침이나 윤리도덕으로만 파악하기 때문이다. 그러니 절실하지 않게 되는 것이다.

나를 가만히 들여다보면 거기에 어머니 아버지의 모습이 있고 형제자매의 모습이 있다. 우주탄생의 신비로운 순간이 있다. 그러므로 진정한 숨은그림 찾기는 거울을 보았을 때 이루어진다.

"우리 형님 얼굴과 수염은 누구를 닮았을까(我兄顔髮曾誰似) 돌아가신 아버님 생각날 때마다 우리 형님 얼굴을 바라보았지(每憶先君看我兄) 이제 형님이 돌아가셨으니 형님이 그리우면 누굴 보아야할까(今日思兄何處見) 단정하게 차려입고 냇가로 나가 냇물에 내 얼굴 비춰본다네(自將巾袂映溪行)."(연암(燕巖) 박지원이 돌아가신 형님을 그리워하며 쓴 시(詩), '형님을 그리워하며(燕巖憶先兄)')

오늘 아침, 거울을 보면서 새로운 나를 발견해보는 것은 어떨까.

가을을 맞이하는 자세

시험 성적대로 서열을 매기는 것은 옳지 않다
更不考定高下(갱불고정고하)
-《근사록(近思錄)》중에서

가을은 풍요로운 계절이라고 말하는 사람들이 많다. 그러나 모든 사람들에게 풍요로운 계절은 아니다. 봄과 여름에 열심히 일한 결과를 받아드는 때이기 때문이다. 어떤 사람에게는 풍요롭겠지만 어떤 사람에게는 그 반대일 수도 있다. 가을 수확은 농부에게 성적표와 같다. 지난 시간을 얼마나 알차게 보냈는지에 대한 결과표를 받아드는 것과 다르지 않다.

농부에게만 그러한 것은 아니다. 공부하는 학생들에게도 마찬가지다. 1년을 마무리하며 성적표를 받아드는 시기는 농부들의 가을과 같다. 봄에 신학기를 시작하여 뜨거운 여름을 보낸 이후에 시험을 치르고, 그 시험에 대한 성적표를 받아드는 시기도 결실의 계절이다.

그런데 성적표를 받는 시기의 마음은 어떠한가. 우리가 흔히 말하는 것처럼 '더도 말고 덜도 말고 늘 한가위만 같아라.'에 동의할 수 있을까. 설렘보다는 두려움이, 기쁨보다는 열패감이, 풍요로움보다는 초라함이 앞섰던 기억을 지닌 사람이 많을 것이다. 풍요롭고 즐거운 결실의 계절이 왜 초라하고 두려운 계절로 변한 것일까. 시험의 결과에만 너무 집착했기 때문은 아닐까.

현명한 농부는 1년 농사로 성패를 따지지 않는다. 가을 수확이 끝이 아니기 때문이다. 수확이 끝나면 바로 그 순간부터 내년 봄을 준비해야 한다. 봄에 뿌릴 씨앗도 준비하고 추운 겨울을 맞이할 준비도 해야 한다. 그러니 수확은 끝이 아니라 오히려 시작이었다. 수확은 농부를 평가하는 성적표이기에 앞서 내년 농사를 어떻게 지어야 하는지를 알려주는 계획서라고 할 수 있다.

A라는 작물의 수확이 좋지 않았다면 그 이유를 따져 미리 대비하고 대책을 세워야 한다. B라는 작물이 풍년이었다면 이것을 어떻게 유지하고 더 발전시킬 여지는 없는지 따져보며 계획을 세워야 한다. 1년 농사짓고 멀리 떠날 사람이 아니라면 반드시 그렇게 해야 한다.

그렇게 생각한다면 가을 수확은 그 수확량의 많고 적음에 앞서 내일의 희망을 꿈꿀 수 있도록 만들어주는 고맙고 소중한 신의 계시와 같은 것이다. 그러니 어찌 즐겁지 않을 수 있겠는가.

1년 동안 열심히 일한 농부는 그 결과로 내년 농사에 사용할 수 있는 소중한 지혜를 얻게 된다. 수확한 작물로 배를 채우는 것과는 차원이 다르다. 농사의 결과물은 단순히 주린 배를 채우는 것으로 그치지 않고 안개 속에 감추어져 있던 불투명한 미래에 대한 혜안을 준다. 열심히 일하지 않는 농부는 절대로 파악할 수 없는 소중한 정보를 손에 쥐게 된다. 건성건성 대충 일한 농부는 결과물을 눈앞에 놓아줘도 이해하지 못한다. 그저 수확량의 많고 적음만 생각한다.

이것은 농사에만 한정된 것이 아니다. 공부를 하는 학생은 물론 더 나은 삶을 위해 노력하는 모든 생활인들에게도 똑같이 적용된다. 시험과 성적표를 두려워해서는 안 된다. 성적표는 멋진 보물섬으로 나를 인도해주는 지도와 같다. 보물섬 지도를 받는 데 왜 두렵겠는가.

송나라의 대학자 정이(程頤)는 당시 중국의 교육제도를 꼼꼼히 따져본 후에 다음과 같은 글을 남겼다.

"각 학교들이 학생들을 가르치는 방법을 자세히 살펴보니 대부분 시험을 치르는 것으로 학생들을 경쟁시켜 실력을 키우도록 하고 있었다. 그런데 이 것은 올바른 방법이 아니다. 무턱대고 시험을 치러 학생들을 성적으로 판단 하고 성적대로 서열을 매기는 것은 옳지 않다(更不考定高下). 시험은 하나의 과제물과 같다. 실력을 향상시키기 위한 방법을 찾기 위해, 무엇에 대해 잘 알고 있고 무엇에 대해 잘 모르고 있는지 파악하여 그들을 돕기 위해 시험을 치르는 것이다."

초라한 성적표는 없다. 의사가 주는 처방전은 '이대로 가면 당신은 죽습니 다.'라고 읽는 게 아니라 '이렇게 하면 건강해집니다.'로 읽어야 한다. 가을이 우리에게 주는 소중한 선물이다.

세상 전체가 부모다

어찌 부모를 잊을 수 있겠는가

君子於親 終身不忘(군자어친 종신불망)

- 《성학집요(聖學輯要)》 중에서

　민족의 큰 명절 중 하나가 추석이다. 부모님을 찾아뵙고 인사드리고 조상들에게도 인사를 드리는 것이 추석의 의미를 살리는 길이다. 그런데 추석 명절의 후유증도 만만치 않다는 이야기도 여기저기서 들린다. 오랜만에 모인 친척들끼리 다투기도 한다. 그래서 불편한 마음으로 집으로 돌아오는 사람들도 많다. 왜 이런 일이 벌어지는 것일까. 효(孝)에 대한 인식이 바르지 않기 때문은 아닐까?

　유학(儒學)에서는 언제나 부모에 대한 효(孝)를 강조한다. 효도를 말할 때의 효(孝)는 '본받다, 배우다'는 뜻을 가진 효(效)와도 연결된다. 부모를 보며 본받고 배우라는 의미를 지닌다. 그래서 효(孝)는 효(效)다.

　부모를 잊지 말라는 뜻은 우주를 잊지 말라는 것과 연결된다. 유학(儒學)에서는 우주가 탄생될 때가 생명의 시작점이라고 말한다. 나의 시작점이 부모인 것처럼 세상의 시작점은 우주 탄생이다. 그러므로 배움이 부모에게 연결되면 효(孝)가 되고 배움이 우주로 연결되면 효(效)가 된다.

　아침에 일어나고 어두워지면 잠자리에 드는 이유는 이 지구가 자전하는 주기에 순응하며 따라하는 것이다. 그것을 통해 배운다. 그것이 효(效)다. 그것을 거슬러 밤에 일어나고 아침에 잠자리에 들면 병이 생긴다. 자연의 모습을 보며 그것을 따라하며 배우는 것이다. 그러나 때론 자연이 이상하게 돌아갈 때도 있다. 이상기후가 보이거나 천재지변이 일어나는 것이다. 이럴 때에는 맞서 싸우지 않고 조용히 기다린다. 평온을 되찾을 때까지, 평정을 되찾을 때까지 기다린다.

마찬가지다. 세상과 나를 연결시켜준 것은 부모다. 그러므로 나의 친인척들은 모두가 나의 부모와 연결된 사람들이다. 그들을 대할 때 부모를 대하는 것처럼 해야 하는 이유가 여기에 있다. 이것을 계속 이어가면 이 세상 모든 사람들을 부모처럼 대해야 한다. 그것이 경(敬)이다.

단순히 부모에게 고개를 숙이고 복종하는 게 효(孝)라고 생각하면 곤란하다. 배우는 게 있어야 효(孝)다. 부모가 못났더라도 부모가 바르지 않다 하더라도 마찬가지다. 그런 모습을 통해 바른 것이 무엇인지 배우고 그렇게 잘 배워서 잘못된 부모까지 바르게 인도하는 것이 진정한 효(孝)다.

어떤 사람은 제사를 잘 지내는 게 효(孝)라고 말하기도 한다. 그러나 형식에 얽매이는 것은 잘 지내는 게 아니다.

"제사를 너무 자주 지내는 것은 바람직하지 않다. 너무 자주 제사를 지내게 되면 제사를 지내는 것에 대해 번거롭다고 느끼게 되고 결국 돌아가신 분을 그리워하고 존경하는 마음까지 사라지게 되기 때문이다."

예법의 기본 교과서라고 할 수 있는 《예기(禮記)》에 나오는 말이다. 중요한 것은 마음이지 예법이 아니라는 뜻이다.

"어찌 부모를 잊을 수 있겠는가(君子於親 終身不忘)"는 중국 송나라의 학자 보광(輔廣)의 말이다. 이 말의 깊은 뜻도 마찬가지다. 자연의 이치까지 이어진 의미임을 잊어서는 안 된다. 우주가 탄생하는 순간, 태극(太極)이 움직이며 음양을 만들어내는 그 순간을 '어찌 잊을 수 있겠는가'까지 연결되는 말이다. 빅뱅의 순간 만들어진 수많은 것들이 모여 생명을 만들었으니 나 또한 수많은 것의 결합체이다. 세상 모든 것이 내 부모인 이유가 여기에 있다.

"가을이 되어 서리가 내리고 낙엽이 지면, 마음에는 슬픔이 가득하다. 다가올 추위 때문이 아니다. 낙엽이 지듯 부모님이 돌아가시면 어쩌나 걱정되기 때문이다. 봄이 되어 비가 땅을 적시고 새싹이 돋아나면, 마음이 설렌다. 따스한 봄기운 때문이 아니다. 다시 봄이 찾아오듯 돌아가신 부모님이 다시 돌아오시면 얼마나 좋을까 생각하기 때문이다."

이 또한 《예기(禮記)》에 나오는 말이다. 계절의 순환을 보며 부모를 생각하고 또 우주탄생의 순간을 떠올린다. 진정한 효(孝)는 겸손에서 출발한다. 배우는 자세로 모든 것을 대해야 한다.

역사란 무엇인가?

각이 없는 데, 그게 어찌 '고'냐? 그게 '고'냐?

觚不觚, 觚哉! 觚哉!(고불고, 고재! 고재!)

－《논어(論語)》 중에서

'고(觚)'는 고대 중국에서 제사를 올릴 때 사용하던 술잔이다. 윗부분은 넓고 중간 부분은 잘록하지만 아랫부분은 다시 넓어진다. 그런데 결정적인 특징은 4각형(혹은 8각형) 기둥 모양이라는 것이다. '고(觚)'라고 했을 때 그것이 의미하는 것은 그래서 '술잔', '네모', '각(모서리)을 지니다' 등이 된다. 이 모든 의미를 하나로 모은 것이 제사 때에 사용하는 술잔 '고(觚)'다.

그런데 이 '고'라는 술잔은 불편하기 그지없다. 요즘 우리가 사용하고 있는 잔(盞)을 머리에 떠올려 보자. 사각 모양의 잔이 있는가? 게다가 위 아래로 길고 윗부분이 넓은 모양이라면 그 불편함은 이루 말할 수 없을 것이다. 그렇다면 왜 이토록 불편한 술잔을 사용했을까. 제사를 지내기 위해서다. 제사는 경건하고 조심스럽게 지내야 한다. 경건하고 조심스러운 마음의 표현이 형식이다. 아무렇게나 내 맘대로 하면 마음이 흐트러지기 쉽기 때문에 마음을 단정히 만들기 위해 불편한 형식을 만들었다. 반바지에 슬리퍼를 신고 있을 때와 정장을 입고 있을 때의 마음가짐이 다른 것과 마찬가지다.

그런데 그러한 '고'가 불편하다고 하며 사람들이 모서리를 없애고 둥근 잔을 만들었다. 그렇다면 그 잔은 '고'인가 '고'가 아닌가? 공자는 아니라고 말한다. 그것도 거듭 두 번에 걸쳐 강조한다. 공자가 형식만 강조하는 앞뒤가 막힌 늙은이라서 그런 것이 아니다. '고'에서 각을 없앴다면 '고(觚)'라 부르지 말고 그냥 '잔(盞)'이라고 불러야 한다는 뜻이다. 모든 백성의 올바른 스승처럼 행동하고 모든 백성들의 참다운 부모처럼 행동하지 않는 자를, 그저 권력을 지녔다는 이유만으로 임금이라 불러서는 안 된다는 의미다. 그러한 사람은 임금(王者)이 아니라 단지 권력자(霸者)일 뿐이다. 한 무리의 우두머리일 뿐이다.

그런데 스스로 임금이라고 부른다. 주변에서 아부하는 무리들도 그렇게 부른다. 더 나아가 세상 모든 사람들에게 그렇게 부르라고 강요한다. 그러자 공자가 이렇게 높은 목소리로 외치는 것이다. "고불고, 고재! 고재!" 본질을 잃고 적당히 모양새만 갖추었음에도 불구하고, 의무는 저버리고 권리만 내세우고 있음에도 불구하고, 스스로 '고'라 주장하는 사람과 그 무리들에게 가하는 질타의 목소리다.

우리는 흔히 '공자'라고 하면 《논어(論語)》나 《시경(詩經)》을 머리에 떠올리지만 《사기(史記)》를 지은 역사학자 사마천(司馬遷)은 다르게 말한다. "중요한 결정을 내릴 때, 공자는 언제나 다른 사람과 의논하여 판단을 내렸다. 결코 자기 혼자서 판단을 내리지 않았다. 그러나 《춘추》를 지을 때에는 달랐다. 어떠한 제자도 거기에 참여하지 않았다. 《춘추》를 완성하고 공자는 이렇게 말하였다. '후세에 나를 알아주는 사람이 있다면 《춘추》 때문일 것이며, 나를 비난하는 사람이 있다면 그 역시 《춘추》 때문일 것이다.'"

사마천은 공자가 남긴 최고의 업적으로 역사책 《춘추》를 들었고 공자 스스로도 《춘추》를 가장 높게 평가했다는 것을 알 수 있다. 공자가 《춘추》를 통해 강조한 것이 바로 '정명(正名)'이다. 공자는 '정치를 맡기면 무엇부터 하겠느냐'는 질문에 "이름을 바로잡겠다(正名)"고 하였다. 그 실천이 바로 《춘추》의 저술이었다. "고불고, 고재! 고재!"의 외침이었다.

"공자가 편찬 및 저술에 관계한 책 중에《역경(易經)》,《서경(書經)》,《시경(詩經)》,《예기(禮記)》,《춘추(春秋)》를 가리켜 오경(五經)이라고 말하는데, 이 중에《역경(易經)》,《서경(書經)》,《시경(詩經)》,《예기(禮記)》는 원칙을 제시하는 법령과 같고《춘추(春秋)》는 구체적인 사례에 적용한 판례와 같다." 중국 송나라의 학자 정이(程頤)의 말이다.

역사(歷史)는 사실(史實)에 대한 판단이다. 사실 자체가 아니라 그것을 바라보는 시선이 중요하다. 오늘, 공자가 바라보는 우리들의 모습이 궁금하다.

병을 소중하게 여겨 의사를 피하다
護疾忌醫(호질기의)

- 《통서(通書)》 중에서

병에 걸렸다면 의사를 찾아가 치료를 받아야 한다. 그러나 아무리 실력이 좋은 의사라 하더라도 치료할 수 없는 환자가 있다. 스스로 병에 걸려 있으면서도 그것을 병이라 생각하지 않는 사람이 그 주인공이다. 병을 병으로 인식하지 않는 사람이라면 치료가 불가능하다. 의사가 병이라고 말해도 그것을 듣지 않는다. '저는 원래 그래요. 병이 아니라 제 개성입니다.'라고 우기면 어떻게 할 방법이 없다.

《한비자(韓非子)》에는 명의로 유명한 전설적인 인물 편작(扁鵲)이 제나라의 환공을 만났을 때의 이야기가 나온다. 환공을 만나 얼굴빛을 살핀 편작이 이렇게 말한다. "지금 임금의 피부를 보니 병색이 완연합니다. 치료를 받으시지요."

그러나 환공은 손을 내저으며 그를 돌려보낸다. 그리고 주변의 신하들에게 "의사라는 것들은 다 똑같아. 멀쩡한 사람을 병자로 만들려고 한다니까."라고 말하며 편작을 비웃는다.

며칠 후에 환공을 다시 만난 편작이 "이제 병이 혈맥에 이르렀습니다. 빨리 치료를…"라고 말했지만 환공은 여전히 손사래를 쳤다. 이후 세 번째 환공을 만난 편작은 "이제 병이 내장까지 스며들었습니다. 빨리 손을 쓰지 않으면…." 이라고 간곡하게 말했지만 환공은 여전히 편작의 말을 듣지 않았다.

시간이 흐른 후 다시 환공을 만나러 궁궐로 들어가던 편작은 먼발치에서 환공의 모습을 보더니 그대로 몸을 돌려 궐 밖으로 나가버렸다. 이를 이상하게 여겨 주변에서 그 이유를 물으니 편작은 이렇게 대답했다.

"피부에 병이 들면 찜질로, 근육에 병이 들면 침술로, 내장에 병이 들면 탕약으로 치료할 수 있지만 병이 골수에 이르면 어떻게 할 방법이 없다."

며칠 후 환공은 쓰러지고 말았다. 신하들이 급히 편작을 찾았으나 그는 이미 다른 나라로 떠나고 없었다. 환공은 결국 죽고 말았다.

우리가 흔히 말하는 '편작이 와도 고칠 수 없는 환자'가 바로 제나라 환공이다. 고집불통이며 독선적이다. 내가 가장 잘 알고 내가 가장 올바르며 내가 가장 똑똑하다고 자신한다. 다른 사람의 말을 제대로 듣지 않는다. 환공의 병은 피부에서 시작하여 골수로 들어간 것이 아니다. 그 마음에 이미 병이 존재했다고 보아야 한다. 병을 병으로 인식하지 않는 것이 병이다.

"공자의 제자 자로는 본래 성격이 거칠었으나 주변에서 자신의 잘못을 지적해주면 이를 감사하게 생각하며 그대로 받아들여 스스로를 다듬었기에 많은 사람들로부터 칭찬을 받는 위치에까지 오를 수 있었다. 그런데 요즘 사람들은 어떠한가. 누군가 자신의 잘못을 지적해주면 감사해하기는커녕 오히려 싫어하니 이것은 마치 병을 앓고 있으면서도 그것을 깨닫지 못하고, 의사가 그 치료법을 알려주면 싫어하는 것과 마찬가지가 아닌가. 병을 소중하게 여겨 의사를 피하고 있으니, 스스로 몸을 망치고 있으면서 그것을 깨닫지 못하니 참으로 안타까운 일이다."

《통서(通書)》에 나오는 송나라의 학자 주돈이(周敦頤)의 말이다. 병의 시작은 외부에서 들어오는 못된 세균이 아니다. 내 마음 속의 오만과 독선이 그 시작이다.

"나는 매우 허약하게 태어났다. 그러나 마음을 바르게 하고 학문을 배우고 익혔더니 30세 무렵부터 차츰 기운이 좋아지기 시작했고 40~50세가 되자 더욱 왕성해졌다. 지금 내 나이가 72세인데, 20~30년 전과 다름이 없다. 이런 나를 보고 사람들은 '비결이 뭐냐?'라고 묻지만 나는 나를 강하게 만드는 비결을 알지 못한다. 다만 사사로운 욕심을 부리지 않았을 뿐이다. 바른 마음을 가지고 바른 이치를 따르려고 노력했을 뿐 따로 건강해지려고 노력하지 않았다."

송나라의 학자 정이(程頤)의 말이다.

마음을 치료하는 의사

얼음이 녹아 대지를 적시듯이
渙然氷釋(환연빙석)
- 《춘추좌씨경전집해(春秋左氏經傳集解)》중에서

　　자신의 조카인 단종을 몰아내고 왕의 자리에 오른 세조는 강한 권력욕을
지닌 사람이었다. 왕위에 오른 후에도 혹시나 권력을 다시 빼앗길까 두려워
단종을 죽이기까지 했으니 권세에 대한 그의 집착이 어느 정도였는지 짐작
할 수 있다.

　　그러나 자신의 권력 강화를 위해 많은 사람들을 죽음으로 몰아넣은 그의
심정이 편안한 것은 아니었다. 평생 죄책감을 느끼며 살아야 했다. 자신에게
원한을 품은 많은 사람들이 꿈에 나타나 불면증에 시달리기도 했다. 단종의
어머니가 세조의 꿈에 나타나 침을 뱉었는데 침 맞은 자리에 실제로 종기가
돋아 극심한 피부병을 앓았다는 기록도 전해진다.

　　병치레가 잦았던 세조는 많은 의사를 만나보았고 병을 치료하기 위해 직접
의학 공부에 매진하기도 했다. 직접 저술한 의학서 <의약론(醫藥論)>은 그의
의학 공부가 어느 정도였는지를 알려주는 증거이기도 하다. 세조는 <의약론
>에서 의사를 8가지 등급으로 분류했는데 그 내용이 매우 흥미롭다. 세조가
분류한 8가지 의사는 다음과 같다.

　　1. 심의(心醫) : 글자 그대로 마음을 치료한다. 사람들의 마음을 편안하게

해준다.

2. 식의(食醫) : 음식으로 환자를 치료한다. 독하고 쓴 약을 주지 않고 맛나게 음식을 먹는 것으로 병을 치료한다.

3. 약의(藥醫) : 오직 약으로 모든 것을 해결하려고 한다.

4. 혼의(昏醫) : 환자보다 자신이 더 흥분한다. 유난을 떨면서 혼란에 빠져 어찌할 바를 모르고 버벅거리기만 한다.

5. 광의(狂醫) : 환자를 세심히 살피지 않고 자신의 기분에 따라 자기 맘대로 마구잡이 처방과 치료를 남발한다. 그러면서도 자신만만하여 귀신도 제압할 수 있다고 떠든다.

6. 망의(妄醫) : 병이 없는데도 있다고 말하며 함부로 치료하면서 여기가 아픈데 저기를 치료한다.

7. 사의(詐醫) : 돈 많은 사람이 찾아오면 없는 병도 있다며 속이고 치료비를 부풀려 받으며 가난한 사람이 찾아오면 있는 병도 없다며 외면한다. 간단한 치료면 충분함에도 엄청난 과잉진료로 사기를 친다.

8. 살의(殺醫) : 의학적 지식도 있고 나름 실력도 갖추었다. 그런데 사람을 치료하려고 하지 않고 그저 병과 싸워 이기려고 한다. 사람은 안중에도 없다.

세조가 말한 8가지 의사 중에 최고의 의사는 마음을 치료하는 의사, 심의다. 그다음은 음식으로 치료하는 식의라고 하겠다. 약으로 치료하는 의사는 나머지 5가지 의사에 비하면 그나마 훌륭하다는 생각이 든다.

<의약론(醫藥論)>을 쓰며 세조는 많은 생각을 했을 것이다. 세조는 말년에 자신으로 말미암아 희생당한 영혼을 위로하기 위해 전국의 사찰을 돌며 '천도제'를 지내기도 했다. 그러므로 그가 꼽은 의사의 분류에는 많은 함의가 숨어 있다고 해도 무방하리라.

환자를 치료하는 게 의사라면 세상을 치료하는 사람은 정치인이 아닐까. 진(晉)나라의 학자이자 정치인이었던 두원개(杜元凱, 222~284)는 이전까지 서로 따로 존재하고 있던 《춘추(春秋)》와 《좌씨전(左氏傳)》을 한 권의 책으로 통합 정리하며 그 서문에 이렇게 썼다. "강물과 바닷물의 침식작용처럼, 빗물이 땅을 촉촉하게 해주는 것처럼, 얼음이 녹아 대지를 적시듯이(江海之浸, 膏澤之潤, 渙然氷釋)."

두원개가 강조한 것은 공감과 소통이다. 무리수를 두어서는 안 된다. 시간이 걸리더라도 서두르지 말고 충분히 공감하고 소통하라고 그는 강조한다. 실제로 성과를 올리지 못한다 하더라도 공감을 얻는다면 성공이 아닐까. 많은 사람들의 공감을 얻는다면 성과는 저절로 나타날 것이다.

심의(心醫)와 두원개(杜元凱)가 그리워지는 요즘이다.

미래를 알고 싶다면 과거를 돌아봐라

欲知未來 先察已往(욕지미래 선찰이왕)

-《명심보감(明心寶鑑)》중에서

몸과 마음을 단정하게 가다듬는 것을 존덕성(尊德性)이라 하고 바른 이치를 파악하기 위해 책을 읽고 연구하여 깨우침을 얻는 것을 도문학(道問學)이라고 한다. 유학(儒學)에서는 이 두 가지를 통해 공부하라고 말한다.

누군가 주자에게 물었다. 아무리 그렇다 하더라도 그 중에 더 중요한 것은 무엇이냐고. 그러자 주자는 이렇게 대답했다.

"어느 것도 소홀히 해서는 안 된다. 어느 한 가지를 버리면 나머지 하나가 너무 외로워져 아무 것도 이루지 못하게 된다. 두 가지가 균형을 잡아야 한다고 강조하는 이유가 여기에 있다."

그렇다면 균형은 어떻게 잡아야 하는가. 무조건 5:5로 하는 것을 뜻하는 게 아니다. 나의 특징과 내 주변 환경의 특징을 파악하는 것이 출발점이다. 겨울에는 따뜻하게 하는 게, 여름에는 시원하게 하는 게 균형이다. '나'의 상황과 '지금 현재'의 주변 환경을 파악하는 게 우선이다. 그것을 출발점으로 '나'에서 '타인'으로, '지금 현재'에서 '미래'로 확장시키는 게 중요하다.

내 주변에 있는 사람들을 세심하게 살펴보는 것은 노력하면 가능하다. 아내를 보고 아들을 보고 부모님을 보면 거기에 내가 잊고 있던 나의 참 모습이 나타난다. 더 나아가 나와 관련이 없는 수많은 다른 사람들도 찬찬히 살펴보면 또 거기에서 새로운 나를 발견하게 된다. 나를 가다듬는 것에 도움이 된다.

문제는 '미래'다. 아무리 눈을 부릅뜨고 바라봐도 미래를 볼 수는 없다. 어떻게 해야 할까.《명심보감(明心寶鑑)》에 나오는 "미래를 알고 싶다면 과거를 돌아봐라(欲知未來 先察已往)."에서 힌트를 얻을 수 있다.

앞 창문이 막힌 자동차를 운전하여 앞으로 갈 때에는 무엇을 보면서 운전해야 할까. 룸미러를 보면서 운전해야 한다. 지나온 길을 보면서 앞으로 펼쳐질 길을 예측하는 것이다. 물론 속도는 줄여야 한다. 조심스럽게 하라는 가르침은 그래서 매우 중요하다.

"어느 한쪽의 이야기에만 귀를 기울이면 다른 쪽의 모든 사람들과 멀어지게 될 것이다(若聽一面說 便見相離別)." 이것 또한《명심보감(明心寶鑑)》에 나오는 말이다. '나'에게만 매몰되는 것도 아니며 '타인'에게 휩쓸리는 것도 아니다. 과거에 연연하는 것도 아니며 미래 예측에만 골몰하는 것도 아니다. 어제 내가 한 일의 결과가 오늘이라는 것을 안다면 내일도 예측이 가능하다. 그러므로 오늘을 현명하게 살아가면 좋은 내일을 만날 수 있다. 타인에게 잘 대해주면 그들도 나에게 잘 대해준다.

"요즘 들어 생각해보니 내가 이제껏 너무나 연구에만 몰두하여 내 자신의 마음은 잘 돌보지 못한 것은 아닌지 걱정이 되기도 한다. 그 잘못이 차라리 나 하나에게만 영향을 주었으면 그나마 다행스러운데 혹시나 내 주변 사람에게까지 나쁜 영향을 준 것은 아닌지를 생각하면 참으로 안타까울 뿐이다. 책을 읽고 연구하는 것만이 학문이 아니라 스스로 마음을 바르게 가다듬는 것도 학문이라는 사실을 잊고 지낸 것은 아닌지 반성해보는 시간을 갖는다."

《심경부주(心經附註)》에 나오는 주자의 말이다. 맹자는 "위에서 좋아하면,

아래에서는 반드시 지나침이 있다(上有好者 下必有甚焉者)."라고 말했다. 대부분의 아랫사람들은 윗사람에게 잘 보이려고 노력한다. 그렇기에 윗사람이 좋아하는 게 있으면 앞뒤 살피지 않고 그쪽으로 모여든다. '차라리 나 하나에게만 영향을 주었으면 그나마 다행스러운데…'라는 주자의 고백은 우리에게 많은 교훈을 준다. 당신의 위치는 현재 어디인가. 위인가 아래인가. 위라면 더욱 조심하라. 아래라면 지나침이 없게 하라.

타인의 모습에서 나를 발견하고 과거에서 미래를 발견하라.

새해 소망

부지런함보다 귀한 것은 없다

勤爲無價之寶(근위무가지보)

-《명심보감(明心寶鑑)》중에서

새해를 맞이하면 누구나 소망을 품게 된다. 몰래 일기장에 써놓는 경우도 있고 큰 종이에 써서 책상머리에 붙여놓거나 사람들 앞에 나아가 큰 소리로 다짐하는 경우도 있다. 그렇다면 우리는 무엇을 소망하는가. 돈을 많이 벌게 해달라고 바라기도 하고 건강을 빌기도 하며 성공을 기원하기도 한다. 복(福)을 비는 것이다.

복(福)을 말할 때 우리가 흔히 쓰는 표현 중 하나가 바로 '오복(五福)'이다. 오복은《서경(書經)》에 등장하는 데, 수(壽)·부(富)·강녕(康寧)·유호덕(攸好德)·고종명(考終命)이 그것이다. 오래 사는 것(壽), 경제적으로 풍족하게 사는 것(富), 편안하게 사는 것(康寧), 덕을 쌓는 것(攸好德), 편안하게 죽음을 맞이하는 것(考終命), 이 다섯 가지가 최고의 복이라는 뜻이다.

유학(儒學)을 공부하던 옛날의 학자들은 무엇을 빌었을까. 그들은 글을 써서 눈에 잘 보이는 벽에 붙여놓거나 자주 사용하는 사물에 새기어 놓고 수시로 그것을 바라보며 의지를 다지곤 했다. 이를 잠(箴)이라 하기도 하고 명(銘)이라 하기도 한다.

잠(箴)은 바늘이나 침을 뜻한다. 의사가 환자에게 침을 놓아 병을 낫게 하

197

는 것처럼 잠언(箴言)으로 잘못을 예방도 하고 또 바로잡는다는 의미를 지니고 있다. 명(銘)은 비석이나 바위에 새겨 넣는 글을 말하는데, 그 중에서도 스스로에게 다짐하는 것을 목적으로 하는 경우에는 '좌우명(座右銘)'이라고 불렀다. 정곡을 찌르는 촌철살인의 경구를 생활공간에 새기어 놓는다. 좌우명(座右銘)을 글자 그대로 해석하면 '내가 앉는 자리 오른쪽에 새겨둔 글'이 된다.

정이(程頤)의 <사물잠(四勿箴)>, 주자의 〈경재잠(敬齋箴)〉과 〈구방심재명(求放心齋銘)〉 등이 유명하다. 그렇다면 그들은 잠(箴)과 명(銘)에 어떤 내용을 담았을까? 그들도 복(福)을 빌었을까?

정이의 제자 이유가 정이에게 물었다. "사람들과 함께 있을 때에는 스스로 긴장하여 몸과 마음을 단정하게 만들 수 있으나 평소에는 그것이 매우 어렵습니다. 어떻게 해야 할까요?"

정이는 이렇게 대답했다. "그것은 매우 어려운 일이다. 그렇기에 옛날 선배 학자들도 항상 긴장의 끈을 놓지 않기 위해 노력했다. 방의 여기저기에 마음을 가다듬는 글귀를 써서 붙여놓을 정도였다. 밥그릇에도 세숫대야에도 지팡이에까지 마음을 가다듬는 글귀를 새겨놓았던 이유가 여기에 있다. 혼자 있더라도 마치 다른 사람과 함께 있을 때처럼 단정하게 하는 것을 습관처럼 익숙하게 만들어야 한다. 몸은 마음을 담는 그릇이니 그릇을 바르게 해야만 그릇에 담긴 것도 바르게 된다. 바른 이치는 밖에서 구하는 게 아니다. 자기 자신을 바르게 만드는 것, 바른 이치가 몸과 마음에 달라붙도록 하는 것이 시작이며 끝이다."

그들은 복을 빌지 않았다. 올바른 몸과 마음을 잃지 않기를 빌었다. 몸과 마음을 바르게 하면 복은 저절로 찾아온다. 공자가 끊어버린 4가지, '자절사(子絶四)'를 기억하는가. 자신만의 주관적인 생각(意)을 끊었다. 기필코 이루어내겠다는 의지(必)를 끊었다. 고집(固)을 끊었다. 자기중심적인 생각(我)을 끊었다. 복을 빌지 않은 이유가 여기에 있다.

그렇다면 《서경(書經)》에서는 왜 오복(五福)을 말했는가. 오복(五福)은 올바름을 추구한 뒤에 얻어지는 부차적인 결과물이다. 긍정적인 부작용(副作用)이다. 오복을 추구하여 오복을 얻는 게 아니다. 올바름을 추구하여 오복을 얻는다. 1등을 추구한 게 아니라 단지 열심히 공부했더니 1등이 되는 원리다.

"부지런함보다 귀한 것은 없다(勤爲無價之寶)."는 《명심보감(明心寶鑑)》의 가르침이 중요한 이유는 간단하다. 부지런하게 올바름을 추구하면, 나 자신이 바르게 가다듬어짐은 물론이고 여기에 보너스로 오복(五福)까지 얻을 수 있으니 이 얼마나 좋은 일인가.

끈질김이 이긴다

서둘지 말고, 작은 이익에 매달리지 말라
無欲速 無見小利(무욕속 무견소리)
-《논어(論語)》 중에서

공자의 제자 중에 한 사람인 자하(子夏)는 문학에 능했다. 공자가 스스로 자신의 제자들을 평하면서 "덕행(德行)에는 안회(顏回)·민자건(閔子騫)·염백우(冉伯牛)·중궁(仲弓), 언어에는 재아(宰我)·자공(子貢), 정사(政事)에는 염유(冉有)·자로(子路), 문학에는 자유(子游)·자하(子夏)가 뛰어나다."고 할 정도였다. 실제로《논어(論語)》를 보면 공자와 자하가《시경(詩經)》에 대해 문답을 주고받는 장면을 쉽게 찾아볼 수 있다.

그런 자하가 공자에게 정치에 관해 질문한 적이 있었다. 자하가 지방의 어느 작은 마을을 다스리는 수령으로 가게 되었을 때의 일이다. 자하가 정치의 도리에 대해 묻자 공자는 이렇게 대답해주었다.

"서둘지 말고, 작은 이익에 매달리지 말라(無欲速 無見小利). 서두르면 오히려 이루지 못하고, 작은 것에 연연하면 큰일을 하지 못한다(欲速則不達 見小利則大事不成)."

공자는 제자들의 개성을 살펴 맞춤형 교육을 했던 사람으로 유명하다. 공자는 감수성이 예민한 자하에게 서둘지 말라고 충고했다. 자하는 아들이 자신보다 먼저 세상을 떠나자 슬픔을 이기지 못하고 눈물을 너무 흘려 결국 시력을 잃었다는 이야기가 전해질 정도로 감수성이 예민한 사람이었다.

그렇다고 공자의 충고가 자하에게만 해당되는 것은 아니리라. 영화를 보며 눈시울을 붉히거나 분노하고, LTE급 속도에도 익숙해진 우리가 아니던가. '감성'과 '빠름'을 중요한 덕목으로 여기는 우리에게도 소중한 충고가 아닐 수 없다.

중요한 것은 속도가 아니라 방향이라는 말이 있다. 방향도 중요하지만 그 과정도 간과해서는 안 된다. 우리가 가고 있는 길이 산길이라면 등산로를 이용해 걸어갈 것인지 아니면 케이블카를 탈 것인지 먼저 결정해야 한다. 정상에 오르는 것은 같겠지만 그 내용은 다르다. 힘들여 걷고 또 걸어 정상에 오른 사람과 케이블카를 타고 휘파람을 불며 정상에 오른 사람은 분명히 다르다. 정상에 오르는 것이 목표라면 빨리 올라가는 게 좋겠지만 정상이라는 위치는 삶의 목표가 아니다. 진정한 목표는 나를 바르게 하는 것이다. 나의 인성과 체력, 실력이 뒷받침 되지 않는 정상은 오히려 위험하다.

나의 몸과 마음, 체력과 실력을 가다듬는 것에 필요한 것은 케이블카의 속도가 아니라 지루함을 이겨내는 끈질김이다. 일상은 지루함의 연속이다. 그 지루함을 견뎌내면 큰일을 이룰 수 있다. 지루함을 이기지 못하면 큰일을 이룰 수 없다.

꾸준히 걸어가며 산 전체의 모습을 파악하고 산에 대한 의미를 깨닫는다. 산과 나의 관계를 정립하고 주변의 나무와 풀, 바람과 교감한다. 그렇게 산을 배우고 산을 익힌다. 정상에 오르고 오르지 않고는 이제 그리 중요한 문제가 아니다. 열심히 교감하다보면 나도 모르는 사이에 정상에 서게 된다.

서두르는 것은 목표를 중시하는 것이다. 지루함을 참아내는 것은 과정을 중시하는 것이다. 과정 속에 목표가 녹아들어 있다. 서두르려는 마음을 억누르고 늦더라도 바른 길을 가려고 해야 한다. 큰 성공을 하려고 노력하는 게 아니라 나 자신을 올바른 사람, 큰 사람으로 만들려고 노력한다. 그렇게 해야 다른 사람의 마음도 얻을 수 있다. 조력자를 만들 수 있다.

맹자는 "힘으로써 사람을 복종시킬 수도 있다. 그러나 그것은 진심으로 복종하는 것이 아니라 상대적으로 힘이 부족해서 복종하는 것처럼 꾸미는 것이다. 상대방이 진심으로 기쁜 마음으로 나를 따르게 해야 하는 이유가 여기에 있다."라고 말했다. 힘으로 굴복시키는 게 패도(覇道)라면 덕(德)으로 사람들의 마음을 얻는 것은 왕도(王道)다. "패도는 반드시 큰 나라를 필요로 한다. 하지만 덕으로 사람들의 마음을 얻으려고 하는 왕도는 굳이 큰 나라를 필요로 하지 않는다(覇必有大國 以德行仁者 王不待大)."

무조건 큰 나라로 만들려고 하면 결국 망한다. 그러나 큰 나라가 아니라 올바른 나라를 만들려고 하면 오히려 나라가 커진다. 지루함을 이겨내는 끈질김보다 강한 것은 없다.

창의력을 키우는 법

마음을 바르게, 행동을 의롭게
敬以直內 義以方外(경이직내 의이방외)
-《주역(周易)》중에서

　너도나도 창의력을 외치는 요즘이다. 창의력을 키워준다는 교육프로그램
이 따로 생겨 인기를 끌기도 한다. 남들과 같이 하는 게 아니라 다르게 하는
게 중요하다고 열변을 토하는 사람들도 있다. 그렇게 해야 성공한다고 말하
기도 한다. 주입식 교육이 아니라 그냥 놀게 하는 것이 창의력 발달에 도움을
준다고 주장하는 사람도 있다. 그런데 정말로 창의력을 키워주는 방법이 따
로 있는 것일까?

　유학(儒學)에서는 따로 창의력을 말하지 않는다. 과문한 탓인지는 몰라도
창의력이나 상상력을 키워주는 공부가 따로 있다고 말하는 것을 접해본 기
억이 없다. 다만 익숙해질 때까지 반복하라는 충고가 있을 뿐이다. 그렇다면
유학(儒學)에서 말하는 공부 방법은 창의성을 억압하는 게 아닐까. 결론부터
말하면 아니다. 오히려 반복으로 익숙하게 만드는 것이 창의력의 씨앗이라고
말하고 싶다.

　뛰어난 축구선수들의 현란한 드리블을 보면 감탄사가 절로 나온다. 피아노
연주자나 바이올린 연주자의 신들린 듯한 연주도 마찬가지다. 그들은 어떤
과정을 거쳐 그런 경지에 올랐을까. 태어날 때부터 그런 능력을 지니고 있었

을까?

"어린 아이가 악기를 처음 배울 때를 상상해보십시오. 그들은 마구 두들기고 함부로 연주합니다. 그렇기에 옆에 있는 사람은 귀를 막아버리고 싶을 정도입니다. 그러나 쉬지 않고 열심히 그리고 정성스럽게 꾸준히 연습한 이후에는 어떻게 됩니까. 그 소리는 맑고 아름답습니다. 그 조화로움이 너무나 오묘하여 듣는 사람의 마음을 감동시킵니다. 처음부터 그렇게 연주할 수 있었던 것이 아니라 피나는 노력과 훈련으로 그렇게 된 것입니다. 그런데 요즘 학문을 하는 사람들을 자세히 살펴보십시오. 과연 그들이 악기를 연주하는 사람처럼 자유자재로 일상생활 속에서 학문을 활용하고 있습니까. 아닙니다. 머리로는 알고 있을지 모르지만 실제 생활에서는 그것을 실천하지 못합니다. 이는 마치 머리로는 악기를 연주할 줄 알면서도 실제로 악기를 연주하지 못하는 것과 무엇이 다르겠습니까. 악기 연주에 대해 알기만 하고 실제로 연주를 못한다면 그는 과연 악기 연주에 대해 아는 사람입니까, 아니면 모르는 사람입니까. 학문 연구는 악기를 다루는 악사처럼 해야 합니다."

율곡 이이가 공부 방법 대해 선조에게 올린 글이다. 현란한 기술은 단단한 기초 위에서 피어나는 꽃이다. 아무 데서나 자라나는 게 아니다. 창의력과 상상력도 마찬가지다. 붓을 처음 잡고 마구 휘갈긴 그림을 가지고 추상화라고 우길 수 없는 것과 마찬가지다.

"敬以直內 義以方外(경이직내 의이방외)" 직역하면 "경(敬)으로 마음을 바르게 하고, 의(義)로 행동을 방정하게 한다." 정도가 될 것이다.《주역(周易)》에 나오는 문장이다.

경(敬)은 도덕정신이다. 우주를 탄생하게 만든 바른 이치를 순순히 따르는 것이다. 나를 바른 이치에 익숙하게 만드는 방법은 반복된 연습뿐이다. 의(義)는 사회정의의 실현이다. 이익을 독점하지 않고 나누는 것이다. 누구나 행복한 사회를 지향한다. 구체적인 실천이기에 책 속에서 딱 맞아떨어지는 것을 찾기는 힘들다. 스스로 찾아내야 한다. 창의력이 필요한 순간이다.

정성스러운 반복과 연습, 구체적인 실천을 바탕으로 생기는 것은 통찰력(洞察力)이다. 겉으로 드러나는 것만 보는 게 아니라 그 이면에 감추어져 있는 깊은 의미까지 읽어내게 된다. 상상력과 창의력은 통찰력에서 시작된다. 자세히 보아 깊이 알게 되면 눈에 보이지 않던 것이 보이게 된다.

창의력이나 상상력이 단지 자유로운 발상에서 나온다고 생각하면 곤란하다. 경(敬)을 외쪽 날개로, 의(義)를 오른쪽 날개로 삼아 날아오르는 게 중요하다.

절제의 미학

편안할 때에도 위기를 생각하라
安而不忘危(안이불망위)
-《주역(周易)》중에서

"뿌리 깊은 나무는 바람에 흔들리지 않고, 샘이 깊은 물은 가뭄에 마르지 않는다." 용비어천가(龍飛御天歌)에 나오는 말이다. 용비어천가(龍飛御天歌)는 새로운 나라 조선을 세우며 개국의 정당성을 강조하기 위해 만든 것이다. 왕권의 정통성을 알리기 위해 이성계의 고조부부터 앞으로 내세운다. 어느 날 갑자기 툭 튀어나온 게 아니라 이미 오래 전부터 준비하고 있었다는 뜻이다.

이처럼 얼마나 오랫동안 준비하고 있었느냐는 그 일의 성패를 좌우하는 근거로 작용한다. 그러므로 기초가 튼튼하다는 것은 감정적으로 대응하지 않고 이성적으로 대응한다는 뜻이기도 하다. 《서경(書經)》에 나오는 '유비무환(有備無患)'이라는 말도 마찬가지다. 준비가 있으면 근심이 없다. 일어날 가능성이 1%라 하더라도 미리 생각하고 대비책을 세워놓으면 실제로 그런 일이 일어났을 때 허둥거리거나 서두르지 않아도 된다. 군자(君子)가 천천히 팔자걸음으로 느릿느릿 걷는 이유는 약속시간에 늦지 않도록 일찍 집을 나서는 준비가 있었기 때문이다.

"군자는 일을 시작할 때 준비를 철저히 한다(君子 以作事謀始). 편안할 때에도 위기를 생각하고, 살아있으면서도 죽음을 잊지 않으며, 사회가 평화롭더라도 혼란할 때를 대비한다(安而不忘危 存而不忘亡 治而不忘亂)."

성공을 하더라도 철저한 준비로 성공한 사람과 우연한 계기로 예상치 못하게 성공한 사람의 모습은 다르다. 철저한 준비로 성공한 사람은 그것이 예상된 결과이므로 흥분하지 않는다. 오히려 겸손하다. 성공의 전 과정을 들여다보고 계획하고 대비했기에 도움을 준 사람에게 고마움을 표시하고 오히려 고개를 숙인다. 그러나 우연히 성공을 하게 된 사람은 다르다. 스스로 예상하지 못한 결과이기에 흥분하고 환호성을 지른다. 그 모습이 거만해 보여 사람들은 칭찬을 주저하게 되고 주변 사람들의 그런 모습을 보며 섭섭하다고 느낀다. 왜 성공한 자신을 존경의 시선으로 바라보지 않느냐고 화를 낸다. 결국 성공이 오히려 독이 되어 성공보다 더 커다란 재앙을 맞이하게 된다.

"작은 배에 무거운 짐을 실으면 가라앉게 된다."는 《명심보감(明心寶鑑)》의 가르침은 이러한 경우를 말하는 것이다.

"선생은 자신이 진행한 일에 대해 늘 합리적인 규칙과 조례를 만들어 누구나 그것만 보면 쉽게 일을 할 수 있도록 조치했다. 그렇기에 '내가 아니면 아무도 하지 못한다.'라는 게 없었다. 누구라도 할 수 있도록 만드는 게 선생의 목표였기 때문이다. 그렇기에 아무리 어려운 일도 선생이 한번 해내면 쉬운 일이 되었고 많은 사람들이 선생을 본받으려고 노력했다. 어려움에 놓인 사람을 발견하면 그 사람이 부탁하지 않아도 기꺼이 도와줬다. 그렇기에 선생의 주변에는 늘 사람들이 모여들었고 나중에는 선생이 굳이 노력하지 않아도 모든 일들이 순조롭게 풀려나가는 지경까지 이르렀다. 언제나 여유로웠고 서두르지도 않았지만 모든 일을 자연스럽게 처리하였고 성실한 자세도 잃지 않았다."

송나라의 학자 정호(程顥)에 대한 후대의 평가다. 여유로웠고 서두르지 않았다는 것은 게으르고 굼뜬 것과는 다른 것이다. 쉬지 않고 생각하고 끊임없이 준비하는 성실함이 그 바탕이기 때문이다. 최고의 지혜는 성실함이라는 것을 정호는 실천으로 보여주었다.

준비를 잘 하려면 성실해야 한다. 성실해지기 위해서는 자신을 절제할 수 있어야 한다. 절제란 아무리 재미있는 것이라 하더라도 적당한 순간에 그만둘 줄 아는 힘이다. 브레이크를 밟아 속도를 조절할 수 있어야 한다. 또한 귀찮고 힘든 일이라 하더라도 지속할 수 있는 힘이다.

성실한 농부는 봄이 와도 서두르지 않는다. 겨울 동안 모든 준비를 마쳤기 때문이다. 절제하며 겨울을 보낸 농부에게만 아름다운 게 봄이다. 준비 없는 농부에게 봄은 두려움이다.

원칙과 변칙

예는 마음을 따르는 것이다
禮以順人心爲本(예이순인심위본)
-《순자(荀子)》중에서

　어떠한 경우라 하더라도 원칙을 지키는 사람과 상황에 따라 원칙에서 벗어나 원칙과 다른 변칙을 적용하여 대응하는 사람이 있다. 두 사람 중에 과연 누가 올바른 사람일까. 얼핏 생각하면 원칙을 지키는 사람이 더 올바른 사람이라고 생각하기 쉽다. 그러나 깊이 생각해보면 '과연 그럴까?'하는 의문이 들기도 한다.

　유가(儒家)에서는 상도(常道)와 권도(權道)로 구분하기도 하는 원칙과 변칙의 문제는 동서고금을 막론하고 항상 격렬한 논쟁과 토론의 대상이 되어왔다. 공자와 맹자가 활동했던 춘추전국시대 때에도 마찬가지였다. 당시 학자와 논객들이 가장 많이 모여 북적이던 곳 중에 하나가 바로 제나라가 설립한 '직하학궁(稷下學宮)'이었다. 제나라는 이곳에 천하의 학자들을 초대하여 자유로운 토론과 연구의 장을 마련해주었다.

　맹자가 제나라를 방문했을 때 만나 이야기를 나누었던 순우곤(淳于髡)도 바로 직하학궁에서 최고라 손꼽히던 논객이었다. 유가 최고의 논객으로 손꼽히던 맹자와 직하학궁 최고의 논객 순우곤이 만나 나눈 이야기의 주제도 바로 원칙과 변칙, 상도와 권도 문제였다.

209

순우곤이 맹자에게 "남자와 여자가 서로 물건을 주고받을 때에도 직접 신체를 접촉하는 것은 예가 아니라고 하셨죠?"라고 묻자 맹자가 그렇다고 대답했다. 그러자 순우곤이 다시 질문을 한다. "그러면 형수님이 물에 빠져 허우적거리고 있을 때 형수를 잡아 구해주는 것도 예에 어긋나는 것이겠군요?"

유가의 허례허식, 과도한 원칙주의를 비판한 것이다. 그러나 맹자는 흔들리지 않고 이렇게 대답한다. "물에 빠진 형수를 구해주지 않는다면 그 사람은 짐승만도 못한 사람이지요. 남녀가 물건을 주고받을 때 직접 손을 맞대지 않는 것은 예이고, 형수가 물에 빠졌을 때 손을 잡아서 건져주는 것은 권도(權道)입니다."

어느 한쪽에 매이지 않고 때에 따라 적절히 해야 한다는 유가의 '시중(時中)' 개념을 말하는 것이다. 그러나 여기서 물러날 순우곤이 아니다. "지금 천하의 사람들이 물에 빠져 허우적거리고 있습니다. 그런데 왜 정치일선에 나아가 현실정치에 참여하지 않고 올바름에 대해서만 이야기하고 있는 것입니까?"

현실정치에 참여하여 일을 하다보면 손에 피도 묻게 되고 더러운 물에 몸을 적셔야 하는 때도 있다. 그런데 그런 것은 하지 않고 왜 비판만 하고 있느냐고 순우곤은 말한다. 맹자에 대한, 아니 유가 전체에 대한 순우곤의 공격인 것이다. 이에 대해 맹자는 이렇게 대답한다.

"천하가 물에 빠지면 정도(正道)와 원칙(原則)을 통해 구해야 하고, 형수가 물에 빠지면 손으로 잡아 구해야 합니다."

원칙과 변칙, 상도와 권도에 대한 맹자의 명쾌한 답변이다. 그렇다면 유가가 말하는 원칙과 상도는 무엇인가. 하나의 불변하는 원칙이 아니라 여러 상황 가운데 더 나은 상황을 선택하는 것이 유가의 원칙이라 할 수 있다. 급작스러운 상황 변화에 따른 공포를 이기지 못해 정신없이 날뛰는 것이 아니라 사람답게 행동하는 길을 고민했다. 죽은 사람을 그냥 내다 버리는 것과 예의를 갖춰 단정하게 처리하는 것 중 어떤 것이 사람다운지 고민했다. 사회적 약자를 그냥 방치하는 것과 행복하게 살 수 있도록 배려하는 것 중 어떤 것이 사람다운지 따져 봤다. 사람이 사람답게 살 수 있는 길, 그것이 유가의 원칙이다.

예(禮)도 마찬가지다. 고정불변하는 확고한 원칙이 아니다. 그저 마음을 드러내는 수단일 뿐이다. "예는 호화로움이 아니라 꾸밈없이 수수한 것이 낫다(禮, 與其奢也寧儉)."는 공자의 말에 귀 기울여야 한다. 순자(荀子)는 더욱 명확하게 말했다. "예는 사람 마음을 따르는 것을 기본으로 한다. 그래서 예의 경전에 특별한 언급이 없더라도 사람의 마음에 따르면 모두 예이다(禮以順人心爲本, 故亡於禮經, 而順人心者, 皆禮也)."

원칙과 변칙을 따지기 전에, 나는 과연 사람다운 마음을 지녔는지 먼저 살펴보자. 그것이 원칙이다.

군자는 같으면서도 다르다
君子同而異(군자동이이)
- 《주역(周易)》 중에서

좋은 배우자를 만나면 인생이 잘 풀린다. 회사에서도 좋은 인재를 발탁하여 적재적소에 배치하면 발전을 이루게 된다. 성실하고 바른 친구를 만나면 나 자신도 그 친구를 따르게 된다. 반대로 게으르고 비뚤어진 친구를 만나면 나도 그렇게 변해간다.

그런데 가만히 생각해보면 의문이 든다. 매우 상식적인 것처럼 보이지만 이상한 구석이 존재하기 때문이다. 타인에 대한 판단만 있지 나에 대한 판단은 보이지 않는다. 나는 흑도 백도 아닌 회색지대에 놓여 있는 것을 기본적으로 깔고 있기 때문이다.

내가 만난 그 사람에게 나는 어떠한 사람인가. 만약 내가 좋은 사람이며 착하고 바른 사람이라면? 그 누구를 만나더라도 상황은 좋아질 것이다. 그가 나와 비슷한 사람이라면 더욱 발전할 것이며 그렇지 않고 비뚤어진 사람이라면 나로 인해서 그 사람이 바르게 변화되지 않겠는가.

그렇다면 정답은 간단하다. 나를 바르게 하면 문제가 해결된다. 그러나 이것은 동등한 입장에서 만났을 때를 말한다. 동등하지 않은 상태에서 만난다면 이야기가 달라진다. 동등한 입장의 개인과 개인이 만나는 게 아니라 거대한 조직과 개인이 만났을 때, 권력자와 평범한 개인이 만났을 때는 상황이 다르다. 힘이 세고 난폭한 폭력배와 함께 아무도 없는 방에 있다고 생각해보라. 내가 아무리 선하고 바르다 해도 그의 명령에 반항할 수 있을까.

그렇기에 유학(儒學)을 공부하던 선배들은 먼저 나를 바르게 가다듬는 것과 함께 바르고 착한 친구를 '만드는 것'을 중요하게 여겼다. '만나는 것'이 아니라 '만드는 것'이라고 표현한 이유가 무엇인가. 내가 바르게 판단하여 선택하기 때문에 그렇다.

삼강오륜(三綱五倫)을 기억하는가. 사람과 사람 사이의 관계를 바르게 하라는 가르침이다. 그런데 예전과 크게 달라진 것이 하나 있다. 왕과 나의 관계이다. 왕은 내가 선택할 수 있는 변수가 아니었다. 그렇기에 나는 가까이에서 그를 돕거나 아니면 멀리 떠나가는 정도만 선택할 수 있었다. 그것이 진퇴(進退)다. 어질고 현명한 사람을 선택하는 것을 용현(用賢)이라 하는데 이는 왕의 몫이었다. 그러나 지금은 아니다. 용현(用賢)은 바로 우리의 몫이기도 하다. 선거권을 가지고 있기 때문이다. 율곡이 왕에게 올린 용현(用賢)의 지혜를 지금은 우리가 읽어야 하는 이유가 여기에 있다.

율곡은 선조에게 올린《성학집요(聖學輯要)》용현(用賢) 편에서《주역(周易)》에 나오는 '군자는 같으면서도 다르다(君子同而異)'라는 말을 언급한다. 현명한 사람은 일반적인 사람들과 비슷해 보이지만 결정적일 때 다르다는 의미를 지닌다. 율곡의 말을 들어보자.

"바르고 현명한 사람의 행동은 대부분의 세상 사람들과 크게 다르지 않습니다. 상식적이기 때문입니다. 그러나 세부적으로 들어가면 달라집니다. 부모에게 잘못이 있으면 그것을 바로잡기 위해 노력합니다. 그것이 부모를 사랑하는 마음이라는 것을 알고 있기 때문입니다. 부모의 명령에 복종하는 것을 효도라고 생각하는 일반적인 사람들과 다른 점이 바로 이것입니다. 임금을 존경하는 것은 같지만 임금이 잘못을 저지르지 않도록 곁에서 돕고 바른 방향으로 가도록 최선을 다하는 것 또한 일반적인 사람과 다른 점입니다. 만약 임금이 자신의 의견을 묵살하고 계속 잘못된 방향으로 나아가려 하면 모든 직책과 명예를 내려놓고 떠나는 것이 일반적인 사람과 다른 점입니다. 부모가 잘못된 길로 나아가더라도 곁에서 이를 바로잡지 못하고 그저 부모의 뜻만 따르면 된다고 생각하거나, 임금이 잘못된 길로 나아가더라도 그저 칭찬만 일삼아 나라를 바르지 못한 곳으로 가도록 내버려두고 더 나아가 바르고 현명한 사람들이 궁궐을 떠나 숨어버리게 만들고…"

　율곡은 임금에게 '밝은 눈으로 사람을 제대로 선택하라.'고 간곡하게 요청했지만 묵살당하고 말았다. 율곡은 오늘, 선거권을 지닌 우리들에게도 같은 말을 하고 있지 않을까.

승자(勝者)가 되는 법

싸우지 않고 상대를 굴복시킨다
不戰而屈人之兵(부전이굴인지병)
-《손자병법(孫子兵法)》중에서

치열한 생존경쟁은 오늘 이 순간에도 계속 이어지고 있다. 학창시절에는 치열한 입시경쟁을 해야 하고, 학교를 벗어나면 취업의 문을 통과해야 한다. 이것은 경쟁을 넘어 '취업전쟁'이라 부를 정도로 치열하다. 취업을 했다 하더라도 안심할 수 없다. 평생직장은 사라졌다. 살아남기 위해 계속 발버둥 쳐야 한다. 평균 수명도 길어졌기에 이러한 경쟁은 노년기까지 이어진다.

이토록 끊임없는 경쟁과 전쟁 속에서, 어떻게 하면 살아남을 수 있을까. 조금 더 욕심을 낸다면 단순히 생존이 아니라 승리를 이어가는 방법은 없을까. 예전의 선배들은 이처럼 험난한 파고를 넘는 지혜를 간직하고 있었을까.

중국 춘추전국시대(BC 8세기~BC 3세기)에 활약한 학자와 학파를 흔히 제자백가(諸子百家)라고 말한다. 공자(孔子), 묵자(墨子) 등 이름 뒤에 '자(子)'가 들어가는 사람들이 여럿(諸) 있었으며 그들을 따르는 무리(家) 또한 엄청나게 많았다(百)는 뜻이다.

당시 중국은 매우 혼란스러웠다. 통일된 국가가 무너지고 여러 나라들이 만들어져 서로 경쟁을 하던 시기였다. 각 나라들은 다른 나라와의 경쟁에서 뒤처지지 않기 위해 엄청난 노력을 기울였다. 그래야만 살아남을 수 있었기 때문이다. 부국강병(富國强兵)을 위한 논의가 거듭될 수밖에 없었다. 그들은 경제적으로 부유하고 군사적으로 강한 나라를 꿈꾸었다. 그 구체적인 방법을 제시한 사람들이 바로 제자백가(諸子百家)에 속하는 사람들이었다.

백가(百家)라는 글자에서 알 수 있는 것처럼 그들이 제시한 해법 또한 매우 다양했다. 그러나 어렴풋하게 큰 줄기를 잡을 수는 있다. 여러 사상의 모태는 유가(儒家)였기 때문이다. 유가를 제외한 나머지 대부분의 사상은 유가의 사상을 비판하거나 확장시키며 생성되었다. 그러므로 유가를 잘 살펴보면 큰 흐름을 발견할 수 있다.

매우 다양한 해법이 제시되고 있지만 이를 간단하게 구분해보면 '길게 멀리' 내다보느냐 아니면 '바로 지금'을 보느냐로 나눌 수 있다.

유가에서는 굳이 이기려고 하지 말라고 말한다. 치열한 경쟁 속에서 죽느냐 사느냐를 고민하는 사람에게 이러한 조언은 매우 허무하게 들린다. 그러나 한걸음 더 들어가면 수긍할 수 있다. 이기려 노력하지 말고 강해지려고 노력하라는 뜻이기 때문이다.

이기고 지는 것은 무엇이 좌우하는가. 강한 자는 이기고 약한 자는 진다. 약하면서 이기려고 하는 것은 무모한 욕심일 뿐이다. 이기고 싶다면 강해져야 한다. 이기려고 꼼수를 부리고 얕은꾀를 내는 것은 근본적인 방법이 아니다. 운 좋게 한두 번 정도 이길 수 있을지는 모르지만 지속가능한 승리는 보장되지 않는다. 시간이 걸리더라도 꾸준히 나를 강하게 단련시키는 게 유일한 방법이다. '길게 멀리'에 해당한다.

그러나 제자백가 중에 병가(兵家)는 약한 자가 강한 자를 이길 수 있는 방법을 모색한다. 강점과 약점은 상황에 따라 미묘한 차이를 보인다. 그 미묘한 차이를 파고들어 승리하는 방법을 제시하는 책이 바로 《손자병법(孫子兵法)》이다. '바로 지금'의 해법을 제시한다.

얼핏 보면 뿌리부터 다른 사상처럼 보이지만 자세히 살펴보면 유가의 가르침과 유사한 면이 참으로 많다. 우리가 흔히 알고 있는《손자병법(孫子兵法)》의 "적을 알고 나를 알면 위태롭지 않다(知彼知己, 百戰不殆)."를 머리에 떠올려 보자. 왜 위태롭지 않을까. 내가 상대보다 약하다는 판단이 서면 덤비지 않기 때문이다. 백전백승(百戰百勝)이 아니라 백전불태(百戰不殆)라는 점에 주목하라. 오히려 "백전백승은 최선이 아니다. 싸우지 않고 상대를 굴복시키는 게 최선이다(百戰百勝, 非善之善者也, 不戰而屈人之兵, 善之善者也)."라고 말한다.

강하면서도 올바르다면 누가 싸우자고 감히 나서겠는가. 유가에서 말하는 승자가 되는 법은 이토록 간명하다.

꿈과 희망

순임금은 어떤 사람이며 나는 어떤 사람인가
舜何人也 予何人也(순하인야 여하인야)
-《맹자(孟子)》중에서

선배들은 우리들에게 '어떠한 경우라 하더라도 포기하지 말고 꿈과 희망을 향해 당당히 나아가라'고 조언해준다. 학문의 길로 들어서는 젊은이들에게 율곡이 가장 힘주어 말한 것도 바로 이것이다.

"반드시 '성인(聖人)이 되겠다'고 스스로 다짐하라(必以聖人自期)." 위대한 성인(聖人)이 되겠다는 꿈을 지니라고 말하며 율곡은 중국의 순(舜)임금을 성인(聖人)의 모범 케이스로 내세운다. 그렇다면 순임금은 누구인가.

순(舜)은 중국의 전설적인 임금 중 한 사람이다. 순은 임금의 아들로 태어나 왕의 자리를 물려받은 게 아니었다. 시골에서 농사를 지으며 살아가는 평범한 사람이었다. 그의 아버지는 '고수(瞽叟)'라고 기록되어 있는데, 이를 글자 그대로 해석하면 '시력을 잃은(瞽) 늙은이(叟)'가 된다. 그러므로 이름이라기보다는 그의 특징이라고 보아도 무방할 것이다. 실제로 앞을 보지 못하는 사람인지 아니면 단순히 사리 분별을 제대로 하지 못하는 '눈뜬장님'이었는지는 명확하지 않다.

어머니는 순이 어렸을 때 세상을 떠났으므로 순은 계모 밑에서 자라났다. 그런데 계모는 무척이나 악독한 사람이라고 기록되어 있다. 계모는 시집을 오면서 순보다 나이가 적은 상(象)이라는 아들을 하나 데려왔다. 상은 무척이나 게으르고 오만한 사람이었다. 그러나 사리 분별이 어두운 고수는 새로운 아내와 막내아들 상만을 예뻐했다. 순은 졸지에 눈엣가시 같은 존재가 되어버린 것이다.

그러나 순은 그런 상황에 흔들리지 않고 열과 성을 다해 효도하고 동생을 알뜰하게 보살피며 열심히 농사를 지어 집안 살림을 혼자서 이끌었다. '순이야말로 진정한 효자'라는 소문이 널리 퍼져나갔다.

새로 시집온 어머니에게 이러한 순은 걸림돌처럼 느껴졌다. 자신의 아들과 함께 남편의 사랑을 독차지하며 재미있게 지내고 싶은데 순 때문에 마음이 편치 않았다. 결국 고수에게 거짓말로 순을 모함한 후에 순을 죽여 버리기로 하고 계획을 세운다.

어느 날, 아버지는 순을 불러 창고 지붕을 고치라고 했다. 순이 사다리를 타고 지붕으로 올라가자마자 고수는 창고에 불을 질렀다. 그리고 사다리를 치워버렸다. 그러나 순은 그러한 위기 속에서 극적으로 탈출한다. 햇빛을 가리는 데 사용하는 삿갓 두 개를 양 손에 하나씩 들고 사뿐히 지붕에서 내려와 목숨을 유지했다. 그리고 나머지 가족들의 안위를 챙기고 다시 일에 열중했다.

이번에는 순에게 우물을 파게 했다. 순이 우물 안으로 들어가자 돌로 우물을 메워버렸다. 그러나 순은 계속 굴을 팠고, 그 굴을 통해 무사히 집으로 돌아왔다. 그리고 아무 일도 없었다는 듯 차분하게 자기 일을 해나갔다. 부모와 동생에 대해서도 항상 최선을 다했다. 결국 나머지 가족들은 순의 모습에 감명을 받아 올바른 사람으로 거듭나게 되었다. 당시 중국을 다스리던 요(堯) 임금은 이러한 순의 모습을 보고 순에게 임금의 자리를 물려주었다.

순은 자신을 학대하고 죽이려고까지 했던 가족들을 위해 노력했다. 그들이 올바른 길로 돌아오도록 스스로 모범을 보이며 노력했다. 방치하거나 방관한 것이 아니다. 조화롭게 대응하며 모두가 잘되는 방향으로 나아갈 수 있도록 도왔다. 외면하거나 도망가거나 싸워서 이긴 것도 아니다. 다 함께 행복해지는 길을 추구했다.

순임금을 성인(聖人)이라 말하는 이유가 여기에 있다. 그는 성인으로 태어난 게 아니라 성실한 실천을 통해 성인으로 완성되었다. 공자의 제자 안연(顔淵)이 "순임금은 어떤 사람이고 나는 어떤 사람이냐(舜何人也 予何人也)"라고 말한 이유도 여기에 있다. 자신도 온갖 어려움을 이겨내며 바른 길을 가면 순임금처럼 될 수 있다는 자신감의 표현이다.

꿈과 희망을 잃지 말라는 것은 그저 마음속에 꿈을 지니라는 것이 아니다. 열심히 노력하는 것 자체가 꿈이고 실천이 희망이다.

시집가는 딸에게 주는 편지

책을 읽으면 부자가 된다
貧者因書富(빈자인서부)
-《고문진보(古文眞寶)》중에서

'관혼상제(冠婚喪祭)'는 성인식인 관례(冠禮), 결혼식인 혼례(婚禮), 장례를 치르는 상례(喪禮), 제사를 지내는 제례(祭禮) 등을 말한다. 그러나 이 중에서 관례(冠禮)는 이제 일상에서 거의 사라진 상태이고 제례(祭禮)도 복잡한 절차와 형식이 간소화되거나 아예 가족들의 식사 자리로 대체되는 경우가 많아졌다. 그러한 가운데 결혼과 장례는 여전히 중요한 행사로 인식되고 있는 게 현실이다. 예전과는 그 형식과 절차가 많이 바뀌긴 했지만 예나 지금이나 매우 중요한 행사라는 위치를 잃지는 않고 있다.

자식의 결혼과 부모의 장례는 나를 중심에 두고 벌어지는 새로운 만남과 안타까운 이별이라는 두 가지의 중요한 코드를 지니고 있다. 특히 결혼은 그 의미가 더욱 중요해졌다. 결혼을 통해 성인(成人)이 된다고 생각한다면 오늘의 결혼식은 혼례(婚禮)인 동시에 관례(冠禮)이기도 하기 때문이다.

조선시대 예학(禮學)의 대가인 김장생(金長生) 밑에서 공부를 시작한 송시열(宋時烈)은 조선왕조실록에 그 이름이 3천 번이나 등장할 정도로 영향력이 큰 학자이자 정치가였다. 그렇기에 송자(宋子)로 불리기도 했다. 예송논쟁(禮訟論爭) 등으로 인해 정치싸움에 몰입했다는 비판을 받기도 한 그는 83세

221

의 나이에 사약을 마시고 영욕이 교차하는 파란만장한 생애를 마감했다.

예송논쟁(禮訟論爭)을 주도할 정도로 예학(禮學)의 전문가였던 송시열이지만 딸을 시집보낼 때에는 아버지의 마음을 담아 손수 편지를 써서 챙겨주는 자상함을 보였다. '시집가서 잘 살아라'는 바람이 담겨 있는 이 편지를 「계녀서(戒女書)」라고 부른다. 총 20개 항목으로 구성된 「계녀서」에는 윤리와 예절 등을 강조하는 내용이 주를 이루고 있지만 소소한 살림살이를 비롯해 돈과 관련된 현실적인 충고도 담겨 있어 눈길을 끈다.

"재산이 아무리 많더라도 반드시 한계가 존재한다. 그런데 사람의 욕심에는 한계가 없다. 그러므로 살림살이는 낭비를 줄이고 사치스럽지 않고 소박하게 하는 것을 원칙으로 삼아야 한다."

"소박한 밥상이라 하더라도 정성이 가득한 밥상이 되어야 하며, 검소한 옷차림이라 하더라도 맵시가 좋도록 해야 한다. 아내는 밖으로 드러나는 사람이 아니지만 그 솜씨는 그대로 드러난다. 손님이 왔을 때의 음식상과 남편이 외출할 때의 옷차림을 보면 그 집안의 아내가 어떠한 사람인지 다 알 수 있기 때문이다. 그것은 돈이 많거나 적은 것과는 다른 문제다."

"돈을 빌렸다면 반드시 갚아야 한다. 다시 빌리는 한이 있더라도 일단 갚은 후에 다시 빌리는 절차를 밟는 게 좋다. 가장 좋은 것은 빌리지 않는 것이다. 남의 것을 빌리지 않고 어떻게든 견뎌내는 자세를 먼저 갖추는 게 좋다."

"물건을 살 때에는 '만약 내가 이 물건을 판다면 얼마를 받고 팔아야 할까?'를 먼저 생각해보고, 물건을 팔 때에는 '만약 내가 이 물건을 산다면 얼마를 주고 싶을까?'를 먼저 생각해보는 게 좋다. 상대방의 절박한 사정을 이용하여 무리하게 싸게 사려고 한다거나 너무 무리하게 비싼 값을 받으려고 해서는 안 된다. 상대방이 절박한 상황이라면 더욱 후하게 값을 치르거나 더욱 저렴하게 값을 받아야 한다."

중국의 시(詩)를 모아놓은 책 《고문진보(古文眞寶)》를 보면 왕안석(王安石)의 시 중에 이런 대목이 나온다. "가난한 사람이 책을 읽으면 부자가 되고, 부자가 책을 읽으면 고귀한 사람이 된다(貧者因書富 富者因書貴)." 방점은 어디에 찍혀 있는가. '부자'를 넘어서 '고귀한 사람'에 찍혀 있다. 만약 필자가 시집가는 딸에게 편지를 쓴다면 이 문장을 사용하고 싶다. 송시열이 시집가는 딸에게 '잘 살아야 한다'는 마음으로 준 편지에서 말하는 '잘 산다'의 의미도 부자를 넘어서는 것이 아니겠는가.

실패에 대처하는 자세

넓고 단단하게 바닥을 다져라
須大做脚(수대주각)
-《근사록(近思錄)》중에서

　　실패의 경험은 매우 아프다. 그래서 실패를 경험한 사람 중에는 세상과의 인연을 끊고 홀로 조용히 지내는 경우도 있다. 그러나 그것은 올바른 해법이 아니다. 물론 역사를 살펴보면 몸을 숨기고 조용히 살아가는 현인(賢人)들이 없는 것은 아니었다. 그렇지만 그들은 은둔형 외톨이와는 확연히 달랐다.

　　흔히 강태공(姜太公)이라 부르는 주나라의 정치가 강상(姜尙)의 삶을 살펴보자. 그는 요순시대 주요 관직을 차지했던 명문가의 후손으로 태어났다. 그러나 서서히 몰락하여 그가 태어날 무렵에는 천민 수준으로 떨어져 있었다. 그나마 명문가 출신이라는 것을 높이 생각해준 어느 집안의 데릴사위로 들어가는 행운을 잡았지만 그것도 오래가지 못했다. 영양가가 없다고 판단한 처가는 싸늘하게 등을 돌리며 그를 내쫓아버리고 말았기 때문이다.

　　그 이후 그는 하층민의 생활을 이어간다. 그저 바닷가에서 낚시만 하며 조용히 지내던 사람으로 생각하기 쉽지만 그것은 오해다. 고향을 떠나 이곳저곳을 전전하며 밥장사도 하고 도살업에도 종사했다. 상점 종업원으로 들어가 일하기도 했다. 그렇게 현실감각을 키운 그는 상나라의 수도로 들어가 술집을 열고 사람들과 어울렸다.

명문가 출신으로 학문도 익혔고 몰락한 이후에는 여기저기를 전전하며 현실감각을 익혔다. 술집에서 다양한 사람들과 어울리며 세상을 읽었다. 그가 술집을 경영하며 '용한 점쟁이'로 소문이 난 이유를 짐작할 수 있다. '용한 점쟁이'로 소문이 나기 시작하자 상나라의 주왕(紂王)이 그를 불러 곁에 두기도 했다. 주왕이 누구인가. 폭군의 전형으로 상나라를 멸망으로 이끈 최악의 임금 중 한 사람이 아닌가. 주왕을 가까운 곳에서 본 강상은 상나라의 몰락을 예감하고 주왕 곁을 떠난다. 그리고 세상으로 나아가 많은 인재들과 교류를 이어간다.

잠시 궁궐에서 근무했다는 이력은 그에게 더 많은 인재들과 만날 기회를 마련해주었다. 그는 상나라를 멸망시키고 새로운 나라를 건설할 수 있는 계획을 말하고 다녔다. 그리고는 홀연히 조용한 바닷가로 사라져 낚시를 즐겼다. 누군가 영웅이 나타나 자신의 소문을 듣게 된다면 반드시 자신을 찾아올 것이라 믿었기 때문이다.

그는 기다리고 또 기다렸다. 결국 기회는 찾아왔다. 주나라 문왕(文王)이 그를 찾아온 것이다. 강상의 나이 70세가 넘었을 때였다. 그는 결국 문왕의 스승이 되었고 이후 무왕(武王)을 도와 상(商)나라 주왕(紂王)을 멸망시켜 천하를 평정하였다.

"뜻은 크게 갖고, 실천은 작은 것부터 시작하라. 공부할 때에는 머리와 입으로만 하지 말고 직접 실천하여 몸으로 익히는 게 있어야 한다. 바로 코앞만 보지 말고 넓고 크게 멀리 시야를 넓혀라. 그러기 위해서는 탄탄한 기초가 필요하다. 비유하자면, 9층의 건물을 짓기 위해서는 높이 올라갈 것만을 연구해서는 안 된다. 높은 건물을 지으려면 반드시 넓은 터에 단단한 기초를 세워야 하기 때문이다(譬如爲九層之臺 須大做脚)."

《근사록(近思錄)》에 나오는 말이다. 크게 실패했을 때, 웅크리면 안 된다.

세상으로 나아가 더 많은 사람들을 만나고 교류하며 현실감각을 익혀야 한다. 가만히 앉아 있다고 기회가 생기거나 깨달음이 생기는 것은 아니다. 사람들을 만나며 교류하는 과정에서 길이 생기기 때문이다. 그것이 바로 기초를 다지는 길이다.

은둔형 외톨이와 강상의 차이점이 여기에 있다.

남이 나를 알아주지 않을 때

가득 채워야 흘러넘친다
盈科而後進(영과이후진)
-《맹자(孟子)》 중에서

열심히 하고 있음에도 불구하고 좀처럼 성과가 나오지 않는 경우도 있다. 성실하게 노력하고 있음에도 불구하고 아무도 그런 나를 알아주지 않는다. 사람들은 이럴 때 좌절하기 쉽다. 스스로의 능력이 모자라다는 것을 깨닫고 슬퍼하며 자신을 나무라거나 자신을 몰라보는 세상을 탓하며 주저앉아버린다. 그러나 바로 그러한 시기를 이겨내야만 성과를 올릴 수 있다는 것을 알아야 한다.

마음이 급하여 서둘게 되면 다리가 꼬이기 마련이다. 마음과 몸이 조화를 이루도록 해야 한다. 빨리 이루고 싶은 마음에 몸을 무리하게 움직이면 탈이 난다.

"내가 예전에 동안(同安)이라는 마을에 머물 때의 일이다. 밤에 잠자리에 누워 있는데 어디선가 종소리가 울리기 시작했다. 그래서 나도 모르는 사이에 종소리에 집중하게 되었는데 종소리를 들을수록 내 마음이 조급해지고 있음을 깨달았다. 종이 한번 울린 뒤에 그 다음 종소리가 들리기 전까지 '왜 종소리가 들리지 않지? 이게 마지막 종소리였나?'하는 생각이 들었기 때문이다. 종이 한번 울릴 때마다 초조해졌다. 왜 그럴까? 깊이 생각해본 결과, 종이 울리면 내 마음이 먼저 달려가 그 다음에 울릴 종소리를 기다리고 있다는 것을 알게 되었다. 종소리 하나에 집중하는 게 아니라 그 다음 종소리를 향해 달려갔다는 뜻이다. 이때에 나는 깨달았다. 학문을 하는 것도 이러하구나! 지금 현재에 충실하지 않고 서둘러 다음을 기대하고 먼저 미래를 기웃거리면 안 되는 것이로구나! 지금 현재에 충실해야 그 다음도 있는 것이로구나!"

주자와 제자들이 주고받은 문답을 엮은 책 《주자어류(朱子語類)》에 나오는 주자(朱子)의 고백이다. 조급하게 먼저 달려가지 않도록 스스로를 도닥이며 가다듬으라는 충고라고 할 수 있다. 내가 가는 게 아니라 그들이 오도록 해야 한다. 성과를 향해 달려가지 않고 성과가 스스로 나에게 다가오도록 해야 한다.

율곡은 공부하는 사람의 올바른 자세를 아홉 가지로 구분해 '구용(九容)'을 갖춰야 한다고 강조했는데 그 중에 첫 번째가 바로 '족용중(足容重)'이다. 발걸음을 무겁게 하라, 조급하게 서둘지 말라는 뜻이다. 게으르게 하라는 뜻이 아니다.

"산골짝 샘물을 보아라. 보이지 않는 깊은 땅 속에서 조금씩 흘러나와 근처의 모든 땅을 적시고, 오목한 웅덩이들을 모두 가득 채운 후에야 겉으로 모습을 드러낸다. 그리고 흘러내려 앞으로 나아가 바다까지 도달한다(盈科而後 進 放乎四海). 그러나 여름철 소나기는 어떠한가. 미친 듯 쏟아져 세상을 다 삼켜버릴 것처럼 보이지만 비가 그치고 나면 땅속으로 모두 스며들어 자취를 찾을 수 없게 말라버리고 만다. 진정 부끄러운 것은 무엇인가. 명성을 날리지 못하는 게 아니라 명성이 실제보다 지나치게 부풀려지는 것이 부끄러운 일이다(聲聞過情 君子恥之)."

맹자의 비유는 매우 명쾌하다. 산속 샘물은 졸졸 흘러 그 위세가 약한 것처럼 보이지만 실제는 다르다. 주변 모든 곳을 다 가득 채운 후 흘러나오기 때문이다. 반대로 소나기는 갑자기 쏟아져 그 위세가 강한 것처럼 보이지만 채워지지 않은 부분을 채우고 나면 바싹 말라 금세 초라해지고 만다.

흘러넘쳐 모든 사람들 눈에 보이기를 원한다면 우선 나와 내 주변을 가득 채워야 한다. 가득 채우는 것에만 집중하면 보너스로 흘러넘침이 주어진다. 반대로 흘러넘침에 집중하면 어떻게 될까. 조급함을 이기지 못해 그릇을 넘어뜨려 반 정도 채워진 물을 쏟아낼 수밖에 없다. 그러면 금방 말라버리게 된다.

남이 나를 알아주지 않을 때가 아니라 남이 나를 알아줄 때 조심해야 한다. 흘러넘쳐 다른 사람이 알아보기 시작하면 깜짝 놀라며 두려워하라. 혹시 기울어져 흘러내린 것은 아닌지, 금이 가서 새어 나온 것이 아닌지.

듣기 좋은 말, 듣기 싫은 말

칭찬해주는 사람을 두려워하라
道吾善者 是吾賊(도오선자 시오적)
-《명심보감(明心寶鑑)》중에서

"내시와 여자가 하는 말은 무시하라. 교훈도 깨우침도 주지 않는 쓸데없는 말이다."《시경(詩經)》에 등장하는 대목이다. 공자도 비슷한 말을 남겼다. "함께 더불어 무엇을 하기 어려운 사람이 있다. 소인과 여자가 그렇다. 친하게 대해주면 함부로 하고, 거리를 두면 원망한다."

얼핏 들으면 여성을 비하하는 말처럼 들리지만 깊이 들어가 생각해보면 그것은 아니다.《시경(詩經)》에서는 내시와 여성이 등장하고 공자의 말에는 소인과 여성이 등장한다. 그렇다면 내시, 소인, 여성을 비난하는 것일까? 그게 아니다. 방점이 찍힌 곳은 상대방이 아니라 나 자신이다. 그들과 함께 할 때 스스로 더욱 조심하라는 뜻이다.

내시와 소인은 하인을 뜻한다. 여성은 모든 여성을 의미하는 게 아니라 첩을 뜻한다. 이들의 특징은 무엇인가? 자신이 섬기는 사람의 기분을 거스르지 않는다는 공통점을 지닌다. 충성스러운 신하는 임금에게 직언(直言)을 서슴지 않는다. 아내도 마찬가지다. 남편이 잘못을 저지르면 충고하고 바로잡기 위해 노력한다. 그러나 내시와 첩은 그렇지 않다.

당(唐)나라의 학자 공영달(孔穎達)의 부연설명을 들어보자. "내시는 왕을 가장 가까운 곳에서 모시는 사람이다. 그렇기에 어리석은 왕은 내시를 매우 친숙하게 여긴다. 어릴 때부터 항상 가까이 두고 생활했기 때문이다. 아침저녁으로 내시만을 찾고 궁금한 게 있으면 내시에게 먼저 묻는다. 내시들이 항상 입속의 혀처럼 살갑게 대해주니 내시와 함께 있는 시간을 즐거워한다. 그렇다면 내시들은 과연 어떤 사람들인가. 궁궐의 가장 깊숙한 곳에서 생활하여 궁궐속의 정보를 그 누구보다 많이 가지고 있다. 왕의 안색을 살펴 그 마음을 읽어내는 것에도 큰 재주를 지니고 있다. 그렇기에 어리석은 왕은 내시들이 거짓으로 교묘히 꾸민 이야기를 하여도 그것을 진실로 받아들이게 된다. 나라가 멸망하는 것은 대부분 이 때문이다."

내시를 폄하하는 것이 아니라 내시들에게 기대는 왕을 비판하는 것이다. 여성에 대한 이야기도 마찬가지다. 여성을 폄하하는 게 아니라 첩실의 치마폭에 쌓여 놀아나는 남성들을 비판하는 것이다. 당(唐)나라 때에 권력을 휘둘렀던 내시 구사량(仇士良)이 은퇴를 하여 물러나자 후배 내시들이 몰려와 승승장구를 거듭한 비결을 알려달라고 말했다. 그러자 구사량은 이렇게 대답했다고 한다.

"잠시라도 황제를 한가롭게 그냥 놔두어서는 안 된다. 항상 사치스러운 물건과 새로운 음악으로 눈과 귀를 즐겁게 해주어야 한다. 매일매일 새로운 것을 즐길 수 있도록 준비하여 다른 일에 관심을 갖지 못하도록 해야 한다. 그렇게 해야만 나에게 이익이 돌아오게 된다. 책을 읽는 시간을 주거나 학문이 깊은 신하를 가까이 하게 놓아두지 말라. 학문을 익히고 역사를 배우면 예전의 일들을 환하게 알게 되어 내시들을 멀리하게 된다."

내시와 첩이 중요한 것이 아니라 그들을 상대하는 나의 태도가 중요한 것이다. "나를 칭찬하는 사람이 있다면 그를 두려워하라. 그러나 나의 단점을 지적해주는 사람이 있다면 그를 스승으로 생각하라(道吾善者 是吾賊 道吾惡者 是吾師)."는《명심보감(明心寶鑑)》의 충고를 잊지 말아야 할 것이다.

스스로에게 정직하라

자기 자신을 속이지 않는 게 성실함이다
誠其意者 毋自欺也(성기의자 무자기야)
-《대학(大學)》중에서

올바른 삶은 이론이 아니라 실천으로 완성된다. 우리가 목욕을 할 때, 우리 몸의 때를 씻어주는 것은 무엇인가. 물 혹은 비누라고 대답하는 사람도 있겠지만 물과 비누는 도울 뿐이다. 씻어주는 것은 내 손이다. 나 자신이다. 내가 손을 움직여 몸을 문지르며 더러움을 씻어내야 한다. 내가 손을 움직이지 않으면 물과 비누도 어쩔 수 없다. 내 손을 움직이는 것, 이것이 실천이고 성실함이다.

"올바른 길은 이제 아주 명확하고 구체적으로 드러나 있습니다. 이것을 모르는 사람이 없을 정도입니다. 그런데 왜 세상은 아직도 혼란스러울까요? 연구가 부족한 것이 아니라 실천이 부족하기 때문입니다. 그러므로 오늘날 우리에게 주어진 과제는 연구가 아니라 실천입니다."

율곡은 자신의 저서 《성학집요(聖學輯要)》의 저술을 끝낸 후 이를 선조에게 올리며 위와 같은 내용을 담은 편지를 동봉한다. 그러면서 편지의 마지막에 이런 문장을 덧붙였다.

"바른 마음을 되찾으려는 노력을 게을리 하거나, 현명하고 바른 인재를 찾아 일을 맡기지 않는다면, 이 책도 아무 소용이 없습니다."

성실한 실천이 없다면 자신이 올린 책도 아무 소용이 없다는 것을 재차 강조한 것이다. 대학자인 율곡이 이처럼 연구보다 실천을 강조한 이유는 무엇일까. 유학(儒學)에서는 실천이 연구요 연구가 바로 실천이기 때문이다.

그러나 어느 때부터인가 이러한 것을 사람들이 외면하기 시작했다. 입으로만 줄줄 외고 아는 척만 해도 출세에 지장이 없었기 때문이다. 이러한 상황을 율곡이 비판하고 나선 것이다.

"'정성을 다한다'는 것은 스스로를 속이지 않는 것이다. 바르지 않은 것을 보면 악취가 나는 것처럼 느껴 거부하는 것, 올바름을 보면 마치 아름다운 여인을 본 것처럼 설렌 마음으로 선(善)을 따르는 것이다(所謂誠其意者 毋自欺也 如惡惡臭 如好好色)."

《대학(大學)》에 나오는 가르침이다. 그런데 악취가 나옴에도 불구하고 자신의 유불리에 따라 이를 왜곡하여 향기가 나는 것처럼 행동한다. 타인을 속이기 위해 자신을 속이는 것이다. 또한 사람들이 보고 있으면 바르게 행동하고 사람들이 보지 않는 곳에서는 바르지 않게 행동하는 것도 스스로를 속이는 것이다. 이게 습관으로 굳어지면 악취가 나도 이를 악취로 느끼지 못하게 된다.

스스로를 속이면서 거짓으로 행동하는 것을 아무도 모를 것이라고 생각하지만 그것은 착각이다. 완벽하게 속이고 있다고 생각하더라도 부자연스러운 모습과 행동이 자신도 모르게 드러나 다른 사람의 눈에 보이기 때문이다. 물속의 물고기는 물 밖에서 누군가 자신을 보고 있다는 것을 알지 못하는 것과 같다. 이처럼 마음속 생각은 아무리 감추려고 해도 겉으로 확연하게 드러나게 된다.

증자(曾子)가 "온 세상이 나를 보고 있고 온 세상이 나를 가리키고 있구나, 이 얼마나 무서운 일인가!(十目所視 十手所指 其嚴乎)"라고 말한 이유가 여기에 있다. 알고 있다면 실천해야 한다. 실천하지 않는다면 제대로 아는 게 아니다.

두려움을 만났을 때

넌 쓰러지기도 전에 금부터 긋고 있구나!

今女畫(금녀획)

-《논어(論語)》중에서

　멈칫거리는 우리들을 보고 스승과 선배들은 '용감하게 전진하라'고 말한다. 포기하지 말고 용맹스럽게 나아가라고 충고해준다. 그러나 세상일이 그리 만만한 것은 아니다. 등산을 할 때, 까마득한 산 정상을 바라보면 '언제 저기까지…'라는 생각에 오히려 움츠러들기도 한다. '넌 할 수 있어, 용기를 가져!'라는 말을 들어도 별로 가슴에 와 닿지 않는다. 그렇기에 이 정도에서 그만 포기할 수 있는 나름의 변명거리를 준비하기도 한다.

　"아무리 먼 길을 떠나더라도 한 걸음부터 시작해야 하고, 아무리 큰 강이라 하더라도 그 시작은 작은 물방울 하나였다."라는 순자(荀子)의 충고를 기억해야 한다. 앞으로 닥칠 어려움에 대해 지레 겁먹고 물러난다면 무슨 일을 해낼 수 있겠는가. 아무리 먼 길이라 하더라도 그 시작은 일단 한 걸음을 앞으로 내딛는 것에 불과하다.

　정상에 오르기를 원한다면 계속 정상만 바라보면 안 된다. 수시로 발밑과 한 발자국 앞을 보아야 한다. 한걸음 내딛는 것은 그리 힘든 일이 아니기 때문이다. 그것을 끈질기게 이어가면 정상에 오르게 된다. 공자가 '나는 의도를 가지지 않았다'라고 자신만만하게 말한 이유가 여기에 있다. 인생은 어느 특정한 산

하나의 정상에 오르는 일이 아니다. 산에 오르면 다시 내려와야 하고 강도 건너야 하며 깊은 골짜기도 지나야 한다. 우리 심장은 태어난 후 죽을 때까지 쉬지 않고 펌프질을 한다. 그게 바로 삶의 원동력이다. 움직이면서 쉬고 쉬는 중간에 다시 움직인다. 그 반복이 삶이다. 언제 중지하는가. 죽을 때 중지한다.

"높은 산을 우러러보며 큰길을 걸어가네(高山仰止 景行行止) / 네 필 말이 씩씩하게 끌어 팽팽해진 여섯 줄 고삐가 비파 줄처럼 맑은 소리를 내는구나 (四牡騑騑 六轡如琴) / 그대와 만나 혼인할 생각을 하니 내 마음 너무나 설렌다네(觀爾新昏 以慰我心)"

삶의 긴장감은 비파의 줄처럼 청아한 음악소리를 내며, 다가올 미래는 아름다운 여인처럼 나를 설레게 한다.《시경(詩經)》에 등장하는 이 시를 읽고 공자는 이런 평을 남겼다. "아, 이 시를 지은 작가는 이토록 현명하구나. 진리를 사랑하는 마음이 정말 대단하구나. 올바름을 향해 나아가다가 중도에서 쓰러지는 한이 있더라도(中道而廢) 자신의 늙음도 잊은 채, 나이가 부족한 것조차 알지 못한 채, 나날이 힘껏 부지런히 앞으로 나아가다가 죽은 후에야 그만두는 것이로구나!"

그러나 모두가 공자의 마음과 같지는 않았다. 공자가 안회를 입에 침이 마르도록 칭찬하자 곁에 있던 염구(冉求)가 이렇게 중얼거렸다. "올바른 길을 가라는 선생님의 가르침을 저도 따르고 싶습니다. 그러나 그게 안 되서 이러고 있을 뿐입니다. 싫어하는 게 아닙니다. 역부족이어서 이러고 있는 것입니다(非不說子之道 力不足也)."

그러자 공자가 그를 바라보고 이렇게 말했다. "역부족이라고? 힘이 부족한 사람은 자신의 힘이 닿을 때까지 걸어가다가 중간에 힘이 부쳐 쓰러진다. 그런데 넌 지금 쓰러지기도 전에 금부터 긋고 있구나!(力不足者 中道而廢 今女畵)"

힘이 부쳐 쓰러지기 전까지 희망은 있다. 스스로 금을 긋지 않는다면 말이다.

무엇이 중요한 것인가?

올바른 마음은 잘 보이지 않는다
道心惟微(도심유미)
-《서경(書經)》중에서

유학(儒學)의 경전에 나오는 글을 자세히 읽다보면 대부분 두 가지를 비교하는 형식을 취하고 있다는 것을 알게 된다. 세상을 만들어냈다는 음(陰)과 양(陽)이 그렇고 성리학의 이(理)와 기(氣) 또한 그렇다.

사람의 마음에 대한 설명도 인심(人心)과 도심(道心)으로 설명한다. "사람의 마음(人心)은 위태롭고 올바른 마음(道心)은 잘 보이지 않는다(人心惟危 道心惟微)."는 문장은 《서경(書經)》에 등장하는 순(舜)임금의 말이다.

'인심유위 도심유미(人心惟危 道心惟微)'라는 문장 구조를 잘 살펴보면 순임금의 생각을 어느 정도 짐작할 수 있다. '인심(人心)-도심(道心)' 그리고 '위(危)-미(微)'가 대응을 이루고 있다. 흔히 인심은 사사로운 욕심을 이야기하고 도심은 올바른 마음이라고 말한다. 대응 구조를 금방 이해할 수 있다.

그런데 '위태로움(危)과 눈에 잘 보이지 않음(微)'은 조금 복잡하다. 위태로움은 안전함과 대응을 이루어야 할 듯 보이고 눈에 잘 보이지 않을 정도로 작은 것은 눈에 확연하게 보이는 큰 것으로 비교를 해야 하는 것 아닌가 하는 생각이 들기 때문이다. 그렇게 앞의 문장을 정리해보자.

긍정적인 것 - 도심, 올바름을 추구하는 마음, 안전함, 눈에 잘 보이지 않음.

부정적인 것 - 인심, 사사로운 이익을 추구하는 마음, 위태로움, 눈에 잘 보임.

눈앞에 있는 이익은 잘 보인다. 그러나 그것이 가져올 결과는 미래의 것이기에 잘 보이지 않는다. 눈앞에 있는 꽃과 나무는 금방 알아차릴 수 있다. 그러나 그들이 점점 커가는 모습은 눈에 보이지 않는다. 오랜 시간이 지난 후에야 '어? 엄청 자라났네?'하고 놀라며 바라본다. 매일매일 눈으로 확인하던 것임에도 불구하고 그들이 자라나고 있다는 것을 깨닫지 못한다.

자전하는 지구의 움직임은 느끼지 못한다. 그러나 그 안에서 살아간다. 추워지고 더워지면 어렴풋이 느낀다. 어두워졌다가 환해지면 짐작한다. '지구가 움직이는구나.' 부모님의 사랑은 눈으로 확인할 수 없다. 그러나 그 안에서 살아간다. 나를 혼내면 미워하고 맛난 것을 주면 기뻐한다. 그러다가 부모가 세상을 떠나면 어렴풋이 느낀다. '부모의 사랑이 나를 키웠구나.'

'나'는 독립된 존재가 아니다. 세상 모든 것과 연결되어 있다. 그러므로 나만의 이익을 추구하는 게 아니라 나를 비롯한 모든 이들의 이익을 추구해야 한다. 나는 이익을 보지만 그로 인해 다른 사람들이 불이익을 당하는 것은 잘못이다. 그러므로 공익을 생각하는 게 도심이다. 그러면 편안해진다. 행복해진다.

그러나 나를 제외한 다른 사람들의 마음은 잘 보이지 않는다. 자세히 보아야 한다. 부모의 마음, 자식의 마음, 이웃의 마음, 나무의 마음, 땅의 마음을 보려면 관심과 사랑을 갖고 세심하게 살펴야 한다.

그렇게 도심(道心)을 발견하여 그것을 따라 용맹스럽게 전진하면 '빛을 되찾는' 광복(光復)이 된다. 사사로운 내 이익만 추구하던 어둠 속에서 해방되어 모두가 함께 편안해지는 상태, 이것이 바로 지금 우리에게 필요한 정신이다.

자기계발(自己啓發)의 방법

스스로 노력하지 않으면 가르쳐주지 않는다

不憤不啓 不悱不發(불분불계 불비불발)
- 《논어(論語)》 중에서

유교(儒敎)의 가르침을 담은 책들을 살펴보면 맨 앞에 가장 중요한 핵심 키워드를 배치하고 있는데 그 내용은 대부분 공부의 필요성을 강조하는 것들이다.

《논어(論語)》의 첫 문장은 '學而時習之 不亦悅乎(학이시습지 불역열호)'다. 배우고 익히는 것이 얼마나 즐거운 일인지 말하고 있다. 《맹자(孟子)》의 첫머리는 '의(義)과 리(利)'에 대해 말하고 있다. 맹자를 만난 양나라 혜왕이 '우리나라에게 이익(利)을 가져올 수 있는 방법'을 묻자 맹자는 '이로움을 말하기 전에 올바름(義)을 말하라.'라고 일갈한다. 공부가 추구해야 하는 방향에 대해 말하는 것이다.

《중용(中庸)》은 '天命之謂性(천명지위성) 率性之謂道(솔성지위도) 修道之謂敎(수도지위교)'로 시작된다. 우리는 모두 바른 이치(天命)를 지니고 태어났으며(性), 이를 잘 따르는 것(率性)이 올바른 길(道)이고 그 길을 벗어나지 않도록 스스로를 가다듬는 것(修道)이 공부(敎)라고 말하고 있다. 《대학(大學)》의 첫 문장은 '大學之道(대학지도) 在明明德(재명명덕) 在親民(재친민) 在止於至善(재지어지선)'이다. 본래 지니고 있는 올바름을 명확하게 밝히고 (明明德) 모든 사람들과 화합하여(親民) 최고의 경지에 오를 때까지 쉬지 않고 나아가는 것(止於至善)이 공부의 길(大學之道)이라고 강조한다.

나 하나만을 위해 하는 것이 아니라 모두를 위해, 억지로 하는 게 아니라 즐거운 마음으로, 중간에 적당한 선에서 그치는 게 아니라 최고의 경지에 이를 때까지 꾸준히 하는 것이 공부라는 뜻이다.

그렇다면 그 구체적인 방법은 무엇인가. 《논어(論語)》에 나오는 '不憤不啓 不悱不發(불분불계 불비불발)'에서 열쇠를 찾을 수 있다. "스스로 알지 못하는 게 있으면 이를 답답하게 여기고 결국 화가 치밀어 올라 분하게 여기며 씩씩거리는 순간을 경험해야 한다. 그런 상태가 되지 않으면(不憤) 나는 가르쳐주지 않는다(不啓). 무엇인가 말하고 싶은데 정리가 되지 않아 더듬거리며 안간힘을 쓰는 순간을 경험해야 한다. 그런 상태가 되지 않으면(不悱) 나는 길을 열어주지 않는다(不發)."

여기서 유래된 말이 계발(啓發)이다. 공부는 남을 이기려고 하는 게 아니다. 100점을 맞으려고 하는 것도 아니다. 스스로 명확하게 이해하여 알기 위해 노력하는 것이다. 알고 싶은 마음은 간절한데 그 실마리가 보이지 않으면 답답해서 미치기 직전이 된다. 그 간절함이 극에 달하면 결국 실마리가 보인다.

그럴 때 스승이 곁에서 손가락 하나로 슬쩍 건드려만 주어도 간절한 학생의 입에서는 탄성이 쏟아진다. "아! 바로 이거야!" 그 순간의 기쁨은 그 어떤 것과도 비교할 수 없다.

간절하면 얻을 수 있다. 곁에 공자가 없더라도 가능하다. 절박하면 스스로 찾아내게 된다. 답답함과 그 답답함의 해소가 순차적으로 이어지면 답답함도 오히려 기쁨이 된다.

곧 불꽃이 터지는 것처럼 깨닫게 된다는 것을 체험을 통해 알기 때문이다. '學而時習之 不亦悅乎'가 가능해진다. 이것을 체험한다면 자기계발은 이미 이루어지고 있는 것이다.

모두 함께, 즐겁게
與民同樂(여민동락)
-《맹자(孟子)》중에서

맹자가 양나라 혜왕을 만난 자리에서 "왕께서는 음악을 좋아하신다고 들었는데, 사실인지요?"라고 물었다. 그러자 이전에 몇 번이나 맹자를 만나 맹자로부터 은근한 비판을 받았던 경험이 있던 양혜왕은 최대한 겸손한 자세를 유지하며 손을 흔들었다.

"아, 그게 사실은 제가 유가(儒家)에서 높게 평가하는 주나라의 고전음악이 아니라 요즘 유행하는 음악을 즐겨 듣습니다. 부끄럽습니다."

올바른 음악은 사람들을 바르게 만들어주지만 세속적인 음악은 마음을 흔들리게 한다는 공자의 가르침을 염두에 둔 대답이었다. 혹시 맹자가 자신을 비난하려고 하는 게 아닌지 생각하여 미리 방어막을 친 것이다. 그런데 맹자는 의외의 대답을 내놓는다.

"그게 무슨 상관입니까? 고전음악이나 요즘의 유행음악이나 음악인 것은 마찬가지입니다. 왕께서 진실로 음악을 좋아하신다면 이제 이 나라가 크게 발전할 것이라 생각됩니다."

독설로 유명한 맹자의 갑작스러운 덕담에 양혜왕은 깜짝 놀랐다. 그리고 맹자에게 '음악을 즐기는 것과 나라의 발전에 무슨 관련이 있는지'에 대해 물었다. 그러자 맹자가 다시 질문 공세를 편다.

"혼자 음악을 즐기는 것(獨樂樂)과 다른 사람과 함께 음악을 즐기는 것(與人樂樂) 중에 어떤 게 더 즐겁습니까?" "다른 사람과 함께 할 때가 더 즐겁지요." "그러면 일부의 몇몇 사람들과 음악을 즐기는 것(與少樂樂)과 아주 많은 사람들과 함께 음악을 즐기는 것(與衆樂樂) 중에는 어떤 게 더 즐겁습니까?" "그야 사람들이 많으면 많을수록 좋겠지요." 문답이 끝나자 맹자가 이제까지 감추어두었던 가슴속의 이야기를 꺼낸다.

"궁중에서 왕이 음악을 듣는 소리가 담을 넘어 멀리 울려 퍼진다고 생각해 보십시오. 그때 백성들은 어떻게 생각할까요? '우리는 배를 곯고 있는데 음악이라니! 우리 가족은 가난 때문에 모두 흩어져 이토록 슬픈 삶을 살고 있는데…'라며 얼굴을 찌푸릴까요? 아니면 '아, 정말 아름다운 음악이로구나. 참으로 듣기 좋다.'라며 즐거워할까요?"

양혜왕은 대답을 찾지 못하고 가만히 듣기만 했다. 그러자 잠시 뜸을 들인 맹자가 다시 입을 열었다. "평소에 모든 이들과 함께 즐거움을 나누었다면(與民同樂) 백성들은 왕이 듣는 음악을 함께 즐길 것이고 많은 사람들이 왕과 함께 음악 듣기를 즐기니 왕께서는 더욱 즐거워지실 것입니다. 그러나 평소 여민동락(與民同樂)하지 않았다면 백성들은 얼굴을 찌푸릴 것이고 그렇게 되면 왕께서 느끼는 즐거움도 반감되겠지요. 왕께서는 어느 쪽을 선택하실 것입니까? 고전음악이든 최신 유행음악이든 상관없이, 왕께서 진실로 음악을 즐기신다면 많은 이들이 듣고 즐기는 쪽을 선택하시지 않겠습니까? 그러니 나라의 앞날이 밝다고 말씀드린 것입니다."

음악소리를 듣고 얼굴을 찌푸리는 사람들을 탓해서는 안 된다. '내가 음악을 듣는데 네가 무슨 참견이냐'고 말하는 것도 곤란하다. 가을을 맞이하며 여민동락(與民同樂)을 생각해본다.

나를 책망하여 타인을 감동시킨다
責己感也(책기감야)
－《근사록(近思錄)》중에서

'요순우탕(堯舜禹湯)'은 중국 상고시대를 다스리던 최고의 리더로 손꼽히는 임금들이다. 요(堯)임금은 순(舜)임금에게 자신의 자리를 물려주었고 순임금은 우(禹)임금에게 자신의 자리를 내어준다. 이들은 모두 부자지간이 아니었다. 가장 현명하고 올바른 사람에게 왕의 자리를 물려준 것이었다.

그런데 우임금과 순임금 사이에는 지독한 악연이 있었다. 그 시작은 요임금 시절부터 이어진다. 요임금은 물난리가 이어지자 우의 아버지인 곤(鯀)에게 물을 다스리는 책무를 주었다. 곤은 제방을 쌓아 물을 다스리려고 했다. 그러나 물이 불어 제방이 터지자 피해가 더욱 커지는 결과를 낳았다. 요임금의 뒤를 이어 왕의 자리에 오른 순임금은 그 책임을 물어 곤을 죽였다. 그리고 곤의 아들인 우(禹)에게 다시 그 일을 맡겼다.

지금 우리의 상식으로는 이해하기 힘들 수도 있었지만 순과 우는 달랐다. 순임금은 아버지 곁에서 보고 배운 우의 경험을 높이 평가했고, 우는 훼손된 아버지의 명예를 바로 세우겠다는 의지가 있었다. 우는 아버지의 제방에 매달리지 않았다. 오히려 제방을 통해 교훈을 얻어 제방이 아니라 새로운 물길을 만들어 물을 다스렸다. 그리고 큰 성과를 냈다. 아버지의 오명을 씻어냈다.

그 능력을 인정한 순임금은 우에게 임금의 자리를 물려주었다.

우임금도 이러한 선례에 따르려고 했으나 주변의 강권으로 아들인 계(啓)에게 왕위를 물려주게 된다. 그러나 이러한 부자세습은 결국 나라를 쇠퇴하게 만드는 원인이 되고 말았다.

계(啓)는 우임금의 아들이라는 그림자에 의지해 그럭저럭 나라를 다스렸지만 그 뒤를 이어 왕이 된 태강(太康)은 사치와 향락에 빠져 할아버지가 이룩한 모든 것을 까먹었다. 결국 반란이 일어나 도망친 후 여기저기를 쫓겨 다니다 죽고 말았다. 태강의 아들인 상(相)이 뒤를 이었지만 스트레스를 이기지 못하고 자살하고 만다. 이후 태강의 동생 중강(中康)이 왕으로 옹립되지만 자신을 왕의 자리에 올려놓은 신하들에 의해 쫓겨난다. 초라한 이어짐은 결국 폭군의 대명사로 유명한 걸(桀)에 이르러 멸망한다. 포악한 군주인 걸을 몰아내고 왕위에 오른 사람이 바로 탕(湯)왕이다.

요순우탕(堯舜禹湯)과 다른 지도자의 차이점은 무엇인가. '혈연을 통한 상속(相續)이냐 올바른 사람을 내세운 선양(禪讓)이냐'의 문제가 아니었다. 갈등과 분열의 원인을 어디서 찾았느냐가 더 중요하다. 그들은 스스로 반성하는 모습으로 모든 문제를 해결해냈다.

다른 사람들의 칭찬에 흔들리지 않았으며 거세게 비난해도 이에 맞서 싸우지 않았다. 오히려 스스로를 돌아보며 혹시 잘못이 있지는 않은지 수시로 반성할 뿐이었다. 사람들이 자신의 말에 동의하지 않으면 사람들을 감동시키지 못한 것에 대해 반성했으며, 사람들이 어리석어 자신의 말을 알아듣지 못한다고 비난하지 않았다.

"성인은 자기를 책망해서 남을 감동시키는 것은 많고 남을 책망해서 자기에게 호응시키는 것은 적다(聖人責己感也處多責人應也處少)."《근사록(近思錄)》에 나오는 말이다.

내 편과 네 편을 구분하는 방법

잘못을 알았다면 거리낌 없이 고쳐야 한다
過則勿憚改(과즉물탄개)
－《논어(論語)》 중에서

공자가 주유천하를 할 때의 일이다. 우연히 미생무(微生畝)라는 사람을 만 났는데, 미생무는 공자에게 혹독한 비판을 가한다. "당신은 어찌하여 여기저 기 기웃거리며 돌아다니는가? 말재주를 부려 뭔가 얻으려고 그러는 것 아닌 가?"

권력자들을 찾아다니며 권력의 끄트머리라도 쥐어보려고 말장난을 치고 다니는 게 아니냐는 뼈아픈 비판이었다. 이 말을 들은 공자는 고개를 저으며 이렇게 대답했다. "내가 말재주나 부려 뭔가 얻으려는 게 아니오. 다만 고집 불통을 미워해서(疾固) 이러는 것이오."

'질(疾)'은 병이나 고통을 뜻하기도 하지만 '미워한다'는 의미도 지닌다. '고 (固)'는 단단하고 확고하다는 의미를 지닌다. 어느 하나에 얽매여 억지로 우 기는 것도 뜻한다. 그러므로 공자가 말한 '질고(疾固)'는 어느 하나만을 고집 하고 꽉 막혀 변화를 거부하는 것을 싫어한다는 뜻이다.

나 혼자 옳다는 생각에 모든 것과 교류를 끊고 홀로 지내는 것을 공자는 견 디지 못하는 것이다. 그렇다면 공자가 좋아하는 것은 무엇인가. 많은 사람들 과 끊임없이 교류하고 소통하며 지내는 것이다.

공자는 "잘못을 알았다면 거리낌 없이 고쳐야 한다. 잘못하고도 고치지 않는 것, 이것이 바로 잘못이다(過則勿憚改 過而不改)"라고 말하기도 했다. 모르면 잘못할 수도 있다. 그러나 진정한 잘못은 그것을 깨우치고도 개선하지 않는 것이라고 공자는 강조한다.

진나라의 사패(司敗:법무책임자)가 공자에게 물었다. "노나라의 왕 소공은 예(禮)를 압니까?" 노나라 출신이었던 공자는 대답하기가 곤란했다. 어린 나이에 임금의 자리에 오른 소공은 놀기 좋아할 뿐 좋은 평가를 받지 못하는 왕이었기 때문이다. 그럼에도 불구하고 공자는 자신의 조국인 노나라의 왕을 함부로 폄하하기 어려워 "네, 예를 아는 사람입니다."라고 대답했다. 공자가 자리를 뜨자 사패는 공자의 제자에게 이렇게 말했다.

"공자는 다르다고 생각했는데 그도 별 수 없군. 자기와 가깝다고 편드는 모습을 보시오. 소공이 어떤 사람이라는 것은 세상이 다 아는데, 그가 예를 안다면 세상에 예를 모르는 사람은 하나도 없다는 말이군."

공자의 제자는 밖으로 나와 사패가 한 말을 공자에게 전했다. 그러자 공자는 갑자기 "아! 나는 참으로 행복한 사람이다!(丘也幸)"라고 말하며 이렇게 덧붙였다. "나에게 잘못이 있으면 다른 사람들이 반드시 나에게 알려주지 않는가! 그러므로 나는 행복한 사람이다."

내 편이면 잘못을 저질러도 감싸주고 변명을 해주고 다른 사람의 잘못을 내세우며 "똑같다"라고 물타기 하는 요즘의 세태가 슬프다. 내 편이 잘못했다면 그것을 깨닫게 만들어 고쳐주어야 한다. 그게 진정한 내 편이다. 모른 척 눈감아 주고, '네 잘못이 아니다'라고 변명해주고, 사실을 숨기고 거짓으로 꾸며주는 것은 오히려 내 편이 아니다. 잘못을 고치게 도와주는 사람이 진정한 내 편이 아니겠는가.

원칙을 지키려는 사람에게

학문을 하는 이유는 고집불통에서 벗어나기 위함이다
學則不固(학즉불고)
—《논어(論語)》중에서

원칙을 세운 후 이것을 바꾸지 않고 끝까지 밀고 나가는 것을 소신 있는 행동이라며 칭찬하기도 한다. 그러나 그것이 올바른 행동이라 하기에는 어색함이 있다. 이유는 간단하다. '끝까지 밀고 나가는 것'이 아니라 '무엇을 원칙으로 삼았느냐'가 중요하기 때문이다.

《동의보감(東醫寶鑑)》을 보면 "통하면 아프지 않고, 통하지 않으면 아프다(通卽不痛 不通卽痛)."라는 문장이 나온다. 통(通)한다는 것은 막히지 않음을 뜻한다. 막히지 않은 것은 주위 환경과 더불어 호흡한다. 혼자 딱딱하게 굳어 존재하지 않는다. 그러므로 소통하는 사람은 활기가 넘치고 변화를 겁내지 않는다. 아이를 만나면 아이와 눈을 맞춰 대화하고 노인을 만나면 노인에 맞춰 대화한다. 교언영색이 아니다. 상대에 대한 배려이다. 잘난 척하지 않는 겸손함이다. 때에 따라 적절히 하는 시중(時中)의 실천이다.

송나라의 학자 주돈이(周敦頤)가 지은 《통서(通書)》를 보면 군자가 갖추어야 할 덕(德)을 다음과 같이 설명하고 있다. "사람들을 사랑하고 아끼는 것을 인(仁)이라 하고(愛曰仁), 인(仁)을 올바르게 드러내는 것을 의(義)라고 하며(宜曰義), 의(義)를 드러내는 것을 조리 있고 합리적으로 하는 것을 예(禮)

라 하고(理曰禮), 이 모든 것을 서로 연결하여 서로 통하게 하는 것을 지(智)라고 한다(通曰智)."

사랑하고 아끼는 마음을 올바르게 표현하고, 합리적인 절차에 따라 진행하고, 이 모든 것이 물 흐르듯 서로 통하게 하는 것이 군자의 덕(德)이라는 뜻이다. 서로 통(通)하게 하는 것은 이처럼 중요하다.

공자는 늘 공부(學)를 강조했다. 공자가 말한 공부의 개념은 '학즉불고(學則不固)'라는 문장으로 설명이 가능하다. 공자에게 공부(學)란 '불고(不固)'를 위한 노력이었다. '고(固)'는 무엇인가. 굳다, 단단하다, 굳어지다, 완고하다, 고루하다, 우기다, 고집하다 등의 뜻을 내포하고 있다. 공자가 가장 싫어한 것이 바로 '고(固)'였으며, '불고(不固)'를 위해 평생을 바쳐 노력했다. '통(通)'은 공자의 화두였다. 고집불통에서 벗어나기 위한 방법이 바로 공부(學)였다.

그렇다면 중요한 것은 무엇인가. '불고(不固)'라는 원칙을 세운 후 이것을 바꾸지 않고 끝까지 밀고 나가는 것이 소신 있는 행동이며 칭찬받을 일이라는 뜻이다.

공자에게 중요한 것은 완벽함 자체가 아니라 완벽을 추구하는 열린 마음이었다. 스스로 아직 모자라다고 생각하며 귀를 열고 자세를 낮추는 것이었다. 그렇기에 "공부에는 끝이 없다. 언제나 정상에 미치지 못한 것처럼 생각하고 전진해야 한다. 아직 부족하다고 생각해야 한다. 한 순간에 모든 것을 잃게 될 수 있다는 두려움을 갖고 나아가야 한다(學如不及 猶恐失之)."

스스로를 '절대선(絶對善)'으로 규정하는 순간, 자만하는 순간, 최악의 상태로 굴러 떨어진다. 공자가 그토록 싫어했던 '고(固)'의 상태가 되고 만다. 그대의 원칙은 무엇인가. '고(固)'인가 '불고(不固)'인가.

감추지 말고 모든 것을 그대로 드러내십시오
如靑天白日(여청천백일)
- 《성학집요(聖學輯要)》 중에서

바른 정치란 몸과 마음이 바른 사람을 뽑아서 나랏일을 맡기는 것에서부터 시작해야 합니다. 그러기 위해서는 우선 임금께서 스스로 몸과 마음을 바르게 해야만 합니다. 올바른 사람 곁에 올바른 사람이 모이기 때문입니다.

몸과 마음이 바른 사람을 뽑기 위해서는 여러 사람들을 두루 잘 알아야 합니다. 여러 사람을 두루 알기 위해서는 임금과 생각이 다른 사람들의 말에도 귀를 기울여야 합니다. 듣기 좋은 말에만 귀를 기울이고 듣기 싫은 말에는 귀를 닫아버리면 안 됩니다.

그런데 현재 어떻게 하고 계십니까? 누군가 "가까이 있는 사람들에게 특혜를 주지 말라"고 말하면 벌컥 화를 내며 그런 적이 없다고 소리를 지르십니다. 실제로 특혜를 주지 않았더라도 그렇게 화를 내면 오해를 살 수 있습니다.

예전에 성왕(聖王)들은 어떠했습니까. 신하들이 "항상 현명하게 행동하십시오."라고 말한다고 해서 "내가 언제 함부로 행동한 적이 있는가? 그런데 왜 그런 말을 하는가?"라며 화를 냈습니까? 아닙니다. 신하들에게 "그 말이 옳다."라고 말하며 공손하고 겸손하게 받아들였습니다. 이 얼마나 아름다운 모습입니까.

그런데 지금 우리의 상황은 어떻습니까. 임금께서는 깊숙한 궁궐 속, 높은 자리에 앉아 있을 뿐 신하들과 어울리지 않습니다. 중요한 일이 생겨도 신하들을 믿지 못하니 그 일에 대한 자세한 내용을 신하들에게 알리지도 못하고 임금 혼자서 고민합니다. 임금과 신하 사이에 틈이 벌어지니 그 틈으로 바르지 못한 사람들이 스며들게 됩니다. 올바른 것과 올바르지 않은 것들이 뒤섞여 도대체 어떤 것이 올바른 것인지 어떤 것이 옳지 않은 것인지에 대한 파악이 힘들 정도가 되어버렸습니다. 이렇게 혼란해지면 어떻게 나라를 바르게 다스릴 수 있겠습니까.

아첨만 일삼는 사람들과 능력이 있고 경험이 많은 바른 학자들이 서로 구별되지 않고 하나로 취급되니, 아무도 열심히 일하지 않는 상황이 벌어진 것입니다. 게다가 임금께서는 신하들과 의견을 나누는 일조차 꺼리고 있는 상황입니다. 이렇게 되니 백성들의 마음을 제대로 파악하지 못하게 되고 결국 민심을 잃는 지경에 놓이게 되었습니다. 백성들을 고통스럽게 만드는 법을 고치자고 말씀드려도 법을 고쳤을 때의 부작용에 대해서만 근심합니다.

겉으로는 교묘하게 꾸미고 있지만, 속으로는 사사로운 이익만 추구하는 사람들을 분별해내어 멀리 내쫓아버리십시오. 어떠한 것도 감추지 말고 모든 것을 그대로 드러내십시오(如靑天白日). 그렇게 하면 그 누구도 의심의 눈초리를 보내지 않을 것입니다.

지금이라도 정신을 바짝 차리고 바른 길로 돌아가지 않으면 나중에 후회해도 소용이 없을 것입니다(今不急救 後悔無及).

…1575년, 율곡은 《성학집요(聖學輯要)》를 지어 선조에게 올리며 위와 같은 편지를 덧붙였다. 그러나 선조는 변화하지 않았다. 그로부터 17년 후인 1592년, 임진왜란이 일어났다.

부끄러움을 아는 사람

부끄러움이 없으면 하늘도 무섭지 않다
不愧于人 不畏于天(불괴우인 불외우천)
-《시경(詩經)》중에서

역사는 거울이다. 내 모습을 비춰보는 것이 역사와 거울이기 때문이다. 보면서 가다듬어야 한다. 흐트러짐이 없는지 살펴 단정하게 고치고 바로잡기 위해 거울과 역사가 존재한다.

왜 스스로를 비춰보는가. 부끄러움이 없도록 하기 위함이다. 스스로 부끄러움을 아는 것은 학문의 기본이다. 부끄러움을 알아야만 반성도 있고 스스로를 가다듬을 수도 있다. 부끄러움이 없어지면 그것이 바로 짐승이다.

춘추시대 제(齊)나라의 재상 관중(管仲)이 지었다고 알려진《관자(管子)》에는 '나라를 유지하는 4개의 동아줄'을 의미하는 '사유(四維)'가 등장한다.

"나라를 단단하게 유지하기 위해서는 네 개의 동아줄(四維)이 필요하다. 그 중에 하나가 끊어지면 나라가 기울고, 두 개가 끊어지면 나라가 위태로워지며, 세 개가 끊어지면 나라가 뒤집어지고, 네 개가 끊어지면 나라가 멸망한다. 나라가 기울어진 것은 바로잡을 수 있고, 나라가 위태로워진 것은 편안하게 할 수 있으며, 나라가 뒤집어진 것은 바르게 일으켜 세울 수 있지만, 나라가 멸망하면 다시 어떻게 할 수가 없다. 그렇다면 그 네 개의 동아줄은 무엇인가. 첫째는 예(禮)이고, 둘째는 의(義)이며, 셋째는 염(廉)이고, 넷째는 치(恥)

이다."

마지막 네 번째 동아줄인 '치(恥)'가 바로 부끄러움이다. 부끄러움을 모르는 것은 나라를 멸망으로 이끌 정도로 중차대한 문제라고 관중은 말한다.

중국 하(夏)나라의 마지막 임금 걸(桀)은 포악한 정치의 대명사로 통한다. 이윤(伊尹)이 나서서 "비판의 말을 받아들이지 않으면 나라가 위험해질 수 있다"고 경고하자 걸은 "백성에게 군주는 하늘의 태양과 같은 것이다. 태양이 없어져야 나도 없어지는 것"이라며 고집을 부렸다고 한다. 그러자 백성들이 노래를 지어 불렀는데 그 내용은 다음과 같다. "태양아, 빨리 없어져라. 우리가 너와 함께 망하련다."

중국 상(商)나라 마지막 임금 주(紂) 또한 걸과 어깨를 나란히 하는 임금으로 알려져 있다. 폭정이 이어지자 조이(祖伊)가 "장차 나라가 멸망할 수 있다. 백성들도 이 나라의 멸망을 간절히 바라고 있을 지경이다."라고 여론을 전달했지만 주는 "나는 하늘이 내린 임금이다. 나는 보통 사람이 아니므로 두려울 것이 하나도 없다."라며 조이의 충고를 무시했다. 그러자 조이는 돌아서 나오며 이렇게 중얼거렸다고 한다. "좋은 말로는 안 되겠구나(不可諫矣)."

걸과 주는 모두 처참한 최후를 맞이했다. 둘의 공통점은 부끄러움을 몰랐다는 것이다. 부끄러움이 없으니 두려움도 없었다. 《시경(詩經)》을 보면 '하인사(何人斯)'라는 시가 나온다. 우리말로 하면 '저 사람 누구인가요?' 정도가 될 것이다. 그 중에 한 구절이 이러하다. "사람에게 부끄러움이 없으면 하늘도 무섭지 않다(不愧于人 不畏于天)." 부끄러움을 모르는 사람은 하지 못할 짓이 없는 법이다. 이 얼마나 무서운 일인가. 부끄러움을 아는 것은 이처럼 중요하다.

진정한 효자가 나라를 구한다

평생토록 부모를 잊지 않는 게 대효(大孝)

大孝終身慕父母(대효종신모부모)

－《맹자(孟子)》중에서

성군(聖君)으로 알려진 대부분의 임금들은 효자(孝子)였다. 효(孝)는 자신의 부모를 잘 섬기는 것을 뜻하는 것인데 그런 사사로운 미덕이 어떻게 세상을 바르게 다스리는 공적인 일과 연결되는 것일까.

이러한 의문을 시원하게 풀어주는 인물이 바로 우(禹)임금이다. 우임금의 아버지는 곤(鯀)이다. 요(堯)임금 시절에 숭(崇) 부락의 수령으로 재직했다. 홍수 피해가 계속 이어지자 요임금은 홍수대책특별위원회를 만들고 위원장으로 곤을 임명했다. 곤은 제방을 쌓아 홍수 피해를 막으려고 노력했지만 그가 쌓은 제방은 번번이 무너졌고 그로 인해 피해는 더욱 커졌다.

요임금의 뒤를 이어 임금의 자리에 오른 순(舜)임금은 피해를 키운 책임을 물어 곤을 우산(羽山)으로 추방했다. 곤은 유배지에서 쓸쓸히 죽어갔다. 이후 순임금은 곤의 아들인 우를 홍수대책특별위원장 자리에 앉힌다. 우는 제방을 쌓은 아버지의 해법을 따르지 않았다. 강줄기를 따라 현장을 발로 뛰면서 새로운 물길을 만들고 그 물이 논으로 흘러들게 했다. 수해는 해결되었고 풍년이 이어졌다.

우는 홍수대책특별위원장으로 있던 13년 동안 세 번이나 자신의 집 앞을 지나갔지만 한 번도 집에 들르지 않았다고 한다. 그럼에도 불구하고 우는 진정한 효자로 꼽힌다. 돌아가신 아버지의 제사도 제대로 지내지 않고 집안도 돌보지 않은 그를 왜 효자라고 하는 것일까.

우의 머릿속은 아버지가 쌓은 제방이 무너져 참혹하게 죽어간 사람들의 절규로 가득했을 것이다. 그 지옥과 같은 풍경을 잊을 수 없었으리라. 그리고 죄책감과 자괴감 속에 죽어간 아버지와 죄인처럼 부끄러움에 고개를 들지 못하던 가족들을 생각했을 것이다.

그렇기에 홍수를 이겨내는 것은 그 어떠한 것보다 그에게 중요한 일이었다. 온 백성들을 위한 일이었으며, 아버지의 명예를 회복하는 길이었고, 고개 숙인 가족들을 일으켜 세우는 유일한 방법이었다.

우는 "아버지는 백성들에게 고통을 주려고 제방을 쌓은 게 아니다. 백성들을 살리기 위해 선의(善意)로 했던 일인데 왜 죄를 묻는 것인가. 우리는 억울하다."라고 말하지 않았다. 다만 아버지의 선의를 이어받아 성실하게 실천했다. 능력을 인정받은 그는 순임금의 뒤를 이어 임금의 자리에 올랐다.

진정한 효도란 무엇인가. 우임금은 효도가 사사로운 미덕이 아니라 세상을 이롭게 만드는 공적인 일의 기초라는 것을 알려주는 모범답안이라 할 수 있다.

또 다른 일화 하나. 우(禹)가 임금의 자리에 오른 후 의적(義狄)이란 사람이 우연한 계기로 술을 발명하게 되었다. 그 맛이 너무 황홀하여 이를 우임금에게 바쳤다. 술을 마신 우임금도 깜짝 놀랐다. 처음으로 느끼는 황홀경! 그 순간, 우임금의 머리를 스치는 생각은 이러했다. '잘못하다가는 술에 빠져 나라와 집안을 망하게 하고 돌아가신 아버지를 욕보일 수도 있겠구나.' 이후 우임금은 술과 함께 의적까지 멀리했다고 한다. 맹자가 말한 '대효(大孝)'란 바로 이런 것이다.

휩쓸리지 말고 맞이하라.

조심스럽게, 경솔하지 않게
戰戰兢兢 罔敢或易(전전긍긍 망감혹이)
- 〈경재잠(敬齋箴)〉 중에서

《명심보감(明心寶鑑)》을 보면 '공자삼계(孔子三計)'라는 대목이 나온다.
'계획을 세우는 것에 대해 공자가 강조한 세 가지'라고 할 수 있는데, 그 내용
은 아주 간단하다.

"인생 전체의 큰 계획은 어릴 때 세워야 하고, 1년 계획은 봄에 세워야 하
며, 하루의 계획은 새벽에 세워야 한다. 어릴 때부터 열심히 배우고 익히지
않으면 늙어도 아는 게 없어 초라해지고, 봄에 열심히 밭을 갈고 씨를 뿌리지
않으면 가을이 되어도 거둘 것이 없고, 새벽에 일어나지 않으면 하루가 그냥
허무하게 지나가버리고 만다."

어릴 때 세워지는 계획은 부모의 일상에서 비롯된다. 어린아이는 부모를
보며 자신의 미래를 그린다. 부모의 일상은 그래서 중요하다. 일상(日常)은
특별하고 원대한 그 무엇이 아니라 날마다 반복되는 사소한 생활태도를 말
한다. 날마다 반복되는 사소함이 얼마나 위대한 것인지 알아야 하는 이유가
여기에 있다. 《소학(小學)》을 보면 6세부터 숫자 세는 방법과 동서남북 등 방
향을 가르쳐 주라고 했으니 계획은 이미 그 이전에 세워졌다고 봐야 한다.

하루의 계획이 세워지는 새벽은 언제인가. 《명심보감(明心寶鑑)》에서는

콕 찍어 '인시(寅時)'라고 말한다. 인시는 새벽 3시 반에서 4시 반 사이를 뜻한다. 그러므로 새벽 4시 무렵이라 할 수 있다. 겨울의 해는 7시가 넘어서 솟아오르고 여름의 해는 5시가 넘으면 떠오른다. 새벽 4시는 해가 뜨기 한참 전이다. 해가 뜨기를 기다리며 하루를 준비하라는 뜻이다. 해가 떠올랐다면 이미 늦은 것이다.

1년의 계획을 세우는 봄은 언제인가. 새해가 시작되면 그때가 바로 봄이다. 그러므로 음력 1월이 봄이다. 해가 떠오르기 한참 전에 일어나야 하는 것처럼 따스한 기운이 오기 전에 봄을 맞이할 준비를 하라는 뜻이다. 계획도 세우기 전에 꽃이 피고 따스한 바람이 느껴진다면 봄을 맞이한 게 아니라 봄에 휩쓸린 것이다.

결론은 휩쓸리지 말고 맞이하라는 것이다. 누군가 오기 전에 미리 준비하라는 뜻이다.

사랑하는 사람이 오기로 약속되어 있다면 마음이 설레기 마련이다. 상대가 좋아하는 것들을 먼저 챙기고 기뻐할 것들을 마련하면서 조심스럽게 준비해야 한다. 함부로 할 수 없다.

도적떼가 오는 중이라면 두려움을 가져야 한다. 유비무환(有備無患)의 자세로 담장을 정비하고 체력을 단련하며 그들을 물리칠 준비를 단단히 해야 한다. 소홀히 할 수 없다. 준비가 잘 되었다면 도적떼에 유린당하는 게 아니라 오히려 도적떼를 물리쳐 편안하고 행복한 세상을 만들 수 있는 좋은 기회가 된다.

"실수하지 않도록 조심스러운 마음으로, 경솔하거나 안이하지 않도록(戰戰兢兢 罔敢或易(전전긍긍 망감혹이)." 주자(朱子)의 〈경재잠(敬齋箴)〉에 나오는 말이다. 전전긍긍(戰戰兢兢)은 단순히 무서워서 벌벌 떠는 게 아니다. '될 대로 되겠지 뭐'라는 안이한 마음을 버리라는 뜻이다. 전쟁을 앞둔 용감한 장수처럼, 배필을 맞이하는 신랑·신부처럼, 철저하게 준비하라는 뜻이다.

해야 할 일과 하지 말아야 할 일

한 달에 닭 한 마리씩 훔치다가 내년이 되면…
月攘一雞 以待來年(월양일계 이대내년)
-《맹자(孟子)》 중에서

계획을 세워 실천하는 것이 '뭐 어떻게든 되겠지'라고 생각하며 적당히 시간을 때워가는 것에 비해 가치 있는 것이라는 생각에 반대할 사람은 별로 없을 것이다. 그러나 계획을 실천하는 구체적인 방법에 대해서는 갑론을박(甲論乙駁)이 있을 수 있다.

지금 당장 실천에 옮길 것인가 아니면 때를 봐서 적당한 시기를 찾아 실천에 옮길 것인가. 다소 느리지만 천천히 작은 것부터 하나씩 실천해 나갈 것인가 아니면 사소한 것들은 뒤로 미루고 결정적으로 큰 영향을 미치는 한방으로 해결할 것인가.

유가(儒家)에서는 '시중(時中)'을 강조한다. '때에 따라 적절히'라는 의미를 지니고 있다. 그런데, 이게 참으로 애매모호하다고 말하는 사람들도 있다. 너무 자의적이 아니냐는 것이다. 그러나 이는 '시중(時中)'의 전제조건에 대해 생각하지 않았기 때문에 생기는 오해다. '시중(時中)'의 전제조건은 그 주체가 군자(君子)가 되어야 한다는 것이기 때문이다.

《중용(中庸)》을 보면 '君子中庸(군자중용) 小人反中庸(소인반중용) 君子而時中(군자이시중) 小人而無忌憚(소인이무기탄)'이라는 대목이 나온다. 군자는 중용을 행하지만 소인은 그 반대로 한다. 군자는 자기 맘대로 해도 저절로 때에 따라 적절한 행동이 나오는 사람이다. 그러므로 매우 자유롭다. 때에 따라 적절히 하지 않으면 스스로 부끄럽고 불편해서 견디지 못한다. 이미 수신(修身)이 되었기 때문이다. 그러나 수신이 되지 않은 소인에게는 중용(中庸)에 입각해 시중(時中)하는 것이 불편하기 짝이 없다. 그 반대로 하는 게 너무나 편하다. 반대로 해도 부끄럽거나 거리낌이 없다(無忌憚).

'시중(時中)'의 실천은 '수신(修身)'의 결과다. 아직 수신도 되지 않은 사람이 "이렇게 하는 게 나에게는 적절한 것이며 '시중(時中)'의 실천이다"라고 말하는 것은 어불성설이다. 스스로 아직 수신이 덜 되었다면 '시중(時中)'을 논하며 변명하지 말아야 한다.

"아무리 작은 일이라 하더라도 그것이 착하고 바른 일이라면 반드시 해야 한다. 그러나 아무리 작은 일이라도 그것이 올바른 일이 아니라면 해서는 안 된다(勿以善小而不爲 勿以惡小而爲之)."《명심보감(明心寶鑑)》에 나오는 말이다. 적절한 때인가 아닌가를 가리지 말고 일단 실천해야 한다. 긍정적인 것은 작은 것부터라도 조금씩 실천하여 나중에 그것이 쌓여 크게 되도록 해야 한다. 반대로 부정적인 것은 단칼에 잘라내야 한다.

"매일 이웃집 닭을 훔치는 사람이 있소. 어떤 사람이 그것을 알고 손가락질하자 그 사람은 '그러면 훔치는 것을 줄여서 한 달에 한 마리씩 훔치다가 내년에 깨끗이 손 씻겠소(月攘一雞 以待來年(월양일계 이대내년)'라고 했다. 그게 옳다고 생각하는가?"

세금을 줄이라고 충고하자 '앞으로 조금씩 줄여나가겠다'고 대답하는 송나라의 대부(大夫)에게 맹자(孟子)가 들려준 말이다.

'하지 말아야 할 것은 단칼에, 해야 할 일은 조금씩이라도 꾸준히' 이것이 정답이다.

정치 지도자를 선택하는 방법

정치는 사람을 얻는 것에서 출발한다
爲政在於得人(위정재어득인)
-《공자가어(孔子家語)》중에서

훌륭한 정치 지도자가 갖추어야할 조건은 무엇일까. 누가 훌륭한 사람인지 어떻게 알아볼 수 있을까. 이에 대한 해답을 유가(儒家)의 경전 중 하나인 《대학(大學)》에서 찾아보자.

《대학(大學)》의 내용을 한 마디로 간추린다면 '수기치인(修己治人)'이라 할 수 있다. '나를 가다듬어 세상을 바르게 한다'는 뜻이다. 그러나 《예기(禮記)》의 일부분에 머물던 《대학》의 원문 내용은 너무도 짧아 부가적인 설명이 곁들여지지 않으면 제대로 이해하기 힘들다는 단점을 지니고 있었다.

그러므로 송나라의 주자를 비롯하여 수많은 학자들이 《대학》에 대한 해설서를 만들어냈다. 그러나 때로는 너무 소략하여 이해에 도움이 되지 못했고 또 때로는 너무 어지럽게 많은 분량을 담아 오히려 혼란을 가중시키기도 했다.

이것을 안타깝게 여기던 율곡이 《대학》에 대한 새로운 해설서를 만들기로 결심했고 그 결과가 바로 《성학집요(聖學輯要)》다. 율곡이 자신의 지식과 지혜 그리고 경험을 총동원해서 만든 위대한 저술이다. 기본적인 틀은 《대학》에서 가져왔지만 그 깊이와 넓이는 《대학》에 머물지 않는다. 율곡이 만든

《성학집요》는《대학》에 대한 해설서 중에 가장 간명하면서도 정밀하고 자상하게 설명해주는 책이라 해도 과언이 아닐 정도다.

그 중에 '제 4편 위정(爲政)'을 보면 앞선 질문에 대한 대답을 찾을 수 있다. 율곡은 '위정' 편에서 올바른 정치 지도자가 갖춰야할 조건을 8가지로 정리하여 설명한다.

첫 번째가 '용현(用賢)'이다. 바른 인재를 찾아내는 눈이 있어야 한다는 뜻이다. 둘째가 '취선(取善)'이다. 각각의 사람들이 지닌 개성 속에서 장점을 살려내는 방법을 알고 있어야 한다는 뜻이다. 셋째는 '식시무(識時務)'. 실제로 일을 처리할 줄 알아야 한다고 말한다. 넷째는 '법선왕(法先王)'. 역사적으로 훌륭했던 정치 지도자(임금)들의 이야기를 담고 있다. 다섯째인 '근천계(謹天戒)'는 하늘을 우러러 한 점 부끄러움이 없어야 한다는 것이며, 여섯째인 '입기강(立紀綱)'은 규정과 법률을 바르게 세울 수 있어야 한다는 내용이다. 일곱째인 '안민(安民)'은 백성들을 편안하게 해줘야 한다는 것이며 마지막인 '명교(明敎)'는 교육에 대한 내용이다.

율곡이 가장 먼저 언급한 것이 바로 '용현(用賢)'이다. 바르고 현명한 사람을 알아보고 손을 내밀어 잡는 게 정치의 첫걸음이라는 뜻이다. "정치는 사람을 얻는 것에서 출발한다(爲政在於得人(위정재어득인))." 제일 앞에 나오는 이 문장은 《공자가어(孔子家語)》에 나온다.

정치 지도자가 두뇌라면 그와 함께 하는 인재는 손과 발이다. 두뇌는 눈에 보이지 않으니 손과 발을 봐야 한다. 그렇기에 "사람을 얻는 것은 몸을 얻는 것이다(取人以身(취인이신))"라고 말하기도 한다.

그 사람을 바르게 알기 위해서는 주변에 있는 사람들을 봐야 한다. 주변에 있는 사람이 바로 그 사람이라 생각한다면 큰 잘못이 없을 것이다.

군자는 문제의 원인을 자신에게서 찾는다
君子求諸己(군자구저기)
– 《논어(論語)》 중에서

어떤 문제에 봉착했을 때, 그 문제를 해결해야 하는 주체는 누구인가.

지저분하게 쓰레기가 나뒹구는 장소가 있다고 생각해보자. 어떤 사람은 문제라고 인식하지만 또 다른 사람은 문제라고 인식하지 않을 수 있다. 문제의식을 갖는 순간, 문제 해결에 대한 책임은 '너'가 아닌 '나'에게 존재한다. 문제라고 인식하지 않는 사람에게는 해결해야 한다는 생각조차 없기 때문이다.

결국 청소를 하기 위해 나서는 사람은 쓰레기를 버린 사람이 아니라 지저분하다고 느끼는 사람이다. 쓰레기를 버린 사람에게 '당신에게 책임이 있다!'라고 소리 높여 외쳐도 소용이 없다. 그 사람은 문제라고 느끼지 않기 때문이다. 게다가 '이곳은 원래 지저분하던 곳'이라고 주장하거나 '이곳에 쓰레기를 버릴 수밖에 없는 제도와 시스템의 문제'를 언급하며 책임을 회피한다.

"나만 버렸냐? 쓰레기를 버린 다른 모든 사람들에게도 똑같이 책임을 물어라. 그게 정의로운 것이다.", "내가 버렸다는 증거 있냐? 증거가 없으니 나는 무죄다."라며 큰 소리로 외친다.

결국 마을은 소란스러워지고 논쟁이 이어진다. 사람들은 두 편으로 나뉘어 싸운다. 각각 자신의 주장이 정의로운 것이며 상대편은 불순한 의도를 가지고 마을을 혼란에 빠트리려 한다며 피를 토한다.

"모든 게 다 내 탓이다."라는 생각이 문제 해결의 열쇠라고 말하는 사람도 있지만 그게 그리 간단한 것은 아니다. 가난한 사람의 문제는 전적으로 그의 책임인가. 그러니 다른 사람들에게는 책임이 없는 것일까.

"군자는 문제의 원인을 자신에게서 찾지만 소인은 문제의 원인을 남에게서 찾는다(君子求諸己 小人求諸人)." 《논어(論語)》에 나오는 말이다. 공자의 이 말은 단순히 "내 탓이오."의 범주를 넘는다. 단순히 '내 잘못이야.'라며 고개를 숙이라는 뜻이 아니기 때문이다.

소인은 시스템을 탓하고 타인을 탓하며 그 뒤에 숨는다. 잘못을 숨기거나 변명으로 덮으려고 애쓴다. 그러나 군자는 다르다. 군자도 시스템의 문제, 사회의 문제를 모르는 게 아니다. 그 사람의 잘못임도 알고 있다. 그러나 사회의 일원으로 존재하는 나에게도 잘못이 있다고 생각한다. 그 사람의 잘못을 지적하기에 앞서 스스로 솔선수범한다. 아무도 알아주지 않고, '바보 아니야?'라는 손가락질을 받더라도 그게 옳은 길이라면 멈추지 않는다. 시스템 개선을 위해, 사회 개혁을 위해 지금 내가 할 수 있는 일을 한다.

일본에게 나라를 빼앗긴 것이 민초들 책임이었던가. 그러나 민초들은 그것을 따지지 않고 독립운동에 나섰다. '일본놈 하나 암살한다고, 만세 운동한다고 조선이 독립되겠어?'라는 비아냥거림을 들으면서도 그들은 멈추지 않았다. 꾸준히 하다보면 도와주는 이들이 생기고 상황도 변한다.

문제라고 느꼈다면 인내심을 가지고 해결하려 노력해야 한다. 불가능할 것처럼 보이더라도 지치지 않고 노력하라는 뜻이다.

사람들이 모여드는 이유

꽃나무는 말이 없는데 사람들이 모여 길이 생긴다네
桃李無言 下自成蹊(도리무언 하자성혜)
-《사기(史記)》중에서

예로부터 우리 집에 많은 손님이 찾아오는 것은 매우 좋은 일이라 여겼다. 공자는 '인(仁)'을 설명하며 "만나는 모든 사람을 귀한 손님을 맞이하듯이 대하고, 담당하는 모든 일을 중요한 제사를 받들 듯이 정성을 다하는 것이다." 라고 말했다. 조상을 모시는 제사와 손님을 맞는 일을 동격으로 다루고 있는 것만 보아도 손님이 갖는 의미를 잘 알 수 있으리라.

《논어(論語)》에 나오는 "먼 곳에서 친구들이 찾아오니 이 또한 즐겁지 아니한가?(有朋自遠方來 不亦樂乎)"라는 말도 연관되어 있다. 사마천(司馬遷)의《사기(史記)》에 나오는 '이장군열전(李將軍列傳)'을 보면 '도리불언 하자성혜(桃李不言下自成蹊)'라는 문장이 나온다. 중국 한(漢)나라의 장군 이광(李廣)에 대한 설명이다.

이광(李廣)이 흉노족과 전투를 벌이고 있을 때였다. 너무 무리하게 적진 깊숙이 들어간 이광의 부대가 적군에 포위되고 말았다. 전멸될 위기 속에서 이광은 당황하는 부하들에게 말했다. "말에서 내려 안장을 풀어라." 적군에게 포위됐는데 말에서 내리라고? 그러나 부하들은 이광의 말에 따랐다. 병사들이 말에서 내리는 모습을 본 흉노족은 '주변에 다른 부대가 숨어 있다가 우리를 협공하려 하는구나!'하는 생각에 주춤하는 모습을 보였고 이광은 이때를 놓치지 않고 적장의 목을 베어 전투를 승리로 이끌었다.

이광은 길게 설명하지 않았으나 부하들은 그를 믿고 따랐기에 이룬 성과였다. 이에 대해 사마천은 이렇게 설명했다. "장군은 언변은 좋지 않았으나 그 덕과 성실함은 천하에 알려져 있었다. 그래서 많은 병사들이 그를 믿고 따랐으며 큰 전공을 세울 수 있었다. 꽃나무는 아무 말도 하지 않지만 그 나무 아래에는 자연스럽게 길이 생기는 것(桃李無言 下自成蹊)과 같은 이치라 하겠다."

사람들이 향기에 끌려 나무 아래로 모여들고 그 아름다움에 반해 떠날 줄 모른다. 그렇게 모여든 사람들은 꽃나무의 친구가 된다. 모이라고 소리 지르고 압박하고 명령하거나 교묘히 꼬드겨 모여들게 하는 것은 동원(動員)이지 자원방래(自遠方來)가 아니다. 또 그렇게 모여든 사람들은 친구가 되지 않는다. 친구가 되지 않으면 큰일을 이뤄낼 수도 없다.

먼 곳이란 지리적 거리만을 뜻하는 게 아니다. 생각의 거리, 신분의 거리, 재산의 거리도 포함된다. 가난하고 가방 끈이 짧으며 초라한 사람까지도 곁으로 다가오게 만들어야 하고 그들과 친구가 되어야 한다. 그저 가까운 곳에 있는 사람만 잔뜩 모여드는 것과는 큰 차이가 있다.

민담(民譚)을 보면 큰 부자였다가 망한 집안의 이야기가 자주 등장한다. 그런 이야기에는 하나의 코드가 존재하는데 그게 바로 손님맞이에 관한 것이다.

시주를 온 스님을 주인이 박대하여 돌려보내거나 손님치레에 힘겨워하던 하인들이 주인의 명을 어기고 손님들을 박대하여 찾아오는 손님이 점점 줄었다거나 하는 것이 그것이다. 그렇게 찾아오는 사람이 점점 줄어들더니 결국 망했다는 게 결론이다.

내 주변에는 얼마나 많은 사람들이 있는지 살펴보아야 할 것이다.

목적이 없는 위대함

방향을 미리 정하지 않아야 학문이 넓어진다
博學無方(박학무방)
- 《소학(小學)》 중에서

"내가 예전에 동안(同安)이라는 마을에서 근무할 때의 일이다. 밤에 잠자리에 누워 있는데 종소리가 울리기 시작했다. 그런데 종소리가 한 번 울리면 내 마음이 먼저 달려가 그 다음에 울릴 종소리를 기다리고 있다는 것을 알게 되었다. 종소리 하나에 집중하는 게 아니라 그 다음 종소리를 향해 달려갔다는 뜻이다. 이때에 나는 깨달았다. '지금 현재에 충실하지 않고 서둘러 다음을 기대하고 먼저 미래를 기웃거리면 안 되는 것이로구나! 지금 현재에 충실해야 그 다음도 있는 것이로구나!'"

송나라의 대학자인 주자(朱子)의 고백이다. 주자는 공자와 맹자의 가르침을 기본으로 하면서도 공맹(孔孟)과는 조금 다른 스타일을 지닌 많은 학자들의 논리와 철학까지 더해 화학적 결합을 이루었고 이를 집대성하여 새로운 탑을 세웠다. 그렇기에 그의 학문을 그 이전과 구별하여 신유학(新儒學)이라 부르거나 주자학(朱子學)이라 독립적으로 부르기도 한다. 공자와 맹자에 얽매여 있던 유학(儒學)에 날개를 달아주었고 새로운 방향성을 제시했다.

그러나 그의 학문을 유학(儒學)의 순수한 결정체라고 말하기는 어렵다. 그는 유교 이외에 불교와 도교도 공부한 사람이다. 그의 학문을 신유학이라 하는 이유도 공자와 맹자의 학문에 도교와 불교의 이론을 가미해 보충했기 때문이다. 14세 때 아버지가 죽은 후 불교와 도교에 심취했으나 24세에 이연평(李延平)과 만나 그의 영향 하에서 정호와 정이 형제의 학문에 몰두하고 이를 종합 정리하여 주자학으로 집대성했다.

그러므로 따지고 보면 그의 학문은 유불선의 종합이라 해도 과언이 아니다. 그래서 위학(偽學:거짓 학문)이라는 비판에 직면해 정치적으로 탄압을 받았으며 스트레스 속에서 살아가며 수많은 질병에 시달리기도 했다. 그러면서도 80여 종의 책을 저술했다.

주자가 유학(儒學)의 새로운 지평을 열 수 있었던 이유는 아이러니하게도 유학(儒學)만이 옳다고 고집하지 않았기 때문이라고 할 수 있다. 오직 공자와 맹자의 것만을 금지옥엽으로 알고 거기에만 매달리지 않았기 때문이다. 그는 세상의 모든 이론과 철학과 생각에 대해 두려움을 갖지 않고 다가갔다. 스스로 전체를 다 이해하기 전까지는 판단을 내리지 않았다. 고정관념을 배제했기에 많은 학자들의 생각과 철학을 집대성할 수 있었다.

학문적으로 주자와 평생 동안 대립하며 논쟁을 벌였던 육상산(陸象山)이 있었지만 주자는 육상산을 개인적으로 비난하지 않았다. 철저한 학문적 파트너로 그를 인식하고 예우했고 그와의 논쟁을 통해 자신의 학문을 가다듬었다. 육상산에 대해 편 가르기 식으로 비난을 하는 제자들을 불러 꾸짖을 정도였다. 이러한 자세가 바로 주자를 만들었다고 할 수 있다. 다른 것을 배척하지 않는 정신, 이것이 바로 '일정한 방향을 미리 정하지 않아야 학문이 넓어진다'는 '박학무방(博學無方)'의 정신이다. 목적을 정하지 않아야 위대해진다.

"나는 5, 6세부터 생각에 잠겨 괴로워했다. 대체 천지사방의 바깥은 어떻게 되어 있을까? 사방은 끝이 없다고들 사람들이 말하지만 나는 꼭 끝이 있을 것만 같았다."

주자의 말처럼, 끝까지 가보겠다는 의지가 중요할 뿐이다.

뒤꿈치를 들면 오래 서 있을 수 없다
企者不立(기자불립)
- 《도덕경(道德經)》 중에서

경쟁은 양면성을 지니고 있다. 경쟁을 통해 나를 발전시킬 수도 있지만 당장의 경쟁에서만 승리하려고 할 경우, 오히려 나의 발전을 가로막을 수도 있기 때문이다.

"학문을 배우고 익히는 것은 누가 더 빨리 이루느냐의 문제에 있지 않다. 스스로 모든 것을 이해하는 경지에 오르는 것이 중요할 뿐이다. 그러므로 다른 사람과의 경쟁이 아니라 자기 자신의 나태함과 게으름과 싸우는 것이며 실제보다 과장되게 드러내 보이려고 하는 과시욕과의 싸움일 뿐이다. 스스로 충분하고 완벽하게 이루느냐의 문제이지 다른 사람과의 비교는 중요하지 않다. 그러나 요즘 사람들은 그저 남보다 빨리, 남보다 좀 더 높은 경지에 오르려고 욕심만 부리니 오히려 기초가 부족하여 제대로 이루지 못하고 있는 실정이다."

송나라의 학자, 정이(程頤)의 글이다. 경쟁하는 옆 사람만 이긴다고 해결될 문제가 아니라는 뜻이다. 경쟁에서 이기는 것만을 능사로 여기면 나 자신의 실제 실력과는 상관없이 옆 사람을 이기기 위해서만 노력하게 된다. 충분하고 완벽하게 실력을 쌓는 게 목적이 아니라 그저 옆 사람만 이기면 되는 구조가 된다. 경쟁이 오히려 실력을 쌓는 것에 방해가 되는 이유가 여기에 있다.

"뒤꿈치를 들면 오래 서 있을 수 없다(企者不立, 기자불립)."는《도덕경(道德經)》의 가르침도 이것과 같은 맥락이다. 뒤꿈치를 들면 실제보다 큰 것처럼 보일 수 있다.

그러나 계속 뒤꿈치를 들고 있을 수는 없다. 결국 주저앉게 된다. 그러므로 뒤꿈치를 드는 행위는 높아지는 행위가 아니라 오히려 주저앉기 위한 것이 되고 만다. 남을 의식해 뒤꿈치를 드는 꼼수가 아니라 실제로 나 스스로를 강하게 만들어야 한다.

'스스로 강해진다'는 의미로 '자강(自强)'이라는 말을 사용하기도 한다. 그렇다면 '자강(自强)'의 출전인《도덕경(道德經)》에는 어떻게 사용되었을까.《도덕경(道德經)》에서는 '승인자유력 자승자강(勝人者有力 自勝者强)'이라는 문장으로 되어 있다. "남을 이기는 사람은 힘이 있는(유력, 有力) 사람이지만 나를 이기는 사람은 강(强)한 사람이다." 남과 경쟁하는 게 아니다. 나 자신의 이기심과 욕심과 나태함을 이기라는 뜻이다.

그러므로 남을 이기기 위해 뒤꿈치를 드는 사람은 강자가 아니다.《도덕경(道德經)》에서는 뒤꿈치를 드는 사람(企者)과 함께 성큼성큼 내달리는 사람(跨者)도 언급하고 있다. "성큼성큼 내달리는 사람은 멀리 가지 못한다(跨者不行, 과자불행)."

주저앉지 않고 오래 서 있기 위해서는, 지치지 않고 멀리 가기 위해서는 어떻게 해야 하는가. 나만 이익을 취하려는 이기심을 버리고, 옆 사람과 경쟁하는 게 아니라 오히려 도와주어 친구로 만들어야 한다. 그렇게 하면 스스로 겸손하게 뒤로 물러나도 주변 사람들이 다투어 나를 앞장서게 만들고, 몸을 낮추고 있어도 주변 사람들이 나를 위로 끌어올려 높게 세울 것이다.

타인이 아니라 나와 경쟁하고, 나의 이기심과 싸워 이겨야 하는 이유가 여기에 있다.

누가 전쟁을 승리로 이끄는가

두려운 마음을 갖고 임해야 한다
臨事而懼(임사이구)
- 《논어(論語)》 중에서

자로(子路)는 공자의 제자 중에서 매우 독특한 위치를 차지하고 있었다. 공자보다 9년 연하의 나이였기에 제자 중에 나이가 많은 쪽에 속했고 마치 호위무사처럼 늘 공자의 지근거리에서 공자의 안전을 보장해주는 역할을 했다. 사마천(司馬遷)이 지은 《사기(史記)》를 살펴보면 "자로는 공자의 제자로 입문하기 전에는 '무뢰한(無賴漢)'이었다"는 기록이 있을 정도였으니 요즘 말로 하면 '동네 깡패' 정도가 아니었을까 싶기도 하다.

그러나 자로는 공자의 제자가 된 이후 용맹스럽고 순수한 원칙주의자로 변신한다. 그렇기에 아무리 스승인 공자라 하더라도 이해하기 힘든 행동을 하면 거침없이 나아가 공자를 비판한 유일한 제자였다. 스승 앞에서도 바른 소리를 해댈 정도니 그가 얼마나 순수했는지 알 수 있다. 흔히 말하는 '교언영색(巧言令色)'을 모르는 사람이었다고 하겠다.

공자가 제자들과 함께 무리를 지어 중국의 여기저기를 떠돌던 시절, 식량이 떨어지고 말았다. 배고픔에 지친 제자들이 하나 둘 병으로 쓰러지자, 자로가 공자 앞으로 나아가 화를 내며(子路慍見) 말했다. "군자도 이렇게 궁지에 몰릴 때가 있는 겁니까?(君子亦有窮乎)"

이 말은 그리 단순한 말이 아니다. "당신이 군자라면서 이렇게 궁지로 내몰리게 되다니, 이게 말이 되는 상황입니까? 당신이 군자라는 게 맞는 말입니까?"라는 뜻까지 내포하고 있기 때문이다. '온견(慍見)'에서 온(慍)은 화를 내는 것을 뜻한다. 감히 스승에게 화를 내며 말하다니!

이에 대한 공자의 대답은 다음과 같다. "군자도 궁지에 몰릴 수 있다. 다만 군자는 궁지로 몰릴수록 단단해지지만 소인처럼 폭발하여 함부로 하지 않을 뿐이다(君子固窮 小人窮斯濫矣)."

그러나 공자는 자로를 미워하지는 않았다. 다만 너무나 직선적이며 너무나 용맹함만을 앞세우는 것에 대해 걱정했을 뿐이다.

"재판에 임하여 당사자들의 몇 마디 말만 듣고도 정확하게 판결을 내릴 수 있는 사람이 있다면 그는 자로일 것이 분명하다.", "자로는 과단성이 있으니 정치를 담당하면 아주 잘 해낼 수 있을 것이다.", "자로는 천승의 제후국에서 재무와 국방의 장관이 되기에 충분하다."는 칭찬을 하곤 했지만 반면에 걱정도 내비치기도 했다.

"자로의 용맹스러움을 나는 따라갈 수가 없다. 그러나 그걸 어디에 써먹는단 말인가?", "내가 만약 전쟁을 진두지휘하게 된다면 호랑이를 맨손으로 때려잡고 배도 없이 강을 건너면서(暴虎馮河) 죽어도 후회하지 않을 정도로 앞뒤 가리지 않고 용맹스러운 자로와는 함께 하지 않을 것이다. 반드시 두려운 마음을 갖고 앞뒤를 정밀하게 살펴 훌륭한 대책을 세우는 사람과 함께 할 것이다(必也臨事而懼 好謀而成者也)."

싸우기를 즐겨하는 자는 큰 전쟁에서 승리하지 못한다. 그저 동네 주먹싸움에서 이길 수 있을 뿐이다. 두려워하는 마음이란 피해를 최소화하기 위해 안간힘을 쓰는 것을 말한다. 함부로 큰소리치며 나대는 게 아니다. 무서워 피하는 것도 아니다. 철저하게 대책을 세우는 것, 그게 두려운 마음을 갖는 것이다.

친(親)에서 의(義)로 발전하라

임금과 신하 사이는 의로움이 있어야 한다
君臣有義(군신유의)
-《맹자(孟子)》 중에서

맹자는 공적인 일과 사적인 일을 구분했다. "공적인 일도 일상적인 일을 하면서 할 수 있는 게 아닌가?"라는 질문에 맹자는 단호하게 '아니다'라고 말한다.

"한 사람이 세상을 살아가기 위해서는 많은 것들이 필요하다. 그런데 그런 것들을 개인이 모두 직접 만들어 사용해야 한다면 얼마나 지치고 피곤해지겠는가."라고 말하며 노심(勞心)하는 사람과 노력(勞力)하는 사람이 따로 있어야 한다고 주장한다.

노심(勞心)과 노력(勞力)에 대해 마음을 쓰는 것과 몸을 쓰는 것이라 번역하기도 하지만 더 정확하게 말한다면 공적인 일과 사적인 일로 구분하는 게 적절하다는 생각이다.

맹자는 그러면서 공적인 일을 하는 사람을 치인(治人, 다스리는 사람), 사적인 일만 하는 사람을 치어인(治於人, 다스림을 받는 사람)이라 구분하는데, 이는 요즘 우리가 사용하는 정치인과 국민 정도로 치환할 수 있을 것이다. 그런데 그 다음 설명이 재미있다.

"국민들은 정치인에게 밥을 나눠주는 사람이고 정치인은 국민들에게 밥을 얻어먹는 사람이다."라고 맹자는 정의한다. 그러면서 요순시대에 물을 관리하여 재난을 막아낸 우(禹)를 예로 들며 "8년 동안 치수사업을 하느라 집을 돌보지 못한 우(禹)의 경우를 보라. 그가 일상적인 삶을 살았더라면 많은 사람들이 고통을 겪어야 하지 않았겠는가."라고 말한다.

맹자가 말한 노심(勞心)과 노력(勞力), 치인(治人)과 치어인(治於人)이 단순한 계급적 구분이 아니라는 것을 알 수 있는 대목이다. 오히려 국민들이 정치인에게 밥을 주는 것이니 상하로 나누자면 국민이 더 위에 있다 해도 과언이 아닐 것이다.

자신이 먹고 사는 문제를 해결하는 게 아니라 다른 사람들의 먹고 사는 문제를 해결해주는 이가 정치인이라는 뜻이다. 이런 이야기 끝에 맹자가 내세운 것이 바로 '부자유친(父子有親) 군신유의(君臣有義)'다. 전체적인 맥락을 살펴보면 '부자유친'은 노력자(勞力者)와 치어인(治於人)의 윤리이자 사적 관계의 기본이라는 뜻이며 '군신유의'는 노심자(勞心者)와 치인(治人)의 윤리이자 공적 관계의 기본이라는 의미로 받아들이는 게 올바른 이해일 것이다.

친(親)은 서로 찬찬히 바라보는 것(見)을 의미한다. 관심을 갖고 바라보기에 불편한 것은 없는지 힘든 것은 없는지 금방 알아차리고 해결해 줄 수 있다. 아이를 기르는 것과 늙은 부모를 봉양할 때 반드시 필요하다.

의(義)는 양(羊)을 칼(伐)로 분해하는 것을 의미한다. 양을 잡아 제사를 올린 뒤에 그 양을 칼로 조각내어 제사에 참여한 사람들에게 나눠주는 것이다. 어떻게 나눠줘야 하는가. 인(仁)의 정신으로 나눠줘야 한다. 친한 사람이 아니라 가난한 사람과 약한 사람에게는 더 얹어주는 것, 그것이 바로 인의(仁義)이며 이것을 의리(義理)라고 말한다.

공적인 일을 하는 사람들(君臣)은 친한 사람을 챙기는 게 아니다. 의리(義理)를 지키는 사람들이 돼야 한다. 그것이 맹자가 말한 '군신유의(君臣有義)'의 참뜻이다.

잘 생긴 사람, 못 생긴 사람

외모로 사람을 판단하여 '자우'를 잃었구나!

以貌取人 失之子羽(이모취인 실지자우)

－《사기(史記)》 중에서

많은 성현(聖賢)들이 하나같이 입을 모아 '외모를 가지고 그 사람을 판단하면 안 된다.'라고 말한다. 정약용은 우리가 흔히 말하는 '관상(觀相)'에 대한 글을 남겼는데, 그것이 바로 <상론(相論)>이다. 정약용은 <상론(相論)>에서 이렇게 말하고 있다.

"서당에 다니며 공부하는 사람은 그 외모(相)가 아름답고, 시장바닥에서 장사하는 사람은 그 외모가 어둡고 칙칙하며, 가축을 기르는 사람들은 그 외모가 헝클어져 어지럽고, 노름꾼은 그 외모가 사납고 약삭빠르다. 이것은 무슨 이유 때문인가? 자신이 하는 말과 행동, 일상에서 몸과 마음에 익숙해진 것이 밖으로 드러나기 때문이다. 마음속에 간절한 것은 반드시 바깥으로 표현되는 법이다. 그래서 외모는 변한다. 그런데 사람들은 그 외모가 변한 것을 보고는 '아, 외모가 저러하니 저런 일을 하는구나!'라고 말한다. 이 얼마나 우매한 일인가!"

상(相)은 눈(目)으로 나무(木)를 보는 것을 뜻한다. 왜 하필 나무일까. 《주역(周易)》을 보면 "세상에 있는 것 중에 가장 볼만한 것을 뽑으라면 나무를 따라갈 것이 없다."라는 문장이 나온다. 눈에 보이는 모든 것 중에 나무가 으뜯이라는 것이니 눈에 보이는 것의 대표가 된 것이다.

정약용은 또 이런 말도 남겼다. "어떤 아이가 있는데 그의 눈동자가 빛나면 부모는 공부에 소질이 있다고 생각해 책을 사들이고 좋은 스승을 찾아가 아이를 부탁한다. 좋은 환경을 만들어주니 아이는 총명해지고 나중에는 그 능력을 인정받아 크게 출세한다. 또 얼굴이 통통하게 태어난 아이의 부모는 아이가 장차 돈을 많이 벌게 될 것으로 생각해 아이에게 돈을 더 물려주고 여러 가지 업무를 가르치니 세상물정에 밝아져 결국 큰 부자가 된다. 그러나 반대로 보잘것없이 생긴 아이에게는 미래에 대한 기대가 없어 아무렇게나 대하게 되고 결국 천박한 삶을 살게 된다. 이 얼마나 어리석은 일인가!"

결론은 외모가 삶을 결정하는 게 아니라 삶이 외모를 결정한다는 것이다. 공자의 제자 중에 한 사람인 담대멸명(澹臺滅明)은 매우 못 생긴 것으로 유명했다. 자(字)를 자우(子羽)라 했으므로 흔히 그를 자우(子羽)라고 부른다. 자우를 처음 본 공자는 그의 외모만 보고 '재능이 없겠구나'라고 생각하고 이후에 그를 살뜰히 챙기지 않았다. 그러나 공자의 문하에서 공부한 이후 급성장한 담대멸명(澹臺滅明)은 나중에 300여 명의 제자들을 거느린 대학자로 거듭났으며 여기저기서 초빙하려고 하는 유명인 중 한 사람이 되었다. 나중에 그 이야기를 전해들은 공자가 스스로 한탄하며 이렇게 말했다고 사마천의 《사기(史記)》에 기록되어 있다.

"말 잘하는 것만 보고 사람을 판단했다가 재여(宰予)에게 뒤통수를 맞더니, 외모로 사람을 판단했다가 자우를 잃었구나!(以貌取人 失之子羽)."

공자도 외모에 대한 편견이 있었다는 것을 알 수 있다. 그러나 공자는 우리와 다른 점을 지니고 있었다. 공자는 스스로 반성했으나 우리는 아직도 반성하지 못하고 있다는 점이 그것이다.

하늘에 죄를 지으면 빌 곳이 없다

獲罪於天 無所禱也(획죄어천 무소도야)

-《논어(論語)》중에서

동양에서 말하는 '하늘(天)'은 우리가 흔히 말하는 '하늘(sky)'과 그 의미가 조금 다르다.

"하늘에 죄를 지으면 빌 곳이 없다(獲罪於天 無所禱也)."는 공자의 말을 살펴보자. 하늘에 죄를 지었으면 하늘에 빌면 될 텐데, 공자는 그게 불가능하다고 말한다. 왜 그럴까. 도대체 '하늘'은 무엇인가.

천(天)은 대(大) 위에 한 획을 더 그은 글자다. 대(大)는 사람의 모양을 차용한 것이므로 천(天)은 사람보다 위에 위치한 그 무엇이다. 그러므로 이를 신(神)으로 파악하는 사람도 있다. 그러나 공자는 철저한 현실주의자로 추상적 개념인 신(神)을 말하는 사람은 아니었다.

"하늘에 순응하면 살아남을 것이요, 하늘을 거역하면 망할 것이다(順天者存, 逆天者亡)." 맹자의 말이다. 도대체 하늘이 무엇인데 순응하고 거역하는가.

맹자의 이 말을 이해하기 위해서는 '천명(天命)'이라는 개념을 가져와야 한다. '하늘의 명령'이라 번역하기도 하는데, 그 명령을 따르면 살아남고 그 명령을 따르지 않으면 망한다는 것이다.

'천명(天命)'이라는 개념은 주(周)나라 시절부터 사용되었다고 한다. 중국은 극히 평화스러웠던 요순(堯舜)시대를 거쳐 홍수를 잘 다스린 우(禹)가 왕위에 오를 때까지 태평성대를 구가한다. 당시까지 왕의 부자세습은 이루어지지 않았고 다만 현명하고 바른 사람이 왕의 자리를 물려받는 구조였다. 그러나 우(禹)가 세운 하(夏)나라 이후부터는 우(禹)의 자손들이 대를 이어 왕의 자리에 올랐다. 이후 17대째 왕위에 오른 걸(桀)은 정치를 엉망으로 하여 민심을 잃게 되고, 이후 탕(湯)이 걸을 몰아내고 새로운 나라를 세웠는데 그것이 상(商)나라다.

탕(湯)은 우(禹)와 달랐다. 우는 전임 왕이었던 순으로부터 평화롭게 왕위를 물려받았으나 탕은 전임 왕을 몰아내고 왕이 되었기 때문이다. 권력은 잡았지만 우와 비교하면 그 명분이 그렇게 강하지 못했다. 이러한 아픔을 이기기 위해 상나라는 점술(占術)에 의지했다. 흔히 말하는 '하늘의 뜻' 혹은 '하늘의 명령'을 내세우기 위해 점을 쳐서 그 결과를 가지고 명분을 취하려 했던 것이다. 거북이 등껍질이나 소의 뼈를 이용해 점을 치는 것에서 파생된 갑골문자(甲骨文字)의 시작이 상나라였음을 생각한다면 쉽게 이해가 될 것이다.

그러나 점술로 나라를 이끄는 것에는 한계가 있을 수밖에 없었다. 상나라의 마지막 왕인 주(紂)가 포악한 정치를 이어가니 결국 민심을 잃었고 이에 무왕(武王)이 나타나 상나라를 멸망시키고 주(周)나라를 건국한다. 무왕은 "상나라는 천명(天命)을 잃었고 이제 주나라가 천명(天命)을 받아 새 나라를 건설한다"라고 주장하며, '명(命)을 바꾸었다'라는 뜻으로 '혁명(革命)'을 이야기했다. 결국 '천명(天命)'이라는 개념은 주나라에서부터 시작되었고 주나라를 이상향으로 생각한 공자는 이를 이어받았다. 그러므로 공자가 말한 '하늘(天)'은 주나라가 말한 '천명(天命)'과 같다고 할 수 있다.

상나라의 하늘이 주술적인 것이었다면 주나라의 하늘은 실용적인 것이었다. 주나라의 하늘은 백성들을 뜻했다. 민심(民心)을 잃으면 천명(天命)이 떠났다고 말하고 민심(民心)을 얻으면 천명(天命)을 받았다고 했기 때문이다. 동학에서 말하는 '인내천(人乃天)'의 뿌리가 이것이라 해도 과언이 아니다. 개인들은 이기적이지만, 끼리끼리 모이면 이기적이지만, 서로 다른 개인들이 자연스럽게 하나로 일치된 의견을 보이게 된다면 그것이 바로 '하늘의 뜻'이 된다. 《상서(尙書)》를 보면 더욱 확연해진다. "하늘은 백성의 눈으로 보고, 백성의 귀로 듣는다(天視自我民視 天聽自我民聽)."

그러므로 하늘은 민중을 뜻하는 말이다.

민중이 좋아하는 것을 함께 좋아하라
民之所好好之(민지소호호지)
- 《대학(大學)》중에서

　공자는 항상 《주역(周易)》을 손에서 놓지 않고 들여다보았다고 한다. 《주역(周易)》의 어떤 점에 공자는 매료되었을까. 《주역(周易)》을 한마디로 설명하는 것은 매우 어려운 일이지만 굳이 그렇게 해야 한다면 '겸손하라' 정도가 되지 않을까 싶다.

　역(易)은 변화를 뜻한다. 어둠이 깊어지면 아침이 오고, 어려움과 혼란이 길어지면 평화로움이 도래한다는 게 《주역(周易)》의 가르침이다. 억지로 무엇인가를 도모하는 게 아니라 겸손한 자세로 주변의 변화를 파악하면서 때를 기다리는 것이 중요하다.

　공자가 《주역(周易)》을 좋아했다면 주자는 《대학(大學)》에 매달렸다. 《대학(大學)》의 가르침은 수신제가치국평천하(修身齊家治國平天下) 9글자에 농축되어 있다. 최종 목적지는 평천하(平天下)다. 어느 특정 국가나 마을이 아니라 온 세상이 평화롭고 아름답게 되는 것을 추구한다. 그렇다면 평천하를 위한 구체적인 방법은 무엇인가. 주자는 '혈구지도(絜矩之道)'를 말한다.

　혈(絜)은 측정하는 것을 뜻하고 구(矩)는 'ㄱ'자 모양의 자를 뜻한다. 혈구지도(絜矩之道)라 하면 '자를 들고 바르게 재는 법' 정도가 될 것이다. 예를 들자면 자를 들고 목재의 크기를 재는 것을 말한다. 자기에게 필요한 무엇을 만들기 위해 목재를 톱으로 자르거나 하지는 않는다. 목재의 특징을 정확하게 파악할 뿐이다. 목재는 민중이고 자를 들고 재는 사람은 위정자다. 위정자가 자기 뜻을 관철시키기 위해 민중을 재단하지 않는다. 오히려 민중의 뜻을 파악하여 민중이 원하는 바를 실현시켜준다.

주자의 설명을 들어보자. "윗사람이 부당한 명령을 내리는 게 싫다면 너도 아랫사람에게 부당한 명령을 내리지 말라. 아랫사람이 하는 일이 마음에 들지 않다면 너도 윗사람을 대할 때 바로 그것을 생각하며 조심하라. 친구가 너에게 하는 행동이 부당하다고 느낀다면 너는 친구에게 그렇게 하지 말라. 이 것이 '혈구지도(絜矩之道)'다."

유학(儒學)에서 말하는 '평천하'는 타인의 마음을 헤아리는 것에서 시작된다. 윗사람이 나를 대하는 태도가 마음에 들지 않더라도 일단 겸손하게 받아들인다. 그리고 변화가 올 때까지 스스로 자기를 단련하며 때를 기다린다. 나의 노력이 결실을 맺어 윗사람이 되었다면 이제부터 내가 싫어했던 윗사람의 행태를 내가 좋아했던 윗사람의 행태로 변화시킨다.

내가 싫어하는 것을 다른 사람에게 시키지 않는다. 내가 좋아하는 것을 다른 사람에게 시키는 것과 차원이 다르다. 내가 좋아한다고 해서 타인이 그걸 좋아할 것이라고 생각하는 것 자체가 폭력이 될 수 있기 때문이다. 내가 좋아하는 것을 타인에게 권하는 게 아니라 타인이 무엇을 좋아하는지 파악하기 위해 정교한 자를 들고 상대를 면밀히 살펴본 후에 그가 원하는 것을 파악하여 제공한다. 그렇다면 내가 원하는 것은 어떻게 얻을 수 있을까. 내가 한 것과 똑같은 방법으로 타인이 나를 살펴 제공해준다. 이것이 바로 유가(儒家)가 꿈꾼 지상천국이다.

주자는 또 이렇게 설명했다. "업무에 임할 때, 내가 좋아하는 것을 이루려고 하는 게 아니라 민중이 좋아하는 것을 이루려고 노력하라. 민중이 좋아하는 것을 함께 좋아하고 민중이 싫어하는 것을 함께 싫어하며 이익을 독차지하지 않는 것, 이것이 바로 혈구(絜矩)의 뜻을 이루는 것이다. 민중의 마음을 얻으면 나라를 얻을 수 있고, 민중의 마음을 잃으면 나라가 무너진다(得衆得國 失衆失國)."

《대학(大學)》의 가르침은 이토록 명확하다. "민중이 좋아하는 것을 민중과 함께 좋아하고 민중이 싫어하는 것을 민중과 함께 싫어하라. 이렇게 하는 사람을 민중의 부모라 말한다(民之所好好之 民之所惡惡之 此之謂民之父母)."

'포퓰리즘' 아니냐고 폄하하면 안 된다. 혈구지도(絜矩之道)를 실천한다고 칭찬해줘야 한다.

좋은 친구를 만드는 방법

마음을 단정히 씻고 스스로 일어서라

洗心立脚(세심입각)

-《격몽요결(擊蒙要訣)》중에서

자식이 잘못된 길로 빠져 어려움을 겪게 되면 '우리 아이는 착한데 친구를 잘못 만나서…'라고 말하는 부모도 있다. 대중적으로 잘 알려진《명심보감 (明心寶鑑)》을 들춰봐도 친구를 잘 만나야 한다는 말이 자주 등장한다.

"어떤 사람에 대해 알고 싶다면 그 친구를 보면 된다.", "지혜로운 어버이와 형이 없고, 엄한 스승과 친구도 없다면 성공하기가 매우 어렵다."

그렇다면 어떻게 해야 좋은 친구를 만날 수 있을까. 그리고 좋은 친구를 만나면 왜 나에게 도움이 된다는 것일까.

앞서《명심보감》을 이야기했지만《명심보감》만 가지고는 많이 부족하다. 깊은 의미를 깨우치기가 어렵다. 본격적인 학문서가 아니기 때문이다. 철학이 아니라 '생활의 지혜' 정도를 소략하게 다루고 있다고 보는 게 적절할 것이다.《명심보감》을 들춰보다가 "가난하게 살면 번화한 시장거리에 살아도 서로 아는 사람이 없고, 넉넉하게 살면 깊은 산 중에 살아도 먼 데서 찾아오는 친구가 있기 마련이다."라는 대목에 이르러서는 고개를 갸웃하게 되는 까닭이 여기에 있다.

주자가 엮은《근사록(近思錄)》을 살펴보면《명심보감》과는 그 느낌이 사뭇 다른 이야기들이 나온다.

"안절부절 못하며 왔다 갔다 하면 가까운 친구들이나 너를 따를 뿐 아무런 발전도 이루지 못할 것이다(憧憧往來 朋從爾思)."

《근사록》에 나오는 이 문장은《주역(周易)》을 출전으로 하고 있다. 그런데 '동동왕래 붕종이사(憧憧往來 朋從爾思)'라는 문장을 보고 '자주 왕래하며 빈번하게 만나야 친구들이 나를 잘 따른다'로 해석하여 긍정적으로 설명하는 글을 읽은 기억이 있다. 이것은 잘못된 번역이다.

이 내용은《주역》에서 함괘(咸卦)를 설명할 때 나오는데, 전체적인 의미는 '조용히 단정하게 있어라'라는 뜻이다. 함괘는 산 위에 연못이 있음을 뜻한다. 주체는 산이다. 산이 가만히 있으면 연못의 물이 자연스럽게 산으로 흡수되어 초목이 푸르게 자라난다. 그러나 산이 흔들리면 물이 출렁이고, 물이 출렁이면 산을 깎아내려 산이 무너지게 된다. 그러므로 함부로 움직이지 말아야 한다. 조용히 안으로 힘을 비축하고 있으면 저절로 강해진다.

그런 의미로 '동동왕래 붕종이사'를 살펴보자. 과묵하게 기다리지 않고 일희일비하며 우왕좌왕하면 나와 비슷한 생각을 하고 있는 친구들만 나를 따르며 우왕좌왕할 뿐, 세상은 까딱도 하지 않는다는 뜻이 된다.

여기서 친구는 부정적인 뜻으로 쓰인다. 나와 생각이 같은(爾思) 친구들(朋)이 나를 따른다(從)는 것은 무엇을 뜻하는가. 우왕좌왕하는 나처럼 똑같이 우왕좌왕하는 친구들을 말한다. 내가 친구를 닮아가는 게 아니다. 친구들이 나를 닮아간다. 주체는 언제나 '나'이기 때문이다. 친구는 객체고 주체는 '나'다. 좋은 친구를 만나라는 것은 스스로 내가 좋은 사람이 되라는 것이지 좋은 사람을 찾아가 친구가 되라는 뜻이 아니다. 내가 좋은 사람이 아닌데 어떻게 좋은 사람과 친구가 될 수 있겠는가. 그렇기에 유가(儒家)에서는 좋은 친구를 사귈 수 있는 전제조건을 이렇게 말한다. '스스로 좋은 사람이 되

어라.'

율곡은 《격몽요결(擊蒙要訣)》의 머리말을 통해 이렇게 말했다.

"훌륭한 스승, 좋은 친구를 찾아 헤매지 말고 먼저 네 마음을 단정히 씻고 스스로 일어서라(洗心立脚)" 먼저 나를 단정하게 만들어야 한다. 그렇게 하면 좋은 사람들이 다투어 나를 찾아오게 된다. 그게 인지상정이다. 내 인생의 주인공은 좋은 친구가 아니다. 나 자신이다.

피서, 망서, 승서

여름엔 베옷을 입고, 겨울엔 털옷을 입는다
夏葛而冬裘(하갈이동구)
－《근사록(近思錄)》중에서

피서(避暑)는 더위(暑)를 피해(避) 시원한 곳으로 옮겨가는 것을 뜻한다. 그런데 농사를 짓는 사람들에게 있어 여기저기 옮겨 다니는 것은 익숙하지 않은 일이었다.

예로부터 목축을 하는 사람들은 가축들이 초원의 풀을 다 뜯어먹어 주변이 황무지로 변하면 풀이 무성한 곳으로 자리를 옮겨야 했다. 혹은 적의 공격을 받거나 질병으로 가축들이 다 죽으면 다른 부족들이 키우는 가축을 약탈하기 위해 먼 길을 떠나곤 했다. 옮겨 다니는 게 익숙했다는 뜻이다.

그러나 농사를 짓는 사람들은 달랐다. 자기가 일군 논밭을 떠날 수 없었다. 자연재해나 전쟁으로 농사를 망쳤더라도 씨앗만 잘 보관하고 있다면 내년을 기약할 수 있기에 그들은 한번 정착한 곳을 버리는 일은 하지 않았다.

근거지를 버리고 떠나는 경우는 자신이 잘못을 저질러 주변 사람들에게 내쫓김을 당하는 게 고작이라고 할까. 특히 사람들의 도움이 없으면 농사를 제대로 지을 수 없기에 주변 사람들과의 관계는 그 무엇보다 중요한 일이었다. 그러므로 서로가 서로에게 의지하는 게 습관이 되어 버렸다. 개인주의는 발붙일 수 없었다.

이런저런 이유로 그들은 떠나지 않고 견디는 DNA를 지니게 된 것이다. 그렇기에 유가(儒家)에서는 피서(避暑)가 아닌 망서(忘暑) 혹은 승서(勝暑)를 내세우곤 한다.

망서(忘暑)는 더위(暑)를 잊는(忘) 것이고, 승서(勝暑)는 더위(暑)를 이겨내는(勝) 것이다. 이긴다고 하여 더위와 싸운다는 뜻이 아니다. 적이 쳐들어왔을 때, 성문(城門)을 단단히 걸어 잠그고 일절 대응하지 않고 견뎌내는 것이다. 그 시간이 길어지면 적은 제풀에 지쳐 후퇴하게 된다. 중요한 것은 얼마나 오랫동안 단단하게 나를 지켜내는가의 문제일 뿐이다.

더위에 대응을 하지 않으니 망서(忘暑)가 되고, 그렇게 견뎌내니 가을이 다가와 여름은 물러난다. 그러니 싸우지 않고도 이기는 승서(勝暑)가 아니겠는가.

조선의 임금 중에 가장 뛰어난 리더십과 심오한 통치철학을 겸비했던 정조(正祖)의 예를 살펴보자.

정조가 거주하던 창덕궁 관물헌(觀物軒)은 궁궐 안에서도 무척이나 더운 곳이었다. 이에 신하 중 한 사람이 정조에게 "여기는 너무 더우니 서늘한 곳으로 옮기는 게 어떻겠습니까?"라고 말했다. 그러나 정조는 단호하게 고개를 저으며 이렇게 말했다고 한다.

"지금 이곳을 버리고 서늘한 곳으로 옮긴다고 하여 더위가 없어지겠습니까? 그저 조금 더위가 덜할 뿐이겠지요. 그러나 또 거기서 지내다보면 다시 더위를 느끼게 될 것입니다. 그러면 또 조금 더 서늘한 곳으로 옮기고 싶은 생각이 들겠지요? 그렇게 계속 옮겨 다닐까요? 그건 아니지요. 여름이면 더운 게 정상입니다. 여기서도 정신을 집중하여 책을 읽다보면 더위는 잊을 수 있습니다."

기다리면 서늘한 가을이 온다. 억지로 서늘한 곳을 향해 달려갈 필요가 없는 이유다. 유가(儒家)에서 흔히 말하는 것 중에 "여름엔 베옷을 입고, 겨울엔 털옷을 입는다(夏葛而冬裘)."라는 것이 있다. 이는 도가(道家)와 유가(儒家)의 차이점을 설명할 때 주로 사용되는 말이다. 도가(道家)에서는 고통에서 벗어나 신선(神仙)이 되기 위해 기기묘묘한 기술을 사용한다고 하는데 이를 '방술(方術)'이라고 한다. 그러나 유가(儒家)에서는 신기하고 묘한 기술을 사용하지 않는다. 상식적이고 합리적인 방법을 사용할 뿐이다. 여름에는 시원한 옷을 입고, 겨울에는 따스한 옷을 입으며, 배고프면 밥을 먹고 목마르면 물을 마신다. 이를 적절히 조절하면 자연스럽게 건강을 유지할 수 있기 때문이다.

현실에서 도피하지 않고 생활 속에서 실천할 수 있는 가장 적절한 방법을 찾는다. 더위도 피하지 않는다. 싸우지도 않는다. 다만 견뎌서 이겨낼 뿐이다.

말과 행동을 일치시키려고 억지로 노력하지 말라

제대로 알면 반드시 행동으로 연결된다
知行合一(지행합일)
－《전습록(傳習錄)》 중에서

　말과 행동이 다른 것은 부끄러운 일이며 그런 사람은 가까이 하지 말라고 선배들은 우리에게 충고해준다. 말은 아는 것이며 행동은 아는 것의 실천이다. 그런데 과연 그러한 원칙에 충실한 사람이 몇이나 있을지 궁금해지는 요즘이다.

　아는 것과 행동하는 것의 불일치는 일부 특정한 사람의 전유물은 아니다. 대부분의 사람들이 여기에서 자유롭지 못하다. 왜 이런 일이 일어나는 것일까. 이처럼 어려운 일을 왜 선배들은 우리에게 강조하는 것일까.

　여기서 한 가지 짚고 넘어가야 할 것은 흔히 말하는 '지행합일(知行合一)'에 대한 이해에 관해서다. '지행합일(知行合一)'은 우리말로 어떻게 옮겨야 정확한 것일까. 어떤 사람은 '지식에는 반드시 실행이 따라야 한다'라고 해석하기도 하고 '지식과 행동이 서로 일치해야 한다'라고 해석하는 사람도 있다. 그런데 이런 식으로 해석을 하면 지식과 행동이 각각 서로 다른 것으로 인식된다. 'A에는 반드시 B가 따라야 한다' 혹은 'A와 B가 서로 일치해야 한다'라는 의미가 되기 때문이다. 과연 이렇게 인식하는 게 바른 것일까.

　'지행합일(知行合一)'이라는 문장을 최초로 사용한 사람은 중국 명(明)나라의 학자인 왕수인(王守仁, 1472 ~ 1528)이다. 호가 양명(陽明)이므로 왕양명이라 부르기도 한다. 주자의 학문을 주자학이라 부르는 것처럼 왕양명의 학문을 양명학이라 부른다.

왕양명의 학문은 주자학에 대한 비판에서 시작된다. 주자학은 '하늘의 이치가 나의 본성(天命之謂性)이 되므로 내가 지닌 본성이 하늘의 이치다(性卽理). 하늘의 이치를 따르는 삶이 바른 삶이다(率性之謂道).'라는 것을 기본으로 삼는다. 우주만물의 이치를 내가 이어받았다는 뜻이다. 그러나 왕양명은 '성즉리(性卽理)'를 '심즉리(心卽理)'로 바꿔버린다.

주자는 세상의 온갖 것들을 열심히 공부하면 하늘의 이치를 발견할 수 있고 그 이치가 나에게도 있음을 깨닫게 된다고 설파하지만 왕양명은 하늘의 이치가 따로 있어 그걸 내가 발견하는 게 아니라 이미 내 마음에 그게 있으므로 주자가 이야기하는 번잡스러운 과정은 생략되어도 된다고 말한다. 실용적인 논리를 세운 것이다. 사서오경(四書五經)을 통독하지 않은 일반인들도 성인(聖人)이 될 수 있다는 뜻이기 때문이다.

당나라는 지방에 권한을 많이 주다가 결국 지방세력의 반란으로 멸망했다. 당나라에 이어 중국을 지배하게 된 송나라는 중앙의 권력 강화가 나라를 유지하는 필수요소라고 파악했다. 송나라 사람인 주자가 하늘의 뜻(天命)을 강조한 이유가 여기에 있다고 말하는 사람도 있다.

그러나 명나라는 달랐다. 중앙정부가 세금을 늘리자 농민들이 반란을 일으켰다. 하늘이 중요한 게 아니라 내 입이 중요했다. 아무리 하늘의 이치가 내 안에 존재한다고 주장해도 이미 '하늘'이라는 단어가 지닌 권위는 땅에 떨어진 상태였다. 이러한 사회적 요구에 힘입어 왕양명은 구태의연한 '하늘'을 삭제하고 각 개인의 마음에 집중한 것이다.

결국 왕양명이 주장한 '지행합일(知行合一)'은 '지(知)와 행(行)은 하나다'

라는 뜻이며 "제대로 알면 반드시 행동으로 연결된다."로 번역해야 바른 이해가 가능하다. 제대로 실천하지 않는 게 아니라 아직 제대로 모르기 때문에 실천하지 못하는 것이다. 아는 것과 실천이 따로 존재하는 게 아니다. 하늘의 뜻이 있고 그걸 내가 받아들이는 게 아니다. 아는 것과 행동을 맞추려고 노력하는 것 자체가 모순이 된다. 이미 하나인데 무엇을 맞추려고 노력하겠는가. 행동하는 것을 보면 딱 그만큼 그가 알고 있는 그대로라고 파악하면 되는 것이다.

억지로 맞추려고 노력하지 말고 더 열심히 내 양심에 귀를 기울이자.

《오자병법》과 《손자병법》

죽기를 각오하고 싸우면 결국 죽는다
必死可殺也(필사가살야)
―《손자병법(孫子兵法)》 중에서

춘추전국시대는 사람에 대한 대대적인 학살과 전쟁이 이어지는 폭력의 시대였다. 사람들은 '여기가 바로 지옥'이라는 생각으로 고통스럽게 살아갈 수밖에 없었다. 그런데 이 시기에 걸출한 사상가들이 연이어 등장하게 된다. 이들을 제자백가(諸子百家)라고 부른다. 고통 속에 사는 사람들은 평화와 안정을 간절히 바라게 되고 그런 간절함이 새로운 사상가들을 만들어낸 것이다. 간절함은 이토록 위대하다.

수많은 사상가들이 등장하지만 당시 권력자들에게 인기가 높은 사람은 유가가 아니라 법가(法家)나 병가(兵家) 쪽 사람들이었다. 전쟁에서 이겨야 살아남을 수 있는 시기였기에 당연히 전쟁을 승리로 이끌 사람이 필요했고, 그렇기에 병가(兵家)는 당시 권력자의 입맛에 딱 맞는 인재였다.

병가의 대표적인 인물로 아직도 회자되는 사람이 바로 오기(吳起)와 손무(孫武)다. 각각《오자병법》과《손자병법》이라는 병법서(兵法書)를 남긴 인물이다.

오자는 오직 승리만을 위해 모든 것을 불태운 인물이다. 그는 원래 공자의 제자인 증자의 문하에서 공부하던 사람이었다. 그런데 증자의 문하에 들어가

289

6년을 공부하면서 한 번도 고향의 노모를 찾지 않았다. 이에 증자가 그를 불러 "공부가 중요하다고 하지만 노모도 찾아뵙는 게 도리"라고 충고했다. 그러나 오자는 "한 나라의 정승 자리에까지 오르기 전에는 찾아뵙지 않기로 결심했다."고 말하며 노모를 찾아뵙는 것을 거부했다. 몇 개월이 지난 후 노모가 죽었다는 소식이 들려왔다. 소식을 들은 오자는 엎드려 크게 통곡하더니 다시 자세를 바로하고 책을 읽기 시작했다. 성공에 대한 그의 의지는 이토록 강건했다. 그러나 스승인 증자의 눈에는 인륜을 저버린 불효자로 비칠 뿐이었다. 증자는 "나는 너 같은 놈을 제자로 둘 수 없다!"라고 선언했고 그는 증자의 문하를 떠나게 되었다. 이후 독학을 통해 일가를 이루게 된다.

그가 이름을 크게 떨친 일화도 매우 파격적이다. 제나라의 침공을 눈앞에 둔 노나라가 제나라의 침공을 막아낼 장군을 급히 구하기 시작했다. 이때 오자의 이름이 거명됐으나 오자의 아내가 제나라 사람이라는 점이 결격사유로 등장했다. 이 소식을 들은 오자는 아내의 목을 잘라 노나라 왕을 찾아간다. "오직 노나라의 승리를 위해 싸우겠다는 결의를 보이기 위해 아내의 목을 가져왔다." 그는 장군으로 등용되었고 제나라를 물리치고 이름을 떨친다. 그러나 아내를 죽인 사람이라는 꼬리표로 인해 중용되지 못하고 좌절한다. 이후 여러 나라를 오가며 전쟁을 승리로 이끌었다. 그가 위나라의 장군으로 있을 때, 병졸의 몸에 난 종기를 입으로 빨아 치료했다는 일화는 '오기연저(吳起吮疽)'라는 고사성어로 아직도 회자되고 있다. 승리를 위해서라면 모든 것을 했던 그였지만 바로 그러한 이유로 많은 적을 만들어 비참하게 죽고 말았다.

이순신 장군이 사용했다고 알려진 '사즉생 생즉사(死則生 生則死)'도《오자병법》에 나온 말이다. 그런데《손자병법》에는 이와 전혀 다른 이야기가 나온다. "죽기를 각오하고 싸우면 죽고, 살기를 원하면 사로잡혀 포로가 된다(必死可殺也 必生可虜也)."

오기와 손무의 차이는 여기서 갈린다. 오기는 문제 해결의 방식으로 전쟁을 생각한다. 그렇기에 수단과 방법을 가리지 않고 이기는 것을 추구한다. 그러나 손무는 전쟁을 문제 해결의 방법 중에 가장 아래에 있는 것으로 생각한다. 그래서 싸우지 않고 이기는 것을 추구한다.

'죽기를 각오하면 죽게 된다'는 그의 말은 의미심장하다. 최종적인 목표는 승리도 아니고 죽고 사는 것도 아니다. 그에게 전쟁이란 문제를 해결하기 위한 수단에 불과하다. 수단을 목표로 삼는 것은 우매한 일이다.

삼강오륜(三綱五倫)에 대하여

인(仁)은 서로 함께하는 두 사람이다
仁者 二人相與也(인자 이인상여야)
-《여유당전서(與猶堂全書)》중에서

유학(儒學)이라고 하면 흔히 제일 먼저 '삼강오륜(三綱五倫)'을 머리에 떠올리는 사람들이 많다. 사전을 찾아보면 "유교 도덕사상의 기본이 되는 세 가지 강령과 다섯 가지 인륜(人倫). 삼강은 군위신강(君爲臣綱)·부위자강(父爲子綱)·부위부강(夫爲婦綱)이며, 오륜은 부자유친(父子有親)·군신유의(君臣有義)·부부유별(夫婦有別)·장유유서(長幼有序)·붕우유신(朋友有信)이다."라는 해설을 만나게 된다.

그러나 과문(寡聞)한 탓인지 몰라도 유가(儒家)에서 성인(聖人)으로 추앙하는 공자나 맹자가 삼강오륜에 대해 말했다는 것을 들어본 기억이 없다. 굳이 찾아본다면《맹자(孟子)》에 비슷한 대목이 나오기는 한다.

맹자가 등(滕)나라의 태자(太子)인 문공(文公)을 만나 대화를 나누는 대목이다. 요약하면 다음과 같다.

"요임금 시절에는 홍수가 심하고 농사기술이 발전하지 못해 식량이 부족했으며 맹수들이 많아 사람들이 살기 힘들었다. 요임금은 순임금에게 이를 해결하라고 지시했고 순임금은 익(益)을 시켜 불로 맹수들을 물리쳤다. 이후 우임금은 수로를 정비하여 홍수를 해결했고 후직(后稷)은 농사기술을 발전시켜 식량문제를 해결했다. 먹고 사는 문제가 해결되자 이젠 교육에 힘을 기울였다. 설(契)을 사도(司徒)에 임명하여 인륜(人倫)을 가르치게 했다. 인륜이란 부자 사이의 친애함(父子有親), 군신 사이의 의리(君臣有義), 부부 사이의 구별(夫婦有別), 어른과 아이 사이의 차례(長幼有序), 친구 사이의 믿음(朋友有信) 등을 말한다. 이처럼 지도자들은 직접 농사를 짓지 않더라도 세상 사람들을 널리 이롭게 하는 것에 매달려 왔다."

전체적인 맥락은 무엇인가. '정치 지도자는 직접 몸을 움직여 세상에 이익을 주는 게 아니라 문제를 파악하고 해결책을 찾고 적절한 사람을 찾아 일을 맡겨 세상에 이익을 주는 사람이다.'라는 것을 설명하고 있다. 인륜에 대한 이야기는 그 과정에서 예를 든 것일 뿐 큰 주제는 아니었다.

먼저 안정된 삶을 영위하게 만들어준 후에 교육을 시키라는 순서의 의미도 있다. 더 좁혀서 인륜에 주목하더라도 '오직 내 생각만 하고 내 이익만 찾지 말고 상대방을 존중하고 배려하며 사랑하라'는 인(仁)의 정신을 드러낸 것이다.

인(仁)은 유가사상의 가장 핵심이라고 할 수 있는데, 다산 정약용은 인(仁)을 '이인(二人)', 바로 '두 사람'이라고 해석한다. 그리고 두 사람을 '상여(相與)'라고 설명한다. 서로 함께하는(相與) 것이 인(仁)의 정신이라는 뜻이다. 너와 나를 구분하지 않는다. 아들은 부모의 DNA를 지니고 태어났으니 독립된 새로운 그 무엇이 아니라 부모의 연장선에 함께 존재한다. 부부, 친구, 직장 동료 등 세상 모든 사람들이 이렇게 연결되니 인(仁)이다.

그런데 맹자는 왜 굳이 부자유친, 군신유의, 부부유별, 장유유서, 붕우유신을 예로 든 것일까. 당시 사회에서 가장 지켜지지 않는 부분을 꼬집은 것이다. 온통 전쟁만을 일삼는 시대였기에 아버지는 전쟁터로 나가 죽어버렸고 아들은 아버지 얼굴도 모르고 성장하게 되었다. 그러니 가정이 붕괴되었다.

사람들은 그저 살아남기 위해 안간힘을 쓸 수밖에 없었고 당연히 윤리와 도덕은 뒤로 밀리고 이익과 생존을 위해 짐승처럼 살게 되었다. 맹자는 이것을 지적한 것이다. 그러므로 이 다섯 가지의 지적을 마치 원칙인 것처럼 떠받들며 외운다는 것은 조금 우스운 일이다. 그런데 왜 '삼강오륜'을 마치 유학의 대원칙처럼 여기게 된 것일까.

철학이 아니라 행정의 도구로 유가의 사상을 이용하려 했던 한(漢)나라의 동중서(董仲舒)가 이를 내세웠기 때문이다. 공자와 맹자의 자유롭고 풍성했던 사랑의 사상이 동중서의 손을 거쳐 답답하고 완고하게 퇴보한 것이라 할 수 있다.

차례(茶禮)와 제사(祭祀)

명절에는 그 시기에 나는 것으로 상을 차려라
俗節則薦以時食(속절칙천이시식)

─《격몽요결(擊蒙要訣)》중에서

춘추시대 제(齊)나라의 왕이었던 경공(頃公)이 공자를 만난 후 그를 기용하려고 하자 당시 제나라의 재상으로 있던 안영(晏嬰)이 반대하며 "자고로 유가의 사람들은 번잡스럽게 제사의 절차나 따지는 사람들이기 때문에 현실 문제를 해결하는 데는 한계가 있다"라고 말했다. 결국 공자는 자리를 얻지 못했다.

안영은 당시 중국 내 최고의 재상으로 이름이 높던 사람이었다. 백성들을 자기 몸처럼 아꼈고, 근검절약하여 고기도 멀리했다. 박학다식했으며 아부를 모르는 강직한 성품으로 '형벌을 줄이며 세금을 가볍게 하라'는 주장을 펴던 사람이었다. 그런 안영이 공자를 비난하며 내세운 논거가 장례와 제사였으니 유가에서 장례와 제사를 얼마나 중요하게 생각했는지 짐작할 수 있다.

요즘 주변을 둘러봐도 제사에 대해 부정적인 시선을 지닌 사람들을 심심치 않게 만나게 된다. '죽은 사람이 음식을 먹는 것도 아니고…', '절차가 너무 복잡해.'라고 말하기도 한다. 안영도 아마 비슷한 생각을 했을지도 모르는 일이다. 그렇다면 이러한 비판은 적절한 것일까?

율곡이 지은《격몽요결(擊蒙要訣)》에는 공부와 사회생활 등에 관한 이야기와 함께 장례와 제사에 대해서도 많은 분량을 할애하고 있다. 게다가 다른 부분과는 달리 장례와 제사의 절차를 깨알같이 구체적으로 적고 있으니 무게의 중심이 여기에 있는 게 아닌가 하는 생각이 들 수도 있다.

그렇다면 율곡도 안영이 비판한 것처럼 장례와 제사에 집착했던 것일까? 결론부터 이야기한다면 '아니다'가 정답이다. 율곡은 '장례와 제사는 주자가 만든 《주자가례(朱子家禮)》를 따르라'고 하고 있다. 그렇다면 주자가 왜 《주자가례》를 만들었는지 따져볼 필요가 있다.

주자는 극도로 번잡스럽고 사치스러워진 송나라의 장례와 제사를 보며 문제의식을 느낀 사람이다. 그는 매우 합리적인 사람이었으며 공자와 마찬가지로 귀신을 믿지도 않았다. 그런 그가 제사와 장례에 대해 구체적인 절차와 방법을 자세히 책으로 엮은 이유는 이를 간소하게 만들기 위함이었다. 마음이 중요한 것인데 절차에만 매달리는 가짜들에게 보내는 비판이었으며 주변 사람들을 따라하려다가 절망하는 나머지 사람들에게 용기를 주기 위함이었다.

이는 율곡도 마찬가지였다. 그는 《주자가례》를 언급하면서도 그보다 더 간결하고 쉬운 절차를 제시했다. 중국과 한국의 문화적 차이와 생활환경의 차이를 고려하여 우리나라 스타일을 제시한 것이다. 어동육서(魚東肉西)나 홍동백서(紅東白西) 등 복잡한 규칙은 주자도 율곡도 말하지 않았다는 것을 알아야 한다.

율곡이 강조한 것은 '신종추원(愼終追遠)'이었다. '장례는(終) 조심스럽게(愼) 하고 제사는 조상(遠)님들의 뜻을 깊이 생각하며 따르라(追)'는 뜻이다. 중요한 것은 절차가 아니라 마음이다. 장례는 슬픈 마음의 표현이고 제사는 조상의 뜻을 생각하며 바르게 살아갈 것을 다짐하는 자리다. 죽은 사람이 음식을 먹으라고 제사상을 차리는 게 아니라 흩어진 친지들이 모여 음식을 함께 먹으며 친목을 다지라고 차리는 것이다.

추석(秋夕)에 올리는 차례(茶禮)는 약식(略式)으로 치르는 제사다. 율곡은 차례에 대해 "명절에는 그 시기에 나는 것으로 상을 차려라(俗節則薦以時食)."고 조언했다. 근거도 희미한 각종 규칙에 얽매일 게 아니라 율곡이 말해 준 것처럼 요즘 흔한 음식으로 정갈하게 상을 차린 후 '신종추원(愼終追遠)' 하며 친지들과 맛나게 밥을 먹는 것은 어떨지 제안해본다.

성공에 이르는 지름길

날마다 스스로를 새롭게 혁신하고 또 새롭게 개혁하라
苟日新 日日新 又日新(구일신 일일신 우일신)
- 《대학(大學)》 중에서

중국 고대 상(商)나라를 창건한 탕왕(湯王)은 신하가 임금을 죽이고 왕위에 오를 수 있다는 것을 세상에 알린 첫 사례로 역사에 기록되어 있다.

탕왕이 몰아낸 하(夏)나라의 걸왕(桀王)은 대대적인 조경용 토목공사를 일으켜 백성들을 강제 동원하고 자신은 사치와 향락에 빠져 지내고 있었다. 백성들의 삶은 극도로 피폐해졌고 굶어죽는 사람들이 속출했다. 하나라의 제후로 있던 탕(湯)이 군사를 일으켜 걸왕을 격파하고 새로운 나라를 건설했다.

왕의 자리에 오른 탕은 세숫대야에 '구일신 일일신 우일신(苟日新 日日新 又日新)' 아홉 글자를 새겨 넣고 세수할 때마다 스스로를 반성하고 새롭게 변화하려는 다짐을 늘 일깨웠다. 그에게 왕의 자리에 오른 것은 완성이 아니라 시작이었다. 그러므로 '날마다 스스로를 새롭게 혁신하고 또 새롭게 개혁하라'는 글을 가슴깊이 새긴 것이다. 스스로 완성된 사람이 아니라는 생각, 아직도 부족하다는 생각이 탕왕을 성군으로 만들었다. 무엇인가 문제가 생기면 자신을 돌아보며 잘못이 있는지 반성하고 새롭게 개혁하려는 의지를 보인 것이다. 타인을 변화시키는 게 아니라 자신을 변화시킴으로 타인을 선(善)으로 이끄는 정치를 펼친 것이다. 세금을 줄이도록 제도를 고치고 억울한 세금을 경감하게 하여 성군으로 칭송받았다.

그러나 탕왕도 가뭄이라는 자연의 재해를 피할 수는 없었다. 농사가 국가 경제를 지탱하는 농업국가에서 가뭄은 전쟁과도 같은 피해를 주는 큰 재앙이었다. 가뭄이 이어지자 탕왕은 자신의 잘못이라고 생각하며 목욕재계하고 머리를 자르고 기우제(祈雨祭)를 올렸다. 기우제를 올리며 반성문을 낭독했는데 그 반성문은 다음과 같다.

"정치가 한쪽으로 기울었나요? 백성들이 직업을 잃었나요? 궁궐이 너무 화려한가요? 측근의 청탁을 들어줬나요? 뇌물이 횡행하고 있나요? 진실을 왜곡하여 어진 사람들이 궁지에 몰렸나요? 그렇다면 모두 제 잘못입니다. 반성하고 고쳐나가겠습니다. 그러니 비를 내려주소서!"

탕왕의 반성문 낭독이 채 끝나기도 전에 큰 비가 내렸다고 《여씨춘추(呂氏春秋)》에 기록되어 있다. 탕왕의 반성문은 조선의 왕들에게도 이어졌다. 가뭄이 이어지면 왕들은 어김없이 기우제를 올렸고 기우제에서는 탕왕의 반성문을 낭독했다. 1636년(인조 14)부터 1889년(고종 26)까지 가뭄이 심할 때 기우제를 지낸 것에 관한 기록을 예조에서 모아 편찬한 《기우제등록(祈雨祭謄錄)》이라는 책이 있을 정도로 기우제는 왕실의 중요 행사 중 하나였다. 특히 효종(1649년 즉위)부터 현종(1674년 퇴위) 사이의 가뭄은 매우 극심했다. 6년 동안 가뭄이 연속으로 일어난 적이 두 번이나 있을 정도였다.

"임금은 머리 위에 작은 종기를 앓고 있었지만 신경 쓸 여력이 없었다. 마침 중병에 걸려있던 세자(현종)를 돌보느라 자신의 종기에는 무관심했다. 또 때마침 전국에 비가 오지 않아 자신의 건강을 돌볼 틈이 없었다. 그는 대궐의 뜰에 나가 직접 기우제를 주관하고 있었다. 그러다 종기의 독이 얼굴까지 퍼지는 등 위독해졌다."(《효종실록》 1659년 4월 27~28일)

기우제는 늘 비를 내리게 하는 것에 성공했는데 그 비결은 간단했다. 비가 내릴 때까지 기우제를 계속했기 때문이다. 그러니 그 정성과 노력이 얼마나 대단했는지 짐작할 수 있다. 《효종실록》에 나온 대목처럼 효종은 기우제에 매달리다 자신의 종기를 치료하는 시기를 놓쳤고 이것이 원인이 되어 사망했다.

성공하는 키워드는 두 가지다. 매일 스스로를 혁신하는 것과 그것을 중간에 포기하지 않고 끊임없이 반복하는 것. 가뭄을 이겨내는 비도 내리게 할 수 있는데 무엇인들 못하겠는가.

죽음을 각오하고 백성들과 함께 지켜라
與民守之 效死而民弗去(여민수지 효사이민불거)
-《대학(大學)》중에서

춘추전국시대의 등(鄧)나라는 약소국이었다. 강대국인 제(齊)나라와 초(楚)나라 사이에 끼어 언제나 그들의 눈치를 보는 신세였다. 초나라와 가까이 지내려 하면 제나라가 그것을 트집 잡아 위협을 가했고 제나라에게 고개를 숙이면 초나라가 그것을 빌미로 화를 냈기 때문이다.

이러지도 저러지도 못하는 상황에 있을 때, 맹자가 등나라를 방문했다. 그러자 등나라의 문공(文公)은 맹자를 불러 이렇게 물었다.

"우리는 등나라는 초나라와 제나라 사이에 끼어 이러지도 저러지도 못하는 상황입니다. 초나라에 붙어야 안전할까요? 아니면 제나라에 붙는 게 좋을까요?"

강대국 사이에 위치한 약소국의 위태로움은 오늘날 우리에게도 낯설지 않은 문제라고 할 수 있다. 그렇다면 맹자는 과연 어떤 해법을 제시했을까? 천하의 맹자도 매우 조심스럽게 이야기를 꺼냈다.

"그런 문제에 대한 해법은 제 능력 밖의 일이라고 할 수 있지만, 꼭 이야기해야 한다면 한 가지 방법이 있습니다. 연못을 깊이 파고, 성을 높이 쌓은 뒤에 죽음을 각오하고 백성들과 함께 지켜내십시오. 백성들이 떠나지 않는다면

해 볼 만합니다.(鑿斯池也 築斯城也 與民守之 效死而民弗去 則是可爲也)"

초나라에 붙는 게 좋은지 제나라에 붙는 게 좋은지를 물었더니 맹자는 백성들에게 붙으라고 조언한 것이다. 방점은 어디에 찍혀 있는가? 연못을 깊이 파고 성을 높이 쌓는 것에 찍혀 있는 게 아니다. '백성들과 함께(與民)'에 찍혀 있다. 백성들의 마음을 얻으면 나라를 지켜낼 수 있다는 뜻이다.

맹자의 이러한 대답은 등나라 문공을 만족시키지 못한 것으로 보인다. 맹자의 대답을 들은 후 문공이 재차 묻는 장면이 나오기 때문이다.

"제나라에서 우리 등나라 근처에 큰 성을 쌓고 있단 말입니다. 겁이 나서 죽을 지경입니다."

그러자 맹자는 역사적인 사례를 들어 자세히 설명하기 시작한다.

"주나라 문왕의 할아버지인 태왕이 빈(邠)에 거주하고 있을 때의 일입니다. 북적(北狄)이 위협하자 가죽과 비단을 주고 개와 말을 바치고 금은보화까지 주면서 고개를 숙였지만 북적은 계속 전쟁을 하려고 달려들었습니다. 이에 태왕은 백성들을 모아놓고 말했습니다. '내가 최선을 다했지만 적의 침략을 막아내지 못할 것으로 보인다. 그들이 원하는 것은 바로 이곳 빈(邠)이기 때문이다. 그들과 전쟁을 하면 여러분들이 모두 죽음을 당할 것이 뻔하다. 그래서 나는 그들과 전쟁을 하지 않기로 했다. 내가 다른 곳으로 떠나면 여러분들은 무사할 것이다.' 그리고 기산(岐山)으로 떠났습니다. 이에 백성들은 '태왕을 놓쳐서는 안 된다'라고 말하며 태왕을 따라 모두 기산으로 옮겨갔습니다. 그리고 시간이 흐른 후 태왕의 후손들이 힘을 비축하여 주나라를 건설할 수 있었습니다."

최후의 승리자는 누구인가. 땅을 차지한 북적인가 아니면 나중에 주나라를 건설한 태왕의 후손들인가. 태왕은 땅을 포기하고 백성들을 선택했다. 맹자는 이것을 강조하고 있다. 민심을 얻는다면 패배가 아니라는 뜻이다.

"죽음을 각오하고 백성들과 함께 지켜라(與民守之 效死而民弗去)."에서 지켜내는 것은 땅이 아니라 백성들의 마음이다. 여론을 따르라는 것이다. 백성들이 떠나지 않는다는 것(民弗去)은 땅에 머물러 있다는 뜻이 아니다. 서로의 믿음이 굳건함을 뜻한다. 포기하지 않고, 지금 현재 할 수 있는 일을 하며 때를 기다리는 것은 이토록 위대하다. 이기고 싶다면 포기하지 말라. 포기하지 않으면 결국 이기게 된다.

실력이 쌓이면 시험은 저절로 가벼워진다
自家工夫到後 那邊自輕(자가공부도후 나변자경)
- 《근사록집해(近思錄集解)》 중에서

세상을 살아가면서 피할 수 없는 게 바로 시험이다. 학교에서도 시험을 치르고 학교를 나와 세상에 나아가도 시험을 치러야 한다. 그것은 예나 지금이나 마찬가지다.

그렇다면 유학(儒學)에서는 시험에 대해 어떤 태도를 취했을까. 학문을 배우고 익히는 사람들에게 시험은 매우 미묘한 위치를 차지하고 있었다.

"예로부터 학문을 배우고 익히는 사람은 그 목적을 벼슬자리에 두지 않았다. 벼슬자리는 남을 위한 것이지 자신을 위한 것이 아니며, 학문의 목적이 아니라 학문의 결과였을 뿐이다. 그런데 지금은 세상이 바뀌어 버렸다. 과거시험으로 사람을 뽑기 때문이다. 아무리 학문이 높고 인품이 훌륭하다 하더라도 과거시험에 응시하지 않으면 벼슬자리로 나아갈 수 없다. 상황이 이러하니 아버지나 형들은 아들과 동생에게 학문을 배우고 익히게 하여 과거시험을 통과하도록 가르치게 되었다. 이렇게 되니 학문을 배우고 익히는 목적이 시험을 잘 보는 것으로 바뀌었고 결국 공부하는 사람들의 문화가 경박해지고 말았다. 물론 과거시험을 통과하여 벼슬자리에 오르지 않고서는 세상에 그 뜻을 펼칠 기회가 없는 게 현실이지만 원칙을 잊어서는 안 된다. 학문을 배우고 익히는 것의 목적은 벼슬자리가 아니라는 점이다. 시험에서 합격과 불합격은 하늘의 뜻에 맡겨두고, 그저 열심히 학문을 배우고 익히는 데 주력하라. 조급하게 굴지 않아야 한다."

율곡의 말이다. 율곡은 아홉 차례나 과거시험을 치러 모두 장원급제했고 그러한 실적을 기반으로 벼슬자리에 올랐다. 그러므로 율곡을 찾아와 가르침을 얻으려는 사람들은 과거시험에서 장원급제하는 방법을 배우고자 했다. 공부의 목적은 스스로를 바르게 하는 것임을 아무리 강조해도 사람들은 그저 합격의 비법만을 요구했다. 율곡이 얼마나 난감했을지 상상이 된다.

"과거시험 공부에 얽매여서 진정한 학문을 배우고 익히기가 어렵다고 말하는 사람도 있다. 그러나 이는 핑계일 뿐이다. 옛날 사람들을 보라. 그들은 늙은 부모를 봉양하기 위해 직접 농사를 짓거나 여기저기 품팔이를 다니기도 했다. 얼마나 고단하고 힘들었겠는가. 그럼에도 불구하고 시간을 쪼개어 글을 읽으며 학문을 배우고 익혔다. 그런데 요즘 사람들을 보라. 부모를 봉양하기는커녕 부모가 오히려 그들을 뒷바라지하고 있지 않은가. 다른 것은 하나도 신경을 쓰지 말고 공부만 하라고 하는데, 그것이 힘들다고 말하는가? 시험을 준비하는 것이 학문을 배우고 익히는 것과 크게 다른 것은 아니다. 책을 읽고 깊이 생각하고 깨우치는 것은 같기 때문이다. 게다가 예전의 사람들처럼 농사를 짓지도 않고 공부만 하는 것이니 이 얼마나 쉬운 일인가. 요즘 사람들은 말로는 과거시험을 준비한다고 하면서 실제로는 하지 않고, 말로는 공부를 한다고 하나 실제로는 하지 않는다. 그러면서 주변에서 누군가 이를 지적하면 '나는 공부에 뜻을 두고 있어서 과거시험은 준비하지 않는다.'고 말하거나 또는 그 반대로 '나는 시험 준비에 매여서 공부에 힘쓸 수 없다.'고 한다. 모두가 거짓이다. 공부를 열심히 하면 그게 바로 시험을 대비하는 것이기 때문이다. 지름길을 찾아 헤매다 지치지 말고 바른 길로 묵묵히 가라. 그러면 바른 공부가 가능하며 바른 공부가 쌓이면 시험은 저절로 해결된다."

율곡의 이러한 조언은 아직도 유효하다. 주자도 "시험공부도 공부다. 그러므로 해로운 게 아니다. 다만 오로지 남을 이기기 위해 나아가는 게 해로울 뿐이다. 그러면 시험은 점점 어려운 장벽이 된다. 그러나 묵묵히 공부에 정진하면 시험은 저절로 가벼워진다(自家工夫到後 那邊自輕)."라고 말했다. 시험을 생각하지 말고 실력을 쌓는 것만 생각하면 된다. 시험을 쉽게 만드는 방법이다.

습관이 성품이다

싸움을 잘하는 사람은 화내지 않는다
善戰者不怒(선전자불노)
-《도덕경(道德經)》중에서

"장수 노릇을 잘하는 사람은 힘을 뽐내지 않고, 싸움을 잘하는 사람은 화내지 않으며, 적을 잘 이기는 사람은 상대와 맞붙어 싸우지 않고, 사람을 잘 부리는 사람은 그보다 자신을 낮춘다. 이것을 다투지 않는 덕이라 한다(善爲士者不武, 善戰者不怒, 善勝敵者不與, 善用人者爲之下, 是謂不爭之德)"

《도덕경(道德經)》에 나오는 노자(老子)의 말이다. 병법서(兵法書) 중 최고라고 말하는 《손자병법(孫子兵法)》에서도 최고의 방법으로 싸우지 않고 이기는 것을 말하고 있다.

유학(儒學)에서도 마찬가지다. 이유는 간단하다. 유가(儒家)의 사람들은 화가 나거나 배가 고프면 앞뒤 가리지 않고 돌진하는 짐승과 다른 삶을 꿈꾸었다. 그것이 바로 수신(修身)이다.

"사람이 세상에 태어날 때는 대부분 서로 비슷하지만 시간이 지난 후에 서로 달라지는 것의 이유는 무엇입니까. 처음부터 차이가 있었던 것이 아니라 습관이 차이를 만드는 것입니다. 오랜 기간 동안 몸에 쌓여 익숙하게 된 것이 습관이며 그것이 사람의 성품이 됩니다. 바른 이치가 습관이 되면 바른 사람이 되는 것이고 사사로운 욕심이 습관처럼 굳어지면 바르지 않은 사람이 되

307

는 것입니다. 습관이란 익숙해지는 것이며 자연스럽게 우러나오는 것을 말합니다."

율곡의 말이다. 그렇다면 어떻게 해야 이런 경지에 오를 수 있을까. 송나라의 학자 정이(程頤)의 설명에 귀를 기울여보자. 정이는 시잠(視箴)·청잠(聽箴)·언잠(言箴)·동잠(動箴) 등 사잠(四箴)을 제시한다.

첫째가 시잠(視箴), 보는 것을 조심하라는 것이다. 마음은 본래 텅 비어있는 상태이기에 쉴 새 없이 많은 생각이 드나들 수 있다. 그러므로 마음을 어떻게 다루어야 하는지 알지 못하는 사람이 많다. 마음을 다루기 위해서는 일단 눈으로 보는 것을 조심해야 한다. 무엇인가 시선을 사로잡는 게 있으면 마음이 그곳으로 갔음을 의미한다. 그러므로 마음을 다스리기 위해서는 보는 것부터 다스려야 한다. 보는 것을 안정시켜야만 마음이 안정되기 때문이다.

둘째가 청잠(聽箴), 듣는 것을 조심하라는 것이다. 마음을 잘 보존하기 위해서는 쓸데없는 이야기에 귀를 기울이지 말아야 한다.

셋째가 언잠(言箴), 말을 조심하라는 것이다. 마음의 움직임은 말에 의해 밖으로 드러난다. 그러므로 조급한 마음은 조급한 말로 드러나고 마음을 함부로 놓아두면 아무 말이나 마구 내뱉게 된다. 반대로 조급하게 함부로 말을 하지 않고 조용히 있으면 마음까지 조용한 상태로 접어든다. 말은 모든 일의 중심에 선다. 싸움과 화해가 모두 말을 통해 이루어지며 좋은 일과 나쁜 일이 생기는 이유도 모두 말에서 시작된다. 명예를 얻는 것도 치욕을 당하는 것도 모두 말 때문이다. 잘 모르는 것을 말로 표현하게 되면 번잡스럽고 복잡해져 결국 오해를 불러오기도 한다. 함부로 말하는 것은 자신은 물론 다른 사람에게도 해를 끼치며 좋지 않은 말을 하게 되면 반드시 좋지 않은 말을 듣게 된다. 그러므로 말을 할 때에는 반드시 이치에 맞는지 따져보고, 때와 장소를 가려서 해야 한다. 그 중에 어느 하나라도 적절하지 않다고 생각되면 말하지 말아야 한다.

넷째가 동잠(動箴), 행동을 조심하라는 것이다. 지혜로운 사람은 앞뒤를 잘 살펴 생각하고, 굳센 의지를 지닌 사람은 함부로 움직이지 않는다. 지혜롭게 생각하고 조심스럽게 움직이면 항상 여유롭고 편안하다. 그러나 깊은 생각 없이 마음 내키는 대로 행동하면 어려운 처지에 놓이게 된다.

사잠(四箴)을 잊지 않는다면 노자가 제시한 '부쟁지덕(不爭之德)'을 갖출 수 있을 것이다.

올바른 선택을 위하여

나는 물고기도 좋아하고 곰 발바닥도 좋아한다
魚我所欲也 熊掌亦我所欲也(어아소욕야 웅장역아소욕야)
-《맹자(孟子)》 중에서

유학(儒學)에서는 '때에 따라 적절히 하라'는 의미를 지닌 '시중(時中)'을 매우 중요하게 생각한다. 그래서 서두르지 말고 늘 평상심을 유지하며 살아야 한다고 가르친다. 그러나 갑자기 불이 일어나거나 예상하지 못했던 급한 일이 생기면 빨리 움직여야 한다. 미리 철저하게 대비해야 하지만 만약 그렇게 하지 못했을 경우에는 그에 적절한 행동을 취하라는 것이다.

"빨리 뛰는 것은 군자의 도리가 아니야."라고 말하며 화재가 일어났는데도 천천히 움직이면 자신은 물론 가족들도 피해를 입게 되기 때문이다. 민첩하게 움직여 먼저 사태를 수습하고 사태가 수습된 이후에 다시는 그런 일이 일어나지 않도록 스스로를 반성하고 잘못된 점을 바로잡아 나아가는 게 중요하다.

여기서 가장 중요한 것이 바로 '올바른 선택'이다. 맹자는 '올바른 선택이 바로 의(義)를 실천하는 시작점'이라고 강조한다.

"나는 물고기 요리도 좋아하고 곰 발바닥 요리도 좋아한다(魚我所欲也 熊掌亦我所欲也). 그러나 두 가지를 동시에 먹을 수 없다면 물고기 요리를 포기하고 곰 발바닥 요리를 먹을 것이다."

《맹자(孟子)》에 나오는 대목이다. 맹자가 물고기 대신 곰발바닥 요리를 선택한 것은 물고기를 싫어하고 곰발바닥을 좋아해서가 아니다. 둘 다 좋아하지만 반드시 하나만 선택해야 하는 경우에는 곰발바닥 요리를 선택하겠다는 것이다. 맹자는 왜 이런 이야기를 한 것일까. 그 뒤에 이어지는 글을 보면 파악이 가능하다.

"나는 풍요롭고 안락한 삶도 좋아하고 올바르고 의로운 삶(義)도 좋아한다. 그런데 두 가지를 모두 가질 수 없다면 풍요롭고 안락한 삶을 버리고 올바르고 의로운 삶(義)을 선택할 것이다. 나는 죽음을 싫어한다. 그러나 구차한 삶도 싫어한다. 두 가지 중에 하나만 선택해야 한다면 나는 죽음을 선택할 것이다. 죽음보다 구차한 삶을 더 싫어하기 때문이다."

인생은 이처럼 선택의 연속이다. 어떤 선택을 하느냐가 어떤 삶을 살아가느냐를 결정한다. 올바른 삶은 나에게 주어지는 것이 아니라 내가 스스로 선택하는 것이다. 내가 그것을 좋아하기 때문에 그곳으로 가는 것이다. 옳고 그름은 이처럼 스스로 선택하는 것이다. 맹자의 이야기는 계속 이어진다.

"나에게 '왜 높은 벼슬자리에 오르려고 노력하지 않냐'고 묻는 사람도 있다. 생각해보라. 배고픔에 지친 거지에게 밥 한 덩이를 주더라도 욕하고 비아냥거리며 침을 뱉으면서 발로 밀어주면 좋아하겠는가. 높은 벼슬자리도 마찬가지다. 그런데 대부분의 사람들은 거지보다도 못하게 벼슬자리를 준다고 하면 앞뒤 가리지 않고 나아가 고개를 숙여 절을 한다. 이 얼마나 창피한 일인가."

맹자는 고집불통인 사람이 아니었다. 무조건 안락함을 거부하는 게 아니었다. 그는 부끄러운 안락함을 거부했을 뿐이다. 결국 키워드는 '부끄러움'이 된다.

그렇다면 올바른 선택을 위한 조건은 무엇인가. 평소에 나와 내 주변을 면밀하게 살펴 자세하게 알고 있어야 한다. 손바닥을 보는 것처럼 잘 알고 있어야만 아무리 급박한 상황에 놓이더라도 바른 선택을 하게 된다.

맹자가 스스로를 잘 파악하고 있지 않았다면 그는 물고기 요리와 곰 발바닥 요리 사이에서 허둥거렸을 것이다. 안락한 삶과 의로운 삶, 구차한 삶과 죽음 사이에서 갈등했을 것이다. 그러나 평소 자신을 잘 파악하고 있었기에 그는 허둥거리지 않고 갈등하지 않게 된 것이다.

나 자신을 잘 파악하고 있어야 하는 이유가 여기에 있다.

묵은해를 보내고 새해를 맞으며

양이 달아난 뒤에 우리를 고쳐도 늦은 것이 아니다
亡羊而補牢 未爲遲也(망양이보뢰 미위지야)
- 《전국책(戰國策)》 중에서

속담 중에 '소 잃고 외양간 고친다'라는 게 있다. 이 속담은 '일을 그르친 뒤에는 뉘우쳐도 소용없다'는 뜻을 지니고 있다. 외양간을 고치더라도 도망간 소가 돌아오지는 않기 때문이다.

이러한 속담이 어디에서 유래되었는지를 살펴 거슬러 올라가 보면, 전국시대(戰國時代) 전략가들의 이야기를 담고 있는 《전국책(戰國策)》이라는 책을 만나게 된다. 《전국책(戰國策)》은 중국 전한 시대의 유향(劉向)이 전국시대(戰國時代)에 활약했던 수많은 전략가들의 정치, 군사, 외교 등 책략을 모아 책으로 엮은 것이다. 방대한 자료를 모은 책이기 때문에 사마천이 《사기(史記)》를 쓸 때에도 이 책을 많이 참고했다고 전해진다.

그런데 《전국책(戰國策)》에 나오는 '소 잃고 외양간 고친다'에 대한 일화는 지금의 의미와 거의 반대의 개념으로 진행된다. 그 내용은 다음과 같다.

중국 전국시대 초(楚)나라에 장신(莊辛)이라는 대신이 있었다. 장신은 당시 초나라를 다스리던 양왕(襄王)에게 이렇게 충고했다. "사치를 일삼고 음탕하여 국고를 낭비하는 신하들을 멀리하십시오. 더 나아가 왕께서도 사치스러운 생활을 그만두고 국사에 전념해야 합니다." 그 말을 들은 양왕은 장신에게 '쓸데없는 소리를 한다'라며 욕설을 퍼부었다. 양왕의 모습에 실망한 장신은 초나라를 떠나 조(趙)나라로 갔다. 그런데 장신이 초나라를 떠난 후 진나라가 초나라를 침공했다. 양왕은 제대로 싸워보지도 못하고 급하게 도망을 갈 수밖에 없었다.

나라를 잃고 도망가게 된 양왕은 초라한 자신의 모습을 보며 예전에 자신에게 바르게 하라고 충고했던 장신을 떠올렸다. 그리고 서둘러 장신을 찾았다. 초라한 모습으로 장신을 다시 만나게 된 양왕은 "내가 잘못했음을 이제야 알겠다. 당신이 옳았다. 이제 어찌 해야 하는지 알려달라."며 장신에게 매달렸다. 이때 장신은 이렇게 대답한다.

"토끼를 발견한 후에 사냥개를 불러도 늦은 것은 아니며(見兎而顧犬 未爲晚也) 양이 달아난 뒤에 우리를 고쳐도 늦은 것이 아닙니다(亡羊而補牢 未爲遲也). 이제라도 새롭게 시작하면 다시 일어설 수 있습니다."

누구나 실수를 할 수 있다. 잘못을 저지르거나 바르지 않은 길로 갈 수도 있다. 물론 처음부터 정신을 바짝 차리고 철저하게 자기관리를 했다면 좋았겠지만 그렇지 못했음을 깨달았다면 어떻게 하는 게 좋을까. '이미 버린 몸'이라고 자포자기한다면 더 깊은 수렁 속으로 빠질 뿐이다. 이제라도 잘못을 반성하며 바른 길로 돌아가야 한다.

이미 소를 잃었더라도 외양간은 고쳐야 한다. 더 단단하고 튼튼하게 만들어서 다시는 그런 일이 일어나지 않도록 해야 한다. 더 열심히 일해서 소를 장만해 튼튼한 외양간에 넣고 잘 돌봐야 한다.

이미 잃은 소와 양에 매달려 한숨만 내쉰다고 그들이 돌아오지는 않는다. 중요한 것은 지나간 잘못을 반성하고 바른 길로 씩씩하게 나아가는 것이다.

소 잃고 외양간을 고치는 사람에게 손가락질을 할 게 아니다. 소를 잃고도 소를 잃었는지 파악도 하지 못하는 사람, 소를 잃고도 외양간에 문제가 있음을 모르고 소만 원망하는 사람, 소를 잃고도 외양간을 고치지 않고 주저앉아 있는 사람들은 얼마나 많은가.

묵은해가 저물고 새해가 다가온다. 잃은 소가 있는지 파악하자. 왜 소를 잃었는지 연구하자. 그리고 나(외양간)를 고치자. 그렇게 하지 않으면 새해는 오지 않는다. 묵은해의 연장일 뿐이다. 새해는 오는 게 아니라 내가 만드는 것이다. 묵은해를 과감하게 버리고 새해를 향해 뚜벅뚜벅 걸어가자.

서로 다르더라도 외면하지 말라

통달한 사람에게는 이상한 게 없다
達士無所恠(달사무소괴)
-《연암집(燕巖集)》중에서

중국 송나라의 학자인 정호(程顥)와 왕안석(王安石) 사이에는 매우 큰 거리가 있었다. 정호가 정치적으로 은둔자에 가까운 학자였다면 왕안석은 학자 출신의 대표적인 정치인으로 요즘 우리가 말하는 '폴리페서(polifessor)'의 대표격이었기 때문이다.

정호는 유가(儒家), 왕안석은 법가(法家)로 구분하는 사람도 있다. 그러나 실상을 파악해보면 왕안석을 법가 계열로 보는 것에는 무리가 있다. 그는 개혁을 주장한 맹자를 가장 존경하는 인물로 꼽을 정도였기 때문이다. 정확하게 말한다면 유가의 실용적 해석과 응용을 강조했다고 보는 게 옳을 수도 있다.

그럼에도 불구하고 당시 유가의 학자들 대부분은, 아니 그 이후의 학자들까지도 왕안석을 비난하는 쪽에 섰다. 그리고 그러한 프레임으로 무장하여 왕안석의 개혁정책을 비판했고 더 나아가 왕안석이라는 개인을 폄하하는 것을 즐겼다.

그러나 당시 학자 중 최고봉이라 할 수 있던 정호는 달랐다. 정호가 당시 왕안석의 측근으로 불리던 오사례(吳師禮)와 나눈 이야기가 '근사록(近思錄)'

에 실려 있는데, 그 내용은 다음과 같다.

"내가 하는 말을 왕안석에게 전해주시오. 왕안석의 논문을 여러 편 꼼꼼하게 읽고 나의 의견과 왕안석의 의견이 서로 다른 부분을 정리해보았습니다. 나의 의견이 무조건 옳고 왕안석의 의견이 무조건 틀렸다는 뜻은 아닙니다. 다만 서로 다르게 이해하고 있는 부분에 대해 이야기를 나누고 싶을 뿐입니다. 학문은 개인의 것이 아닙니다. 공적인 것이지요. 나의 것도 아니고 왕안석의 것도 아닙니다. 그러므로 개인적 견해를 넘어서서 서로 의견을 나누어 밝고 명확하게 밝히는 게 중요합니다. 만약 제가 아직 이해가 부족한 점이 있다면 저에게 큰 깨달음이 될 것입니다."

진리는 계파로 구분될 수 없음에도 불구하고 실제로는 계파에 따라 미리 결론을 내리고 상대를 비난하는 데 몰두하기도 한다. 그런 사람들은 대부분 학문이 짧다는 특징을 지니고 있다. 정호처럼 경지에 오른 사람들은 학문을 연구하고 공부하는 데 있어 항상 열린 자세를 유지했다는 공통점을 지니고 있다.

"저 까마귀를 보라. 그 깃털은 매우 검다. 모두들 그렇게 말한다. 그러나 자세히 보라. 그 깃털이 빛을 받아 반짝이면 우유 빛깔을 띠다가 금처럼 반짝이기도 하고, 어느 순간에는 녹색을 지닌 보석처럼 빛나기도 한다. 그러므로 '까마귀는 검다'는 것만 옳다고 우겨서는 안 된다. 금색 까마귀도 가능하고 녹색 까마귀도 가능하다. 까마귀에게는 본래 일정한 빛깔이 없다. 때에 따라 변화한다. 그런데 사람들은 왜 항상 검다고 말하는가. 먼저 눈으로 살피기도 전에 먼저 그 빛깔을 정했기 때문이다. 눈으로 보지도 않고 먼저 색깔을 정한 것이다."

조선의 대표적인 실학자라 할 수 있는 박지원(朴趾源)이 자신의 조카가 발간한 시집에 써 준 서문(序文) 중 일부이다. 주변 사람들로부터 '네 작품은 일반적인 시와 달라. 좀 이상해.'라는 평을 듣던 자신의 조카에게 위와 같이 이야기하며 내린 결론은 다음과 같다.

"통달한 사람에게는 이상한 게 없다. 이상한 게 많다면 아직 깨닫지 못한 사람이다(達士無所恠 俗人多所疑)."

　나와 다른 생각, 나와 다른 시선도 존중해야 한다. 동의하지 않더라도 존중해야 한다. 정호가 그러했고 박지원이 그러했다. 그게 힘들다면 스스로 아직 공부가 덜 되었음을 깨달아야 한다.

간신(諫臣)이 충신(忠臣)이다

쓴소리를 잘하는 사람은 배반하지 않는다
好諫者 不偝(호간자 불배)
-《목민심서(牧民心書)》중에서

윗사람을 보필하는 신하를 나타내는 단어 중에 가장 흔하게 접할 수 있는 게 바로 간신(奸臣)과 충신(忠臣)이다. 간신(奸臣)은 간사(奸詐)한 신하를 뜻하며 충신(忠臣)은 충직(忠直)한 신하를 뜻한다. 그런데 간신과 충신에 대한 이해가 정밀하지 못한 게 아닐까 하는 아쉬움이 있는 게 사실이다.

충직한 신하는 누구에게 충직한가? 자기 윗사람에게 충직한가? 아니다. 충(忠)은 마음(心)이 어느 한쪽으로 치우치지 않고 중심(中心)을 잘 잡는 것을 말한다. 올바름을 추구하고 공평함을 추구한다. 윗사람에 대한 충성이 아니라 올바름에 대해 충성을 다한다.

간사한 신하는 누구에게 간사한가. 자기 윗사람에게 간사함은 물론 올바름을 따르지 않고 자신의 이익만을 따른다.

"아첨을 잘하는 사람에게는 충성스러움이 없고, 쓴소리를 잘하는 사람은 배반하지 않는다(善諛者 不忠 好諫者 不偝)."

정약용이 지은《목민심서(牧民心書)》에 나오는 말이다. 계속 이어지는 정약용의 말을 들어보자.

"지방의 작은 고을을 담당하는 현령(縣令)은 지위가 비록 낮으나 그 마을에서는 군주와 같은 권력을 지니게 된다. 현령은 민초들 가까운 곳에 근무하기 때문에 더욱 중요하다. 그러므로 아첨하는 자를 멀리하고 쓴소리를 잘 받아들여야 한다. 특히 현령의 명령을 받들어 실행에 옮기는 중간관리들을 잘 다루어야 한다. 그들은 현령이 말할 때 얼굴을 바라볼 수 있으므로 안색을 살펴 현령의 비위를 맞추려고 노력한다. 아첨으로 비위를 맞추어 현령을 악으로 인도한다. 그들은 현령이 사실 파악을 못하게 만든 후 자신의 이익을 마음껏 취한다. 현령에 대한 비방이 들끓어도 '칭송하는 소리가 길에 가득하다.'라고 말하며, 현령이 파직될 기미가 보여도 오히려 '오래 재직할 것이니 염려할 것 없다.'라고 말한다. 그러면 현령은 기뻐서 이 사람만이 충성스럽다고 여긴다. 그러다 중앙에서 감사가 내려와 조사를 시작하면 어제까지 면전에서 아첨하던 자는 스스로 증인이 되어 수령의 자잘한 잘못까지도 들추어낸다. 그래도 그러한 상황 속에서 변호해주려고 애쓰는 자는 바로 전날까지 귀찮게 쓴소리(간쟁(諫爭))를 하던 사람일 것이다. 현령으로 부임한 자는 이것을 잊어서는 안 된다."

평소 입 속의 혀처럼 굴던 사람은 이익만을 따르는 사람이다. 그러므로 자신이 모시던 윗사람이 곤경에 처하면 얼굴빛을 바꾸고 내부 고발자가 되어 작은 죄도 크게 부풀리고 자신이 저지른 잘못까지 윗사람에게 덮어씌우는 일을 서슴지 않는다. 그러나 윗사람이라 하더라도 그 앞에서 항상 옳고 그름을 따지며 쓴소리를 일삼던 사람은 다르다. 오히려 쉽게 배반을 하지 않는다. 자신이 모시던 윗사람이 곤경에 처하더라도 당시 상황을 일목요연하게 설명하며 변호해주려고 애쓴다. 과도한 것을 지적하고 왜곡된 것을 바로잡으려 노력한다.

윗사람들은 왜 곤경에 처하곤 하는가. 쓴소리하는 사람들을 멀리하고 아첨하는 사람들만 가까이 하기 때문이다. 쓴소리하는 사람을 간신(諫臣)이라고 한다. 간신(奸臣)과 한자가 다르다. 간신(諫臣)이라고 할 때의 간(諫)은 윗사람이나 임금의 옳지 못한 행동이나 말 등 잘못된 일을 고치도록 권고하는 것을 뜻한다. 잘못을 지적하고 그것을 개선하라고 말해주는 사람을 간신(諫臣)이라 말한다.

곁에서 쓴소리를 해주는 사람이 있다면 고맙게 여기며 그를 아껴야 하는 이유가 여기에 있다.

절제(節制)의 미학, 석복(惜福)의 지혜

멈출 때를 알면 위태롭지 않다

知止不殆(지지불태)

−《도덕경(道德經)》 중에서

새해에 가장 많이 오가는 말이 바로 '복(福) 많이 받으세요'다. 복(福)은 '좋은 운수(運數)'나 '행운(幸運)'을 뜻한다. 운수나 행운은 사람의 노력으로 얻어지는 게 아니다. 하늘의 움직임과 기운(氣運)에 따라 오가는 것이기 때문이다. 그래서 우리가 '복 많이 받으세요'라고 말을 할 때에는 '하늘이 주는'이라는 앞 문장이 빠진 상태라고 할 수 있다.

대부분의 사람들이 이런 축복을 받으며 새해를 시작한다. 그런데 한 해를 마무리할 무렵, '난 만족스러운 삶을 살았다'고 자부하는 사람은 별로 없는 것처럼 보인다. 왜 그럴까. 어떤 사람은 복을 받았지만 어떤 사람은 복을 받지 못했기 때문일까?

하늘의 움직임과 기운은 시시때때로 변화한다. 그렇기에 그 변화하는 과정 속에서 누구나 복을 받는다고 보는 게 정설이다. 누구는 복을 받고 누구는 복을 받지 못하는 게 아니라는 뜻이다. 그런데 왜 다른 결과를 보이는 것일까.

동양에서는 이에 대한 설명으로 '석복(惜福)'을 이야기한다. 석(惜)은 소중하게 여겨 아끼는 것을 뜻한다. 그러므로 '석복(惜福)'은 복을 아껴서 사용한다는 뜻이 된다. 돈을 절약해서 사용하면 오랜 기간 사용할 수 있는 것과 같은 이치다. 한꺼번에 내지르면 나중에 쫄쫄 굶게 된다.

사람은 혼자서는 살아갈 수 없다. 공동체를 이루어야 살아갈 수 있다. 그렇기에 동서양을 막론하고 현명한 스승들은 대부분 '절제'와 '협력'의 중요성을 강조한다.

아무리 내가 하고 싶은 것, 내가 갖고 싶은 것이라 하더라도 끝장을 보겠다는 자세로 마지막까지 치달리지 말라고 말한다. '갈 데까지 가보자'며 사생결단을 내겠다고 달려들지 말고 상황을 봐가면서 적절함을 추구해야 한다. 이것이 '절제'다. 정도를 넘지 않도록 스스로 알맞게 조절하고 제한하는 것을 뜻한다.

'절제'가 중요한 이유는 '협력'이 필요하기 때문이다. 나 혼자가 아니라 곁에 있는 사람의 상황도 봐야 한다. 그 사람의 형편은 돌보지 않고 우격다짐으로 내 욕심만 채우려한다면 협력관계는 무너진다. 협력 관계가 무너지면 나 자신의 생존이 위협받게 된다. 나의 생존이 위협받지 않도록 하기 위해서는 '절제'와 '협력'이 필수적이다. '절제'와 '협력'이 바로 석복의 지혜다.

"만족할 줄 알면 욕되지 않고, 멈출 때를 깨닫고 그칠 줄 알면 위태롭지 않으니, 오래도록 편안할 수 있다(知足不辱, 知止不殆, 可以長久)."《도덕경(道德經)》에 나오는 노자(老子)의 말이다.

그렇다면 과연 어느 정도가 알맞은 때일까. 어느 정도에서 멈춰야 하고 어느 선에서 만족을 해야 하는가.

옆에 있는 사람, 주변에 있는 사람, 나를 바라보고 있는 사람들의 표정과 낯빛을 잘 살펴야 한다. 절제는 협력을 위한 것이므로 주변 사람들의 생각을 읽어야 한다. 내 생각이 아니라 다른 사람의 생각을 중요하게 생각해야 하는 이유가 여기에 있다.

《명심보감(明心寶鑑)》에도 비슷한 문장이 나온다. "재주가 많더라도 다 사용하지 말고 아껴두었다가 죽을 때 자연에게 돌려주고, 나라에서 주는 것이 많더라도 다 사용하지 말고 아껴두었다가 죽을 때 나라에 돌려주고, 재산이 많더라도 다 사용하지 말고 아껴두었다가 죽을 때 사회에 돌려주어라. 그렇게 하면 저절로 복이 들어올 것이다."

그렇게 복이 저절로 들어와 쌓이면 어떻게 해야 할까. 그때 사용하는 게 바로 '분복(分福)'이다. 주변 사람들과 복을 나누는 것이다. '석복(惜福)'하여 아껴 쓰고 그래도 남으면 '분복(分福)'하자.

나를 소중하게 다뤄야 한다

스스로를 업신여긴 뒤에 남이 나를 업신여긴다
人必自侮 然後人侮之(인필자모 연후인모지)
-《맹자(孟子)》중에서

'학을 떼다'라는 말은 요즘도 심심치 않게 쓰이는 표현이다. 괴롭거나 어려운 상황을 벗어나느라고 진땀을 빼거나, 그것에 거의 질려 버렸다는 것을 의미한다. "나는 학창 시절에 수학이라면 거의 학을 뗐다."라고 한다면 수학이라는 과목이 너무 어려워 지금도 고개를 흔들 정도라는 뜻이 될 것이다.

그러면 여기서 말하는 '학'은 무엇일까. 학질(瘧疾)을 뜻한다. 그러므로 '학을 떼다'는 학질에 걸려 끙끙 앓다가 겨우 벗어났다는 뜻이 된다. 그 고통이 얼마나 컸으면 '학을 뗐다'는 표현이 생겼겠는가. 학질은 말라리아에 감염된 것을 말한다. 말라리아란 말라리아 병원충을 가진 학질모기에게 물려서 감염되는 병으로 갑자기 고열이 나며 설사와 구토·발작을 일으키고 빈혈 증상을 보이기도 한다.

학질은 사람이 견디지 못할 정도로 포악스러운 질병이라 해서 붙은 이름이다. 얼마나 모질고 고통스러웠으면 그 이름에 모질고 험악하다는 뜻을 지닌 학(虐)에 병을 뜻하는 부수 疒를 붙였겠는가.《동의보감》을 보면 '처음 발작할 때에는 먼저 솜털이 일어나고 하품이 나고 춥고 떨리면서 턱이 마주치고 허리와 잔등이 다 아프다. 춥던 것이 멎으면 겉과 속이 다 열이 나면서 머리가 터지는 것같이 아프고 갈증이 나서 찬물만 마시려고 한다.'라고 설명하고 있다. 한 여름에도 덜덜 떨며 지내야 하는 병이다.

조선 중기의 학자이자 정치인이었던 이정구(李廷龜)는 젊은 나이에 대제학에 오른 후 병조판서·예조판서를 거쳐 우의정·좌의정을 지낸 당대 최고의 정치인으로 출세 가도를 달렸던 인물이다. 문장으로도 이름이 높아 정조대왕조차 그의 문장을 칭찬할 정도였다. 그런 그도 학질을 피하지 못했다. 학질에 걸린 그는 벼슬을 버리고 낙향하여 병마와 싸우기 시작했다. 3년을 앓았지만 병세는 나아지지 않았다. 그러한 과정 속에 그가 지은 글이 있으니 그것이 바로 '송학문(送瘧文)'이다. '학질에게 안녕을 고하는 글' 정도가 될 것이다. '학을 뗀' 경험을 글로 지은 것인데 그 내용을 살펴보자. 학질에게 이정구가 건네는 말이 먼저 나온다.

"혼백이 달아나 마치 미치광이나 바보와 같고 마음이 두렵고 어수선하여 날로 기운이 쇠진해지니 이 모두가 그대의 짓이다. 나에게 무슨 원한이 있기에 이토록 괴롭게 학대하며, 무슨 미련이 있기에 이토록 오래 머물고 있는가. 머뭇거리지 말고 훌쩍 떠나가라."

그 다음에 학질이 이정구에게 하는 말이 이어진다.

"나무가 썩으면 날짐승이 모여들고 고기가 썩으면 벌레가 생기게 된다. 나라는 반드시 스스로 망가진 후에 외적이 쳐들어오고, 사람은 반드시 스스로 몸을 허약하게 만든 후에 병이 쳐들어오는 법이다."

결국 학질인 나의 잘못이 아니라 이정구, 너의 잘못이 병을 부른 것이라는 뜻이다. 그 이유를 조목조목 들어 이정구를 비판하기 시작한다. 평소 음식을 함부로 먹고 운동은 하지 않은 것, 근심과 걱정으로 기력을 해친 것, 초상을 치르느라 극도로 몸을 훼손한 것 등을 논하며 명예와 이익을 쫓아 벼슬자리를 탐낸 것도 지적한다. 학질이 하는 말이라고 되어 있으나 사실은 이정구의 자아비판인 셈이다.

이정구와 학질의 대화는《맹자(孟子)》에 나오는 한 대목의 패러디다. "사람은 반드시 스스로를 업신여긴 뒤에 남이 업신여기고, 집안은 반드시 스스로 망친 뒤에 남이 망치며, 나라는 반드시 스스로 공격한 뒤에 남이 공격하는 것이다(人必自侮 然後人侮之 家必自毁 而後人毁之 國必自伐 而後人伐之)."

스스로를 존중해야 하는 이유가 여기에 있다. 내가 나를 함부로 다루는데 누가 나를 존중해주겠는가.

다른 의견을 낼 때는 서두르지 말라
勿遽生別見(물거생별견)
-《여유당전서(與猶堂全書)》중에서

총과 칼을 휘두르거나 주먹을 휘두르는 것은 법으로 엄격히 금지되어 있다. 그렇기에 이러한 대결을 '언어'가 대신하는 게 요즘이다.

대결뿐만이 아니다. 정치인을 뽑을 때도 그의 말과 글을 살핀다. 흔히 말하는 SNS도 말과 글의 잔치판이다. 물론 영상과 음악도 있지만 그 속에도 의미가 들어 있으니 포함해도 무방할 것이다. '토크쇼'는 또 어떠한가. 그 주제가 연예가이든 기타 자잘한 웃음 찾기든 정치든 상관없이 '언어로 하는 쇼'가 아니던가.

밥이나 술을 함께 먹고 마실 때에도 마찬가지다. 인터넷으로 연결된 모든 것, 사람은 물론 사물까지도 언어로 소통하는 것은 같다. 언제나 손에 들고 다니는 휴대폰도 그렇다.

그렇게 무한대로 연결된 시대이기에 소통이 엄청나게 잘 될 것이라 생각할 수도 있지만 실제로 잘 따져보면 '글쎄올씨다'라는 결론에 도달하게 된다.

'저 사람은 얼굴도 보기 싫어.' 그런 판단이 들면 아주 쉽게 소통을 단절할 수 있다. 관계를 끊어버리면 그만이다. 휴대폰에는 수신거절을 선택하고 SNS에서는 친구 관계를 끊으면 그만이다. TV 채널은 돌리면 그만이고 인터

넷 검색에서는 클릭을 하지 않으면 그만이다.

무한대로 연결된 시대라고 하더라도 오히려 더 좁아진 느낌마저 든다. '혼밥이 대세'라 말하기도 한다. SNS에서도 나와 생각이 비슷한 사람들만 우글거린다. 나와 생각이 다른 사람들은 이미 관계를 끊어버렸기에 그렇다. 그러다가 나와 생각이 다른 사람을 만나면 깜짝 놀란다. '내 주변엔 저런 생각을 가진 사람이 한 사람도 없는데, 어쩜 저런 생각을…' 그 사람이 정상적으로 보이지 않는다.

'대화합'이라는 것을 아주 훌륭한 가치처럼 말하지만, 우리네 일상을 살피면 어떠한가. 끼리끼리 모이고 있다. 누구를 탓할 게 하나도 없다. 나부터 실천해야 한다. 나와 다른 생각, 나와 다른 의견을 지닌 사람들과 대화하고 생활하는 것을 불편하게 여기면 안 된다.

허준이 지은《동의보감(東醫寶鑑)》을 보면 "통하면 아프지 않고 불통하면 아프다(通卽不痛 不通卽痛)"는 문장이 나온다. 우리끼리만 통하는 건 통하는 게 아니다. 널리 통해야 한다. 그래야 아프지 않다.

그러나 생각이 다른 사람과의 대화는 불편하고 힘들다. 이걸 어떻게 극복해야 할까. 정약용은 이렇게 조언해준다.

"상대방과 다른 의견을 낼 때는 서두르지 말라(勿遽生別見). (나에 대한 비판에 대해)과거에 있었던 일이라고 흘려버리지도 말라. 상대에 대한 비판이나 나에게 오는 비판, 모두를 자세히 되짚어보며 연구하라. 상대방을 비판하기 전에, 그의 말꼬리를 잡고 늘어지지 말고 그의 본뜻이 무엇인지 깊이 생각하고, 나에 대한 비판에 대해 반복해서 검증하고 실제로 그런 것인지 정밀하게 따져보아야 한다."

반대 의견을 낼 때는 면전에서 바로 나서지 말고 스스로 검증해보고 또 깊이 생각해보라고 조언한다. 상대방이 내 잘못에 대해 따지고 들 때에도 '옛날

일을 가지고 왜 지금?'이라고 피하지 말라고 조언해준다. 말꼬리를 잡지 말고 본래 뜻을 이해하기 위해 힘쓰라고 조언한다. 그리고 정약용은 이렇게 부연 설명을 했다.

"그래서 내가 잘못 알았던 것이 있었다면 새롭게 깨달아 기쁜 일이며, 그의 생각이 잘못된 것이었음을 더 명확하게 알게 된다면 나의 지식이 깊어졌으니 만족해야지 그를 비웃으며 호들갑을 떨 필요는 없다."

정약용이 말하는 함께 살아가는 지혜다. 삶은 속도를 추구하는 게 아니다. 올바른 방향을 추구하는 게 삶의 원칙이다.

말을 조심해야 하는 이유

말이 간결하면 '도'에 가깝다
言簡者近道(언간자근도)
– 《격몽요결(擊蒙要訣)》 중에서

　말을 조심하라는 이야기는 이제껏 귀에 못이 박이도록 들어온 것 중에 하나다. 그만큼 중요하다는 뜻도 되지만 그만큼 실천하기 어렵다는 뜻도 포함돼 있으리라. 그래서인지 유가(儒家)의 학자들 중에 '말을 조심하라'는 충고를 하지 않은 사람을 찾기 어려울 정도다.

　송나라의 학자 정이(程頤)는 "마음의 움직임은 말에 의해 밖으로 드러난다. 그러므로 조급한 마음은 조급한 말로 드러나고 마음을 함부로 놓아두면 아무 말이나 마구 내뱉게 된다. 반대로 말을 하지 않고 조용히 있으면 마음까지 조용한 상태로 접어든다. 말은 모든 세상일의 중심에 선다. 싸움과 화해가 모두 말을 통해 이루어지며 좋은 일과 나쁜 일도 모두 말에서 시작된다. 명예를 얻는 것도 치욕을 당하는 것도 모두 말 때문이다. 잘 모르는 것을 말로 표현하게 되면 번잡스럽고 복잡해져 결국 오해를 불러오기도 한다. 함부로 말하는 것은 자신은 물론 다른 사람에게도 해를 끼치며, 좋지 않은 말을 하게 되면 반드시 좋지 않은 말을 듣게 된다. 그러므로 말을 할 때에는 반드시 이치에 맞는지 따져보고, 때와 장소를 가려서 해야 한다. 그중에 어느 하나라도 적절하지 않다고 생각되면 말하지 말아야 한다." 결론은 무엇이냐. 되도록 말을 하지 말라는 것이다. 그러면 언제 말을 해야 하는가. 정이의 형님인 정호(程顥)의 말에 귀를 기울여 보자.

"말을 아끼라는 말은 쓸데없는 말을 하지 말고 깊게 생각한 후에 말하라는 뜻이다. 반드시 말을 해야 할 경우라면 결연한 의지를 가지고 확실하게 말을 해야 한다. 만약 그 말 때문에 나를 비롯하여 누군가의 목숨이 위태로운 경우가 생긴다 하더라도 해야 할 말은 해야 한다. 그리고 그 말은 에둘러 말하는 게 아니라 정확하고 명확해야 한다."

목숨을 걸 정도의 확신과 의지가 있을 때 입을 열라고 말한다.

《주역(周易)》에도 '修辭立其誠(수사입기성)'이라는 문장이 나온다. '말을 잘 다듬어야 성실해진다'는 뜻이다. 말을 잘 다듬는다는 것의 의미는 말을 잘 꾸며서 하라는 뜻이 아니다. 함부로 말을 하지 않고, 한 번 말을 했으면 반드시 실천해야 한다는 의미다. 말을 앞세우라는 것이 아니라 실천을 앞세우라는 것이다.

어느 날, 정호(程顥)의 제자 중 한 사람이 "저는 하루에 세 번씩 스스로를 반성합니다."라고 말한 적이 있다. 그 말을 들은 정호는 "참으로 딱하구나. 그렇다면 그 나머지 시간에는 무엇을 하느냐?"라고 말하며 제자에게 핀잔을 주었다. 증자가 이야기한 "나는 날마다 세 가지에 대해 반성한다. 사람을 대할 때 진심으로 대했는가? 친구와의 신의를 지켰는가? 성실하게 공부했는가?"라는 말을 비슷하게 흉내를 내며 그럴싸하게 말했다고 판단했기 때문이다. 스승의 핀잔을 받은 제자가 "특별히 할 말이 없어서 그랬습니다."라고 말하자 정호는 이렇게 말했다. "특별히 할 말이 없으면 입을 다물고 있으면 되지 않겠느냐?(無可說 便不得不說)"

율곡도 《격몽요결(擊蒙要訣)》을 통해 "말이 많지 않고 간결한 사람이 '도'에 가까운 사람이라고 할 수 있다(言簡者近道)."라고 충고했다.

말을 하기 전에 깊이 생각해야 한다. 생각의 그릇에 생각이 가득 차올라 흘러넘쳐 나오는 것이 말이어야 한다. 억지로 그릇을 기울여 쏟아내면 그릇에 무엇이 남겠는가. 생각도 없이 말만 있는 상황이 된다는 것을 잊지 말자.

율곡이 말하는 정치지도자의 모습

이익만을 생각하는 자는 우두머리일 뿐 임금이 아니다
霸者則惟利是謀(패자즉유리시모)
-《성학집요(聖學輯要)》 중에서

《성학집요(聖學輯要)》는 율곡의 학문과 사상을 집대성한 책이다. 사서오경(四書五經)을 모두 읽기 어렵다면 《성학집요(聖學輯要)》 한 권만이라도 읽기를 권하고 싶을 정도로 동양의 중요한 사상을 모두 담고 있다고 할 수 있다. 특히 정치에 대해서는 교과서라고 말해도 과하지 않을 것이다.

전직 대통령들이 법정에 서는 모습을 보며 머리에 떠오른 것은 《성학집요(聖學輯要)》의 맨 마지막 부분에 율곡이 쓴 '후기(後記)'였다. 《성학집요(聖學輯要)》를 다 읽기 힘들다면 '후기(後記)'만이라도 읽어보기를 권하고 싶다. 율곡이 《성학집요(聖學輯要)》 마지막에 붙인 '후기(後記)'를 살펴보자.

처음 이 세상에 사람이 태어났을 때, 그들은 새와 짐승처럼 거칠게 살았습니다. 날고기를 먹고 벌거벗은 채 생활했으며 오늘과 같이 안정된 모습을 갖추지 못했습니다. 문자도 갖지 못하였으며 모든 사람들을 바르게 이끌어주는 임금도 없었기에 매일 서로 음식을 다투고 싸워 혼란스러울 뿐이었습니다.

이때 성인(聖人)이 나타나 지혜와 총명함으로 사람들을 바르게 이끌기 시작했습니다. 백성들의 마음이 바로 하늘의 마음임을 알았던 성인(聖人)은 백성들의 뜻을 거스르지 않고 따라 임금의 자리에 올랐습니다. 백성들의 마음이 하늘의 마음임을 알았기에 백성들의 마음을 읽고 그것을 따랐던 것입니다. 이것이 바로 바르게 세상을 다스릴 수 있는 이유이며 이것은 아무리 세상이 변하더라도 바뀌지 않는 것입니다.

그런데 세월이 흐르며 이러한 바른 이치가 점점 흐려져 바른 이치로 나라를 다스리는 게 아니라 바르지 않은 사람들이 자신의 힘으로만 세상을 다스리려고 하여 혼란이 찾아왔습니다. 임금이 자기 자신은 바르게 가다듬지 않은 채 백성들에게만 바르게 하라고 가르치니 백성들이 그것을 따르지 않게 되고, 임금이 바르고 현명한 사람들의 충고와 비판에 귀를 기울이지 않고 자기 멋대로 세상을 다스려 혼란은 더욱 커지게 되었습니다. 결국 세상이 이렇게 흉하게 변하고 만 것입니다.

아, 바른 이치는 도대체 어디로 갔습니까. 바른 이치를 찾기 위해 멀리 갈 필요는 없습니다. 세상을 둘러보십시오. 산과 강, 나무와 풀들은 제 모습을 잃지 않고 여전히 바른 모습을 갖추고 있습니다. 왜 그럴까요? 모두가 바른 이치를 따르고 있기 때문입니다. 바른 이치를 따르기만 하면 시대의 변화 속에서도 당당하게 살아남을 수 있습니다. 바른 이치 속에는 변화에 대응하는 올바른 방법이 들어 있기 때문입니다. 다만 지금의 상태를 유지하려는 나태한 마음과 게으른 마음, 사사로운 이익만을 유지하려는 바르지 못한 마음이 변화와 개혁을 가로막고 있는 것입니다. 바른 이치는 복잡하지 않습니다. 민심을 따르는 것입니다. 민심을 따르면 그게 바로 하늘이 정해준 바른 이치를 따르는 것입니다. 늘 새롭게 개혁하고 변화하라는 게 바른 이치입니다. 어제 했던 것을 그대로 이어가는 게 바른 이치라고 생각하면 잘못입니다. 변화와 개혁이 바로 예전의 성인(聖人)들을 따르는 길입니다. 그런데 왜 이제는 시대가 바뀌어 예전의 것을 회복하지 못한다고 하는 것입니까. 그저 가만히 현재에 안주하며 편안하게 시간만 보내려고 하는 것입니까.

아, 이 모든 것은 게으른 마음 때문입니다. 용감하지 않기 때문입니다. 바르게 하려는 의지가 없기 때문입니다. 낡은 제도와 관습에 얽매이지 말고 바른 이치에 따라 당당하게 개혁하십시오. 그렇게 한다면 이 나라는 반드시 크게 일어나고 온 백성들은 모두 편안해지며, 이러한 안정이 오래토록 길게 유지될 것입니다.

분하고 원통함을 느껴야 한다

나는 어떤 일에 집중하면 밥 먹는 것도 잊는 사람이다
發憤忘食(발분망식)
–《논어(論語)》중에서

하고 싶은 마음이 있다면 주변에서 아무리 말려도 소용이 없는 경우가 많다. 남녀 사이의 사랑이 그렇고 스마트폰 게임에 푹 빠진 사람도 마찬가지다. 연예인을 향한 팬심도 비슷한 케이스라고 할 수 있다.

그런데 유가(儒家)에서는 아무리 좋아하는 것이라 하더라도 과하지 않게, 적당한 순간에 그치는 것이 좋다고 강조한다. 그렇다면 공자도 그렇게 했을까?

《논어(論語)》를 살펴보면 공자가 스스로 자신을 설명하는 대목이 나온다. '발분망식(發憤忘食)'이 그것이다. 요즘 젊은이들이 사용하는 언어로 번역하자면 "나는 한 번 필이 꽂히면 밥도 먹지 않고 매달리는 사람이다."정도가 될 것이다. 이 정도라면 '적절한 때에 그치는 것이 좋다'는 가르침과 반대가 아닌가.

앞뒤 맥락은 이렇다. 누군가 공자의 제자인 자로(子路)에게 '당신의 스승인 공자는 어떤 사람입니까?'라고 물었다. 자로는 갑작스러운 질문에 말문이 막혀 제대로 대답을 하지 못했다. 스승님을 몇 마디 말로 표현하는 게 얼마나 어려운 것이었을지 짐작이 되기도 한다.

그런 이야기를 나중에 전해들은 공자가 "어허, 아직도 나에 대해서 잘 모른다는 말이야? 이제라도 잘 알아두어라. 나는 어떤 일에 집중하면 밥 먹는 것도 잊는 사람이며(發憤忘食) 그 일을 해결해내면 너무나 기뻐 모든 근심걱정을 다 잊어버리는 사람이다(樂而忘憂). 그래서 늙어간다는 것조차 잊어버리는 사람이다(不知老之將至云爾)."

그렇다면 공자는 무엇에 집중할 때 밥도 잊고 근심 걱정도 잊는가. 바로 공부할 때다. 학문을 연구할 때다. 인생에 대해 고민할 때다. 어떻게 하는 것이 가장 합리적이고 공익적인지 따져보는 시간이다. 감정에 휘둘리지 않고 이성적으로 판단해서 결론을 내리는 것을 말한다. 그런데 적절한 해답이 잘 나오지 않는다. 그러면 화가 치민다(憤). 그래서 더욱 분발(奮發)한다. 그러다가 마침내 환하게 앞뒤 맥락이 이해되고 지나치지도 않고 모자란 것도 아닌 적절한 결론을 내릴 수 있게 되면 너무나 기뻐서(樂) 모든 근심걱정을 다 잊는다(忘憂). 나이도 잊고 세월의 흐름도 잊는다.

갑작스러운 충격에 깜짝 놀라 미친 것처럼 난리를 치는 짐승과 다른 삶을 꿈꾼 것이다. 배고픔을 이기지 못해, 화를 이기지 못해 함부로 날뛰는 것을 거부하는 것이다. 어떠한 순간에도 침착함을 유지하면서 합리적이고 도덕적인 결론을 내리고 그것을 실천하기 위해 노력했다는 뜻이다. 그러한 노력에는 '적당히'가 없다.

방점이 찍힌 곳은 어디인가. '발분(發憤)'이다. '분(憤)'은 분하다, 원통하다, 괴롭다 등을 나타낸다. 모르는 게 있으면 분하고 원통해서 참을 수 없는 감정을 느껴야 한다. 반드시 알아내겠다는 의욕이 불타올라야 한다. 스스로 제대로 이해하지 못하는 것이 있을 때, 이해가 가지 않을 때, 잘 하지 못할 때, 명쾌한 결론을 내릴 수 없을 때, '에이, 내가 그렇지. 난 안 돼.'라고 포기하거나 '비슷하게 흉내나 내고 말지.'라고 체념하거나 '밥이나 먹고 합시다!'라고 뒤로 물러나서는 안 된다.

당신은 언제 분하고 원통함을 느끼는가. 바로 그 지점에 당신의 개성이 존재한다. 무엇인가를 이루고 싶다면 '발분(發憤)'해야 한다. 적당히 비슷하게 어영부영해서는 아무 것도 이룰 수 없다.

내 뜻대로 일이 풀리지 않는다고 세상을 원망하고, 타인을 질투할 필요는 없다. 스스로에게 물어봐야 한다. 나는 진정으로 나 자신에게 '발분(發憤)'했는가.

성난 얼굴로 거슬리는 말을 급하게 더하지 말라

不可遽加厲色咈言(불가거가려색불언)

-《격몽요결(擊蒙要訣)》중에서

유가(儒家)에서 강조하는 효(孝)는 여러 가지 개념을 함께 포함하고 있다. 나를 낳아준 부모를 따르는 게 '효(孝)'라고 말할 수 있지만 그것이 전부는 아니다. 다만 시작점일 뿐이다.

효(孝)는 그 의미로 볼 때 효(效)와 연결된다. 이 세상을 만들어낸 하늘(天)의 뜻을 깨우쳐 이를 본받는 것을 '효(效)'라고 말한다. 그렇기에 잘 본받아 좋은 결과가 나오는 것을 '효과(效果)'라고 한다. 그러므로 '효(效)'는 '본받는다, 배운다, 노력한다'는 의미를 지닌다. '효(孝)'도 마찬가지다. 아들(子)이 노인(老)을 업고 있는 모양이다. 부모와 조상을 잘 섬기고 따르는 것을 의미한다. 그렇기에 세상이 만들어진 원리인 선(善)한 이치를 따르는 것은 '효(效)'이면서 '효(孝)'이기도 하다.

'효(效)'는 서로 소통한다는 의미를 지닌 '교(交)'와 채찍질한다는 의미를 지닌 '복(攵)'이 합쳐진 글자다. 누구와 소통하는가. 조상들과 후손들, 일가친척들과 이웃들을 모두 포함한다. 그 시작점이 바로 부모가 나를 낳은 것이므로 그것을 시작점으로 삼지만 그것에 얽매이는 것은 아니다. 무엇을 채찍질하는가. 나 혼자만의 이익을 생각하는 것을 버리기 위한 채찍질이다. 지금 이

순간의 짧은 기쁨만을 생각하고 뒷일은 생각하지 않는 것, '남에게 들키지만 않으면 그만이지'라고 생각하는 것, '나만 좋으면 그만이지 다른 사람을 왜 생각해?'라는 생각 등이 사라지도록 채찍질하는 것이다.

사람은 근본적으로 혼자서는 살아갈 수 없는 존재다. 다른 누군가와 협력하지 않으면 살아남을 수 없다. 아기는 부모의 보살핌이 없으면 살아남을 수 없다. 태어나자마자 걷고 뛰는 다른 동물들과 다른 이유가 여기에 있다. 늙은 노인도 자식의 도움이 필요하다. 젊은 청장년은 자식과 부모를 동시에 돌봐야 한다. 그러기 위해서는 이웃의 도움이 절실하다. 이러한 관계를 연결하는 것이 '효(效)'이며 동시에 '효(孝)'이기도 하다. '효(效)'와 '효(孝)'의 상대어는 '나만 생각하는 것'이다.

"내 형제는 나와 한 몸이다. 부모가 주신 몸을 함께 받았기 때문이다. 그러므로 형제를 대할 때는 나를 대할 때처럼 해야 한다. 서로 살뜰하게 돌보아 어려운 상황에 처하면 적극적으로 도와주어야 한다. 예를 들어 형은 굶주리는데 아우는 배부르고, 아우는 추운데 형은 따뜻하다면, 이는 잘못된 것이다. 손은 편안한데 발은 병들어 있다면, 그 사람은 건강한 사람이 아니다. 형제의 경우도 마찬가지다. 어느 한쪽이 어려움이 처하면 모두가 어려운 것으로 파악해야 한다. 형제가 서로 사랑하지 않는 것은 부모를 사랑하지 않기 때문이다. 부모를 사랑하는 마음이 있다면 어찌 형제를 사랑하지 않을 수 있겠는가. 그러므로 형제의 우애는 효도와 연결되는 것이다. 형제 사이에 서로 뜻이 맞지 않는다 하더라도 언성을 높이거나 감정을 앞세우지 말고 차근차근 이치에 맞게 설명하여 조화로움을 유지할 수 있도록 힘써야 한다. 만약 형제가 선하지 못한 행동을 하더라도 성난 얼굴로 거슬리는 말을 급하게 더하지 말고 (不可遽加厲色佛言) 정성을 다해 설득하고 이해시켜 깨닫도록 해야 한다."

율곡의 말이다. 효(孝)는 이처럼 형제와도 이어진다. 더 크게 넓히면 세상의 모든 것들로 퍼져나간다. 그러면 그것이 바로 효(效)가 되는 것이다.

　오랫동안 서로 외면하던 남과 북이 서로 만나는 것도 효(孝)의 연장선에 있다. 그런데 서로 뜻이 맞지 않는다 하여 언성을 높이거나 상대방의 선하지 못한 행동에 대해 성난 얼굴로 거슬리는 말을 해야 할까? '정성을 다해 설득하고 이해시켜 깨닫도록 해야 한다.'는 율곡의 충고에 귀를 기울일 때다. 그래야만 효과(效果)를 볼 수 있다.

처지가 궁할 때, 어떤 일을 하지 않는지 살펴보라
窮視其所不爲(궁시기소불위)
- 《사기(史記)》 중에서

아무리 힘이 강하더라도 항상 그 힘을 다 사용하는 것은 아니다. 또한 아무리 어려운 처지에 놓였더라도 차마 하지 못하는 것이 있어야 한다. 이것이 바로 짐승과 사람의 차이라고 유가(儒家)의 학자들은 말한다.

세상에서 가장 힘이 강한 위치에 있더라도 자기 맘대로 마구 행동하지 않아야 하며 세상에서 가장 구차한 위치에 놓였더라도 하지 말아야 하는 것은 하지 않아야 한다.

사마천(司馬遷)이 기록한 역사책 《사기(史記)》 중 '위세가(魏世家)'는 전국시대(戰國時代)에 강국으로 위세를 떨치던 위(魏)나라의 건국과 부흥, 그리고 멸망 과정을 담고 있다.

위나라의 개국군주인 위문후(魏文侯)는 전국시대 국가 중에서 최초로 정치와 법제의 개혁을 단행하며 위나라를 세웠고 위나라는 개국과 함께 강국의 대열에 합류했다. 그리고 이러한 개혁은 능력 있는 인재를 등용하는 것을 시작으로 삼았기에 성공할 수 있었다고 사마천은 진단한다.

위문후는 당시로서는 세력이 아주 미약했던 평민 출신의 인재를 적극 등용하여 정치, 군사 방면의 중책을 맡김으로써 세족정치(世族政治)를 관료정치로 개혁했으며 이러한 개혁이 기존의 세족정치보다 더 튼튼하고 확고한 권력을 유지하는 버팀목이 되었다.

위나라를 세운 위문후는 자신과 함께 나라를 이끌어갈 인재를 모으기 위해 유가(儒家)의 학자인 이극(李克)을 찾아가 자문을 구한다. 이극은 공자의 제자로 유명한 자하(子夏)의 제자로 유가의 적통을 이어받은 학자였다. 이때 이극은 다음과 같은 5대 원칙을 제시했다고 사마천은 기록하고 있다.

"평소에는 그가 어떤 사람과 친하게 지내는지 살펴보고(居視其所親), 아무리 가난하더라도 그가 어떤 것을 취하지 않는지 살펴보며(貧視其所不取), 처지가 궁할 때라 하더라도 그가 어떤 일을 하지 않는지 살펴보고(窮視其所不爲), 잘 나갈 때에는 그가 어떤 사람을 추천하는지 살펴보며(達視其所擧), 부유할 때에는 그가 얼마나 남에게 베푸는지 살펴보는 것(富視其所與), 이것이 인재등용의 대원칙입니다."

이후 위문후는 이런 원칙을 잊지 않고 실천에 옮겨 개혁을 통해 나라를 강하게 만들 수 있었다. 그러나 나라가 점점 강해지자 위문후 이후의 군주들은 서서히 이런 원칙을 망각하기 시작했고 결국 멸망의 길을 걷게 되었다고 사마천은 분석하고 있다.

고대왕국에서는 군주가 인재를 등용하여 나라를 다스리게 했다. 그렇다면 지금은 어떠한가. 국민들이 선거를 통해 인재를 등용하는 시스템을 갖추고 있다. 고대국가의 군주가 하던 일을 지금은 일반 국민들이 해야 한다. 그러므로 우리 모두는 이극이 제시한 5대 원칙을 숙지하고 이를 잊지 말아야 한다. 그렇게 하지 않으면 나라는 망하는 길로 접어들게 될 것이다.

특히 눈여겨 볼 대목은 "아무리 가난하더라도 그가 어떤 것을 취하지 않는지 살펴보며, 처지가 궁할 때라 하더라도 그가 어떤 일을 하지 않는지 살펴보아야 한다."라고 할 수 있다. 궁지에 몰렸을 때 구차하게 삶을 추구하거나 어려운 처

343

지에 몰렸다고 함부로 날뛰지는 않았는지 살펴야 한다.

그가 어려움에 봉착했을 때, 이를 어떻게 해결해 나가는지 살펴보자. 자기 반성을 통해 새롭게 거듭났는지, 아니면 남을 탓하며 마구잡이로 날뛰었는지 살펴보자. 어려웠을 때, 이를 어떻게 해결했었는지 기억해보자. 품위를 잃지 않고 차분히 때를 기다렸는지, 아니면 구차하게 여기저기 기웃거리며 구걸하거나 거짓말로 사람들을 속여 이익을 취하려 하지 않았는지 살펴보자.

그의 과거를 통해 그가 미래에 어떻게 할 것인지 예상하면 크게 틀리지 않을 것이다. 사마천이 《사기(史記)》를 남긴 이유가 여기에 있다.

진짜 도둑은 따로 있다

큰 도둑을 제거하지 않으면 백성들이 다 죽을 것이다

大盜不去 民盡劉(대도불거 민진류)
-《감사론(監司論)》중에서

정약용의 《감사론(監司論)》은 논문이 아니다. 정약용이 남긴 글을 모아놓은 <정다산전서(丁茶山全書)> 중에 시문(詩文) 편에 속해 있는 글이기 때문이다. 그러나 《감사론(監司論)》을 읽으면 단순한 수필이 아님을 금방 깨닫게 된다.

'감사(監司)'는 누구인가. 요즘으로 치면 '도지사' 정도에 해당한다. '관찰사(觀察使)'라고 부르기도 한다. 자신이 관할하고 있는 도에 대해서는 경찰권·사법권·징세권 등 절대적인 권한을 행사한다.

그런데 정약용은 이러한 감사(監司)가 큰 도둑이라고 말하며 "큰 도둑(감사)을 제거하지 않으면 백성들이 다 죽는다(大盜不去 民盡劉)."라고 말하고 있다. 그 이유는 무엇일까?

"깊은 밤, 담을 뛰어넘거나 문을 따고 들어와 물건을 훔쳐가는 자가 도둑인가? 아니다. 이는 배가 고픈 사람이 굶주림을 참지 못해 그런 것이다. 칼이나 몽둥이를 감추고 있다가 지나가는 사람을 위협해 돈을 빼앗은 다음 그를 찔러 죽여서 증거를 없앤 자가 도둑인가? 아니다. 이는 어리석은 자가 본래 지니고 있던 양심을 잃어서 그런 것이다."

정약용이 이렇게 말한 이유는 다음에 등장한다.

"여기에 큰 도둑이 있다. 큰 깃발을 세우고 큰 양산을 받치고 큰 북을 치고 큰 나팔을 불면서 두 마리 말이 끄는 수레를 타고 옥(玉)으로 꾸민 모자를 쓰고 있다. 그 뒤를 따르는 자는 수백 명이다. 가는 곳마다 사람들이 고개를 숙이며 선물을 바친다. 손에는 채찍을 쥐고 행렬을 지켜보는 백성들이 큰 소리로 떠들지 못하게 겁을 주는 사람이 8인이다. 그 행렬을 부러운 눈으로 바라보는 사람들은 수천 명이다. 중간에 밥 먹을 때가 되면 식사를 하게 되는데, 이때 혹시라도 간을 잘못 맞추었거나 음식이 식었으면 그 죄를 물어 곤장을 친다. 곤장 치는 사람만 10인이 넘는다. '길에 돌이 있어서 내 말이 넘어졌다.', '길가에 사람들이 시끄럽게 떠드는 것을 막지 않았다.', '영접하는 여인의 수가 적었다.', '병풍이 볼품없었고 횃불이 밝지 않았다.' 그들이 내세우는 이유는 고작 이런 것들이다."

'감사(監司)'에 오른 자가 자기가 다스릴 지방 곳곳을 돌아보는 풍경이다. 원래는 각 지역의 상황을 파악하라는 게 목적이지만 변질된 것이다. 백성들의 고혈을 짜고 뇌물이 판을 치는 초호화판 행렬로 변한 것이다. 정약용은 이러한 행태를 보이는 '감사'가 바로 '큰 도둑놈'이라고 말한다. 좀도둑이나 강도는 새 발의 피가 아닐 수 없다.

"도장을 새겨 위조문서를 만들고 법률 조문을 멋대로 해석하여 법을 남용한다. 못된 짓을 저지른다는 소문이 나면 '누군가 악의적으로 가짜 뉴스를 퍼뜨리고 있다'라며 그냥 지나치고 만다. 사리사욕을 채우는 데 급급한 사람이 문책을 당하기는커녕 오히려 높은 근무성적을 받아 승진한다. 이 도둑놈은 야경(夜警) 도는 사람도 감히 따지지 못하고, 의금부(義禁府)에서도 감히 체포하지 못하고, 어사(御史)도 감히 공격하지 못하고, 재상(宰相)도 감히 말하지 못한다. 그래서 멋대로 난폭한 짓을 저질러도 아무도 감히 따지지 못하고,

수많은 토지를 소유한 채 종신토록 안락하게 지내지만 아무도 이러쿵저러쿵 헐뜯지 못한다. 이런 사람이 어찌 큰 도둑이 아니겠는가. 그래서 군자(君子)는 이렇게 말한다. '큰 도둑을 제거하지 않으면 백성이 다 죽을 것이다(大盜不去 民盡劉)'."

　'이제는 그렇지 않다.'라고 자신 있게 말할 수 있는 사람이 과연 몇이나 될까?

외교의 올바른 길

문제 해결의 열쇠는 밖이 아니라 안에 있다

不在乎外攘 而在乎內修(부재호외양 이재호내수)

−《해동제국기(海東諸國記)》중에서

신숙주(申叔舟;1417~1475)는 후대의 평가가 극단적으로 갈리는 인물 중 한 사람이다. 그는 세종의 총애를 받았지만 단종을 죽이고 왕위에 오른 세조를 적극적으로 도왔다는 이유로 변절자의 대명사처럼 불리기도 한다. 단종을 위해 목숨을 바친 사육신(死六臣)과 극명하게 대비되는 인물이기 때문이다.

그러나 다른 한편에서는 뛰어난 능력을 지닌 실용주의적 학자이자 정치인 이며 합리적인 행정가이자 외교관이라는 평가도 있다. 더 나아가 단순히 왕의 핏줄을 보호한다는 좁은 의미의 감성적 명분이 아니라 조선이라는 나라와 백성들의 안위와 행복을 위한다는 큰 의미의 명분을 따랐다는 해석도 존재한다. 세종이 계획하고 실행하던 여러 개혁을 마무리한 사람이 세조이며 그러한 개혁이 성공하도록 만든 주인공이 신숙주이기 때문이다.

당시, 단종은 너무 어렸고 권신들과 밀접하게 연결되어 있었기에 세종의 개혁을 이어갈 힘이 없었다. 신숙주는 그러한 정치 세력의 전반을 큰 틀에서 살펴, 자신을 총애하고 믿었던 세종의 뜻을 이어가는 길은 단순히 세종의 후손을 따르는 게 아니라 세종이 꿈꾸었던 나라를 만드는 것이라 판단했다는 것이다.

여러 해석이 존재하지만 다른 사람들의 평가에서 한발자국 떨어져, 그가 남긴 책을 통해 그를 살펴보는 것도 필요한 일일 것이다.

그는 세종이 왕으로 있던 1438년, 젊은 나이인 21세에 과거시험을 통과해 관직생활을 시작했다. 이후 세종의 두터운 신임을 받았고 훈민정음을 창제하는 데 기여한 젊고 능력 있는 학자였다. 《세조실록》과 《예종실록》의 편찬은 물론 《동국통감》의 편찬을 총괄했고, 《국조오례의》도 개찬했다.

그러나 그의 가장 뛰어난 저서는 《해동제국기(海東諸國記)》라고 할 수 있다. 이 책은 제목 그대로 '동해 바다 건너에 있는 여러 나라들에 관한 기록'이다. 일본을 포함해 대마도와 오키나와 등을 모두 포함한 일본 열도 전체에 대한 정치(政治)·경제(經濟)·문화(文化)·군사(軍事)·지리(地理) 등을 총망라하고 있다. 신숙주는 이 책에서 자신이 지니고 있는 인문학적 지식과 철학을 총동원하여 외교문제를 폭넓게 다루고 있다.

집현전 학자 출신이지만 그는 앞뒤가 막힌 서생(書生) 스타일은 아니었다. 26세 때인 1443년에는 세종의 명을 받들어 일본 사행에 동참하여 일본 본토와 대마도를 모두 둘러봤다. 1452년에는 사은사(謝恩使)의 일행으로 중국 명나라를 둘러보고 돌아왔으며 1460년에는 북쪽 여진족을 물리치기 위해 강원도 도체찰사에 임명되어 직접 전투를 지휘해 여진족과의 문제를 안정적으로 해결하기도 했다. 뛰어난 언어학자였기에 중국어는 물론 일본어와 여진족의 언어까지 능통하여 따로 통역사를 두지 않고도 의사소통이 가능할 정도였다.

이러한 모든 경험과 학문을 농축하여 1471년에 저술한 책이 바로 《해동제국기(海東諸國記)》였다. 이 책의 서문에서 신숙주는 이렇게 말하고 있다.

"외교의 올바른 길(待夷狄之道)은 어디에 있는가. 문제 해결의 열쇠는 밖이 아니라(不在乎外攘) 안에 있다(而在乎內修). 변방의 국경에 있지 않고 나라의 중심에 있다. 군사를 일으켜 전쟁터로 나가는 데에 있지 않고 내부의 개혁을 통해 바른 정치를 하는 데에 있다."

　민심을 잘 반영하여 바른 정치를 펼치면 경제도 좋아지고 나라도 강해진다. 그 힘이 외교에서도 빛을 발하게 된다. 개인도 마찬가지다. 스스로 올바른 사람이 된다면 좋은 일이 생기고 명성도 얻게 된다. 사람들이 존경하며 따르게 된다. …신숙주를 통해 오늘을 살펴보는 것도 의미가 있을 것이다.

당쟁(黨爭)은 나쁜 것일까?

붕당(朋黨)은 투쟁에서 나오고,
투쟁은 이해(利害)에서 나온다
朋黨生於爭鬪 爭鬪生於利害(붕당생어쟁투 쟁투생어이해)

－《성호전집(星湖全集)》 중에서

성호 이익(星湖 李瀷, 1681~1763)은 영조(英祖) 시대에 활동한 대학자였지만 중앙 정치무대에 나선 적은 없었다. 아버지와 형님이 모두 당쟁에 의해 목숨을 잃었기에 그는 과거시험을 보지 않고 재야에서 활동하며 학문을 닦았다.

당시 조선은 임진왜란과 병자호란 이후 극심한 혼란을 가까스로 수습하며 제2의 전성기를 시작하려는 길목에 놓여 있었다. 숙종과 영조는 추락한 조선을 그나마 격식을 제대로 갖춘 나라로 끌어올리기 위해 노력했다. 그러나 결정적으로 커다란 장애물이 있었다. '당쟁(黨爭)'이 문제였다. 영조가 '당쟁'의 폐해를 극복하려고 탕평책(蕩平策)을 썼다는 것은 많이 알려진 사실이다.

'탕평(蕩平)'이란 《상서(尙書)》에 나오는 '無偏無黨王道蕩蕩 無黨無偏王道平平(무편무당왕도탕탕 무당무편왕도평평)'에서 유래된 말이다. '편향되지 않고 무리 짓는 것(黨)이 없으면 나라가 평안해진다'는 뜻이다. 사람들이 무리를 지어 단체를 결성하는 것을 매우 부정적으로 바라보고 있는 말이다. 영조는 각 당의 사람들을 골고루 등용하는 것으로 이를 해결하려 했다. 그러나 이는 한계가 있을 수밖에 없었다. 그 이유를 이익은 이렇게 간단하게 정리했다.

"붕당(朋黨)은 투쟁에서 나오고, 투쟁은 이해(利害)에서 나온다(朋黨生於爭鬪 爭鬪生於利害). 예를 들어보자. 지금 열 명이 똑같이 배가 고프다. 밥은 한 그릇인데 모두 숟가락을 들이대니 싸움이 일어난다. '왜 싸우는가?'라고 물으니 '말이 공손치 않은 자가 있었다.'라고 이유를 댄다. 사람들은 말 때문에 싸움이 일어났다고 믿는다. 다음날 또 밥 한 그릇을 열 명이 함께 먹는데, 또 싸움이 일어난다. 이번에는 '태도가 불량한 자가 있었다.'고 말한다. 그래서 사람들은 태도 때문에 싸움이 일어났다고 믿는다. 다음날 또 이와 같은 일이 일어난다. 이번에는 '행동이 난잡한 자가 있었다.'고 이유를 댄다. 그리고 입에 거품을 물고 눈을 부라리면서 싸운다. 진짜 이유는 무엇인가. 공손하지 않은 것도, 태도 불량도, 난잡한 행동도 아니다. 그저 밥그릇 싸움일 뿐이다. 싸움이 이어질수록 당의 결속력은 강해지고 결속력이 강해질수록 싸움은 격렬해진다."

한 사람 분량의 밥을 열 사람에게 나누어준다고 해결될 문제가 아니기 때문이다. 그럼 어떻게 해야 할까. 중국 송나라의 학자 주희(朱熹)가 승상(丞相)의 자리에 있던 유정(留正)에게 보낸 편지를 살펴보자.

"승상께서는 나랏일을 하는 사람들이 서로 패가 나뉘고 서로 어울리는 사람들끼리 무리를 이루는 것에 대해 염려하셨습니다. 그러나 무리를 짓는 것 자체가 나쁜 것은 아닙니다. 다만 어떤 이유로 무리를 짓느냐에 주목해야 합니다. 올바른 방향으로 나아가기 위해 무리를 짓는 것은 바람직한 일입니다. (중략) 서로 다른 의견을 가진 사람들을 조화롭게 등용하면 당쟁이 일어나지 않고 안정을 찾을 수 있다고 말합니다. 그러나 저는 생각이 다릅니다. 바르고 현명한 사람과 그렇지 못한 사람이 섞여 있었기에 나라가 안정을 찾는 게 아니라는 뜻입니다. 바르고 현명한 사람으로만 채운다면 더욱 큰 발전이 있을 것입니다. 그러므로 '여러 사람이 섞여 있다.'는 것을 모범으로 삼아서는 안 됩니다. 그런데 사람들은 그런 것을 모르고 그저 여러 사람들을 두루 기용하는 것만이 옳다고 말하고 있으니 이것은 매우 슬픈 일이 아닐 수 없습니다. 무리를 짓는 것 자체가 잘못은 아닙니다. 다만 무엇을 위해 어떤 사람들이 어떻게 무리를 짓느냐에 따라 달라지는 것입니다."

이익과 주희의 이야기 속에서 우리 스스로 해답을 찾아보는 것은 어떨까.

부끄러움을 아는 것, 그것이 용감함이다

知恥 近乎勇(지치 근호용)

-《중용(中庸)》중에서

《중용(中庸)》에서는 지(知)·인(仁)·용(勇), 세 가지를 가리켜 '삼달덕(三達德)'이라고 정리한다. 사람이 세상을 살아가며 갖춰야할 가장 보편적인 '세 가지 덕목'이라는 뜻이다. 그러면서 "배우기를 좋아하는 것(好學)이 '지(知)'이며, 배운 것을 힘써 실천하는 것(力行)이 '인(仁)'이고, 부끄러움을 아는 것(知恥)이 '용(勇)'이다."라는 설명을 붙인다. 가장 눈에 띄는 것이 바로 '용(勇)'이다.

책을 읽고 깊게 생각하며 배운다. 그것으로 그치는 게 아니라 이를 실생활에 적용하여 실천하며 몸에 익숙하게 만든다. 그때 새롭게 깨우치는 것이 있다. 책으로 읽고 머리로 생각했던 것이 전부가 아니라는 사실을 깨닫는다. 실천이 얼마나 어려운 것인지도 알게 된다. 이전에 했던 공부와 이전에 이해했다고 생각했던 것들이 전부였다고 믿었던 나 자신이 부끄럽게 느껴지는 것이다. 바로 '부끄러움'을 통해 새롭게 배우는 것이다.

이전의 나를 부정하고, 이전에 이해했던 것들을 부정하고, 새롭게 나아가야 한다. 그것은 용기를 필요로 한다.

용기가 없다면 '나만 그런 게 아니야. 다들 그렇게 하잖아? 이 정도면 괜찮은 거야.'라며 자기 합리화를 해버린다. 이전의 나를 부정하는 게 아니라 부끄러움 자체를 부정해버린다. 그것을 우리는 '몰염치(沒廉恥)'라고 부른다. 부끄러움(廉恥)을 물 속 깊이 감추어버리는 것(沒)이란 뜻이다.

'부끄러움을 아는 것(知恥)'은 그래서 중요하다. '지치(知恥)'는 '지지(知止)'와도 연결된다. 마구 나아가지 않고 멈출 때(止)를 알아야 한다(知)는 뜻이다. 함부로 마구 나아가는 게 용기가 아니다. 멈출 수 있는 자제력이 바로 용기라고 《중용(中庸)》은 우리에게 알려준다.

"삶의 올바른 길을 모르는 사람은 술에 취한 사람과 다르지 않다(未知道者如醉人). 술에 만취한 사람을 보라. 부끄러움이 없어지니 세상에 하지 못할 일이 없다. 그러나 술에서 깨어나면 부끄러워 어쩔 줄 모른다. 학문을 배우고 익혀 바른 이치를 깨닫기 전에는 스스로 작은 결점도 없는 것처럼 생각하지만 학문을 배우고 익혀 바른 이치를 깨닫게 되면 달라진다. 예전의 일이 머리에 떠오르면 부끄럽고, 더 나아가 '내가 도대체 왜 그랬을까?'하는 생각에 놀라 두려움까지 느끼게 되기 때문이다."

《근사록(近思錄)》에 나오는 말이다. 《논어(論語)》에도 비슷한 이야기가 나온다. "군자의 허물은 마치 일식(日食)이나 월식(月食)과 같다. 잘못을 저지르면 그 어두운 구석을 모든 사람들이 다 볼 수 있다. 잘못을 감출 수 없다. 이미 다 알려졌기 때문이다. 그러나 그것이 끝은 아니다. 잘못을 바로잡으면 모든 사람들이 존경하며 우러러본다. 반면에 어리석은 자들은 잘못을 바로잡으려 하지 않고 그저 감추려고만 한다."

송나라의 학자 진력(陳櫟)은 《논어(論語)》에 나오는 이 대목에 대해 다음과 같은 설명을 달았다.

"군자는 자신의 잘못을 숨기지 않기 때문에 모든 사람들이 그것을 볼 수 있다. 그러나 동시에 그 잘못을 고쳐 바로잡는 것도 모든 사람들이 명확하게 볼 수 있다. 그렇기에 사람들의 존경을 받을 수 있는 것이다. 해와 달이 일식이나 월식을 피할 수는 없다. 그러나 바로 처음 상태의 밝음을 되찾기 때문에 그 명성에 손상을 받지 않는다. 그렇지만 어리석은 사람은 잘못을 고치려고 하지는 않고 감추고 숨기려고만 한다. 그래서 그 잘못이 더욱 커진다."

부끄러움을 모르고 마구 나아가는 사람이 용감한 것이라 착각하지 말자. 진실로 용감한 사람은 자신의 잘못을 깨닫고 인정하는 사람이다. 부끄러움을 느끼며 반성하고 개선하는 사람이 용기 있는 사람이다.

주자가 황제에게 올린 편지

죽을 각오로 두 번 절한 후 글을 올립니다
昧死再拜(매사재배)
-《무신봉사(戊申封事)》중에서

1188년, 주자는 당시 황제의 자리에 있던 효종(孝宗)에게 글을 올린다. 주자의 나이 59세, 지금으로부터 830년 전의 일이다. 이 글을 '무신봉사(戊申封事)'라고 하는데, 무신년(戊申年)에 올린 글을 뜻한다. 중대사를 보고하면서 소문이 날까 두려워 검은 주머니에 밀봉하여 임금에게 올리는 글을 '봉사(封事)'라고 한다.

당시 송나라는 안정과 평화를 구가하던 시기였다. 효종은 불필요한 관리의 숫자를 줄이고, 여러 가지 개혁을 추진해 송나라는 번영을 구가하고 있었다. 그러나 주자는 평화의 시대에 군이 부패하고 있음을 지적하며 군의 개혁을 주장하고 있다. 주자는 편지의 첫머리에 "죽을 각오로 두 번 절한 후 글을 올립니다(昧死再拜)."라고 쓰고 있다. 주자가 830년 전에 쓴 글을 거울로 삼아 오늘의 우리를 비춰보자.

"부정부패를 일삼는 사람들은 군대를 담당하는 장수들도 마찬가지입니다. 제가 예전에 이에 대해 말씀드렸을 때, 임금께서는 눈을 부릅뜨고 잘 살펴서 부정부패의 뿌리를 뽑아버리겠다고 말씀하셨습니다. 그리고 그 이후에 궁궐을 수비하는 장수들의 자리를 교체하게 했다는 말을 전해 듣고 '이제 더 이상 그런 말씀을 드리지 않아도 되겠구나.'라고 생각했습니다. 그러나 그게 아니었습니다. 궁궐 수비를 담당하던 장수는 쫓겨난 게 아니라 더 중요한 자리로 이동했을 뿐이었습니다. 이것은 죄를 지은 사람에게 벌을 내린 게 아니라 오히려 상을 주신 것이 아닙니까. 일을 이렇게 처리하시면 앞으로 그들을 어찌 감당하시려는 것입니까. 죄를 짓고도 당당할 것이며 부끄러움도 모르게 될 것입니다. 부정부패는 계속 이어질 것이며 오히려 더욱 그 범위가 넓어질 것입니다. 부정부패를 뿌리 뽑기는커녕 더 장려하고 있는 것 아닙니까.

백성들에게 세금을 거두어 군대의 비용을 충당하는 것은 나라를 지키기 위해 어쩔 수 없는 일이라 할 수 있지만, 그러나 백성들이 피와 땀으로 낸 세금이 진정 군사력 강화에 쓰인다고 생각하십니까. 그렇지 않습니다. 지금 변방의 군사들이 어찌 생활하는 지 아십니까. 그들은 군사훈련을 하는 것보다 땔감을 구해오고 짚으로 신발을 만드는 일에 매달리는 시간이 더 많습니다. 굶주림에 지쳐 먹을거리를 구하기 위해 여기저기를 다니고 있습니다.

세금은 어디로 다 사라졌습니까. 군사들의 의식주에 사용하라고 내려준 세금이 엉뚱한 곳으로 다 사라지고 있습니다. 백성들의 원망이 하늘을 찌르고 있습니다. 이런 상황에서 군사훈련이라고 해서 제대로 이루어질 수 있겠습니까. 병사들의 사기는 땅에 떨어져 있습니다. 이런 때에 오랑캐들이 쳐들어온다면 어떻게 막아낼 수 있겠습니까.

이 모두가 부정부패 때문입니다. 병사들을 지휘하고 보살피며 훈련시키라고 보낸 장수들이 자기 배만 채우고 있습니다. 나라를 위한 것이라며 백성들을 위협하여 과도한 세금을 거둬가고 그것으로 병사들을 먹이는 게 아니라 자신의 배만 채웁니다. 거짓으로 병사들의 수를 부풀려 더 많은 세금을 거두고 그것으로 자신의 창고를 채웁니다. 임금의 측근들에게 뇌물을 주어 자신이 저지른 잘못을 감추게 하고, 더 나아가 잘못을 저지른 사람들이 오히려 높은 자리에 오르고 상을 받습니다. 바르고 곧은 사람에게 죄를 뒤집어씌워 쫓아냅니다.

이 모두가 부정부패가 만들어낸 결과입니다. 게다가 그렇게 부정적으로 모은 재물의 일부를 임금에게 선물로 바칩니다. '내려주신 세금을 절약하여 남긴 것입니다.'라고 거짓말을 하며 바치는 것입니다. 그것으로 또 칭찬을 받습니다. 임금께서는 자신도 모르는 사이에 뇌물을 받게 되는 것입니다."

군(軍)은 관(官)이 아니라 민(民)을 위해 존재하는 조직이다.

'천장부(賤丈夫)'에게 세금을 물린 까닭

높은 곳에 올라가 좌우를 살펴 이익을 독점하다
必求龍斷而登之 以左右望而罔市利
(필구농단이등지 이좌우망이망시리)
- 《맹자(孟子)》 중에서

맹자는 경제에 특히 관심이 많았다. 흔히 공자는 인(仁)을 강조하고 맹자는 의(義)를 강조했다고 말하곤 하는데, 의(義)는 양(羊)을 잡아 제사를 지낸 후 칼(戈)로 양고기를 썰어 제사에 참여한 사람들에게 고기를 나눠주는 행위를 뜻한다고 설명하기도 한다. 얼마나 공평하게 고기를 나눠주느냐가 바로 의(義)의 개념이라는 뜻이다.

제사를 지내는 데 있어 큰 역할을 한 사람에게 고기를 많이 줄 것이냐 아니면 가난한 자에게 많이 줄 것이냐를 따져야 한다. 질긴 부분이냐 부드러운 부분이냐, 맛이 좋은 부분이냐 그렇지 않은 부분이냐도 따져야 한다. 나와 친한 사람이냐 아니냐, 힘이 센 사람이냐 아니냐도 칼을 잡은 사람은 따져야 한다. 그 복잡한 셈법에서 나의 이익이 아니라 모두의 이익, 사회적 질서가 허물어지지 않는 최대공약수를 살피고 또 가장 불만이 적은 경우의 수를 따지고 상식적으로 이해가 가는 방법을 따져야 한다. 그렇게 의(義)를 드러내면 공공의 이익이 발생하게 된다. 사적인 이익보다 더욱 크고 아름답다. 맹자가 경제학에 관심을 가진 이유다.

"옛날의 시장은 물물교환이 이뤄지는 곳이었다. 자기가 가진 것을 가지고 나가 자기가 필요한 것으로 바꾸는 장소였다. 그렇다면 정부는 무엇을 했는가. 물건을 교환하는 사람들 사이에 일어나는 분쟁을 조정할 뿐 따로 세금을 받지는 않았다. 그런데 어느 날 '천장부(賤丈夫)'가 나타나 높은 언덕에 올라서(必求龍斷而登之) 좌우를 살펴 이쪽에서 싼 것을 취해 저쪽에 팔고, 저쪽에서 싼 것을 취해 이쪽에 되팔아 시장의 이익을 독점했다(以左右望而罔市利). 그러자 세상 사람들은 그 사람이 정당하지 못한 방법으로 돈을 너무 많이 벌었다고 여겼으며, 이에 따라 세금을 징수하게 되었다."

맹자가 한 말이다. 맹자가 이야기하는 '천장부(賤丈夫)'란 '대장부(大丈夫)'의 상대어 정도가 될 것이다. 높은 언덕(龍斷)은 권력과 지위를 말한다. 익숙한 단어인 '농단(壟斷)'도 맹자의 말에서 시작되었다. 요즘 사용하는 '농단(壟斷)'의 시작점이 바로 《맹자(孟子)》에 나오는 '龍斷'이기 때문이다. 맹자는 이익을 독점하려는 '천장부'의 천박한 행위에만 세금을 물려야 하는 것이지 일반적인 사람들의 일상적인 행위에까지 세금을 매겨서는 안 된다고 주장한다.

"상인들에게 물품의 보관 및 매매의 장소는 제공하되 세금은 걷지 않고, 판매가 잘 되지 않는 것들은 정부가 나서서 수매해주어 그 물건이 필요한 다른 곳으로 옮겨주면 세상의 상인들이 모두 기뻐하여 그 시장에서 장사하기를 원할 것이다. 또 이동하는 사람들이 드나드는 관문에서는 감시만 하고 통관세를 받지 않으면 세상의 사람들이 모두 기뻐하여 그 길로 다니려 할 것이다. 또 농사짓는 사람에게 공전(公田)에 대한 의무만 부과하고 별도의 세금을 받지 않으면 세상의 농부들이 모두 기뻐하여 농사짓기를 원할 것이다. 이렇게 하면 모든 사람들이 풍족한 생활을 하게 되고 그들이 풍족하게 살게 되면 정부가 나서서 교육을 시켜 올바른 방향으로 나아갈 수 있도록 도와주면 된다."

나라의 논밭이 공전(公田)이다. 농민들은 세금을 내는 것이 아니라 나라의 논밭에 노동력을 제공하는 것으로 세금을 대신하고 나라는 공전에서 나오는 수확으로 나라의 살림을 살게 되는 것이다.

맹자는 자유시장경제를 추구하면서도 '천장부'처럼 권력을 이용해 정보를 독점하여 이익을 독차지하려 하는 자에게는 무거운 세금을 물려야 한다고 주장했다. 경제정책의 시작은 이익을 논하기에 앞서 의(義)를 드러내는 것이라는 맹자의 충고를 곱씹어보자.

너무 앞서 나가지 말라

'우산'의 나무는 원래 울창하고 아름다웠었다
牛山之木 嘗美矣(우산지목 상미의)
－《맹자(孟子)》중에서

   가을을 흔히 '결실(結實)의 계절'이라고 말한다. 결실(結實)이란 열매(實)를 맺는다(結)는 뜻이니 가을이 되면 풍성한 결과를 얻는다는 의미라고 할 수 있다. 그러나 누구에게나 그런 것은 아니다. 속이 꽉 들어찬 곡식이 아니라 껍질만 있고 속이 빈 쭉정이만 가득 지니게 되는 사람도 있게 된다. 농사를 망친 것이다.

   스스로 열심히 하지 않았기 때문일 수도 있고 갑작스런 자연재해 때문일 수도 있다. 잘못된 사회제도나 포악한 사람 때문에 불이익을 당하기도 한다. 그러나 이유와 상관없이 초라한 결과물을 얻은 사람들은 풍성한 수확을 올린 사람들을 보며 상대적 박탈감에 시달리게 된다. 어떤 사람은 자포자기(自暴自棄)하기도 하고, 어떤 사람은 다른 집의 담장을 넘기도 한다. 마음이 급해져 이리저리 다른 방법을 모색해보려고 분주하게 돌아치며 무리수를 두게 된다. 그러나 이러한 움직임이 오히려 나쁜 결과를 가져오는 경우가 많다. 그렇다면 어떻게 해야 할까.

   "요즘 사람들은 민둥산인 저 '우산(牛山)'을 보며 초라한 산이라고 비웃지만 '우산'의 나무는 원래 울창하고 아름다웠었다(牛山之木 嘗美矣). 그런데 근처에 큰 도시가 있어 많은 목재가 필요했고 이를 충족하기 위해 사람들이 도끼를 들고 산으로 들어가 매일 나무를 찍어 가져가니 황폐한 산이 되고 말았다. 나무가 사라져 사람들의 발길이 뜸해지자 비와 이슬이 산을 촉촉이 적셔주어 새싹이 돋아나 옛 모습을 되찾나 싶었지만 이제는 사람들이 소와 양을 끌고 와서 목축업을 시작했다. 소와 양들은 새로 돋은 싹의 뿌리까지 먹어버렸고 결국 저렇게 민둥산이 되고 말았다. 그런데 사람들은 그런 사정도 모르면서 '우산(牛山)은 벌거숭이산이야'라고 말하는데, 본래 그랬던 것이 아니다."

본래는 울창하고 아름다운 산이었으나 욕심에 의해 훼손당한 '우산(牛山)'은 사람의 마음을 은유한다. 본래 타고난 선(善)한 마음을 잘 보존하라는 맹자의 말이다.

여기서 앞선 질문에 대한 답의 실마리를 찾을 수 있다. '그냥 가만히 놓아두는 것'이 그것이다. 이미 크게 훼손당했다면 조용히 숨을 고르며 마음을 단단히 잡고 반성하는 시간을 가지라는 뜻이다. 그 속에서 회복이 이루어진다. 섣부르게 해결하려고 달려들면 역효과가 날 뿐이다.

"마음을 잡고 있다는 것은 아무런 생각도 없이, 움직임도 없이 죽은 것처럼 가만히 있는 게 아니다. 중심을 잘 잡고 있음을 뜻한다. 예를 들면 물레방아와 같다. 물레방아는 물의 흐름에 따라 계속 쉬지 않고 돌아간다. 그러나 중심축이 확고하게 잘 고정되어 있기에 계속 돌아가며 움직여도 흐트러짐이 없다. 이것이 바로 마음을 잘 잡고 있는 것이다."

송나라의 학자 정이(程頤)가 맹자의 은유에 대해 덧붙인 설명이다. '마음을 잡다'에 대해서는 주자도 자신의 경험을 바탕으로 충고한 내용이 있다.

"내가 예전에 동안(同安)이라는 마을에서 근무할 때의 일이다. 밤에 잠자리에 누워 있는데 종소리가 울리기 시작했다. 그런데 종소리가 한 번 울리면 내 마음이 먼저 달려가 그 다음에 울릴 종소리를 기다리고 있다는 것을 알게 되었다. 종소리 하나에 집중하는 게 아니라 그 다음 종소리를 향해 달려갔다는 뜻이다. 이때에 나는 깨달았다. '지금 현재에 충실하지 않고 서둘러 다음을 기대하고 먼저 미래를 기웃거리면 안 되는 것이로구나! 지금 현재에 충실해야 그 다음도 있는 것이로구나!' 마음을 단단히 잡고 있는 것은 이토록 중요하다."

　서둘지 말자. 천천히 숨을 고르며 뒤돌아보는 것이 그 어떠한 행동보다 현명한 해결책이 될 수 있음을 잊지 말자.

조화로운 삶을 위해

사람을 이롭게 하는 말은 따스한 솜처럼 부드럽다

利人之言 煖如綿絮(이인지언 난여면서)

-《명심보감(明心寶鑑)》중에서

춘추시대 제(齊)나라의 왕이었던 경공(景公)은 신하 중에 양구거(梁丘據)를 특히 총애했다. "신하들 중에 양구거는 언제나 나와 조화를 잘 이루니 얼마나 기쁜지 모르겠다."며 대놓고 칭찬하는 일이 잦았다. 그러자 안영(晏嬰)이 나서서 이렇게 말했다.

"임금께서는 조화(調和)가 무슨 의미라고 생각하십니까. 조화를 이룬다는 것은 음식을 만드는 것과 같은 일입니다. 싱거우면 간을 더하고 짜면 물을 더해 맛을 조절하지요. 정치도 마찬가지입니다. 임금이 좋아하는 게 있다고 하더라도 그것이 지나칠 경우에 생기는 부정적인 면을 일깨워 과하게 나아가지 않도록 조절하고, 임금이 싫어하는 게 있다고 하더라도 그것이 지닌 긍정적인 면을 일깨워 적절히 선택하도록 조절해줘야 합니다. 그것이 바로 임금과 신하의 조화로움입니다. 그런데 양구거는 어떠합니까? 임금께서 좋아하는 것을 양구거도 좋아하며 임금께서 싫어하는 것은 양구거도 싫어합니다. 싱거운 음식에 물을 더 넣고 짠 음식에 소금을 더 넣는 것과 무엇이 다르겠습니까."

조화로움이란 같은 것들을 모아놓는 게 아니라 서로 다른 것들을 품에 안는 것을 뜻한다는 안영의 지적이다.

안영(晏嬰)은 중국 역사 속에 등장하는 정치인 중에 가장 훌륭한 정치인으로 이름이 높은 사람이다. 제나라의 영공(靈公), 장공(莊公), 경공(景公) 3대를 섬긴 재상으로 안자(晏子)라는 존칭으로 불리기도 한다.

"군자는 조화를 추구하지 같아짐을 추구하지는 않는다. 그러나 소인은 같아짐을 추구할 뿐 조화를 이루지는 못한다.(君子和而不同 小人同而不和.)" 《논어(論語)》에 나오는 공자의 말이다.

《예기(禮記)》에서도 조화로움에 대해 설명하는 내용이 나온다.

"바른 삶을 살아가는 것은 특별한 것이 아니라 본래 지니고 태어난 바른 이치를 따르는 것이다. 음악은 바른 이치를 따라 살아가는 바른 삶을 표현하는 수단이다. 음악을 연주하는 악기들을 보라. 무엇으로 만들어져 있는가. 쇠와 돌, 가느다란 실 그리고 나무가 그 재료다. 세상의 모든 재료가 음악을 만들어낸다. 각자가 지니고 있는 바른 이치가 고스란히 드러나는 것이 음악이다. 서로를 간섭하거나 억압하는 게 아니라 서로를 도우며 조화롭고 아름답게 어우러진다. 그것이 바로 바른 삶을 상징해준다. 시(詩)는 음악이 상징하는 것들의 의미를 표현한 것이다. 음악에 맞춰 시를 읊는 것이 노래이고, 음악과 노래에 맞춰 몸을 움직이는 게 춤이다. 바른 마음을 지니고 있으면 이것이 자연스럽게 밖으로 드러난다. 그러면 세상의 모든 것들이 그것을 도와주며 조화롭게 함께 한다. 바른 마음이 깊어지면 억지로 드러내려고 하지 않아도 자연스럽게 드러나게 되며, 그 기운이 왕성해지면 상황에 따라 적절히 변화하여 세상의 그 무엇과도 조화롭게 어우러진다. 이것이 점점 커지면 세상이 아름답고 조화로운 것으로 가득하게 된다. 그렇기에 음악과 시(詩)에는 거짓이 없다."

조화로움에 대해 이토록 간명하게 설명한 글은 찾기 어려울 정도다. 세상이라는 무대 위에서 우리는 어떤 음악을 만들어내고 있는지 살펴봐야 한다. 자기 목소리만 내세워 불협화음을 만들고 있지는 않은지 반성해야 한다. 옆 사람의 목소리를 살피며 화음을 넣는 자세, 그것이 바로 올바른 길이 아니겠는가.

"사람을 이롭게 하는 말은 따스한 솜처럼 부드럽지만, 사람을 해치는 말은 가시처럼 날카롭고 불편하다. 사람을 이롭게 하는 따스한 말 한 마디는 천금처럼 귀중하지만, 사람을 해치는 가시 돋친 말 한 마디는 칼처럼 아픈 상처를 준다."

《명심보감(明心寶鑑)》에 나오는 충고에 귀를 기울일 일이다.

술이 성공과 실패를 좌우한다
酒有成敗(주유성패)
−《명심보감(明心寶鑑)》중에서

유가(儒家)의 학자들은 술에 대해 어떤 생각을 가지고 있었을까. 술에 관해 가장 오래된 에피소드 중 하나를 들자면 중국 상고(上古)시대에 하(夏)나라를 세워 태평성대를 이끈 임금인 우(禹)임금과 관련된 것을 들 수 있다.

우임금은 물을 관리하는 책임을 다하지 못한 아버지인 곤(鯀)이 처형당한 후 아버지의 뒤를 이어 순(舜)임금으로부터 홍수를 다스릴 것을 명받아 13년간 홍수를 다스리는 데에 모든 것을 바쳐 성공적으로 사업을 완료했다. 순(舜)임금이 죽은 후 임금의 자리에 올라 나라 이름을 하(夏)로 고쳤다.

임금의 자리에 오른 후 의적(義狄)이란 사람이 우연한 계기로 술을 만들게 되어 이를 우임금에게 바쳤다. 우임금은 처음으로 술을 맛보게 되었는데 그 맛이 너무나 좋고 또 기분을 황홀하게 만드는 것을 보고는 '잘못하다가는 술에 빠져 나라를 망하게 할 수도 있겠구나'라고 생각하여 술을 멀리했다고 한다.

술을 멀리한 것이 우임금을 성인(聖人)의 반열에 오르게 만든 중요한 이유로 들고 있으니 술에 대한 유가의 생각을 어느 정도 파악할 수 있다.

"명도선생과 이천선생이 부친상을 당했을 때의 일이다. 손님의 접대를 주

공숙(周恭叔)에게 담당하라고 했는데, 어떤 손님이 술을 마시고 싶다며 술을
달라고 청하여 주공숙이 선생에게 술을 대접해도 되겠냐고 물었다. 그러나
선생은 술을 허락하지 않았다."

《근사록(近思錄)》에 나오는 내용이다. '명도선생'과 '이천선생'은 송나라의
대학자인 정호(程顥)와 정이(程頤) 형제를 말한다. 요즘은 장례식장에서 흔
히 술을 마시지만 유가(儒家)에서는 이를 허락하지 않았다. 특히 부모가 돌
아가신 경우에는 더욱 그랬다. 정이(程頤)는 여기서 더 나아가 "부모님이 모
두 살아계신 경우라면, 자신의 생일을 맞이하여 술상을 차려 손님을 초대하
고 음악을 들으며 즐겁게 지내도 상관없다. 그러나 부모님이 돌아가신 후라
면 자제해야 한다."라고 말하기도 했다.

그렇다면 공자는 어땠을까. "주량이 정해져 있지는 않았지만 흐트러진 모
습을 보이지는 않았다(唯酒無量 不及亂)."는 이야기가 《논어(論語)》에 나온
다. 이를 가리켜 '두주불사(斗酒不辭)'라고 말하는 사람도 없지 않으나 이는
과한 이야기라 할 수 있고 '스스로 때와 장소에 따라 적절히 양을 조절했다'
라고 해석하는 게 옳다고 여겨진다.

그렇다면 결론은 무엇인가. 우임금처럼 술을 멀리해야 하는 것인가, 아니
면 공자처럼 때와 장소에 따라 적절히 해야 하는 것인가.

"술을 함부로 대해서는 안 된다. 하늘이나 조상에게 제사를 올릴 때에 반드
시 빠지지 않는 게 술이다. 게다가 임금과 신하 사이는 물론이고 친구와 친
구 사이에서도 술은 서로의 정과 뜻을 나누는 데 매우 요긴하게 사용된다. 싸
우고 난 후에 화해할 때에도 술은 매우 중요한 도구로 쓰인다. 이처럼 중요한
술을 어찌 함부로 마구 마시려고 하는가. 술을 어떻게 다루느냐에 따라 성공
과 실패가 갈리게 된다. 술을 마실 때에는 항상 신중해야 한다(酒有成敗而不
可泛飮之)."

《명심보감(明心寶鑑)》에 나오는 이 대목이 중요한 단서를 준다. 함부로 대하지 말고 신중하게 대하라는 뜻이다. 귀한 손님을 맞이하는 것처럼, 중요한 제사를 진행하는 것처럼, 술을 대한다면 술은 우리를 성공으로 이끌 것이다. 그러나 그러한 조절에 자신이 없다면 우임금처럼 멀리하는 게 정답이 될 것이다.

언제 시작해야 하는가?

내가 인(仁)을 하고자 하면 즉시 인(仁)에 이른다

我欲仁 斯仁至矣(아욕인 사인지의)

- 《논어(論語)》 중에서

　새해가 밝았다며 새로운 계획을 세우는 등 호들갑을 떨던 때가 엊그제 같은데 이제는 마무리를 할 시기라고 말한다. 그렇다면 지금은 정말 마무리를 할 때일까?

　아니다. 봄에 힘차게 일어서서 씨앗을 뿌린 사람, 그래서 여름에 무성하게 자라난 사람, 가을에 풍성하게 거둔 사람이라면 마무리가 필요하다. 시장에 나가 판매할 곡식과 잘 남겨두어 내년 봄에 파종할 씨앗을 구분하고, 겨우내 먹을 식량을 창고에 차곡차곡 저장해야 하기 때문이다. 그러나 봄이 되어도 일어서지 않았던 사람, 여름에도 무성하게 뻗어나가지 못한 사람에게는 마무리할 것이 하나도 없다. 그런 사람이라면 무엇을 해야 하나.

　"봄이 다가올 때를 대비하면서, 새로운 봄에는 힘차게 일어설 수 있도록 준비해야죠."라고 말한다면 당신은 게으른 사람이다. 아무 것도 이루지 못할 것이 분명하다. 열심히 한다는 것은 시기를 가리지 않는다. 마음을 먹는 순간이 바로 시작하는 순간이다.

　"인(仁)이 멀리 있는가? 아니다. 내가 인(仁)을 하고자 하면 즉시 인(仁)에 이른다(仁遠乎哉 我欲仁 斯仁至矣)."

공자의 말이다. 봄까지 기다린다는 것은 아직 내가 욕망하지 않는다는 것을 뜻한다.

'내일부터 시작이다'라고 말하거나 '아침부터 시작이야'라고 말하는 것은 지금 현재는 욕망하지 않음을 뜻한다. 내가 스스로 하고 싶어 참을 수 없을 정도가 되면 기다릴 수 없다. 바로 지금 당장 시작해야 한다는 뜻이다.

그런데 바로 이 부분에서 고개를 갸우뚱거리는 사람이 있을 수도 있다. 서두르지 말고 적절한 때를 기다리라고 하기도 하고 바로 지금 당장 시작하라고 다그치기도 하기 때문이다. 그러나 조금 더 깊이 생각해보면 앞뒤가 맞지 않는 게 아니다.

잘못된 습관을 끊는 것, 지난날의 잘못을 반성하는 것, 올바른 것을 실천하는 것 등은 바로 시작하는 것이다. '내일부터' 혹은 '새해부터'라는 것은 하지 않겠다는 것과 같다.

그렇다면 시기를 기다리라고 하는 것은 무엇인가. 성과를 내는 것을 말한다. 올바른 길을 간다고 해서 바로 상이 주어지는 것은 아니다. 지난 잘못을 반성하고 나쁜 습관을 끊어버린다고 해서 바로 좋은 일이 생기는 것은 아니다. 순간이 켜켜이 쌓이고 하루하루가 켜켜이 쌓여 새로운 습관이 몸에 달라붙는 것만 생각하라는 뜻이다.

'100점을 맞아야지'라는 마음으로 공부를 하면 오히려 방해가 된다. '실력을 쌓아야지'라는 마음으로 전진하면 뜻하지 않은 순간에 100점을 만나게 된다.

다시 처음으로 돌아가자. 겨울이 되었음에도 불구하고 마무리할 것이 하나도 없는 사람이라면 지금 무엇을 해야 하는가. 지금 당장 할 수 있는 일을 해야 한다. 먼저, 옆 사람을 도와야 한다. 마무리하고 있는 주변 사람을 열심히 돕는 게 정답이다.

돌아오는 봄에 밭을 일구려면 씨앗이 있어야 한다. 씨앗은 1년 농사를 열심히 지은 사람에게만 있다. 1년을 허송한 사람은 가을에 거둘 결실만 없는 게 아니라 돌아오는 봄에 심을 씨앗도 없다. 그러므로 옆 사람을 도와 씨앗 몇 톨이라도 얻어야 한다. 타인을 돕는 게 바로 나를 돕는 일이 되는 이유가 여기에 있다.

"올바른 삶을 살아가는 것은 몸과 마음으로 실천하는 것이지 말로 하는 게 아니다. 나 자신으로 시작하여 나 자신으로 완성되는 것이다. 기다리거나 다음을 기약할 수 있는 게 아니다. 마음먹었다는 것은 바로 실천한다는 것을 뜻한다. 마음만 먹고 그 시작은 나중에 하겠다고 생각한다면 평생토록 아무 것도 이루지 못할 것이다."

율곡의 충고를 잊지 말자.

귀한 옥을 다듬기 위해서는 거친 돌이 필요하다
他山之石 可以攻玉(타산지석 가이공옥)
- 《시경(詩經)》 중에서

요즘 사람들이 흔히 사용하는 'sns'는 글자 그대로 관계맺음을 뜻한다. 주변에 가까이 있는 사람들만 만나는 게 아니다. 만난 적이 없는, 얼굴도 모르는 사람들과도 연결하여 관계를 맺는 것이다. 나의 생각과 의견을 전달함과 동시에 다른 사람의 생각과 의견을 들어보는 것이다.

그런데 어느 순간부터 그러한 특성이 사라지고 있음을 발견하게 된다. 나와 의견이 다른 사람, 듣기 싫은 이야기를 하는 사람과는 관계를 끊어버린다. 내가 듣기에 편하고 좋은 이야기를 하는 사람만 남는다. 결국 비슷한 견해와 비슷한 의견을 지닌 사람들만 모여서 이야기를 나누게 된다.

자연스럽게 '우물 안 개구리' 신세가 되는 것이다. 아무리 많은 사람들과 연결되어 있다고 하더라도 그들이 서로 비슷한 생각을 하고 있는 사람이라면 '우물 안 개구리'가 여러 마리 있을 뿐, 달라지는 건 없다고 할 수 있다.

이를 해결하기 위해서는 어떻게 해야 할까. 《시경(詩經)》에 나오는 시(詩), 「학명(鶴鳴)」을 살펴보자. '학명(鶴鳴)'은 '학(鶴)'의 울음소리(鳴)'를 뜻한다.

"학이 언덕에 올라 우는데, 하늘이 그 소리에 귀를 기울이네(鶴鳴于九皐 聲聞于天). 물고기도 얕은 물가에서 노닐더니 순식간에 물속 깊이 들어가는구나(魚在于渚 或潛在淵). 아름답게 꾸며놓은 저 정원을 보라, 멋진 박달나무도 있지만 형편없는 닥나무도 무성하구나(樂彼之園 爰有樹檀 其下維穀). 다른 산의 거친 돌이라고 하찮게 여기지 말라. 귀한 옥을 다듬기 위해서는 그 돌이 필요하나니(他山之石 可以攻玉)."

하늘은 무슨 이유로 학의 울음소리에 귀를 기울이는가. 물고기는 무엇 때문에 얕은 물가와 깊은 물속을 오가는가. 잘 꾸며놓은 정원에 멋진 박달나무만 있으면 그만이지 보잘 것 없는 닥나무는 왜 심어놓았는가. '옥(玉)'을 지니고 있는데 굳이 다른 돌이 왜 필요한가.

'타산지석(他山之石)'을 글자 그대로 해석하면 '지금 내가 살고 있는, 혹은 머물고 있는 곳에 있는 돌이 아니라 다른 산에 있는 돌'이다. 내가 지닌 돌이 아니라 다른 사람이 지닌 돌이다.

"내가 지닌 돌은 가치가 높은 '옥(玉)'이지만 다른 사람이 지니고 있는 돌은 그냥 평범한 '짱돌'이다. 다른 사람의 울부짖음은 학의 울음소리처럼 꽥꽥거리는 것에 지나지 않는다. 하늘처럼 위대하고 품격이 높은 내가 귀담아 들을 필요가 없는 소리다. 나는 깊은 물속에 조용히 지내고 있는 큰 물고기다. 물가에서 깔짝거리는 피라미와는 다르다. 나는 아름드리 박달나무다. 잡풀처럼 지저분하게 자라나는 닥나무와는 다르다."

이런 왜곡된 생각을 가지고 있는 우리에게 송(宋)나라의 학자, 소옹(邵雍, 1011 ~ 1077)은 이렇게 충고해준다.

"옥은 일반적인 돌에 비해 부드러운 돌이다. 그런데 두 개의 옥을 서로 문지르면 어떻게 되겠는가. 다듬어지지 않는다. 반드시 거친 돌로 문질러야만 다듬을 수 있다. 옥을 군자라고 하고 거친 돌을 소인이라고 생각해보라. 군자가 소인과 함께 생활하게 되면 소인으로부터 피해를 당할 수 있으며 욕을 먹을 수도 있다. 그러나 그런 상황 속에서 자신을 반성하고 스스로를 더욱 다듬는 계기로 삼아야 한다. 조금이라도 모자란 부분은 채우고, 조금이라도 지나친 부분은 다듬어서 다른 사람들이 나를 비방할 수 있는 아주 작은 꼬투리까지 미리 없애는 노력이 필요하다."

담을 쌓는 게 아니라 다리를 놓는 지혜가 필요한 요즘이다.

새로운 시작을 위하여

절실하게 묻고 가까운 것부터 생각하라
切問而近思(절문이근사)
- 《논어(論語)》 중에서

《근사록》은 1175년 4월, 주희와 여조겸이 만나 10여일 함께 지내며 주돈이 (周敦頤, 1017-1073), 장재(張載, 1020-1077), 정호(程顥, 1032-1085), 정이 (程頤, 1033-1107) 등 선배 학자들이 남긴 어록과 문집 등을 읽으며 공부한 결과물이다. 주희와 여조겸은 중요한 대목을 정리하여 뽑고 이듬해 이를 다시 살핀 후 1178년 4월에 14권으로 책을 완성했다.

주희는 책의 서문에서 "이 책을 길잡이로 삼는다면, 비록 외진 시골에 있더라도, 학문을 이끌어줄 훌륭한 스승과 좋은 친구가 없더라도, 혼자서 충분히 길을 찾아갈 수 있을 것이다."라고 말하고 있다. 그러나 이에 더해 이런 말도 남겼다. "(그러나) 이 책만 대강 읽고 공부를 끝내려고 한다면, 이 책을 만든 우리의 의도는 실패한 것이다. 이 책으로 학문을 시작하라는 뜻이지 이 책으로 학문을 끝내라는 뜻이 아니기 때문이다. 이 책은 시작일 뿐이다. 이 점을 명심하기를 바란다." 그래서 사람들은 《근사록》을 "학문으로 들어가는 첫걸음"이라고 말하기도 한다.

여조겸은 후기를 담당했다.

"이 책의 순서에 따라 배우면 낮은 곳에서 시작해서 높은 곳에 오르고, 가까운 곳에서 시작해서 먼 곳에 이르는 길을 알게 될 것이다. 이 책을 편집한 뜻은 거기에 있다. 낮고 가까운 곳을 무시하고 무작정 높고 먼 곳으로 달려가는 것은 불가능하다. 독자들은 이 책의 제목이 왜《근사록》인지 잘 생각해보기를 바란다." 여조겸이 방점을 찍은《근사록》이라는 제목은《논어》에 나오는 "절실하게 묻고 가까운 것부터 생각하면(切問而近思) 인(仁)은 그 가운데 있다."라는 글에서 가져온 것이다.

학문의 시작이라는 평가를 받은《근사록》에 나오는 '시작'에 대한 충고들을 모아보았다.

"순수한 물 한 방울은 매우 깨끗하다. 그러나 여러 물방울이 모여 아래로 흘러가기 시작하면 조금씩 달라진다. 멀리 흘러가지도 않았는데 금방 더러워지는 물도 있고 멀리 흘러가서야 비로소 더러워지는 물도 있다. 그 더러움의 정도도 모두 다르다. 그러나 탁하고 맑은 차이가 있더라도 모두 물인 것은 분명하다. 사람도 마찬가지다. 처음의 맑음을 유지하기 위해 항상 성실하게 노력해야 한다. 머뭇거리지 않고 진실하고 성실하게 힘써 노력하면 빠르게 깨끗해질 것이고, 성실하지 못하고 게으르면 한참이 지나야 깨끗해질 것이다. 더러움을 이겨내고 깨끗한 상태가 되면 최초의 물처럼 맑게 변할 것이다. 이것은 더러운 물을 버리고 깨끗한 물로 바꾼 게 아니라 스스로 그렇게 된 것이다. 더러움과 깨끗함, 선과 악은 둘로 나뉘어 대립하고 있는 것이 아니라 언제나 하나의 상태로 있는 것이며, 변화를 통해 바뀔 뿐이다."

"학문을 공부하는 것은 자기 자신을 돌아보는 것에서 시작해야 하는데 그것을 모르고 밖에서만 구하려고 한다. 보고 들은 것이 많고 기억력이 뛰어나며 훌륭한 말솜씨와 글재주를 지니려고 애를 쓸 뿐이다. 그러므로 진정한 경지에 오른 사람이 드물다."

"올바른 길을 걷는다는 것의 뜻은 매우 넓어서 어디부터 시작해야 하는지 잘 모를 때도 있다. 이럴 때에는 반드시 성실함이 그 시작임을 상기하기 바란다. 무슨 일이든 성실하게 임하면 올바른 길로 나아갈 수 있는 단서를 제공해 주기 때문이다."

"뜻은 크게 갖고 실천은 작고 사소한 것부터 시작하라. 친구들과 함께 공부할 때에는 머리와 입으로만 토론하지 말고 직접 실생활에서 모범을 보여 서로 배우는 것이 생기도록 해야 한다. 바로 코앞만 보지 말고 더욱 넓고 크게 멀리 시야를 넓혀라. 9층의 건물을 짓기 위해서는 높이 올라갈 것만을 연구해서는 안 된다. 그 전에 기초를 얼마나 튼튼하게 해야 하는지 살펴야 하는 것과 같은 이치다."

복은 스스로 쌓아가는 것이다

잘 나갈 때 더욱 조심해야 한다
聖人爲戒 必於方盛之時(성인위계 필어방성지시)
-《근사록(近思錄)》중에서

올바르게 살겠다고 마음을 먹고 겸손한 자세로 하루하루 계속 실천해 나아가면 저절로 복(福)이 쌓이게 된다. 복은 완벽한 형태로 모양을 갖춰 나에게 주어지는 게 아니라 먼지처럼 사소하게 쌓여서 이루어지는 것이기 때문이다. 복은 타인으로부터 받는 게 아니라 스스로 쌓는 것이다.

그런데 자신이 쌓은 것보다 더 많은 성과를 얻는 경우도 생긴다. 이럴 때 대부분의 사람들은 '복 받았다'라고 말하지만, 선배 학자들은 복이 아니라 오히려 흉한 징조라고 충고해준다.

《주역(周易)》에 나오는 예(豫)괘는 기쁘고 즐거운 때를 뜻한다. 그러나 즐거움에 빠져 계속 그곳에 머물러 있으려고 하면 오히려 나쁘게 될 수 있다고 경고해주는 괘라고 할 수 있다. 아무리 편안하고 즐거운 곳에 있다고 하더라도 거기에 안주하여 오래 머물면 반드시 나쁜 일을 당하게 된다는 뜻이다. 위태롭게 되거나 결국 망하게 되는 이유의 대부분은 즐거움 때문이라는 것을 잊어서는 안 된다.

현종은 당나라 고종의 부인이며 자신의 조모였던 측천무후 이후의 혼란스러웠던 정치 상황을 평정하고, 5대 황제 예종의 뒤를 이어 왕위에 등극했다.

그는 요숭(姚嵩), 한휴(韓休), 송경(宋璟) 등 현명한 재상들을 등용하고 그 의견을 적극 반영하여 나라를 다스렸다. 환관과 인척의 정치 참여를 막았고 인재를 널리 등용하여 정치를 안정시켰다. 농업생산력이 증대되어 사람들이 풍족한 삶을 살 수 있게 되었고 경제적 풍요는 군사력의 증강에도 도움을 주어 외세가 넘보지 못하는 강력한 힘을 지니게 되었다. 외국과의 교류를 활발히 함으로써 당나라의 위상은 더욱 높아졌다. 또한, 이백, 두보, 왕유 등 유수한 작가들이 배출되는 등 문화적으로도 번성한 시기를 만들었다.

현종이 다스린 시기는 당나라 시절 여러 황제들 가운데 가장 오랜 기간인 45년에 이른다. 전반기인 713년부터 741년까지의 연호는 개원(開元)이었고 742년부터 756년까지의 연호는 천보(天寶)였다.

713년부터 741년까지의 시기를 '개원(開元)의 치(治)'라고 말하는데, 태평성대를 이루어 나라를 잘 다스렸다는 칭송의 의미를 담고 있다. 당시 현종이 몸을 아끼지 않고 일에 매달리자 주위에서 '너무 야위었다'라며 걱정을 했을 정도였다고 한다. 그런데 그런 걱정을 들은 현종은 "나는 야위었지만 그 대신 백성들이 살찌고 있으니 이 얼마나 즐거운 일인가!"라고 말했다는 기록이 전해질 정도로 현종은 최선을 다해 애민정치를 펼쳤다.

그러나 그 이후에 이어진 천보(天寶) 시대에는 상황이 확연하게 달라졌다. 나라가 안정을 찾고 나날이 강성함을 더해가자 처음의 긴장은 사라지고 마음을 놓는 지경이 이르렀기 때문이다. 직언하는 신하들을 멀리하고 아첨하며 순종하는 신하들을 중용하기 시작했다. 우리가 잘 알고 있는 양귀비가 출현한 것도 이 시기이며 현종은 몰락의 길로 접어든다.

"스스로 최고의 전성기라고 생각하는 때에 더욱 조심해야 한다(聖人爲戒 必於方盛之時). 아무 문제도 없이 모든 것이 잘 될 때, 그것에 만족하여 편안하게 지내고 마음을 놓고 있으면 교만해지기 쉽다. 겸손함을 잃고 사치에 빠지고, 즐거운 마음에 여유롭게 있다 보면 질서가 무너지고 조심하는 마음이 사라져 오히려 화를 부르게 되는 것이다. 어려움이 코앞에 닥쳐와도 이것을 느끼지 못할 정도로 마음을 놓고 있다가 큰 화를 당하게 된다.”

송나라의 학자 정이(程頤)의 말이다. 《명심보감》에서도 비슷한 대목을 만날 수 있다.

“편안하고 즐거울 때 더욱 조심하라. 병에 걸린 후에 약을 먹는 것 보다는 병이 생기기 전에 스스로 조심하는 게 가장 좋은 방법이다.”

복을 쌓는 첫걸음은 조심하는 것이다.

경(敬)이란 무엇인가

마음을 오로지 하나로 집중하라
惟心惟一(유심유일)
- 「경재잠(敬齋箴)」 중에서

유교의 경전을 살피다보면 '경(敬)'이라는 글자를 자주 만나게 된다. 우리는 흔히 '인(仁)'과 '의(義)'를 머리에 떠올리지만 불교(佛敎)가 강력한 파급력을 앞세워 중국의 민심을 사로잡기 시작한 이후 유교의 중흥을 내세우며 나타난 송나라 학자들의 책에는 '경(敬)'이 중요한 가치를 지닌 것으로 나타나고 있다.

그렇다면 '경(敬)'은 무엇인가. 한자사전을 찾아보면 '공경할 경'이라는 설명 뒤에 '1. 공경(恭敬) 2. 예(禮), 감사(感謝)하는 예(禮) 3. 공경(恭敬)하다'는 뜻풀이가 이어진다. 여기까지만 보면 '예절에 맞게 공경하는 마음을 갖고 존경의 자세를 취하는 것'으로 느껴진다. 경로사상(敬老思想)도 떠오른다. 그러나 이런 이해는 반은 맞고 반은 틀리다.

앞서 한자사전에 나오는 네 번째 뜻풀이, '4. 삼가다(몸가짐이나 언행을 조심하다), (마음을)절제(節制)하다'가 오히려 정확하다고 할 수 있다.

송나라의 학자 주희가 쓴 「경재잠(敬齋箴)」을 보면 더욱 명확해진다. 「경재잠(敬齋箴)」이란 '경(敬)으로 스스로를 가지런하게 다듬기 위해 경계해야할 일'을 적어둔 것이다.

"옷매무새를 바르고 단정하게 하고 시선을 공손하게 만들어야 마음이 조용히 안정된다. 마음을 조용히 안정시킨 후에 마치 하늘을 마주하고 있다는 생각으로 항상 바른 자세를 유지하라. 손발을 가볍게 움직이지 말고 항상 조심스럽고 겸손하게 행동하라. 걸음을 걸을 때에도 함부로 걷지 말고, 만약 앞에 지저분한 곳이 있으면 피하여 돌아가라. 사람들을 만날 때에는 그 누구를 만나더라도 마치 귀중한 손님을 대하는 것처럼 예의를 지키며 공손하게 하고, 일을 할 때에는 마치 중요한 제사를 모시는 것처럼 신중하고 정성스럽게 하라. (중략) 두 가지 일이라고 마음을 두 갈래로 내지 말고, 세 가지 일이라고 마음을 세 갈래로 내지 말라(弗貳以二 弗參以三). 마음을 오로지 하나로 집중하여 여러 가지 변화를 살피며 적절히 대응하라(惟心惟一 萬變是監). 이렇게 하는 것이 바로 경(敬)을 유지하며 경(敬)을 지키는 길이다. 움직일 때는 적절히 움직이고, 안정을 찾아야 할 때에는 적절히 멈추어야 한다. 몸과 마음이 항상 조화롭게 되어야 하며 몸과 마음이 따로 놀게 해서는 안 된다. 속과 겉이 다르지 않아야 한다는 뜻이다."

키워드는 무엇인가. 단정, 겸손, 조심, 정성, 조화 등으로 요약할 수 있다. 돈 많은 사람을 만나든 가난한 사람을 만나든 내가 대하는 태도에 변화가 없어야 한다. 모두 겸손하게 해야 한다. 중요한 일이든 일상적인 일이든 내가 일에 임하는 태도에 변화가 없어야 한다. 모두 정성스럽게 해야 한다. 그러는 중에서도 모든 것을 극단으로 몰아가지 말고 조화롭게 해야 한다.

「경재잠(敬齋箴)」을 만든 주희는 경(敬)에 대해 몇 가지 설명을 더했는데 '정제엄숙(整齊嚴肅, 단정하면서도 엄숙하게)', '주일무적(主一無適, 오로지 하나에 집중)', '상성성(常惺惺, 항상 별처럼 초롱초롱하게)' 등이 그것이다.

송나라의 학자 정호(程顥)는 《주역(周易)》에 나오는 '경이직내 의이방외(敬以直內 義以方外, 경으로 마음을 곧게 하면 밖으로 의가 실현된다)'에 대해 다음과 같은 설명을 붙였다.

"안으로 항상 조용히 몸과 마음을 단정히 하고 깊이 생각하면(敬) 마음이 곧고 바르게 되고, 이것을 올바르고 의롭게(義) 밖으로 표현해야 한다. 이렇게 경(敬)과 의(義)가 확립되면 많은 사람들이 이를 모범으로 삼고 따르게 되어 외롭지 않다."

봄을 만드는 힘

얼음이 풀리는 것처럼 아무런 의혹도 없이
渙然氷釋(환연빙석)
-《근사록(近思錄)》중에서

유학(儒學)에서는 봄을 단순히 계절이라는 의미로만 사용하지는 않는다.

"우주만물의 바른 이치는 '원형리정(元亨利貞)'으로 구성되어 있다. 이것이 사람의 마음으로 들어오면 '인의예지(仁義禮智)'가 된다. '원(元)'은 봄이다. 따스하고 온화하여 새싹이 돋아난다. 사람에게는 어질고 착한 마음, '인(仁)'에 해당된다. '형(亨)'은 여름이다. 모든 것이 무성하게 자라난다. 사람에게는 '예(禮)'에 해당한다. 올바른 방법에 따라 어질고 착한 마음을 더욱 크게 키워나가는 것이다. '이(利)'는 가을이다. 풍성한 결실을 맺는다. 사람에게는 '의(義)'에 해당한다. 어질고 착한 마음을 크게 키워내 모든 사람에게 영향을 미친다. 정(貞)은 겨울이다. 모든 것을 이루어내고 조용히 스스로를 돌아보며 반성하는 시간이다. 사람에게는 '지(智)'에 해당한다. 반성하는 과정 속에서 지혜가 쌓인다. 그런데 '원(元)'에는 '원형리정(元亨利貞)'이 모두 포함되어 있고 봄에는 4계절이 모두 포함되어 있으며 '인(仁)'에는 '인의예지(仁義禮智)'가 모두 포함되어 있다."

율곡 이이의 말이다. 봄은 단순히 계절의 의미를 넘어, 하늘의 이치, 생명을 만들어내는 창조의 힘을 의미한다. 그러므로 '인(仁)'이 나에게 다가오는 게 아니라 나를 가다듬어 '인(仁)'을 구현해내는 것과 마찬가지로 봄도 나에게 다가오는 게 아니라 나를 봄으로 만들어야 한다는 뜻으로 발전한다.

"강물과 바닷물이 일렁이며 오랜 시간에 걸쳐 땅의 모양을 바꾸는 것처럼, 비가 흠뻑 내려 대지를 촉촉하게 적시는 것처럼, 겨우내 꽁꽁 언 얼음이 봄날을 맞아 얼음의 작은 조각조차 찾아볼 수 없을 정도로 시원하게 풀리는 것처럼(渙然氷釋), 공부란 억지로 어느 경지에 오르려고 안달을 해서 이뤄지는 게 아니라 자연스럽게 나에게 녹아드는 것이다."

중국 진(晉)나라의 학자인 두예(杜預)의 말이다. 봄을 이루기 위해 억지로 얼음을 깨거나 녹이는 게 아니다. 따스한 봄이 되면 얼음은 저절로 풀린다. 겨우내 아무리 발버둥을 치고 노력을 하더라도 꿈쩍도 하지 않던 얼음 덩어리였지만 봄이 되면 자취를 찾아볼 수 없을 정도로 사라져버린다.

무엇인가를 이뤄내는 것, 무엇인가를 깨닫는 것, 어떠한 경지에 오르는 것은 바로 이런 것을 뜻한다. 문제를 해결하려고 덤벼드는 게 아니라 스스로를 가다듬으며 바른 삶을 살기 위해 노력하다보면 부작용(副作用)처럼 다가오는 게 바로 성취다. 스스로를 가다듬으며 바른 삶을 살기 위해 노력하다보면, 그 노력이 쌓이면 봄이 된다.

"성인(聖人)의 경지는 바른 생각과 행동이 생활의 습관처럼 자연스럽게 익숙해져야만 도달할 수 있다. 그럼에도 불구하고 요즘 사람들은 무턱대고 높은 곳만을 바라보며 이루려고 하기 때문에 오히려 이루지 못한다. 이는 마치 마음만 둥둥 구름 위에 떠 있고 몸은 땅바닥에 주저앉아 있는 것과 같다. 멀고 높은 곳을 향하여 뛰어올라 단번에 이룩되는 것이 아니라 차근차근 하루하루 공부하며 쌓인 것이 모여 자기도 모르는 사이에 이룩되는 것이다. 안을 꽉 채우면 굳이 의도하지 않아도 자연스럽게 밖에서 응답이 생기는 것이다."

송나라의 학자 정호의 말이다. 자신을 가다듬으며 때를 기다리라는 뜻이다. 그렇다고 넋을 놓고 멍하니 있으라는 뜻은 아니다. 끊임없이 스스로를 갈고 다듬으라는 뜻이다. 봄이 오면 마음껏 뛰어다닐 수 있도록 체력을 기르라는 의미다. 체력을 기르지 않은 사람은 봄이 와도 멍하니 넋을 놓고 있을 뿐이다. 그런 사람에게는 봄이 와도 소용이 없다. 그러므로 봄은 나에게 다가오는 게 아니라 내가 만드는 것이다.

때와 장소에 따라 달라져야 한다

진실로 그 가운데(中)를 잡아라
允執厥中(윤집궐중)
-《서경(書經)》중에서

유학(儒學)에서 강조하는 올바른 삶은 조화로운 삶을 의미한다.

"마음을 단정하게 만들어 함부로 흔들리지 않도록 조심하고, 모든 일을 마치고 혼자 있을 때에는 지난 일들을 돌아보며 잘못된 점이 없었는지 반성해야 합니다. 특히 혼자 있을 때에도 함부로 하지 않는 것이 중요합니다. 몸과 마음이 바른 이치에 익숙해지면 주변 상황과 상관없이 항상 바르게 됩니다. 때와 장소에 맞도록 적절히 움직이고, 한쪽으로 치우치지 않도록 조심하고, 모든 것과 조화롭게 소통하며 화합하면, 나의 바른 모습을 보고 다른 사람들도 영향을 받아 바르게 변화하니 세상의 모든 것들이 저절로 안정을 찾게 됩니다."

조선의 위대한 학자인 이이가 1575년, 당시 임금이었던 선조에게 학문의 바른 길을 안내해주기 위해 올린 책《성학집요(聖學輯要)》에 나오는 말이다.

이이가 가장 강조하는 대목은 '때와 장소에 맞도록 적절히 움직이고, 한쪽으로 치우치지 않도록 조심하고, 모든 것과 조화롭게 소통하며 화합하라'는 것이다. 특히 주목해야 할 점은 '때와 장소에 맞게'라고 할 수 있다. 올바른 삶은 구체적으로 명확한 모습을 갖추고 있는 게 아니다. 시시때때로 변화한다.

그러므로 고정된 상태의 올바른 것은 존재하지 않는다. 때와 장소에 맞게 적절하게 하는 것이 올바른 것이기 때문이다.

"인심(人心)과 도심(道心)의 차이는 매우 미세하다. 마음을 어떻게 먹느냐에 따라 멀어지기도 하고 가까워지기도 한다. 인심(人心)을 따르는 것은 그때그때의 감각에 따르는 것이다. 맛난 음식을 보면, 금덩이를 보면, 추울 때 따스함을 보면, 깊이 생각하지도 않고 그저 외부의 변화를 따라 움직이게 된다. 그때그때 눈앞에 있는 것만을 따라가니 이리저리 흔들리게 되고 방향 감각조차 상실하니 걸어가고 있지만 어디로 가는지조차 모르게 된다. 넋이 나갔다는 뜻이다. 그러니 위험해질 수밖에 없다. 요임금이나 순임금과 같은 성인(聖人)도 인심(人心)을 지니고 있다. 그러나 위험에 빠지지는 않는다. 성인(聖人)의 인심(人心)은 자연스럽게 도심(道心)을 따르기 때문이다. 도심(道心)이 마음을 이끌어가고 인심(人心)은 그에 적절히 반응할 뿐이다. 그러므로 올바른 삶은 하나의 구체적인 모습이 아니다. 때와 장소에 따라 적절히 히는 게 바로 올바른 삶이다."

송나라의 대학자 주희의 말이다. 중국 역사에서 최고의 성인(聖人)으로 추앙받는 요(堯)임금이 순(舜)임금에게 자리를 물려주며 당부한 말도 같은 내용을 담고 있다.

"사람의 마음(人心)은 위태롭고 올바른 마음(道心)은 희미하다. 그러므로 오로지 정밀하고 한결같게, 진실로 그 가운데(中)를 잡아야 한다(人心惟危 道心惟微 惟精惟一 允執厥中)."

주희는 《중용(中庸)》의 해설서인 《중용장구(中庸章句)》를 출간하며 그 서문에서 '윤집궐중(允執厥中)'이 학문의 가장 중요한 것이라고 강조하기도 했다.

가운데를 잡으라는 것은 획일적으로 균형을 맞추라는 게 아니라 어느 한쪽으로 치우치지 말라는 것이다. 극단으로 흐르지 말고 조화롭게 하라는 것이다. 올바른 길이 따로 있어서 그 길을 고집하는 게 아니라 상황에 맞게 적절히 하는 것을 뜻한다.

우리는 언제나 다양한 상황 속에서 살아가고 있다. 원칙을 내세우며 하나의 잣대로만 모든 것을 판단하려고 고집을 부리는 순간, 바르지 않은 쪽으로 기울어지고 있음을 알아야 한다. 고집을 부리지 않고 주변과 화합하고 조화를 이루려는 자세가 중요하다는 것을 잊지 말자.

공부하지 않으면 사람다운 사람이 될 수 없다

非學問 無以爲人(비학문 무이위인)
- 《격몽요결(擊蒙要訣)》중에서

우리가 흔히 말하는 '학문(學問)'을 영어로 표기하면 'study'일까 아니면 'learn'일까. 여러 다양한 의견이 있겠지만 유학(儒學)에서 말하는 '학문(學問)'는 'learn'에 가깝다. 'study'에는 조사와 연구, 검토 등의 뜻이 포함되지만 'learn'에는 깨우치다, 경험을 통해 알게 되다, 기술을 익히다 등의 뜻이 포함되기 때문이다.

"성인(聖人)들과 훌륭한 학자들이 남긴 책을 읽고 공부하면 누구나 올바른 길을 걸어갈 수 있습니다. 책을 읽어 바른 이치를 깨닫고, 이것을 직접 실천에 옮겨 몸과 마음을 바르게 만드는 것이 학문이며, 이것이 바로 사람이 사람답게 살아가는 올바른 길입니다. 더 이상 다른 설명이 필요 없습니다. 올바른 길은 아주 명확하고 구체적으로 드러나 있습니다. 그런데 왜 세상은 아직도 혼란스러울까요? 연구가 부족한 것이 아니라 실천이 부족하기 때문입니다. 올바른 길이 무엇인지에 대한 연구는 공자나 맹자가 다시 태어난다고 하더라도 더 이상 무엇인가를 더할 필요가 없을 정도로 충분합니다. 그러므로 오늘날 우리에게 주어진 과제는 연구가 아니라 실천입니다."

율곡이 《성학집요(聖學輯要)》를 완성한 후에 선조(宣祖)에게 이 책을 올리며 동봉한 편지에 나오는 글이다. 율곡은 이 글에서 '학문은 연구가 아니라 실천'이라고 강조하고 있다.

율곡이 제시하는 학문의 길은 매우 간명하다. 책을 읽어 지식을 쌓고 그 지식을 현실의 삶에 적용하며 실천하는 과정 속에서 몸에 익숙하게 만드는 것이다. 율곡은 선조에게 보내는 편지에서 '실천'을 강조하면서 이런 글을 덧붙인다.

"그토록 많은 책들이 바른 길을 알려주고 있음에도 불구하고 사람들은 왜 그것을 실천하지 못하는 것일까요? 정성스럽고 성실한 자세가 부족하기 때문입니다. 그렇다면 정성스럽고 성실한 자세가 중요하다는 것을 왜 모르는 것일까요? 책을 읽어도 다만 머리와 눈으로만 읽기 때문입니다. 몸과 마음에 익숙해져야 하는데 그것을 하지 못하기 때문에 생기는 문제입니다. 바른 이치가 무엇인지 연구만 하고 그것을 일상생활에서 직접 실천하지 않기 때문입니다. 작고 사소한 것부터 직접 실천에 옮겨 몸과 마음에 익숙해지도록 해야 합니다. 그렇게 하면 몸과 마음에 익숙해지는 것이 얼마나 편안하고 즐거운 것인지 깨닫게 될 것입니다. 그렇게 작은 깨달음을 한번 경험하면 그 이후에는 누가 시키지 않더라도, 억지로 노력하지 않더라도 자연스럽게 정성을 기울이게 되고 자연스럽게 성실한 노력을 이어가게 됩니다. 그러므로 '정성스럽고 성실하게 하라.'는 글을 백번 읽는 것보다 한번이라도 직접 실천해보는 것이 더욱 효과적이라고 할 수 있습니다. 예전부터 제가 강조한 것이 바로 이것입니다."

율곡의 말처럼 유학(儒學)에서 말하는 공부, 학문은 일상생활에서 이루어지는 삶을 통해 구현되고 완성되는 것이다. 공부시간이 따로 없다. 살아있는 순간 전체가 공부시간인 셈이다.

"세상에 태어났다고 하더라도 학문을 배우고 익히지 않으면 사람다운 사람이 될 수 없다(人生斯世 非學問 無以爲人). 사람다운 사람이 되기 위한 공부, 이것을 '학문'이라고 말한다. 일상생활에서 마땅히 해야 하는 것들에 대해 깊이 생각하고 이를 실천하는 것이 바로 학문을 배우고 익히는 것이다. 그러나 요즘 사람들은 일상생활 속에 학문이 있음을 모르고 마치 까마득히 높고 먼 곳에 있는 것이라고 생각하여 학문을 포기하고 스스로 주저앉아 버리기도 한다. 이것은 매우 슬픈 일이다."

《격몽요결(擊蒙要訣)》에 나오는 율곡의 말이다. 공부할 시간이 없다고 말하는 것은 거짓이다. 살아있는 매 순간이 공부시간이기 때문이다.

수신(修身)과 평천하(平天下)

날마다 새로워지고 또 새로워져라
苟日新 日日新 又日新(구일신 일일신 우일신)
- 《대학(大學)》 중에서

어느 날 자로(子路)가 공자에게 물었다. "군자(君子)는 어떤 사람입니까?" 공자는 이렇게 대답했다.

"군자는 경(敬)으로 자신을 갈고 닦는 사람이다(修己以敬). 다른 사람을 배려하고 공경하는 것이 첫걸음이다. 다른 사람을 배려하고 공경하면 다른 사람들도 나를 배려하고 공경하게 될 것이다. 그것이 이루어지면 주변 사람들이 편안해진다(修己以安人). 그것이 점점 퍼져나가면 세상 사람들이 모두 편안해질 것이다(修己以安百姓). 세상을 편안하게 만드는 사람이 바로 군자(君子)라고 할 수 있다."

이 대화를 통해 유학(儒學)이 추구하는 궁극적인 목표를 알 수 있다고 말하는 사람들이 많다. 이는 《대학(大學)》에서 말하는 '수신제가치국평천하(修身齊家治國平天下)'와도 연결되기 때문이다. 그러나 이를 가리켜 "궁극적인 목표는 백성을 다스리는 것"이라고 해석하는 것에는 동의하기 힘들다. 《대학(大學)》에서 말하는 수신(修身)과 제가(齊家), 치국(治國)과 평천하(平天下)는 인과관계나 선후관계로 존재하는 게 아니다. 수신(修身)이 완성되면 제가(齊家)가 이루어지고, 제가(齊家)를 완성하면 치국평천하(治國平天下)가 이루어진다는 것은 매우 단편적인 이해라고 할 수 있다. 중요한 것은 '평천하(平天下)'가 아니라 '수신(修身)'이기 때문이다. 다른 사람을 배려하고 공경하는 것(修身)을 계속 이어나가라는 것이 가장 중요하다. 내가 그들을 존중해주면 그들도 나를 존중해주고 그러한 사람들이 많아지면 나와 주변 사람들이 모두 편안해진다. 편안하게 대해주니 찾아와 자신의 근심걱정을 털어놓는 사람들이 늘어나고 진심으로 함께 걱정하며 고민하는 과정 속에서 해답이 찾아진다. 문제를 해결하니 나를 존경하는 사람들도 늘어나며 결국 따르는 사람들이 많아진다.

군자(君子)는 천하를 다스리는 정치인을 목표로 하는 게 아니다. 다만 겸손한 자세로 다른 사람을 배려하는 사람이다. 물론 현명한 선배들이 남긴 책을 읽으며 공부도 이어간다. 수신(修身)이 최종 목표다. 백성들이 편안해지고 천하가 다스려지는 것은 부작용(副作用)일 뿐이다.

내가 스스로를 갈고 닦았더니 집안이 안정되고 편안해지기 시작했다. '아, 이제 나라를 다스려야겠구나!'라고 생각하면 수신(修身)의 자세도 깨지고 집안도 무너진다. 수신제가(修身齊家)했더니 나라를 다스리는 자리에 올랐다. '아, 이제 천하를 다스려야겠구나!'라고 마음먹는 순간, 수신(修身)의 자세도 깨지고 집안도 무너지며 나라도 혼란스러워진다. 방점은 어디에 있는가. 끊임없는 수신(修身)에 있다.

처음에 이야기했던 자로의 질문으로 돌아가도 해답이 나온다. 공자가 '수기이경(修己以敬) 수기이안인(修己以安人) 수기이안백성(修己以安百姓)'을 이야기하자 자로가 묻는다. "그거면 충분합니까?" 그러자 공자는 이런 말을 더한다. "요임금과 순임금도 이것을 이루지 못할까 걱정하며 평생을 보냈다(堯舜 其猶病諸)."

성인(聖人)이라 칭송받는 요임금과 순임금도 자신의 수신(修身)에 대해

'이제 다 이루었구나!'라고 생각하지 않았다는 뜻이다. 탕왕(湯王)이 세숫대야에 '구일신 일일신 우일신(苟日新 日日新 又日新)', "진실로 날마다 새로워지고, 날마다 새로워지되 또 날마다 새로워진다"라고 새겨놓은 이유도 여기에 있다. 수신(修身)을 잊지 말자는 뜻이 아니겠는가.

천하를 다스리던 요순(堯舜)과 탕(湯)도 평생 스스로 부족하다 생각하며 수신(修身)에 매달렸다. 이것이 바로 올바른 길이다.

침묵은 죄악이다

지혜로운 자는 사람도 말도 잃지 않는다
知者 不失人 亦不失言(지자 부실인 역부실언)
-《논어(論語)》중에서

　말을 조심하라는 충고는 매우 흔하다. 동서고금을 가리지 않는다. '침묵은 금이다.'라는 말은 모르는 사람이 없을 정도다.

　"기뻐하거나 화를 내는 것은 모두 마음속에서 이루어지는 일이다. 그러므로 입과는 상관없으니 함부로 말하지 않는 게 좋다.", "병에 뚜껑을 잠그듯이 입을 닫고, 적이 쳐들어왔을 때 성문을 굳게 잠그듯이 말을 삼가라.", "남을 시기하거나 헐뜯지 말고, 그런 말을 듣더라도 다른 사람에게 옮기지 말라.", "작은 불씨 하나가 넓은 숲을 태워버릴 수 있고, 짧은 반 마디의 말이 평생 쌓아온 명예를 훼손할 수 있다.", "입과 혀는 나쁜 일과 근심을 불러와 결국 나를 무너뜨리고 만다.", "입은 사람을 해치는 도끼와 같고 말은 혀를 잘라버리는 칼과 같으니, 입을 막고 혀를 함부로 놀리지 않으면 늘 편안할 것이다."《명심보감(明心寶鑑)》에서 찾아낸 말조심에 관한 내용이다. 한결같이 '침묵은 금이다.'라는 방향을 고수하고 있다.

　《명심보감(明心寶鑑)》에서는 대체적으로 입을 닫으라는 충고를 해주고 있지만《맹자(孟子)》의 경우는 조금 다르다.

　"말을 하지 않아야 할 때임에도 불구하고 말을 하는 것은 그 말로 인해 이익을 보기 위함이며(未可以言而言 是以言餂之也), 반대로 말을 해야 할 때 말하지 않고 침묵하고 있는 것은 말하지 않는 것으로 인해 이익을 얻으려고 하는 것이다(可以言而不言 是而不言餂之也). 자신의 이익을 위해 말하거나 침묵하는 것은 모두 좀도둑질과 같은 것이다(是皆穿踰之類也)."

맹자에게 있어 말은 단순히 조심해야 하는 문제를 넘어선다. '사익(私益)을 위한 것이냐 공익(公益)을 위한 것이냐'로 나뉘기 때문이다. 《명심보감(明心寶鑑)》이 일반인들을 위한 지침이라면 《맹자(孟子)》는 지식인들을 위한 지침이기 때문이다. 지식인은 침묵할 때와 말을 해야 할 때를 구분해야 한다고 강조하고 있다.

조선의 제22대 왕 정조는 여기에서 한 발자국 더 나아간다. "말하지 말아야 할 때에 말하는 것은 그 죄가 작지만(未可以言而言者 其罪小), 말해야 할 때에 말하지 않는 것은 그 죄가 크다(可以言而不言者 其罪大)." 정조가 신하들과 《맹자(孟子)》를 읽고 공부하며 나눈 대화를 기록한 〈추서춘기(鄒書春記)〉에 나오는 정조의 말이다.

정조의 학구열은 대단한 것이었다. 《논어(論語)》를 공부하며 나눈 대화를 기록한 〈노론하전(魯論夏箋)〉과 《대학(大學)》과 《중용(中庸)》을 공부하며 나눈 대화를 기록한 〈증전추록(曾傳秋錄)〉이란 책도 남겼을 정도였다. 정약용도 정조의 공부에 참여하며 학문적으로 많은 영향을 받았다고 하니 정조의 학문이 어느 정도였는지 짐작이 가능하다.

'말해야 할 때에 말하지 않는 것은 그 죄가 크다.'는 정조의 생각은 앞서 《명심보감(明心寶鑑)》의 내용과 크게 다르다. 침묵하는 게 좋다고 충고하는 것이 아니라 비겁한 침묵을 질타하고 있기 때문이다.

"더불어 말할 만한데도 더불어 말하지 않으면 사람을 잃고, 더불어 말할 만하지 못한데도 더불어 말하면 말을 잃는다. 지혜로운 자는 사람을 잃지도 않고 말을 잃지도 않는다(知者 不失人 亦不失言)."

'지혜로운 자는 사람을 잃지도 않고 말을 잃지도 않는다.'는 공자의 말이 결론이 아닐까 싶다. 중요한 것은 말이 아니다. 상황판단 능력과 지혜로움이 우선이다.

스스로 돌아보자. 불의(不義) 앞에서 침묵하고 있지는 않았는지.

문제를 해결하는 첫걸음

우리 모두는 남을 함부로 대하지 않으려는 마음을 지니고 있다

人皆有不忍人之心(인개유불인인지심)

-《맹자(孟子)》중에서

　'맹자'라고 말하면 가장 먼저 '성선설(性善說)'을 떠올리는 사람들이 많다. '사람은 태어날 때부터 선(善)하게 태어났다'는 맹자의 주장은 사람에 대한 믿음이라기보다는 우주에 대한 믿음에 근거한다. 흔히 하늘(天)로 표현되는 우주를 포함한 이 세상을 만들어낸 존재에 대한 믿음이다. 여기서 말하는 하늘(天)은 현재 우리가 사용하는 자연(自然)과 비슷한 의미를 지니고 있다.

　"요(堯)임금 때에도 아직 세상은 평온하지 못했다. 장마가 시작되면 물이 이리저리 흐르며 세상을 물에 잠기게 했다. 그런 이후에는 풀과 나무, 그리고 새와 짐승들만 무성하게 자라나고, 농민들이 가꾸는 곡식들은 제대로 자라지 못했다. 새와 짐승들이 사람들을 핍박하고, 짐승의 발자국과 새 발자국이 낸 길이 온 나라 안에 어지럽게 있을 뿐이었다. 이를 걱정한 요임금은 순(舜)을 등용하여 세상을 다스리게 만들었다."

　《맹자(孟子)》의 '등문공(滕文公)' 편에 나오는 글이다. 요(堯)는 세상이 어지러운 이유를 자신이 제대로 정치를 하지 못했기에 하늘(天) 혹은 자연이 내려주는 벌이라 판단하고 새로운 인재(人材)를 구해 나라를 다스리게 만들었다.

홍수가 나고 농사가 잘 되지 않는 것 또한 자연의 질서이며 하늘의 명령이라 할 수 있다. 그런데 농사가 제대로 되지 않으니 사람들이 먹고 살기 어려워졌다. 하늘을 욕할 수도 없는 상황이다. 하늘은 세상을 만들어낸 절대선(絶對善)이기 때문이다. 이때에 필요한 것이 바로 자기반성이다.

하늘이나 자연에 맞서 싸우는 게 아니라 나 자신을 반성하고 새롭게 개혁하는 것이 유일한 방법이다. 외부에서 이유를 찾는 게 아니라 내부에서 이유를 찾는 것이다. 하늘의 잘못이 아니라 자연의 질서를 거스른 나에게 잘못이기에 이에 대한 해법도 나의 개혁이 유일한 길이 된다.

그렇다면 그 개혁의 방향은 어떻게 정하는가. 나의 의지와 생각을 근거로 하지 않는다. 그렇게 하면 개인의 이익에 연결된 해법이 나올 수 있기 때문이다. 그러므로 나의 생각이 아니라 다중(多衆)의 생각으로 방향을 정한다.

요임금은 여러 부락의 수령들을 모아놓고 후계자를 누구로 하는 게 좋겠냐고 물었다. 그러자 모두들 순을 추천했다. 그 이유를 물으니 효성이 지극하고 성실하며 덕(德)이 높다는 대답이 돌아왔다. 계모와 이복동생이 순을 모함하여 죽이려고 했지만 복수하지 않고 끝까지 그들을 포용하고 다독이며 살아가는 사람이라는 것이다. 이에 요임금은 자신의 아들이 있음에도 불구하고 순을 데려와 후계자로 삼았다.

"순이 요임금의 재상 노릇을 한 것은 28년 동안이다. 요임금이 자신의 아들이 아니라 다른 사람에게 자리를 내어준 것은, 사람으로서는 그렇게 할 수는 없는 일이니, 그것이 바로 하늘의 뜻이라 할 수 있다."

《맹자(孟子)》의 '만장(萬章)' 편에 나오는 글이다. 맹자는 주변 사람들의 뜻을 따른 요임금의 결정을 하늘의 뜻을 따른 것이라 말하고 있다. 그러므로 맹자가 말하는 '선(善)'은 단순히 '착하다'는 것에 머물지 않는다. '선(善)'은 올바른 것이며 사익(私益)이 아니라 공익(公益)을 의미하며 개인의 의견이 아니라 여론(輿論)을 따르는 것이다. 그리고 그 출발점은 자기반성이다.

맹자가 "우리 모두는 남을 함부로 대하지 않으려는 마음을 지니고 있다(人皆有不忍人之心)."고 말한 이유가 여기에 있다. 남에게 책임을 전가하기 전에 자신을 돌아보는 것, 그것이 바로 문제를 해결하는 첫걸음이라는 뜻이다.

형식과 내용

꼿꼿함이 예(禮)에 맞지 않으면 꼬이게 된다
直而無禮則絞(직이무예칙교)
-《논어(論語)》 중에서

　유가(儒家)의 가르침은 언제나 조화로움을 강조한다. 형식과 내용에 대해
서도 마찬가지다. 아무리 훌륭한 내용을 담고 있다고 하더라도 그것을 드러내
는 형식이 올바르지 않다면 빛이 바랠 수 있다는 뜻이다. 반대의 경우도 마찬
가지다. 드러내는 형식이 바르다 하더라도 그 내용이 충실하지 못하거나 옳지
않은 내용이 담겨 있다면 의미가 없다는 것이다.

　그렇다고 형식과 내용이 서로 다툰다거나 한쪽을 억압하거나 이끄는 것도
아니다. 모자란 형식을 내용이 채워주기도 하고 부족한 내용을 형식이 보완
해주기도 하는 것이기 때문이다.

　"아무리 공손함이 중요하더라도 그 공손함이 예(禮)에 맞지 않으면 너무
힘들어지고(恭而無禮則勞), 조심스러움이 예에 맞지 않으면 두려워 벌벌 떠
는 꼴이 되며(愼而無禮則葸), 용감함이 예에 맞지 않으면 난폭함이 되고(勇
而無禮則亂), 꼿꼿함이 예에 맞지 않으면 꼬이게 된다(直而無禮則絞)."

　《논어(論語)》에 나오는 공자의 말이다. '예(禮)에 맞지 않는다'는 의미는 상
황에 맞도록 적절하게 조절하지 못했음을 뜻한다. 속에 지니고 있는 마음을
겉으로 드러낼 때 가장 적절한 방식을 취하라는 뜻이다. 적절히 드러내고 적

절히 감추는 지혜로운 처신이 바로 예(禮)에 맞는 것이 된다. 공손함, 조심스러움, 용감함, 꼿꼿함(강직함) 등은 모두 매우 긍정적이며 중요한 것이지만 상황에 따라 적절히 드러내지 않으면 본래의 가치를 상실하게 된다는 뜻이다.

형식과 내용에 대한 유가의 가르침은 시(詩)에 대한 생각을 통해서도 극명하게 드러난다. 공자가 시(詩)를 매우 중요하게 여겼다는 것은 매우 널리 알려져 있다. 특히 공자가 자신의 아들에게 했다는 "시를 공부하지 않으면 말하는 법을 모르는 것과 같다(不學詩 無以言)."는 말은 특히 주목할 필요가 있다. 시(詩)의 기본이 무엇인가. 드러내되 다 드러내는 게 아니라 적절히 감추는 것이 기본이다. 다 보여주면 예술적 감흥이 사라지고 너무 감추면 무슨 말인지 몰라 어려워진다.

《시경(詩經)》의 판본 중 하나인《모시전(毛詩傳)》의 머리말을 보면 다음과 같은 글이 나온다. "시(詩)란 무엇인가. 시는 마음에 품고 있는 생각의 움직임이다. 마음속에 있으면 생각이 되고(在心爲志) 그것이 밖으로 표현되면 시(詩)가 된다(發言爲詩)."

시(詩)는 공자가 생각하는, 올바른 내용과 형식이 무엇인지 우리에게 아주 정확하게 알려준다.

"내용이 형식을 억누르면 촌스러워지고(質勝文則野), 형식이 내용을 억누르면 겉만 화려하고 실속이 없어진다(文勝質則史). 그러므로 형식과 내용을 적절히 조화롭게 만들 수 있어야(文質彬彬) 군자라고 할 수 있다(然後君子)."

《논어(論語)》에 나오는 공자의 이러한 생각을 흔히 '문질빈빈(文質彬彬)'이라고 말한다. '문(文)'이라고 하면 흔히 '글'을 떠올리지만 그것이 상징하고 있는 것은 '형식'이다. 마음속의 생각이 '글'이라는 형식을 통해 밖으로 나오는 것이기 때문이다. 질(質)은 내용을 의미한다. '빈(彬)'은 반짝이며 빛나는 것을 뜻한다. 문(文)과 질(質)이 모두 적당하여 균형 있고 조화로운 상태를 '문질빈빈'이라고 한다. 문(文)과 질(質)이 알맞게 섞여 조화를 이루는 것이 가장 중요하다는 뜻이다.

우리의 일상은 어떠한지 반성해보자. 뜻은 좋았으나 그 표현이 거칠지는 않았는지, 웃으며 부드럽게 말했지만 말 속에 칼이 숨어 있지는 않았는지, 막말을 하면서도 솔직했기에 면죄부를 달라고 하지는 않았는지 깊게 생각해보자. 군자(君子)는 시인(詩人)이라는 공자의 말을 잊지 말자.

나아갈 때와 물러설 때

속이지 말고 거침없이 진실을 말하라
勿欺也 而犯之(물기야 이범지)
-《논어(論語)》중에서

'진퇴현은(進退見隱)'은 공자가 중요하다고 강조한 것 중에 하나다. '진퇴현은(進退見隱)'이란 앞으로 나아가거나(進) 뒤로 물러서고(退), 남들 앞에 모습을 드러내거나(見) 물러나 숨어 있는 것(隱)을 뜻한다. 앞으로 나아가거나 몸을 드러내는 것이 좋은 것이고 뒤로 물러나거나 숨는 것이 나쁘다고 하는게 아니다. 상황에 따라 적절히 해야 한다는 충고다.

그렇다면 언제 나아가고 드러내며 언제 물러나고 숨어야 하는가. 이에 대해 공자는 다음과 같은 말을 남겼다.

"세상이 올바르게 돌아가면 모습을 드러내고(天下有道則見) 그렇지 않으면 숨어서 지내야 한다(無道則隱)."

세상이 어지러울 때에는 숨어 있다가 세상이 안정되면 나타난다는 것은 얼핏 들으면 기회주의자의 처신처럼 느껴지는 말이 아닌가. 앞뒤를 잘라내고 일부분만 보면 정말로 그렇게 느껴진다. 그러나 전체를 살피면 그 의미가 다르다는 것을 알 수 있다.

"독실하게 학문을 갈고 닦으며 올바름을 위해서는 목숨을 내놓을 수 있다는 자세를 지녀야 한다(篤信好學 守死善道). 위태로운 곳에는 가지 말고 반란이 일어난 곳에도 가지 않는다(危邦不入 亂邦不居). 세상이 올바르게 돌아가면 모습을 드러내고(天下有道則見) 그렇지 않으면 숨어서 지내야 한다(無道則隱). 세상이 올바르게 돌아가고 있음에도 불구하고 가난하고 천한 위치에 있는 것은 부끄러운 일이며(邦有道貧且賤焉恥也) 세상이 엉망임에도 불구하고 부자로 살거나 높은 자리에 있는 것 또한 부끄러운 일이다(邦無道 富且貴焉恥也)."

방점은 어디에 찍혀 있는가. 열심히 공부하여 올바른 것이 무엇인지 판단할 수 있는 실력을 갖추는 게 첫걸음이다. 올바름에 대한 판단이 섰다면 그것을 지켜내기 위해 목숨까지 내놓을 수 있어야 한다는 것이다. 그렇게 투쟁하여 세상이 올바르게 돌아가면 그것을 유지할 수 있도록 적극적으로 참여해서 열심히 일을 해야 한다. 그러나 목숨을 걸고 투쟁했음에도 불구하고 뜻을 이루지 못했다면, 그래서 세상이 올바르지 않은 사람들의 손에 들어갔다면, 목숨을 걸고 싸우거나(守死善道) 그게 아니라면 최소한 숨어서 지내라는 뜻이다. 그들에게 아부하며 자신이 갈고 닦은 실력을 팔아먹지 말라는 뜻이다. 이를 어찌 기회주의자의 말이라 할 수 있겠는가.

공자의 제자인 자로(子路)와 공자의 대화에서도 이러한 공자의 생각을 알 수 있다. 자로가 '왕과 함께 나랏일을 할 때에 어떻게 하는 게 올바른 것입니까?'라고 묻자 공자는 이렇게 대답했다. "기(欺)하지 말고 범(犯)하라(勿欺也而犯之)."

'기(欺)'는 무엇인가. 속이는 것을 뜻한다. 누구를 속이는가. 임금을 속이고 스스로를 속인다. 거짓말을 하는 것이다. 자신의 이익을 위해서 임금에게 거짓말을 하는 것이다. '범(犯)'은 무엇인가. 상대방의 의견을 거스르며 공격하는 것을 뜻한다. 그러므로 '물기야 이범지(勿欺也 而犯之)'는 "속이지 말고 거침없이 진실을 말하라." 정도가 될 것이다.

오늘날 최고의 권력자는 누구인가. 국민들이다. 국민들 앞에서 자신의 이익을 위해 거짓말을 일삼는 자는 누구인지 살펴보자. 국민들이 인정해주지 않음에도 불구하고 물러나 조용히 반성하기는커녕 오히려 앞으로 나와 거짓으로 선동하는 자는 누구인지 살펴보자.

상황에 따라 적절히 '진퇴현은(進退見隱)'하는 사람과 그렇게 하지 못하는 사람이 누구인지 판단하는 눈을 지녀야 한다.

더위를 대하는 자세

이열치열했기에 그래도 살아남은 사람이 있는 것이다
以熱治熱 故猶有存者(이열치열 고유유존자)
- 《정조실록(正祖實錄)》 중에서

'더위'에 대한 대책으로 우리가 흔히 떠올리는 것 중에 하나가 바로 '이열치열(以熱治熱)'이다. 뜨거운 열기를 이용해 뜨거운 열기를 다스린다는 뜻이다. 몸에 열이 날 때에 땀을 낸다든지, 뜨거운 음식을 먹어 더위를 이긴다든지 하는 것을 말한다. 그런데 '이열치열'이 어디서 유래한 것인지 출전(出典)을 찾아보기 힘들다. 얼핏 생각하기에는 의학서적에 등장할 것으로 보이지만 우리나라의 대표적인 의학서적인 《동의보감(東醫寶鑑)》은 물론 중국 의학의 고전으로 통하는 《황제내경(黃帝內經)》에도 '이열치열'이라는 표현은 등장하지 않는다. 오히려 《황제내경》에는 "추위는 더위로 다스리고 더위는 추위로 다스린다(治寒以熱 治熱以寒)."는 표현이 나올 뿐이다. '이열치열(以熱治熱)'의 형식으로 재구성한다면 '이열치한(以熱治寒), 이한치열(以寒治熱)'이 된다.

그렇다면 우리가 흔히 사용하는 '이열치열(以熱治熱)'은 의학적 표현을 빌려와 다른 의미를 전하기 위한 수단으로 활용되었을 가능성이 높다. 그 실마리를 《조선왕조실록(朝鮮王朝實錄)》에서 찾을 수 있다.

"병신년에 역적을 다스리면서 이열치열(以熱治熱)의 방법을 썼기 때문에 그래도 살아남은 사람들이 있는 것이니(故猶有存者), 만일 혹시라도 이수치열(以

水治熱)의 방법을 썼더라면 아마 살아남은 사람이 없었을 것이다(則人將無餘)."

1793년(정조 17년) 5월 7일, 정조가 신하들에게 했던 말이다. 병신년의 '역적'은 정조가 왕위에 오르는 것을 반대했던 홍인한(洪麟漢) 등을 말한다. 그런데 당시 홍인한의 단죄를 담당한 사람은 김상익(金相翊)이었다. 김상익은 홍인한 등과 함께 역모에 가담했던 인물이었으나 정조는 오히려 김상익을 감싸주며 대사헌으로 기용했고 결국 김상익은 홍인한 등의 역모를 단죄하는 일을 담당하게 되었다.

그러므로 정조가 사용한 '이열치열'은 정치적 반대파를 몰아낼 때 같은 당파에 속한 인물을 이용한다는 것을 의미한다. 그 상대어가 바로 '이수치열(以水治熱)'이다. 정적을 물리쳐야 할 때 그 반대편에 선 사람에게 처리를 맡겼다면 엄청난 살육이 벌어졌을 것이다. 그러나 같은 당파 사람에게 처리를 맡겼기에 많은 사람을 죽음으로 몰아넣지 않고도 일을 해결할 수 있었음을 생각하며 앞으로도 그런 방향으로 나아가야한다는 점을 강조한 것이다. 그렇게 따져본다면 '이열치열'이란 부드럽고 조화로운 것이다. 에어컨을 켜고 선풍기를 돌리는 게 '이수치열(以水治熱)'이라면 다산 정약용이 제시한 '소서팔사(消暑八事)'는 더위를 이겨내는 '이열치열(以熱治熱)'이 아닐까 싶다. 정약용의 '소서팔사'는 다음과 같다.

송단호시(松壇弧矢), 솔밭에서 활쏘기. 괴음추천(槐陰鞦遷), 느티나무 아래에서 그네타기. 허각투호(虛閣投壺), 정자에 모여 투호하기. 청점혁기(淸簟奕棋), 대자리 깔고 바둑 두기. 서지상하(西池賞荷), 연못에서 연꽃 구경하기. 동림청선(東林廳蟬), 숲속에서 매미소리 듣기. 우일사운(雨日射韻), 비오는 날에 시 쓰기. 월야탁족(月夜濯足), 달밤에 개울에서 발 씻기.

정약용이 제시한 '이열치열(以熱治熱)'은 치열하지 않아서 좋다. 더운 여름에 뜨거운 국물을 마시는 것만이 '이열치열'은 아니다. 생활 속에서 나만의 '소서팔사(消暑八事)'를 계획하는 것도 좋으리라.

참아내는 것이 이기는 길이다

편안한 집을 비워두고 엉뚱한 곳에서 헤매는구나!

曠安宅而弗居(광안택이불거)

-《맹자(孟子)》 중에서

유가(儒家)에서는 흔히 짐승과 사람의 차이를 드러내며 바른 길을 제시하곤 한다.

"요(堯)임금과 순(舜)임금의 어질고 착함, 탕왕(湯王)과 무왕(武王)의 의로움, 공자와 맹자의 바른 가르침도 모두 사람의 마음에서 나온 것이다. 그러므로 누구나 열심히 노력하면 그들이 이룬 것을 다 이룰 수 있다. 그런데 왜 대부분의 사람들이 그렇게 하지 못하는 것일까. 스스로 포기하거나 사사로운 욕심만을 채우기에 바빠서 다른 것에는 신경을 쓰지 않기 때문이다. 아무리 빼어난 재능을 지니고 태어났다고 하더라도 그렇게 포기하거나 다른 것에 휩쓸리게 되면 점점 어리석어져 나중에는 짐승과 다를 게 없는 상태가 되고 만다."

율곡이 《성학집요(聖學輯要)》를 통해 말하고 있는 것도 짐승과 사람의 차이다. 짐승이 아니라 사람의 길을 걸어가기 위해 필요한 것이 바로 공부, 학문이라고 율곡은 말하고 있다.

"사람은 짐승보다 힘이 약하다. 대자연 앞에 서면 초라할 뿐이다. 그럼에도 불구하고 만물의 영장으로 살아가는 이유는 무엇인가. 바로 학문(學問)이 있

413

기 때문이다. 학문을 통해 바른 이치를 파악하고 바른 이치에 따라 세상과 호흡하며 살아가기 때문이다."

《성학집요(聖學輯要)》에 나오는 율곡의 말이다. 율곡이 사람과 짐승을 구별하는 가장 중요한 포인트로 제시한 것이 바로 학문이다. 그렇다면 학문(學問)이란 무엇인가. 학문은 꾸준함이며 참아내는 것이다. 영특함과 천재성이 아니다. 더 정확하게 말한다면 지구력(持久力)이다. 지구력을 사전에서 찾아보면 '오랫동안 버티며 견디는 힘'이라고 나온다. 바로 그 힘이 사람의 힘이다.

사람은 육체적으로 짐승에 비해 약하다고 생각하지만 육체적으로 강한 점이 한 가지 있다. 지구력이 바로 그것이다. 아무리 힘이 강하고 속도가 빠른 맹수도 사람에 비하면 지구력이 형편없이 약하다. 순간적으로 강한 힘을 내뿜거나 순간적으로 빠른 속도를 낼 수는 있지만 그것을 유지하지는 못한다. 에너지를 쏟아내면 체온이 올라간다. 체온이 올라가면 사망에 이르는 것이 온열동물의 한계다. 그러므로 빨리 달리거나 힘을 쓰면 반드시 체온을 내려야 한다. 그러나 사람은 다른 동물들에 비해 체온조절을 할 수 있는 뛰어난 능력을 지니고 있다. 그 열쇠는 바로 '땀'이다. 대부분의 동물들은 땀을 흘리지 못한다. 그러므로 체온이 올라가면 동작을 멈추고 쉬면서 호흡을 통해 체온을 내려야 한다. 그러나 사람은 땀을 흘려 체온을 조절하는 능력을 지니고 있다. 약하고 느리지만 지치지 않는다. 땀을 흘려 체온을 낮추기 때문이다. 포기하지 않고 끈기를 갖고 나아가면 그 어떤 맹수도 사냥할 수 있는 힘을 지녔다. 지구력에서 나오는 힘이다.

"스스로에게 폭력을 가하는 자(自爆)와 스스로를 쓰레기처럼 내다버리는 자(自棄)와는 함께 할 수 없다. 인(仁)은 편안한 집이다. 편안한 집을 비워 두고 엉뚱한 곳에서 헤매고 있구나!(曠安宅而弗居)"

맹자의 말이다. 자포자기(自暴自棄)는 단순한 'give up'이 아니다. 자신을 때리고 내다버리는 것을 뜻한다. 끈질김과 오랫동안 버티며 견디는 힘은 짐승이 지니지 못한, 사람만이 지닌 뛰어난 개성이다. 그래서 맹자는 이를 '편안한 집'이라 말한 것이다. 그런데 사람들은 그 집을 버려두고 있으니 맹자는 답답할 뿐이다. 돌아가자, 편안한 집으로.

위기를 만났을 때

하늘의 이치를 따르면 살아남고 거스르면 망한다

順天者存 逆天者亡(순천자존 역천자망)

– 《맹자(孟子)》 중에서

세상을 살다보면 피할 수 없는 위기와 마주칠 때가 있다. 어두운 밤이 찾아오는 것처럼 위기는 누구에게나 공평하게 찾아온다. 그런데 왜 어떤 사람은 큰 피해를 당하지 않고 견뎌내는데 반해 어떤 사람은 주저앉고 마는 것일까.

"하늘의 이치를 따르면 살아남고 거스르면 망한다(順天者存 逆天者亡)." 맹자(孟子)는 이에 대해 '순천(順天)과 역천(逆天)'을 비교하며 설명한다. '순천(順天)'이란 하늘의 이치를 따르는 것이며, '역천(逆天)'은 하늘의 이치를 거스르는 것이다. 그렇다면 무엇이 '순천(順天)'이고 무엇이 '역천(逆天)'인가. 고대 중국의 역사를 살펴보면 그 해답을 찾을 수 있다.

흔히 요임금과 순임금이 다스리던 요순(堯舜)시대를 태평성세라고 부른다. 그러나 모든 것이 마냥 순탄한 것은 아니었다. 특히 홍수로 인한 피해가 심각했다. 이에 요임금은 곤(鯀)에게 치수(治水) 사업을 맡긴다. 곤은 제방을 쌓아 홍수를 막아내려고 했지만 제방은 번번이 무너져 피해를 키우는 역할을 하고 말았다. 요임금의 뒤를 이어 임금의 자리에 오른 순임금은 곤에게 책임을 물어 멀리 귀양을 보냈고 곤은 귀양지에서 쓸쓸히 죽었다. 이후 순임금은 곤의 아들 우(禹)에게 다시 치수(治水) 사업을 맡긴다. 우는 아버지와 달리 물길을 새로 만들어 불어난 물이 자연스럽게 바다로 흘러가도록 만들었다. 이 공로를 인정받은 우는 순임금의 뒤를 이어 임금의 자리에 올랐다. 곤이 했던 일이 역천(逆天)이라면 우가 한 일이 바로 순천(順天)이라고 할 수 있다. 힘으로 가로막고 억누르는 것이 아니라 서로 통하게 하는 것이 순천(順天)이다. 밤이 오는 것을 막을 수는 없다. 어떻게 해야 하는가. 참아내는 것이다. 아침과 연결되도록 기다리면 아침이 된다. 참고 기다리는 힘은 어디에서 오는가. 스스로의 자신감과 단단한 희망에서 온다.

공자의 제자인 자장이 먼 길을 떠나며 공자에게 몸과 마음을 수양할 수 있는 가장 좋은 방법을 알려달라고 했다. 그러자 공자는 이렇게 대답했다.

"가장 중요한 것은 참는 것이다. 왕이 참으면 나라 전체에 해로움이 없고, 작은 영토를 다스리는 자가 참으면 큰일을 이룰 수 있으며, 관직에 있는 사람이 참으면 그 지위가 올라가고, 형제가 서로 참으면 집안이 흥하고, 부부가 서로 참으면 일생을 행복하게 살 수 있고, 친구가 서로 참으면 명예를 지킬 수 있다."

참는다는 것은 멍하니 앉아 시간만 축내는 것을 의미하지 않는다. 참는 과정 속에서 스스로를 가다듬으며 열심히 공부하고 몸을 단련시키는 것을 잊어서는 안 된다.

"하늘 높이 올라가고 싶다면, 하늘 높이 올라가는 기술을 익혀야 한다. 기술도 익히지 않고 간절히 바라기만 한다고 해서 해결되는 문제가 아니나. 사람이 배우고 익혀야 하는 이유가 여기에 있다. 배우고 익히지 않으면 바르게 살아갈 수 없기 때문이다. 배우고 익혀서 지혜가 깊어지면, 구름 사이로 맑은 하늘을 볼 수 있는 것처럼 세상을 보는 눈이 달라진다. 마치 높은 산에 올라 푸른 바다를 내려다보는 것처럼 막힘이 없고 당당해질 것이다(如登高山而望四海)."

장자(莊子)의 말이다. 순천(順天)은 끊임없는 자기개발 속에서 이뤄지는 지난(至難)한 작업이다.

'돈독(敦篤)'과 '허정(虛靜)'

정이 돈독하고 마음이 고요한 것,
그것이 인(仁)의 근본이다

敦篤虛靜者 仁之本也(돈독허정자 인지본야)
— 《근사록(近思錄)》 중에서

앞으로 다가올 미래는 확실하게 알 수 없다. 그러므로 인생을 살아가는 것을 '앞 유리창이 가려진 자동차를 운전하는 것'이라고 표현하는 사람도 있다. 그렇다면 앞 유리창이 가려진 자동차는 어떻게 운전해야 하는가. 룸미러와 사이드미러를 통해 이제까지 지나온 길을 파악하여 앞길을 유추하는 수밖에 없다. 게다가 속도를 줄이는 지혜도 필요하다.

유가(儒家)에서도 속도가 아니라 방향을, 가속(加速)이 아니라 멈춤을 강조할 때가 있다. 《주역(周易)》에 나오는 '간(艮) 괘'가 바로 그러한 충고를 담고 있다. '간(艮) 괘'는 한계를 맞이하거나 정지함을 뜻한다. 앞에도 큰 산이 있고 뒤에도 큰 산이 있다. 그러므로 멈출 수밖에 없다. 억지로 움직이려 하면 오히려 해로움이 있을 뿐이다. 숨을 고르고 조용히 때를 기다리는 지혜가 필요한 때라고 할 수 있다.

계절로 말하면 겨울과 봄 사이다. 겨울도 큰 산이고 봄도 큰 산이다. 하나의 계절이 끝남과 동시에 새로운 봄의 시작을 알리는 시기, 선배 학자들은 '조용히 멈추어라'라고 충고한다.

"정이 돈독하고 마음이 고요한 것, 그것이 바로 인(仁)의 근본이다(敦篤虛

靜者 仁之本也)." 송나라의 학자 장재(張載)가 '간(艮) 괘'를 풀이한 말이다. 키워드는 '돈독(敦篤)'과 '허정(虛靜)'이다.

'돈독(敦篤)'은 '서로의 관계에 사랑이나 인정이 많고 깊다'는 뜻을 지니고 있다. '돈(敦)'은 이웃들에게 음식을 나눠주기 위해 양고기를 삶는 모습을 그린 글자다. 자신만 먹을 게 아니라 이웃들과 함께 먹으려 하기 때문에 개인적 욕심을 배제함을 의미한다. '독(篤)'은 말(馬)이 달리지 않고 걷는 모습을 표현한 글자다. 달리는 말이 아니라 천천히 걷는 말을 뜻한다. 천천히 걷는 말의 말발굽 소리는 대나무밭(竹)에서 나는 소리처럼 부드럽다고 하여 말(馬)과 대나무(竹)를 합하여 '독(篤)'이란 글자를 만든 것이다.

'허정(虛靜)'은 아무것도 생각하지 않는 조용한 마음의 상태를 뜻한다. '허(虛)'는 호랑이(虎)와 언덕(丘)이 결합한 모습이다. 언덕에 호랑이가 나타났으니 모두 깜짝 놀라 도망간 상태다. 그러니 텅 비어 있다. '정(靜)'은 생생함과 푸르름을 뜻하는 청(靑)이 다툼을 뜻하는 쟁(爭)과 결합한 모습이다. 지저분하고 치열한 싸움이 끝난 이후의 소강상태를 뜻한다. 소란 이후이기에 더욱 고요하게 느껴지는 상태다.

자신의 이익이 아니라 공공의 이익을 위해 싸움을 할 때가 있다. 그러나 그 싸움의 끝이 상대를 모두 죽이는 것에까지 이르러서는 안 된다. 이웃들에게 음식을 나눠주기 위해 양고기를 삶는 것처럼, 상대를 설득하여 함께 살아가도록 해야 한다.

아무리 옳은 방향이라 하더라도 미친 듯이 달려가기만 해서는 안 된다. 멈추어 숨을 가다듬어야 한다. 겨울이 지나고 봄이 오는 것처럼, 질풍노도의 시기가 지나면 조용한 시기로 옮겨가는 지혜가 필요하다. 호랑이의 무서움을 알고 모두 숨었는데, 숨어 있는 그들을 찾아내어 위협할 필요는 없다. 이제는 다독여 안정을 찾을 때가 온 것이다.

그러므로 한계를 맞이하거나 정지함을 뜻하는 '간(艮) 괘'는 부정적인 의미만을 지녔다고 할 수 없다. 숨을 고르고 갈 때를 알고 무리하지 않는 지혜를 강조한 말이라 할 수 있다.

겨울은 '간(艮) 괘'의 지혜를 생각하며 조용히 숨을 고르는 시기라고 할 수 있다. 지난 시간을 되돌아보며 '돈독(敦篤)'과 '허정(虛靜)'을 실천해보자.

엉킨 실타래를 푸는 방법

훌륭한 농부는 홍수나 가뭄 속에서도 밭갈이를 멈추지 않는다

良農不爲水旱而輟耕(양농불위수한이철경)
- 《경사강의(經史講義)》 중에서

조선의 22대 왕, 정조(正祖)는 자신의 아버지인 사도세자(思悼世子)가 비극적으로 죽은 이후 아버지를 대신하여 왕위에 오르기까지 험난한 과정을 거쳐야 했다. 사도세자가 뒤주에 갇혀 죽을 때 정조의 나이는 11세였다. 아버지가 죄인이 되어 사망했기에 죄인의 아들을 왕의 자리에 앉힌다는 것은 문제가 있다고 생각한 조선 왕실은 어린 정조를 효장세자(孝章世子)의 양아들로 보낸다. 효장세자는 사도세자보다 먼저 세상을 떠난 사도세자의 배다른 형이었다.

어린 나이에도 불구하고 극심한 변화와 충격을 견뎌낸 정조는 1775년, 영조(英祖)를 대신해 대리청정을 하다가 1776년 영조가 승하하면서 25세로 왕위에 올랐다.

이 과정에서도 그의 왕위 계승을 반대하는 세력은 방해공작을 전방위로 자행했다. 정조를 비방하는 내용의 투서가 이어졌고 정조가 거처하던 곳에 괴한이 침입하기도 했다. 그러나 정조는 모든 어려움을 뚫고 왕위에 올랐고 개혁 정책을 추진했다.

정조는 즉위한 해인 1776년 3월에 규장각을 설치할 것을 명하였다. 왕실의 도서관이라는 목적에서 출발한 규장각이었지만 정조는 이곳을 차츰 학술 및 정책 연구기관으로 변화시켰다. 정조는 당파나 신분에 구애받지 않고 젊고 참신하며 능력 있는 젊은 인재들을 규장각에 모아 개혁정치의 파트너로 삼았다. 정약용을 비롯한 걸출한 학자들이 많이 양성되었는데, 특히 박제가·유득공·이덕무·서이수와 같은 서얼출신들도 적극 기용했다는 점이 눈길을 끈다.

정조는 규장각에 힘을 실어 주기 위해 당대 최고의 인재들을 이곳에 발탁하였을 뿐만 아니라, 아무리 관직이 높은 신하라도 함부로 규장각에 들어올 수 없게 함으로써 외부의 정치적 간섭을 배제했다. 그리고 직접 그들과 함께 공부하고 토론하며 그 내용을 책으로 묶었는데 그 책이 바로 《경사강의(經史講義)》다.

"훌륭한 농부는 홍수나 가뭄 속에서도 밭갈이를 멈추지 않는다(良農不爲水旱而輟耕) 하였고 훌륭한 장사꾼은 밑진다고 장사를 그만두지 않는다(良商不爲折閱而輟市) 하였듯이, 군자도 세상이 혼란스럽다고 해서 일을 멈추어서는 안 된다(君子不爲世亂而怠於事)."

《경사강의(經史講義)》에 나오는 정조의 말이다. 정조가 이 말을 한 까닭은 《시경(詩經)》에 나오는 다음 작품 때문이었다.

"북풍이 차갑게 불고 눈이 펑펑 쏟아지네. / 사랑하는 이와 손잡고 함께 떠나리. / 머뭇거릴 필요가 없네, 어서 빨리 길을 나서야지."

이 시(詩)를 읽은 정조는 "북풍과 한설로 비유되는 난세에 나라를 구제할 방도는 찾지 않고 자신만 살겠다고 나라를 버리고 떠나는 것이 옳은가? 홍수나 가뭄이 든다고 농부가 일을 멈추지 않는 것처럼, 이익이 박하더라도 상인이 장사를 멈추지 않는 것처럼, 군자라면 난세라 하더라도 자신의 소임을 다해야 하는 것 아닌가? 뿐만 아니라 그런 어려움이 닥치지 않도록 미리 방비해야 마땅하지 않는가?"라고 말하며 함께 공부하던 학자들에게 열변을 토했다고 한다.

　많은 고난과 역경 속에서도 굴하지 않고 강한 의지로 왕위에 올랐으며 왕이 된 이후에도 개혁을 멈추지 않았던 정조의 모습이 눈에 선하다. 실타래처럼 엉킨 문제들이 산적해 있다고 손을 놓고 도망가서는 안 된다. 그런다고 엉킨 실타래가 풀리는 것은 아니다. 엉킨 실타래를 외면하지 않고 정면으로 마주하는 용기를 갖는 것이 해법의 첫걸음이라고 할 수 있다.

평소 어렵게 살면서도 욕심을 내지 않았다

平居寡欲而苦(평거과욕이고)

-《선조실록(宣祖實錄)》중에서

연말연시가 되면 새해에는 어떤 일이 펼쳐질 것인지 궁금한 나머지 점(占)을 보기도 한다. 이순신 장군도 적을 앞에 두고 점을 치곤했다. 이러한 내용은《난중일기(亂中日記)》에도 나오고 유성룡의《징비록(懲毖錄)》에서도 찾아볼 수 있다.《삼국지(三國志)》에 등장하는 제갈공명도 마찬가지였다. 이순신과 제갈공명도 점을 쳤는데 평범한 우리들이라고 어찌 이를 피해갈 수 있겠는가.

점(占)과 관련해서 우리나라 사람들에게 가장 친숙한 것은 아마도《토정비결(土亭秘訣)》이 아닐까 싶다. '토정(土亭)'은 조선시대 학자인 이지함(李之菡, 1517~1578)의 호(號)를 말하는 것이니 '이지함이 알려주는 미래 예측' 정도가 될 것이다. 이제는 많이 퇴색된 감이 없지 않지만 한때《토정비결》은 '국민서적'으로 통할 정도로 인기가 높았다. 아직도 '토정비결' 책이 인쇄되어 판매되고 있음을 보면 그 인기가 완전히 사라진 것은 아닌 모양이다.

물론《토정비결》이 이지함이 지었다는 근거는 없다. 대부분의 학자들은 후대의 누군가가 이지함의 이름을 빌어 책을 만들었다고 생각하고 있다. 후대의 누군가가 이지함의 호를 사용하여 책을 만들었고, 사람들은 '토정'이라는 이름에 기대감을 품고 이 책을 신뢰했다는 말이 된다.

그렇다면 이지함은 누구인가. 그는 점쟁이가 아니라 저명한 유학자였다. 다만 그가 태어나 활동하던 시기는 매우 어지럽고 위태로운 시기였기에 은둔하는 삶을 살았을 뿐이었다.

1494년 연산군이 즉위한 이후, 조선은 여러 면에서 흔들리기 시작했다. 정치적인 격변은 각종 사화(士禍)로 이어졌고 자연재해도 연이어 일어나 농업 생산량은 최악으로 떨어졌다. 권력집단으로 변화한 정치인들은 토지를 독점했고 관리들의 착취가 이어졌다. 백성들은 도탄에 빠졌고 급기야 임꺽정까지 등장하는 시대가 되어버렸다. 그런 가운데 이지함은 벼슬길로 나아가는 것을 포기한다. 학자가 아니라 수탈자, 권력포식자가 되어가는 사대부들과 함께 하기를 거부한 것이다. 그리고 서민들 편에 서서 그들과 함께 호흡하며 생활했다.

"이지함은 마포(麻浦) 나루의 한 구석에 흙을 쌓아 언덕처럼 만든 후 정자를 세워 그곳에서 살았다. 평소 어렵게 살면서도 욕심을 내지 않았고(平居寡欲而苦) 짚신만 신고 전국을 다니며 학문이 높은 선비들과 사귀었다. 그는 매우 기발했기에 사람들은 그를 헤아릴 수가 없었다." 선조실록(宣祖實錄)에 나타난 이지함에 대한 기록이다.

그는 어렵게 살면서도 가난한 사람들을 그냥 지나치지 않았다. 전국을 떠돌며 해박한 지식으로 어려운 사람들에게 지혜와 이익을 나눠주며 살았다. 율곡과 학문을 나눌 정도로 뛰어난 학자였지만 아주 특별한 삶을 살았던 것이다. "토정을 물건에 비유하면, 신기한 꽃(奇花)이요, 기이한 풀(異草)이며, 진귀한 새(珍禽)이고, 괴상한 돌(怪石)이다." 토정에 대한 율곡의 인물평이다. 말년에 잠시 아산현감(牙山縣監)의 자리에 있을 때, 토정은 거지들을 위한 걸인청(乞人廳)을 만들어 빈민을 구제하기도 했다.

서점에서 볼 수 있는 《토정비결》은 토정의 것이 아닐 확률이 매우 높다. 그렇다면 진정한 '토정의 비결'은 무엇일까. 죽은 후 500년이 지나도 '토정'이란 이름 하나만으로 대중으로부터 신뢰를 받을 수 있었던 비결은, '욕심을 줄이는 것', 과욕(寡欲)이라고 할 수 있다. 과욕(過欲)이 아니라 과욕(寡欲)임을 잊지 말자.

형벌은 줄이고 세금은 적게 거두어야 한다

省刑罰 薄稅斂(성형벌 박세렴)

-《맹자(孟子)》중에서

맹자(孟子)는 경제정책에 큰 관심을 가진 학자였다. 그는 10%의 세금을 가장 적절하다고 여겼으며 이보다 적게 거두면 백성들을 제대로 보살피지 못해 무질서한 사회가 되고, 이보다 많이 거두면 백성들을 괴롭히는 폭력이 되어 정권이 바뀐다고 말하며 "훌륭한 정치(仁政)란 형벌은 줄이고 세금은 적게 거두는 것(省刑罰 薄稅斂)"이라고 주장했다.

맹자가 활동하던 시기에는 인구가 국력을 결정하는 중요한 척도였다. 인구가 많아져야 농업생산량도 늘어날 수 있었으며 노동력의 확보와 전쟁 수행을 위한 병력의 증강도 이룰 수 있었기 때문이다. 그런데 세금을 많이 거두면 백성들은 주변 나라로 도망가게 되고 결국은 세금을 거둘 대상이 사라져 국력이 약해지게 된다는 것이 맹자의 주장이었다. 그러나 눈앞의 이익에 민감했던 당시 왕들은 맹자의 조언에 귀를 기울이지 않았다.

'세금 제도'에 관해서라면 조선의 4대 임금, 세종을 반드시 언급해야 한다. 1427년(세종 9), 세종은 과거시험장에 직접 나아가 시험문제를 출제하며 이렇게 말했다.

"예로부터 왕이 세상을 다스리는 것은 제도를 마련하는 것으로 시작했다.

바른 정치는 백성을 사랑하는 것에서 시작되는 것이므로 제도 또한 백성들의 생각이 반영되어야 한다. 그런데 현재의 세금 제도는 백성들의 지지를 받지 못하고 있다. 이에 대한 개선방법을 제시하라."

세금에 대한 고민을 깊이 했다는 뜻이다. 이후 3년 동안 치밀한 준비를 거친 세종은 1430년, 새로운 세금 제도에 대한 안을 만들고 다음과 같은 명령을 내린다. "전국의 전·현직 관리는 물론이고 가난하고 비천한 백성(細民)들에게까지 모두 가부(可否)를 물어 그 결과를 보고하라." 여론조사를 실시한 것이다. 이 조사는 5개월간 실시되었다. 조사 결과는 찬성이 높게 나왔다. 총 17만 2806명 가운데 찬성 9만 8657명, 반대는 7만 4149명이었다. 당시 조선의 인구는 70만 정도로 추산되는데 17만이면 전체 인구의 25%가 참여한 대규모 여론조사였다.

50% 이상의 찬성표를 얻었지만 곧바로 제도를 바꾸지는 않았다. 관료들과 치열한 토론의 시간을 가졌기 때문이었다. 세종이 제안한 제도는 해마다 법으로 정해진 세금을 거두는 '정액제'였다. 이전의 제도는 매우 복잡했다. 매년 가을철 추수기에 관리들이 현장 조사를 통해 농사작황의 등급을 정하고, 그 작황 등급에 따라 세금을 부과하는 것이었다. 합리적인 것처럼 보이지만 현장 조사를 하는 관리들의 전횡이 매우 컸다. 멋대로 줄이거나 보태는 불법과 편법이 난무했고 뇌물과 뒷거래가 성행했다. 세금보다 현장 조사를 나온 관리들에 대한 접대와 뇌물이 더 큰 부담이 되기도 했다.

제도 개혁에 대한 치열한 토론은 8년 동안 이어졌다. 1438년(세종 20년), 일부 지방부터 시범운영에 들어간 정액제는 그 효과를 보이기 시작했다. 농민들의 부담은 줄어들고 국가의 수입은 늘어났다. 이후 조금씩 수정·보완이 이루어졌다. 토지의 비옥도에 따라 6개 등급으로 나누어 세율을 조정했고 해마다 풍흉에 따라 9개 등급으로 세율을 조정하는 제도도 마련했다(1444년).

세종은 부정부패를 원천봉쇄하는 제도를 마련해서 백성들의 부담을 줄였고 국가의 재정은 늘렸다.

왕정시대에도 백성들의 의견을 물었으며, 제도 하나를 바꾸는 데 10년이 넘는 시간을 필요로 했다. 우리는 현재 어떻게 하고 있는지 잘 살펴보자.

생각만하고 배우지 않으면 위태롭게 된다
思而不學則殆(사이불학즉태)
-《논어(論語)》중에서

유가(儒家)에서 말하는 공부는 학(學)과 습(習), 혹은 효(效)와 각(覺)으로 설명할 수 있다.

'학(學)'의 한자를 잘 살펴보면 어린이(子)가 손으로 책을 들고 있는 모습을 볼 수 있다. 책을 읽어서 배운다는 것이다. '습(習)'은 어린 새가 날개(羽)를 움직이는 모습을 상징한다. 책에서 배운 것을 실천하는 것이다. 어느 하나로 완성되지 않는다. 두 가지가 조화를 이뤄야 한다.

'효(效)'는 따라하기를 통해 배우는 것을 뜻한다. 무늬(文)를 주고받는(交) 것이다. 본받는 것을 의미한다. 책을 읽어 그것을 본보기로 삼아 따라서 해보는 것이다. 생활 속에 실천하는 것이다. 그렇게 하면 깨달음(覺)이 생기는 순간이 온다. 그 깨달음은 단순히 책을 읽었을 때 추상적으로 느끼는 것과 다르다. '각(覺)'의 한자를 보면 '눈으로 보이는 것처럼(見)' 선명하고 확실하게 아는 것이 중요하다고 강조하고 있음을 알 수 있다. 책을 읽고 이해하는 것은 다소 추상적이고 애매하다. 그러나 그것을 생활 속에서 실천하면서 더 깊이 이해하게 된다. 결국은 눈에 선명하고 구체적으로 보이는 때를 만나게 된다. 그게 공부의 완성이다.

외우다보면 이해하게 되고, 이해한 것을 실천하다보면 명확하게 깨닫게 된다. 학(學)과 습(習), 효(效)와 각(覺)이 계속 이어지며 서서히 학문이 완성되고 인격이 완성된다.

"아무리 열심히 책을 읽더라도 스스로 깊이 생각하지 않으면 얻는 것이 없을 것이며(學而不思則罔), 혼자서 생각만하고 열심히 배우지 않으면 반드시 위태롭게 된다(思而不學則殆)."

《논어(論語)》에 나오는 글이다. 생각한다는 의미의 '사(思)'는 정수리를 뜻하는 '신(囟)'과 마음을 뜻하는 '심(心)'이 합쳐진 글자다. 정수리는 뇌를 뜻하므로 이성적인 것을 의미하며 마음은 감성적인 것을 의미한다. 두 가지가 서로 따로 노는 게 아니라 합쳐져야만 진정한 나의 생각이 된다. 이는 실천을 통해 몸과 마음이 모두 알고 있음을 이야기한다.

송나라의 대학자 주자(朱子)는 자신의 처남이자 제자인 정순(程洵)에게 편지를 보내며 위의 문구를 인용한 후에 이렇게 충고했다.

"내가 그대와 토론할 때마다 느끼는 것은 그대가 매우 똑똑하다는 것일세. 그렇기에 책을 읽을 때에도 오랜 시간을 소비하지 않고도 빨리 그 핵심을 파악하더군. 핵심을 빨리 파악하는 것은 매우 훌륭한 재능임에 분명하네. 그런데 한 가지 아쉬운 점이 있다네. 단순히 파악하는 것에서 그치지 말고 좀 더 깊숙하게 들어가 몸과 마음이 푹 젖어들도록 음미해보고 실제 생활 속에서 실천해보는 것도 필요하다는 뜻일세. 학문이란 단지 아는 것에서 그치는 것이 아니기 때문이네. 명확하게 아는 것도 중요하지만 그것을 실천에 옮겨 몸과 마음에 익숙하게 만드는 것도 매우 중요하기 때문이지. 몸과 마음에 익숙하게 만들지 않으면 '나는 나대로, 아는 것은 그저 아는 것대로' 있게 되어 나와는 상관없는 것이 되고 말지 않겠나. 아는 것을 나의 것으로 만드는 것이 진짜로 아는 것 아니겠나. 그렇게 하지 않으면 재미도 없고, 시간이 지나면 잊어버리게 되는 단점도 있다네. 몸과 마음에 깊숙이 간직하려면 반드시 실천이 이루어져야 하지. 핵심을 파악하는 게 둔한 사람이 오히려 나중에 크게 되는 이유가 여기에 있다네. 알아서 실천하기도 하지만 실천을 통해 알게 되기도 한다네. 이것을 잊지 말게나."

　말이 홍수를 이루는 요즘이다. 제대로 알고 말하는 것인지, 제대로 생각하고 말하는 것인지 따져보는 지혜가 필요하다.

사람을 판단하는 방법

선한 사람들은 좋아하고
선하지 않은 사람들은 싫어한다
善者 好之 不善者 惡之(선자 호지 불선자 오지)
- 《논어(論語)》 중에서

사람에 대한 판단은 매우 어려운 일 중에 하나라고 할 수 있다. 어떤 사람을 판단해야 할 때 대부분의 경우, 그 사람에 대한 평판이 어떠한가부터 살펴보는 게 일반적인 수순이 아닐까 싶다. 《논어(論語)》에 나오는 공자와 자공의 대화에서도 평판에 대한 이야기가 등장한다.

"모두가 좋아하는 사람이라면 그 사람은 훌륭한 사람이겠죠?"라는 자공의 질문에 공자는 고개를 갸웃거린다. "글쎄다. 그것만으로는 좀 부족해 보이는데?" 모두가 좋아하는 사람도 부족하다면 도대체 어떤 사람을 찾고 있는 것일까. 궁금해진 자공이 다시 물었다. "그렇다면 모두가 미워하는 사람은 어떻습니까?" 이에 대한 공자의 대답도 마찬가지였다. "그것도 부족하긴 마찬가지지." 공자는 이런 말을 덧붙이며 마무리를 한다. "마을 사람들 중에 선한 사람들은 좋아하고 선하지 않은 사람들은 싫어하는 사람, 그런 사람이 제일 낫지 않겠나(不如鄕人之善者 好之 其不善者 惡之)."

군자(君子)에게 칭찬을 받는 사람은 소인(小人)에게 비난을 받을 수 있다. 세상의 평판은 믿기 어렵다는 뜻이다. 그렇다면 어떻게 해야 그 사람에 대해서 알 수 있을까. 공자는 세평(世評)에 의존하지 말고 직접 살펴보라고 조언한다.

"사람들이 그를 미워하더라도, 사람들이 모두 좋다고 말하는 사람이라 하더라도, 반드시 자세히 살펴보고 판단해야 한다(衆惡之 必察焉 衆好之 必察焉)."

그의 재주나 인품이 너무 뛰어나 그를 시기하거나 질투하여 미워할 수도 있다 또는 만나는 사람마다 그 사람이 듣기 좋아하는 말만 하는 사람은 누구에게나 좋은 평을 받기도 한다.

군자는 자신에게는 설사 불이익이 되더라도 그 사람의 생각과 행동이 옳다면 그를 지지한다. 그러나 소인은 그 사람의 생각과 행동이 옳다고 하더라도 자신에게 이익을 가져오지 않는다면 그를 비난한다. 공자가 '반드시 자세히 살펴보라(必察焉)'고 강조한 이유가 여기에 있다. 더 나아가 함께 일을 해보면 그 사람에 대해 더 자세히 알 수 있다.

"군자 밑에서 일하기는 쉽지만 그를 기쁘게 하기는 어렵다. 기쁘게 하려고 노력해도 그것이 도리에 맞지 않으면 군자는 오히려 싫어하게 되기 때문이다. 그러나 사람을 부릴 때는 그의 재능과 도량을 고려하여 일을 시키기 때문에 일하기가 쉽다. 반면에 소인 밑에서 일하기는 어렵지만 그를 기쁘게 하기는 쉽다. 아첨하면 소인은 그것이 도리에 맞지 않더라도 기뻐하기 때문이다. 그러나 사람을 부릴 때는 마구 일을 시키기 때문에 일하기가 어렵다."

《논어(論語)》에 나오는 공자의 조언이다. 유불리가 아닐 도리에 맞는지를 따져보는 사람이 군자라는 뜻이다. 군자는 나의 이익과 나의 기쁨에 연연하는 게 아니라 공공의 이익과 공공의 기쁨에 민감하게 반응한다. 그리고 불의(不義)를 보면 화를 내기도 한다.

자공이 공자에게 "선생님도 미워하는 것이 있습니까?"라고 묻자 공자는 이렇게 대답했다. "남의 결점을 사람들 앞에서 드러내는 사람을 미워한다. 뛰어난 사람을 헐뜯는 사람을 미워한다. 용맹하지만 무례한 사람을 미워한다. 과감하기만 하고 융통성이 없는 사람을 미워한다."

수많은 정보가 우리 주변을 떠도는 요즘이다. 길에서 얻어들은 이야기를 마치 진실인양 떠들며 옮기는 사람들도 많다. 이런 때일수록 '반드시 자세히 살펴보라(必察焉)'는 공자의 충고를 잊지 말자.

조화롭게 협력하는 삶

어려운 일은 남보다 먼저, 이익은 남보다 뒤에

先難而後獲(선난이후획)

-《논어(論語)》중에서

세상을 바라보는 시선은 다양하다. 어떤 사람은 서로 경쟁하고 투쟁하여 승리를 쟁취해야 살아남는 곳이라 생각하기도 하고 또 어떤 사람은 서로 조화롭게 협력하여 성취를 이뤄야 살아갈 수 있는 곳이라 생각하기도 한다.

각자 생각이 다른 것에 대해 어느 것이 옳고 어느 것이 옳지 않다고 판단을 내리는 것은 쉽지 않겠지만 어느 쪽 삶이 더 행복할지 생각해본다면 정답은 의외로 쉽게 발견할 수 있다. 그렇다면 조화롭게 협력하는 삶이란 구체적으로 어떤 것을 의미하는 것일까.

공자의 제자인 자로(子路)가 공자에게 정치(政治)가 무엇이냐고 묻자 공자는 단 네 글자로 대답했다. "선지노지(先之勞之)." 단순하게 대답했지만 공자의 이 말에 대한 해석은 매우 다양하다. '선(先)'은 가장 먼저 하는 것을 의미하고 '노(勞)'는 노동하는 것이나 노력하는 것 혹은 위로하는 것을 뜻한다. 어느 쪽으로 해석하느냐에 따라 의미가 미묘하게 달라진다. '지(之)'를 어떻게 해석하느냐도 문제가 된다. 어떤 학자는 '먼저 모범을 보이면 백성들이 즐겁게 일한다.'라고 해석하기도 하지만 정약용의 경우는 '남보다 앞장서서 일하고 백성들을 위로해주는 것'이라고 해석하기도 한다. 복잡한 것은 뒤로 미뒤두고 설명한다면 "먼저 솔선수범하라, 스스로 모범을 보여라." 정도라고 할 수 있다.

공자는 "선난이후획(先難而後獲)."이라는 말도 했다. 제자가 '인(仁)'에 대해서 묻자 이에 대한 대답을 한 것인데, "우선 문제 해결에 집중하고 이익은 나중에 생각하라." 정도로 이해되고 있지만 "어려운 일은 남보다 먼저, 이익을 취하는 것은 남보다 뒤에."라고 해석하기도 한다.

공자는 BC479년에 사망한 것으로 알려져 있다. 그 당시의 한자는 그 수가 매우 적었다. 게다가 공자가 생전에 한 말을 그 제자들이 기억하고 있다가 다시 자신의 제자에게 말로 전해주었고 그 말을 전해들은 사람들이 글자로 기록한 것이니 정밀하고 상세한 내용을 기록하기 어려웠을 것이라는 예상이 가능하다. 진나라 시절에는 분서갱유(焚書坑儒)로 책을 불사르고 유학자들을 죽였으니 오죽했으랴. 이후 한나라 시대부터 연구도 활발해지고 한자의 수도 늘어나 후대에는 정밀하고 상세한 설명이 가능해졌다. 후대의 학자들이 주요 경전(輕典)에 주석을 단 이유다. 그러므로 후대 학자들의 부연설명은 공부에 큰 도움이 된다. 송나라의 정치가이자 학자인 범중엄(范仲淹)이 위에 언급한 공자의 가르침을 가지고 시(詩)를 지었는데 그 내용을 보면 다음과 같다.

"세상 사람들이 근심하기 전에 먼저 근심하고(先天下之憂而憂(선천하지우이우)) 세상 사람들이 모두 기뻐한 후에 가장 나중에 기뻐한다(後天下之樂而樂歟(후천하지락이락여))."

'선지노지(先之勞之)'나 '선난이후획(先難而後獲)'에 비해 쉽게 이해가 가능한 문장이 아닐까 생각한다. 조화롭게 협력하는 삶이란 바로 이러한 것을 의미한다고 할 수 있다. 먼저 나서서 솔선수범하고 모두가 만족함을 느낄 때 비로소 안도의 숨을 내쉬는 것, 그것이 바로 올바른 삶이라는 뜻이다. 특히 사회적 지도자는 더욱 그래야 한다.

뒷짐 지고 상황을 지켜보며 이러쿵저러쿵 잔소리를 일삼거나 꼬투리를 잡으며 오히려 일을 방해하는 일을 하지 않았는지 스스로 반성해보자. 특히 어려운 일이 생겼을 때 잘 살펴보자. 누가 '선지노지(先之勞之)'하는지, 그리고 누가 어려움 속에서 자신의 이득을 먼저 생각하는지.

천리마(千里馬)의 의미

뛰어난 말을 칭찬하는 이유는 힘 때문이 아니다
驥 不稱其力(기 불칭기력)
–《논어(論語)》중에서

뛰어난 말을 가리키는 단어 중에 가장 일반적인 것을 들면 '천리마(千里馬)'가 아닐까 싶다. 하루에 천리를 달리는 말이라는 뜻이다. '기(驥)'는 이러한 '천리마'를 가리킨다.

1리(里)를 요즘 단위로 환산하면 392m 정도가 된다. 1,000리(里)라고 하면 400km 정도가 될 것이다. 하루에 400km를 달린다면 속도는 어느 정도일까. 24시간으로 나누면 시속 16km 정도가 된다. 자동차에 비한다면 그리 빠르다는 느낌을 주지 못한다. 말은 어두워지면 달릴 수 없으니 12시간으로 잡아도 시속 30km 내외가 될 것이다. 일반적으로 말의 최고시속은 48km로 알려져 있다. 그러나 그런 속도로 계속 달리는 것은 불가능하다. 여기서 중요한 단서를 하나 발견할 수 있다. 천리를 달릴 수 있다는 의미는 속도가 아니라 목표를 향해 쉬지 않고 꾸준히 실천하는 의지가 중요하다는 것이다. 마구잡이로 우왕좌왕하는 게 아니라 목표 지점을 향해야 하고 중간에 포기하지 않고 꾸준히 이어가야 하는 게 가장 중요하다는 뜻이다.

"천리마를 칭찬하는 이유는 힘 때문이 아니다(驥 不稱其力). 그 덕(德) 때문이다(稱其德也).'"

《논어(論語)》에 나오는 공자의 말이다. 시간이 중요한 게 아니라 목표지점에 도착하는 게 중요하다는 뜻이다. 천리를 가는 동안, 그 긴 시간 동안 마음을 집중할 수 있는가의 여부가 중요하다는 뜻이다. 그렇다면 '덕(德)'은 무엇인가.《서경(書經)》을 보면, '구덕(九德)'이라 하여 그 사람이 덕을 갖추고 있는지를 판단할 때 기준이 되는 아홉 가지 체크리스트가 나온다.

첫째, 남에게는 너그럽고 스스로에게는 엄격한가?(寬而栗) 둘째, 행동은 부드러운가? 혹시 나약한 것은 아닌가? 뜻은 확고한가?(柔而立) 셋째, 성실하게 최선을 다하는가? 혹시 일의 성공에만 매달려 공손함을 잃지는 않는가?(愿而恭) 넷째, 항상 단정한가? 혹시 너무 형식에 얽매이는 것은 아닌가?(亂而敬) 다섯째, 바른 이치에는 순순히 따르는가? 너무 순순히 따르기만 하는 것은 아닌가?(擾而毅) 여섯째, 구부러지지 않고 곧고 바른가? 그러면서도 따스함을 유지하고 있는가?(直而溫) 일곱째, 간단명료하고 대범한가? 혹시 사소한 것이라고 함부로 지나쳐버리지는 않는가? 날카롭고 예리한 맛은 있는가?(簡而廉) 여덟째, 강철처럼 단단한가? 혹시 겉만 강하고 속이 비어있지는 않은가?(剛而塞) 아홉째, 힘은 강한가? 혹시 힘을 함부로 사용하지는 않는가? 의로운가?(彊而義)

"사람들은 대부분 모든 잘못을 남의 탓으로 돌리기를 즐긴다. 윗사람은 아랫사람들이 잘 따르지 않는다고 불평하고 아랫사람은 윗사람의 지시가 잘못된 것이라고 불평한다. 중간에 있는 사람은 윗사람과 아랫사람들의 잘못을 지적하며 그들 때문에 아무 것도 할 수 없다고 불평한다. 문제는 무엇인가. 모두가 남에게 잘못을 돌리고 자신의 잘못은 깨우치지 못한다는 것이다. 무슨 일이든 먼저 자신의 문제부터 해결하고 스스로 반성하면서 나아가야만 이룰 수 있다. 나의 의견이라도 옳지 않은 것이었다면 과감히 버려야 하며 다른 사람의 의견이더라도 옳은 것이면 과감하게 따라야 한다. 그러므로 '나의 의견이냐 나의 의견이 아니냐'를 따지는 게 아니라 '옳은 것이냐 옳지 않은 것이냐'를 따져야 한다. 그렇게 하기 위해서는 먼저 사사로운 나를 버리고 바른 이치로 나를 채워야 한다."

송나라의 학자 정호(程顥)가 '구덕(九德)'을 설명하며 덧붙인 말이다. 천천히 가는 한이 있더라도 꾸준히 걷고 또 걸어서 천리를 갈 수 있다면 그것이 바로 천리마라고 할 수 있다.

정치에 대한 조언(助言)

올바름을 추구하는 것이 정치다
政者正也(정자정야)
- 《논어(論語)》 중에서

《근사록(近思錄)》은 1175년 4월, 주희(朱熹)와 여조겸(呂祖謙)이 만나 10
여 일 함께 지내며 선배 학자들이 남긴 어록과 문집 등을 읽은 후 중요한 대목
을 정리하여 뽑아 완성한 책이다. 《근사록》은 총 14개의 항목으로 나눠져 있
는데 그 가운데 '정치(政治)'와 관련된 것은 3개 항목이다. 정치의 근본 원리
를 설명하는 '치체(治體)'와 정치의 구체적 방법에 대해 언급한 '치법(治法)',
정치 업무의 실제를 다룬 '정사(政事)'가 그것이다. 이를 통해 정치에 대한 송
대(宋代) 유학자(儒學者)들의 인식을 살펴보면 현재 우리에게 도움을 주는
대목을 발견할 수 있다.

"정치란 세상을 바르게 만드는 것이다. 그러기 위해서는 나 자신부터 바르
게 만들어야만 한다. 나는 바르지 못하면서 세상을 바르게 만드는 것은 불
가능하기 때문이다. 나를 바르게 만든다는 것은 세상의 모든 것들과 조화롭
게 소통할 수 있는 것을 의미한다. 내 몸에 상처가 나거나 문제가 생기면 이
를 바로 깨달을 수 있는 것처럼 세상에 상처가 나거나 문제가 생기면 이를 바
로바로 파악하여 조치할 수 있어야 한다는 뜻이다. 그렇게 하기 위해서는 세
상과 끊임없이 소통하고 있어야 한다. 조화로운 소통은 가정에서부터 시작

된다. 가장 가까이에 있는 사람들과 친하게 소통할 수 있어야만 세상과도 소통할 수 있기 때문이다. 세상을 다스리는 것은 오히려 쉽다. 가정을 다스리는 것이 더 어렵다. 가족들은 가까이에 있고 세상 사람들은 멀리 있기 때문이다. 이것은 무슨 뜻인가. 올바른 원칙을 가지고 일을 진행해 나갈 때, 전혀 모르는 사람들에 대해서는 바른 원칙을 지키며 나아가기가 오히려 수월하다. 그러나 가까이 있는 사람에게는 원칙을 지키는 게 어렵다. 개인적인 친분이 있어 객관적으로 일을 파악하기가 더 어려워진다. 더군다나 사소한 일 때문에 감정이 상하는 경우가 많으므로 겉으로 드러난 것뿐만이 아니라 눈에 보이지 않는 마음까지 다독이고 이해시켜야 하는 어려움이 생기기 때문이다. 결국 바르고 바르지 않음은 밖에서 구하는 게 아니라 나 자신에게서 찾아 널리 퍼뜨려야 하는 것이다." (주돈이(周敦頤))

"작게는 집안에서부터 크게는 나라와 세상 전체에 이르기까지, 서로 화합하지 못하는 이유는 서로를 믿지 못하고 그 사이에 틈이 있어 소통하지 못하기 때문이다. 사이에 틈이 없이 밀접하게 있으면서 서로 소통하고 이해할 수 있게 되며 이렇게 하면 화합이 이루어진다. 임금과 신하, 아버지와 아들, 친척 사이나 친구 사이도 마찬가지다. 그 사이에 틈이 벌어지면 그 틈 사이로 온갖 비난과 거짓이 스며들어 서로를 오해하게 만들고 결국 갈라지게 만든다. 그러므로 틈새를 없애고 소통하여 조화를 이루는 것이 중요하다." (정이(程頤))

"정치는 빈부의 격차를 줄이는 것에서부터 시작해야 한다. 모두가 먹고 사는 데 걱정이 없어야만 부모에게 효도하고 자녀를 바르게 가르치는 데 힘을 쓸 수 있기 때문이다. 경제적인 문제가 해결되지 않고 바른 정치에 대해 말하는 것은 매우 구차스러운 일이다. 그럼에도 불구하고 많은 사람들은 '부자들의 땅을 빼앗아 가난한 사람들에게 주는 것은 매우 어려운 일이다'라고 말한다. 그러나 이것은 변명에 불과하다. 만약 그렇게 했을 경우에 기뻐할 사람들이 많겠는가 아니면 기뻐하지 않을 사람들이 많겠는가를 생각해보면 분명해질 것이다. 이것을 한 번에 벼락 치듯이 하자는 것이 아니다. 몇 년에 걸쳐 차근차근 준비하여 제도를 잘 정비하면 가능한 일이다. 다만 이것을 실행에 옮기지 않고 변명만 일삼으니 문제가 더욱 커질 뿐이다.” (장재(張載))

공자는 청치가 무엇이냐는 질문에 대해 “정치는 올바름을 추구하는 것(政者正也)”이라고 아주 간단하게 정의를 내렸다. 우리 시대의 정치는 어떠한지 잘 살펴보도록 하자.

공부는 시를 읽는 것으로 시작한다
興於詩(흥어시)
-《논어(論語)》중에서

공자가 가장 큰 관심을 갖고 있었던 것이 무엇이냐고 묻는다면 필자는 '시서역(詩書易)'이라 말하고 싶다.

시(詩)는 사람들이 부르는 노래의 노랫말을 뜻하고 서(書)는 역사를, 역(易)은 미래를 예측하는 것을 뜻한다. 각각 책으로 말한다면《시경(詩經)》,《서경(書經)》,《역경(易經)》이라 할 수 있다.

시간으로 살펴보면 '시(詩)'는 오늘을, '서(書)'는 과거를, '역(易)'은 미래를 뜻한다. 역사가 과거를, 예측이 미래를 의미한다고 하면 대부분 고개를 끄덕이지만 시(詩)가 현재의 시대상황을 말한다고 하면 고개를 갸웃하는 사람도 있을 것이다.

공자가 가장 이상적인 국가로 생각했던 나라는 고대 중국의 주(周)나라였다. 그렇기에 공자가 말하는 시(詩)는 주나라 시대의 시(詩)를 집대성한《시경(詩經)》이며 점을 치는 책인《역경(易經)》도 각 시대별로 따로 있었는데 주나라의 것이 바로《주역(周易)》이다.

'시서역(詩書易)'은 모두 세상을 바르게 하기 위한 도구로 사용되었다. 특히 시(詩)는 요즘과 그 의미가 조금 달랐다. 당시 주나라에는 민간의 노랫말을 수집하고 다니는 관리가 있었는데 이를 가리켜 '채시관(采詩官)'이라 했다. 글자 그대로 시(詩)를 채집하는 관리를 의미한다. 나라의 관리가 왜 민간의 노랫말을 채집했던 것일까. 민간의 노래를 통해 여론을 읽으려는 노력이었다. 태평성대에는 정치가 조화롭기 때문에 사람들의 노래가 평안하고 즐거운 반면, 어지러운 시대는 정치가 편향되어 사람들이 모두 괴로워하기에 노래도 원망스럽고 노엽다고 생각했다. 그러므로 권력자는 당시 유행하는 노래를 통해 자신이 바른 정치를 펴고 있는지 살펴보는 것이다. 그렇기에 공자는 주나라를 가장 모범적인 국가로 생각했다.

그러나 이러한 채시관(采詩官)은 이후 사회가 혼탁해지며 사라지고 말았다. 오히려 여론을 조작하는 도구로 쓰이기도 했으니 문제는 매우 심각했다.

조선시대의 관찰사(觀察使)도 그 깊은 뜻을 따져보면 채시관(采詩官)과 다르지 않은 의미를 지니고 있다. '관찰(觀察)'이란 '관풍찰속(觀風察俗)'을 의미한다. 풍(風)은 노래를 뜻하고 속(俗)은 궁궐 밖에 살고 있는 평범한 사람들의 생활을 의미한다. 관찰사도 채시관처럼 여론을 파악하여 바른 정치를 할 수 있도록 만드는 사람이란 뜻이다. 그런데 그들은 여론을 제대로 파악했을까?

"공자는 '공부는 시를 읽는 것으로 시작한다(興於詩)'고 말했다. 공자는 왜 시를 이토록 중요하게 생각했을까? 시에는 그 시대의 시대정신과 사람들이 보편적으로 지니고 있는 진솔하고 순수한 마음이 들어 있기 때문이다. 게다가 그것을 직접적으로 거칠게 말하는 게 아니라 부드럽게 돌려서 말하고 운율에 맞춰 조화롭고 아름답게 말한다. 머리뿐만이 아니라 가슴과 마음으로 젖어들게 하고 소통하게 만든다."

송나라의 학자 정이의 말이다. 정이의 형인 정호도 시에 일가견이 있는 학자였다. 정호의 제자 사현도는 "선생님은 시를 분석하거나 해석하지 않고 다만 음미하고 이해하며 읊어야 한다고 말씀하시곤 했다. 그러는 과정 속에 저절로 마음이 움직여 느끼는 바가 생기고 그것에서 깨달음을 얻어야 한다고 강조하셨다. 시를 분석하지도 해석하지도 않고 그대로 느낄 것을 강조하셨다."라는 글을 남겼다.

좋은 시(詩)는 여론(與論)을 담고 있다. 왜곡하지 않은 여론(與論)은 좋은 시(詩)와 같다. 여론의 흐름을 알고 싶다면 좋은 시를 음미하듯 함부로 분석하거나 제멋대로 해석하지 말고 있는 그대로 이해하고 소통해야 한다.

광자(狂者)와 견자(狷者)

향원은 덕(德)을 망치는 사람이다

鄕原 德之賊也(향원 덕지적야)

– 《논어(論語)》 중에서

잘 살기 위해서는 협력이 기본이다. 무슨 일이든 혼자서 이룰 수 있는 것에는 한계가 있기 때문이다. 그렇다면 누구와 협력하는 게 좋을까. 이에 대해 공자가 제시한 해답은 매우 의미가 깊다.

"항상 올바름을 행하는 군자(君子)를 만나 함께 하는 것이 가장 좋겠지만 그게 어디 쉬운 일이겠는가. 군자를 만나지 못한다면 나는 광자(狂者)나 견자(狷者)와 손잡고 함께 일을 도모할 것이다."

공자가 가장 이상적인 사람으로 꼽은 것은 군자(君子)다. 덕(德)을 갖추고 있으며 한쪽으로 치우치지 않고 적절하게 행동하는 사람이기 때문이다. 그러나 이러한 사람을 만나는 것은 매우 어렵다. 그러면 협력을 포기해야 하는가. 아니다. 공자는 광자(狂者)와 견자(狷者)를 차선책으로 제시한다. 광자(狂者)는 미치광이를 뜻하며 견자(狷者)는 고집스런 사람을 뜻한다. 공자는 왜 이런 차선책을 제시했을까.

"광자(狂者)는 군자처럼 중용을 실천하지 못하고 과한 단점이 있지만 진취적이라는 장점을 지니고 있으며 견자(狷者)는 고집불통이라는 단점이 있지만 불의와 타협하지 않는 강직함을 지니고 있기 때문이다."

공자의 부연설명을 들으면 고개가 끄덕여진다. 광자는 현실을 고려하지 못하는 과도한 이상주의자를 뜻하며 견자는 불의를 미워하는 마음이 강해서 사람들과의 관계가 원만하지 못한 사람이다. 공자가 최선이라고 생각하는 군자는 아마도 광자와 견자의 중간지대에 속한 사람이 아닐까 싶기도 하다.

그러나 의문이 완전히 해소되지는 않는다. 군자가 아니더라도 군자와 비슷하게 행동하는 사람이 광자나 견자보다는 낮지 않을까 하는 생각이 들기 때문이다. 그러나 공자는 매우 단호하게 '아니다'라고 말한다.

"'좋은 게 좋은 것이다.'라고 말하며, 옳고 그름을 따지지 않고 자기 마을 사람들의 인심만 얻으려고 노력하는 사람을 조심해야 한다. 그 마을 사람들에게 물으면 모두가 '그 사람은 매우 훌륭한 사람입니다.'라고 말하지만 실제로 그가 한 일은 아무 것도 없다. 일이 생기면 옳고 그름을 판단하려고 하지 않고, 그저 사람들 뒤에 서서 상황을 지켜본 후에 세력이 강한 쪽의 편을 들기 때문이다. 구체적으로 실천한 것은 하나도 없으면서, 겉으로 착한 척하고 현명한 척하는 사람, 세상 사람들의 입맛에 맞게 움직이며 인심만 얻으려고 하는 사람은 세상의 도적과 같은 존재다. 그 대표적인 사람이 바로 향원(鄕愿)이다."

공자의 말이다. 그렇다면 향원(鄕愿)은 도대체 어떤 사람이기에 이런 평가를 받는 것일까? 조선의 학자, 이이의 설명을 들어보면 이해가 좀 쉬워진다.

"대개 시골 마을에 터를 잡고, 지역 유지라고 불리며 살아가는 사람들 중에 이런 사람들이 많다. 이런 사람들은 자신의 마음을 좀처럼 겉으로 드러내지 않는다. 자신의 생각은 감춘 상태에서 세상 사람들이 좋아하는 것만 따른다. 올바르지 않은 게 있더라도 자신에게 익숙한 것이거나 유리한 것이라면 고쳐서 바로잡을 생각을 하지 않는다. 그저 하루하루 자신의 안전과 자신의 유리함만을 생각하기에 발전도 없다. 이들이 주는 피해는 실로 엄청나다. 개혁을 막고, 바른 학문의 길까지 막아버린다."

한마디로 사이비(似而非) 학자나 지식인을 말한다. 사회적 지도자를 자처하지만 이들은 올바름을 해치는 도적과 같다. 차라리 광자나 견자가 더 낮다고 생각하는 이유가 여기에 있다. 군자가 되지는 못하더라도 최소한 향원이 되지는 말아야 할 것이다.

끝이 없는 길

무한대로 확장되는 네모에는 모서리가 없다
大方無隅(대방무우)
- 《도덕경(道德經)》 중에서

유가(儒家)의 공부는 자신을 바르게 가다듬는 것에서 출발한다. 그렇다면 도착지점은 어디인가. 세상 전체를 바르게 만드는 것이다. 그런데 세상 전체를 바르게 만드는 일은 가능한 것일까. 《논어(論語)》를 보면 이에 대한 희미한 실마리가 나온다.

어느 날, 공자의 제자인 자로가 '석문(石門)'이라는 곳에 도착하여 하룻밤을 지내게 되었을 때의 일이다. 석문을 지키는 문지기가 자로에게 '당신은 누구인가?'라고 물었다. 이에 자로가 '나는 공자의 제자인 자로라고 한다.'고 대답하자 문지기가 고개를 끄덕이며 이렇게 말한다. "아, 공자? 안 되는 줄 뻔히 알면서도 계속 하려고 달려든다는 그 사람 말이오?"

세상 전체를 바르게 만드는 일이 가능한 것인지에 대해 이처럼 확실한 대답이 또 있을까 싶다. 학자가 아니라 문지기가 이 말을 했다는 것 또한 의미가 깊다. 게다가 이를 기억했다가 책으로 엮은 공자의 제자들도 대단하지 않은가.

유가의 공부에서 완성이란 존재하지 않는다. 유가의 학문은 과정을 중요하게 여긴다. 우주에 끝이 없는 것처럼 학문에도 끝이 없다고 생각하기 때문이

451

다. 매일 새롭게 혁신하는 과정 자체가 학문이며 올바른 삶이라 여기기 때문이다.

그렇다면 우리가 흔히 말하는 '대기만성(大器晚成)'은 무슨 의미일까. 국어사전을 살펴보면 '큰 그릇을 만드는 데는 시간이 오래 걸린다는 뜻으로, 크게 될 사람은 늦게 이루어짐을 이르는 말.'이라는 풀이를 만날 수 있다. 이 풀이가 올바르다면 완성의 단계가 있다는 뜻이 아닌가. 계속 새롭게 자신을 가다듬는 과정 속에 이루어지는 것이 공부인데 어찌 완성되는 단계가 있단 말인가.

'대기만성(大器晚成)'은 《도덕경(道德經)》에 나오는 말이다. 앞뒤 맥락을 살피면 국어사전과는 다른 의미로 사용되었다는 것을 파악할 수 있다. 전체 단락을 살펴보자.

"무한대로 확장되는 큰 네모에는 모서리가 없고(大方無隅) 무한대로 확장하는 큰 그릇은 채워지지 않으며(大器晚成) 엄청나게 큰 소리는 귀에 들리지 않고(大音希成) 엄청나게 큰 것은 눈에 보이지 않는다(大象無形). 올바른 이치는 이처럼 은밀하여 무엇이라 이름을 붙일 수가 없다(道隱無名)."

유가의 학문이 추구하는 것은 중용(中庸)이며 시중(時中)이다. 과하지도 않고 모자라지도 않게, 때와 장소에 맞도록 적절하게 하는 것이다. 그러니 상황에 따라 달라진다. 게다가 이러한 과정을 통해 스스로를 바르게 가다듬고 이를 널리 퍼져나가게 만들어 세상 전체가 조화롭고 평화롭게 되는 것을 추구한다. 그러니 끝이 없다. 모서리도 없고 완성되지도 않으며 구체적으로 눈에 보이거나 귀로 들을 수도 없다.

모호하지만 이것이 사실이다. 우리가 살아가는 삶에 전형이 있을 수 없기 때문이다. 100명의 사람이 100가지의 삶을 살아간다. 무엇 하나를 구체적으로 찍어서 '이것이 올바름이다'라고 제시하기 힘든 이유가 여기에 있다. 올바

름을 추구하는 도(道)가 이러하니 이를 받아들이는 사람마다 그 반응도 제각
각일 수밖에 없다.

"학문이 어느 정도 경지에 오른 사람은 부지런히 실천에 옮기고(勤而行之),
어중간한 사람은 반신반의하며 때론 실천하기도 하다가 때론 헛짓을 한다
(若存若亡). 아무 것도 모르는 사람은 낄낄거리며 비웃는다(大笑之). 올바름
에 대해서 듣고도 그들이 웃지 않으면 그것은 무엇인가 부족한 것이라 할 수
있다(不笑 不足以爲道)."

《도덕경(道德經)》에 나오는 말이다. 안 되는 줄 뻔히 알면서도 계속 하려고
달려든다고 누군가 비웃거든 기뻐하라. 옳은 길을 가고 있는 것이니까.

분열과 통합

군자는 이익을 다투지 않는 것에 긍지를 갖는다
君子 矜而不爭(군자 긍이부쟁)
-《논어(論語)》 중에서

 필자가 초등학교를 다닐 무렵, 당시 TV나 라디오에 등장하는 연예인들
이 즐겨 구사하던 성대모사 중 하나가 바로 "뭉치면 살고 흩어지면 죽는다."
였다. 전쟁이 한창이던 1950년 10월 27일, 당시 대통령이었던 이승만이 평
양 탈환 환영 시민대회에서 한 말로 알려져 있다. 분열을 경계하고 통합을 강
조하는 말인데, 이 말의 소유권을 굳이 따진다면 고대 그리스의 작가 이솝
(Aesop)이라고 할 수 있다. 이솝우화에 등장하는 내용은 다음과 같다.

 네 마리의 황소가 서로 엉덩이를 맞대고 있을 때에는 사자도 그들에게 덤
비지 못했다. 그러나 황소들 사이에 다툼이 생겨 서로 떨어져 지내게 되자
사자가 나타나 황소를 한 마리씩 차례로 공격해서 네 마리 모두 해치웠다는
것이다. 마지막에 이를 정리한 문장이 바로 "뭉치면 살고 흩어지면 죽는다
(United We Stand, Divided We Fall)."였다.

 이와는 반대되는 이야기를 들은 것은 군대에 있을 때였다. 적군 부대와 만
나게 되었을 때 적절히 소산(疏散)해야 한다는 교육을 받았다. '소산'이란 흩
어짐을 의미한다. 적군의 공격을 받을 때 병사들이 몰려있으면 타격을 크게
받기 때문에 흩어져 있으라는 뜻이었다. 흩어져 있어야만 공격에도 유리하다

는 설명도 이어졌다. 결국 "뭉치면 죽고 흩어지면 산다."는 의미였다.

그렇다면 유가(儒家)의 가르침은 어떨까. "군자는 이익을 다투지 않는 것에 긍지를 갖는다. 군중과 함께하되 무리를 짓지 않는다(君子 矜而不爭 群而不 黨)."《논어(論語)》에 나오는 공자의 말이다. 이익을 놓고 남과 다투지 않으면서 올바른 길을 걸어가는 것에 대해 무한한 긍지를 가져야 하고 여러 사람들과 조화롭게 어울리지만 이익을 얻기 위해 무리(黨)를 만들지는 않는다는 뜻이다.

얼핏 살펴보면 당파(黨派)를 만드는 것에 대해 부정적인 견해를 드러내는 것처럼 보인다. 그러나 그렇게 간단한 문제는 아니다. 이익을 추구하기 위한 당파를 배격했을 뿐이다. 다양한 여러 사람들과 조화롭게 교류하되 뭉쳐서 이익을 추구하지는 말라는 뜻이기 때문이다. 이익이 아니라 올바름을 추구한다면? 그것은 최고의 가치가 된다.

그렇다면 올바름을 추구하는 사람들과 개인적인 이익을 추구하는 사람들이 섞여 있을 때에도 조화롭게 해야 할까?

"당파를 만드는 것이 나쁘다고 한 이유는 무엇인가. 올바름이 아니라 이익을 추구한다는 전제조건이 있을 때에만 가능한 것이다. 올바름을 추구한다면 나쁠 이유가 없다. 무리를 짓는 것 자체가 잘못은 아니다. 다만 어떻게 무리를 짓느냐에 따라 달라지는 것이다. 무리 속에 옳지 않은 사람이 있음에도 불구하고 그것을 깨닫지 못하고 그저 '우리 무리에 속해 있는 사람이니 옳다.'라고 판단하는 것은 잘못이다. 올바른 사람이 있더라도 '다른 무리에 속해 있는 사람이니 바르지 않은 사람이다.'라고 판단하는 것도 잘못이다. 그러므로 당파를 만드는 것 자체가 잘못이라는 뜻이 아니라 올바른 사람과 그렇지 못한 사람을 잘 구분하지 못한 상태에서 무작정 이익에 눈이 멀어 무리를 만드는 것에 대한 잘못을 이야기하는 것이다. 그럼에도 불구하고 무조건 '무리를 짓는 것은 나쁜 것이다.'라고 해서는 안 된다. '개인적 이익을 추구하는 사람들과도 조화롭게 어울려야 한다'는 것도 잘못이다. 올바른 사람과 그렇지 않은 사람을 구분하여 올바른 사람만으로 무리를 만들어 넓혀나가면 올바르지 않은 사람도 여기에 가담하게 될 것이다. 이런 무리는 얼마나 아름다운가."

　송나라의 학자 주희의 말이다. 잘못된 것은 과감하게 잘라내야 한다. 그것이 옳은 길이다.

변하지 않아야 하는 것

한겨울이 되어서야 소나무 잣나무가
시들지 않음을 알 수 있다
歲寒然後知 松栢之後凋(세한연후지 송백지후조)
-《논어(論語)》중에서

중국 고대의 상나라 탕(湯) 임금은 자신의 목욕통에 '구일신 일일신 우일신(苟日新 日日新 又日新)'이라는 글을 새겨놓고 이를 통해 매일 자신을 성찰하고 가다듬었다고 한다. '나를 새롭게 가다듬으면 새로운 날이 열릴 것이고 그 새로운 날이 다시 나를 새롭게 만들어줄 것이다.' 정도의 뜻을 담고 있다. 탕임금은 중국 역사상 최초로 혁명을 일으켜 세상을 바꾼 인물이다. '나날이 새롭게'라는 그의 좌우명이 지닌 무게를 짐작할 수 있다.

그러나 변하지 않아야 할 것도 있다. 매일 새롭게 자신을 가다듬겠다는 다짐은 변하지 않아야 한다. 김정희가 남긴 '세한도(歲寒圖)'는 이처럼 변하지 않아야 하는 것에 대한 표현이다. "한겨울이 되어서야 소나무 잣나무가 시들지 않음을 알 수 있다(歲寒然後知 松栢之後凋)"는 공자의 말에서 '세한도(歲寒圖)'라는 제목을 가져왔다.

당시 김정희는 대역죄인으로 몰려 제주도에서 유배 생활을 하고 있었다. 고립된 김정희였지만 그의 제자였던 이상적(李尙迪)은 김정희를 잊지 않았다. 통역관이었던 이상적은 중국에 갈 때마다 최신 서적을 구해서 김정희에게 보냈으며 청나라의 최신 정보까지 전해주었다. 초라해진 자신에게 정성을 쏟아준 그 마음이 너무도 고마워 그려준 그림이 바로 '세한도(歲寒圖)'였다.

김정희가 '세한도(歲寒圖)'를 그린 시기는 겨울이 아니라 여름이었다. 상상 속의 나무를 그렸다는 뜻이다. 현실(現實) 속에 감추어져 있는 진실(眞實)을 담아낸 것이다. 포기하고 싶은 마음을 물리치고 다시 새롭게 자신을 가다듬는다는 뜻을 소나무와 잣나무로 표현했던 것이다.

김정희는 소나무와 잣나무를 직접 그림으로 남겼지만 그림조차 남기지 않고 이를 드러낸 사람도 있었다. 김정희의 스승은 박제가(朴齊家)이며 박제가의 스승은 조선 최고의 문장가 박지원(朴趾源)이다. 박지원이 남긴 글 속에 '그림조차 남기지 않고 이를 드러낸 사람'이 등장한다. 박지원에게 학문을 가르친 이양천(李亮天)과 그의 친구 이인상(李麟祥)이 그 주인공이다.

이양천은 시·서·화에 뛰어난 이인상에게 잣나무를 그려달라고 부탁했다. 얼마 지난 뒤 이인상이 족자를 보내왔는데 펼쳐보니 잣나무 그림은 없고 눈 내리는 날의 풍경을 묘사한 시(詩)가 적혀있었다. 이양천이 까닭을 묻자 이인상은 '분명 그 안에 잣나무가 있으니 잘 찾아보라'고 했다. 그러나 시에는 잣나무 이야기가 나오지도 않았다. 이양천은 의아했지만 끝까지 캐묻지 않고 그냥 지나쳤다. 그런 일이 있고 나서 얼마 있다가 이양천은 임금에게 상소문을 올렸다가 임금의 노여움을 사서 흑산도에 귀양을 가게 되었다. 유배지로 가던 중 눈이 내리기 시작했다. 그러는 사이에 '금부도사가 우리 일행을 찾아오고 있는데 아마도 사약을 가지고 오는 것이라고 한다'는 소문이 돌기 시작했다. 일행들이 모두 깜짝 놀라 울부짖기 시작했다. 눈은 폭설로 변해 앞이 보이지 않게 내리는 중이었다. 발걸음을 멈춘 이양천은 폭설로 인해 어른거리는 먼 산을 바라보다가 무릎을 치며 이렇게 외쳤다. "아, 이인상이 말하던 눈 속의 잣나무가 바로 저기 있구나!" 그러나 다른 사람들의 눈에는 아무 것도 보이지 않았다. 하염없이 쏟아지는 눈만 어지러이 날릴 뿐이었다.

박지원은 이런 일화를 소개하며 이렇게 글을 마무리했다. "이양천은 참으로 눈 속의 잣나무로다. 어려움 속에서도 뜻을 바꾸지 아니하고 홀로 우뚝 서 있었으니 어찌 날씨가 추워진 뒤에도 변하지 않는 잣나무가 아니겠는가."

'구일신 일일신 우일신'은 단순히 변화를 추구하는 게 아니다. 올바름을 향해 지치지 않고 나아가는 자세를 말하는 것이다.

부자가 되고 싶은 그대에게

세상은 모든 사람이 공유하는 것이다
天下爲公(천하위공)
-《예기(禮記)》중에서

　양극화 문제는 이제 이 시대의 화두가 되었다. 부유한 사람과 가난한 사람 사이의 격차가 점점 더 커지고 있기 때문이다. 해결책은 무엇일까.

　공자도 가난의 문제에 직면한 적이 있었다. 제자들과 함께 천하를 돌아다니던 무렵이었다. 진나라에 있을 때 양식이 떨어졌다. 제자들 가운데 병이 들어 일어나지 못하는 사람까지 생겼다. 공자의 제자 중 직설적인 성격을 지녔던 자로(子路)는 화를 참을 수 없었다. 스승만을 믿고 따랐는데, 이처럼 곤궁한 처지에 놓인 상태에서 마땅한 해결책도 제시하지 않고 있는 공자가 너무나 무능하다는 생각도 들었다. 자로는 분을 참지 못하고 공자 앞으로 가서 직설적으로 물었다. "군자도 곤궁에 처합니까?"

　'모두가 굶어서 쓰러지는 상황에서 올바름이 무엇이고 군자는 또 무엇인가. 올바름을 따르지 않는 소인과 무엇이 다른가.' 자로의 질문은 여기서 출발한 것이었다. 위기의 상황, 공자는 이렇게 대답한다.

　"그렇다. 소인도 군자도 모두 곤궁해질 수 있다. 다만 다른 점은 있다. 군자는 궁핍함 속에서 안으로 단단해진다(君子固窮). 그러나 소인은 밖으로 넘친다(小人窮斯濫)."

소인은 어려움에서 벗어나기 위해 모든 일을 한다. 남에게 굽실거리거나 남의 집 담장을 넘거나 화를 참지 못해 날뛰기도 한다. 이것을 '넘친다'로 표현한 것이다. 그러나 군자는 어려움 속에서도 의연함을 잃지 않고 단정한 자세를 유지한다. 밖으로 넘치지 않고 그 에너지를 통해 안을 단단하게 만든다.

제자들이 굶어 쓰러지는 상황에서도 담담하게 원칙론을 말하고 있는 공자의 모습을 보며 답답함을 느끼는 사람도 있을 것이다. '만약 아내와 자식들이 굶어 쓰러지는 상황에서 집안의 가장이 저렇게 말한다면 무책임한 모습이 아닌가'라고 생각할 수도 있다.

그러나 공자와 그의 제자들은 어느 가족에 비유할 수 있는 집단이 아니라는 점을 알아야 한다. 그들은 '나' 혹은 '우리 집단'의 이익을 위해 움직이는 사람들이 아니었다. 세상 전체의 이익, 공공의 이익을 위해 나아가는 사람들이었다. 《예기(禮記)》에 등장하는 이야기를 들으면 이해할 수 있을 것이다.

공자가 노나라의 행사에 손님으로 참석했을 때의 일이다. 행사를 마친 공자가 길게 탄식하며 한숨을 쉬었다. 이때 옆에 있던 제자가 한숨을 쉬는 까닭을 묻자 공자는 이렇게 말했다.

"올바른 정치가 시행되면(大道之行也) 세상은 모든 사람이 공유하는 것(天下爲公)이 된다. 그러나 올바른 정치가 자취를 감추면(大道旣隱) 세상은 어느 특정한 집단의 것(天下爲家)이 된다. 지금 노나라의 모습을 보니 한숨이 나오는 까닭이다."

그리고 올바른 세상에 대해 공자가 덧붙인 이야기는 다음과 같다.

"올바른 정치가 시행되면 믿음과 화목을 중요하게 여기게 된다. 사람들은 자기 부모만 공경하는 게 아니라 모두를 공경하며 자기 자식만 돌보는 게 아니라 모두를 돌본다. 늙은이는 여생을 평안하게 마치게 되고, 젊은이는 자신에게 어울리는 일자리를 얻고, 어린이는 안전하게 잘 자라고, 홀아비와 홀어

미, 고아, 의지할 곳 없는 외로운 사람, 장애인들도 모두 부양받게 된다. 이런 사회를 대동(大同)이라고 말한다."

천하위공(天下爲公)을 추구하는 집단과 천하위가(天下爲家)를 추구하는 집단이 부딪치면 누가 이기겠는가. 천하위가(天下爲家)를 추구하는 집단이 이길 가능성이 높다. 그들은 흘러넘쳐 마구 나대기 때문이다. 어려움을 겪는 것은 천하위공(天下爲公)을 추구하는 집단이다.

부자가 되고 싶은 그대는 어느 쪽을 응원할 것인가.